U0633779

智库书系

地方经验研究之八

恩施领跑：
以法治推进地方善治

—— 湖北恩施"律师进村，法律便民"的法治实践

徐　勇　主编

邓大才　张利明　胡平江　等著

中国社会科学出版社

图书在版编目（CIP）数据

恩施领跑：以法治推进地方善治：湖北恩施"律师进村，法律便民"的法治实践／徐勇主编，邓大才等著. —北京：中国社会科学出版社，2016.6

ISBN 978-7-5161-8707-4

Ⅰ.①恩… Ⅱ.①徐…②邓… Ⅲ.①农村—社会主义法制—建设—研究—恩施土家族苗族自治州 Ⅳ.①D927.632

中国版本图书馆 CIP 数据核字（2016）第 177028 号

出 版 人	赵剑英
责任编辑	冯春凤
责任校对	张爱华
责任印制	张雪娇

出　　版	中国社会科学出版社
社　　址	北京鼓楼西大街甲 158 号
邮　　编	100720
网　　址	http：//www.csspw.cn
发 行 部	010-84083685
门 市 部	010-84029450
经　　销	新华书店及其他书店

印　　刷	北京君升印刷有限公司
装　　订	廊坊市广阳区广增装订厂
版　　次	2016 年 6 月第 1 版
印　　次	2016 年 6 月第 1 次印刷

开　　本	710×1000　1/16
印　　张	28.75
插　　页	2
字　　数	469 千字
定　　价	105.00 元

凡购买中国社会科学出版社图书，如有质量问题请与本社营销中心联系调换
电话：010-84083683

版权所有　侵权必究

《智库书系》编辑委员会

主　编　徐　勇　邓大才

编　委　（以姓氏笔画排序）

丁　文　马　华　邓大才　王　静　王　勇
王义保　石　挺　卢福营　冯春凤　刘义强
刘金海　刘筱红　李海金　朱敏杰　任　路
汤晋苏　何包钢　应小丽　吴晓燕　陆汉文
陈军亚　杨　嬛　张晶晶　张向东　郝亚光
徐　勇　徐　剑　徐小青　徐增阳　董江爱
黄振华　詹成付　彭正德　熊彩云

本卷责任编辑　任　路　史亚峰

总 序

　　地方经验研究是由华中师范大学中国农村研究院推出的系列著作。

　　中国作为一个古老的文明大国，能够在 20 世纪后期迅速崛起，展现出强大的活力，得力于改革开放。20 世纪 80 年代兴起的改革开放，重要目的就是"搞活"，在搞活经济的过程中确立了市场机制。市场竞争机制不仅激活了经济，而且激活了地方和基层的自主性和创造性。极具战略眼光的顶层设计和极具探索精神的地方基层实践以及两者之间的良性互动，是中国政府推动现代化建设取得巨大成功的秘诀。中国改革开放的路径就是：先有地方创造的好经验，中央加以总结提高上升为好政策，然后经过若干年推广再确定为好制度。本书系正是在这一背景下推出的。

　　我们华中师范大学中国农村研究院自 20 世纪 80 年代开始，就关注农村改革，研究农村治理，并以实地调查为我们的基础和主要方法。调查一直是立院、建院和兴院之本。在长期实地调查中，我们经常会与地方和基层领导打交道，也深知地方和农村基层治理之不容易。地方和基层治理的特点是直接面对群众、直接面对问题、直接面对压力。正因为如此，地方和基层领导势必解放思想，积极开动脑筋，探索解决问题的思路和办法，由此有了地方创新经验。促使我们自觉主动与地方进行合作，通过理论与实践相结合，共同探索地方发展路径并总结地方创新经验，起始于 2011 年。当年初，地处广东西北部的云浮市领导为探索欠发达地区的科学发展之路，专程前来我院求助请教，我们也多次前往该市实地考察、指导和总结。至此，我们开启了地方经验研究的历程，并形成了基本的研究思路和框架。

　　地方经验研究的目的，主要是发现地方创造的好经验、好做法、好举措，突出其亮点、特点和创新点。中国的现代化是前所未有的伟大实践，必然伴随大量问题。对不理想的现实的批判思维必不可少，需要勇气；而促进有效解决问题的建设思维也不可或缺，需要智慧，两者相辅相成，各有分工，共同目的都是推动社会进步。作为学者，不仅要持公正立场评点现实，更要参与到实际生活中，理解现实，并运用自己的智慧与实践者一同寻求解决问题之道。历史的创造者每天都在创造历史，但他们往往是不自觉的，学者的参与有可能将其变为自觉的行为；历史的创造者每天都在创造历史，但他们往往并不知道自己在创造历史，学者的总结则可以补其不足。地方与基层的探索是先行一步的实践，需要总结、加工、提炼，乃至推介，使更多人得以分享。地方与基层的探索是率先起跑的实践，需要讨论、评价、修正，乃至激励，使这种探索能够可持续进行。我们的地方研究便秉承以上目的，立足于建设性思维。

地方经验研究的方法，绝不是说"好话"，唱"赞歌"。在地方经验研究中，我们遵循着以下三个维度：一是地方做法，时代高度。尽管做法是地方的，但反映时代发展的趋势，具有先进性；二是地方经验，理论深度。尽管是具体的地方经验，但包含相当的理论含量，具有普遍性；三是地方特点，全国广度。尽管反映的是地方特点，但其内在价值和机制可复制，具有推广性。正是基于此维度，我们在地方经验研究中，非常注意两个导向：一是问题导向。地方和基层实践者之所以成为创新的主要动力，根本在于他们每天都必须直接面对大量需要处理的问题。解决问题的过程就是实践发展的过程。二是创新导向。解决问题是治标，更重要的是寻求解决问题的治本之策，由此就需要创新，需要探索，也才会产生地方好经验。怎样才是创新呢？需要有两个标准：一是历史背景。只有将地方经验置于整个宏观历史大背景下考察，才能理解地方创新由何而来，为什么会产生地方创新。二是未来趋势。只有从未来的发展走向把握，才能理解地方创新向何处去，为什么值得总结推介。

我们正处于一个需要而且能够产生伟大创造的时代。地方经验研究书系因时代而生，随时代而长！

主编　徐　勇

2015 年 7 月 15 日

序　一

2013 年，党的十八届三中全会提出了推进国家治理体系和治理能力现代化的战略命题。2014 年，党的十八届四中全会进一步提出："全面推进依法治国，促进国家治理体系和治理能力现代化。"中国改革发展的路径是科学的顶层设计与地方基层探索的结合，鼓励地方"领跑一公里"，解决关键的"最后一公里"问题。在中央精神的指引下，恩施率先一步，让顶层设计"落地"和"生根"，在推进基层治理现代化，推进法治化治理方面取得了可贵的经验和成就，成为地方善治的样本。

治理是在一定经济社会基础上，根据一定的思维，在一定制度下，通过一定的方式解决所面临的问题，从而促进社会发展的政治过程。不同历史时间，经济社会基础不同，治理思维、制度与方式不一样，效果也不同。

传统中国是一个以土为生的国家，人们世世代代居住在一个村庄，是一个血缘与地缘叠加的乡土社会。自给自足的小农经济不必与外部交往，乡村主要依靠在封闭的血缘与地缘关系基础上形成的"礼俗"进行自我调节。尽管历史上有国法，但其在乡土社会的运用极其有限，可以说"上法下礼"、"礼主法辅"。近代以来从各自为家的家族社会转变为国家至上的国族社会，国家权力因此下沉到乡村，传统的礼俗权威流失，"礼俗社会"向"行政社会"转变。国家主要依靠权力进行治理，形成"力治"。"力治"对于将国家权力传递到乡村社会，形成国家整体具有重要意义。同时它也将国家与农民置于面对面的直接交往之中，并形成一定的博弈关系。从国家与农民的作为两个行为主体看，这是不对等的。人民公社实行"政社合一"，通过政权组织管理经济，实行的是典型的"力治"，农民处于被支配地位。而农民作为利益主体，则采用"集体劳动偷懒"

和"瞒产私分"的方式进行软性抵制，缺乏劳动积极性。最后的结果是国家与农民构成零和博弈的"双输"结果。

改革开放以来，农民成为利益主体，特别是市场经济强化了人们的利益意识。人民公社时代的"行政社会"向"利益社会"转变。一方面是市场经济改变了封闭的生产和生活方式，人们与外部世界的交往愈来愈多，对利益的诉求有一种自我强化的趋向。同时，随着国家民主法治建设，人们的权利意识增强，行政权威迅速流失，"群众愈来愈不听话了"。另一方面，基层治理继续沿袭传统的"力治"模式，政府行为在相当程度上依靠强制性力量，如收取农税、计划生育、征地拆迁等。利益社会必然带来利益冲突，仅仅依靠"力治"，特别是缺乏合法性的力治，会进一步强化利益冲突。21世纪以来，伴随经济社会发展，利益冲突日益增多，并形成"群众维权"和"干部维稳"的对立格局。这一格局仍然属于零和博弈，带来的是"双输"结果。

利益社会需要转换治理方式，这就是"法治"。"法治"是基于共同认可的规则下进行的治理，即所谓"法律面前人人平等"。群众要依法获利，依法维权；干部要依法行政、依法维稳，利益主体在法律规则下互动，是一种正和博弈，带来的是"合作共赢"的结果。但法治不是否定，更不是简单替代礼治和力治，而是将法治置于治理的最高层次和基本底线。从中国基层治理历程看，最缺乏的要素是"法"，最稀缺的资源也是"法"。只有将"法"这一优质和稀缺要素寓于治理过程之中，才能逐步改变治理要素结构，获得理想的治理绩效，推进地方善治。

"一方水土养一方人。"恩施迫切需要法治。恩施位于偏远的大山区，历史上长期"因俗而治"，实行地方统治的土司制度，未实现核心地域的郡县制，伴随郡县制的国法极其稀缺。在偏远山区，人们的生存条件恶劣，只有依靠各种手段寻求生存，包括暴力手段，由此形成暴力崇拜。为了维持稳定，恩施只能依靠更强大的力量加以压制，从而形成暴政与暴民恶性循环。这一历史底蕴加剧了改革开放以来的利益冲突。干部习惯强力，民众习惯以力对力，以大力对付小力，上访居高不下。在习惯于以"力"解决问题的格局下，如果仍然沿袭以往的"力治"模式，势必造成更大反弹，问题只会积聚更多。因此，法治是唯一正确的选择，是从根本上破解群众上访难题的治本之策。

　　传统中国法治化的路径有两条：一是由外向内，引进外国法治观念和法律条文；二是自上而下，由国家向社会传递，"送法下乡"。这两条路径是必要的，但也是远远不够的，它们都属于外生型的法治。只有将法治植入到人们的日常生活之中，内生出法治意识、法治行为，才能使法治"落地"和"生根"，实现基层治理法治化。恩施的"律师进村，法律便民"经验的核心要素就是通过一系列机制将法治要素植入基层治理和日常生活之中，将法治观念和制度转换成人们自觉行为，让人们运用法治思维、法治理念、法治话语去解决面临的问题。

　　一是利益机制。马克思主义认为，利益是人们行为的根本出发点，利益关系是社会的根本关系。中国的法治观念输入已有一百多年了，之所以成效甚微，未能进入日常生活之中，从根本上说是缺乏内在的利益诉求。改革开放以来，利益深入人心并合理化，人们成为利益主体。作为公众，有正当得利，也有非正当得利；作为政府，有正当行为，也可能有非正当行为。什么是正当，什么是非正当，必须有基准。这个基准就是法律。法律将所有人还原为平等的主体。正是基于这一认识，"律师进村，法律便民"才有可能确立为政府的治理之道。利益由成本和收益反映出来。恩施在实践中运用利益杠杆将人们的行为导入法治轨道，形成信法比信访更好的结果，以结果倒逼行为主体信法。

　　二是公平机制。千百年来，中国民众的最高期盼是"公平"，公平正义是生活第一准则。但是，长期历史上，能够将公平正义原则植入人们日常生活之中的机制却极度缺乏。人们信访不信法，是为了寻求更大的官主持公道。只有让"公道"在人们触手可及的身边，人们才会逐步信法。在现阶段基层治理中，政府与民众的根本利益是一致的，但同时又是不同的行为主体，各有利害关系。特别是长期历史形成官民对立关系，造成群众对干部的不信任，由此就需要超越当事人的第三方，特别是能够为所有当事人共同认可的法律规则的代表人出场，这就是律师。律师不是当事人，没有利害关系，所信奉的唯一准则是法律，是公平正义的象征。恩施州"律师进村，法律便民"，实际上是让公平正义进入日常生活之中，人们可以非常便捷地运用法律维护正当利益。

　　三是需求机制。法律具有针对性。法律只有有用才具有效力，才为人们所接受。不同的人群对法律的需求不一样。以往国家普法，重在普遍性，缺乏针对性和精确性，不能将法律需求作为第一动力，法律因此悬浮在空中，难以"入脑""入耳""入心"。恩施州"律师进村，法律便民"将公众对法律的需求作为提供法律知识的第一动力，优先提供群众日常生活中最紧迫需求的法律，人们掌握了这些法律很快就能够使用，并发挥效力，由此增强人们遇事找法律而不是"找关系"的意识。

四是支持机制。在现代社会，政府的主要职能是提供公共物品。长期历史以来，政府提供公共物品主要侧重于"硬件"，而较少关注"软件"。尤其是地方政府更关注的是"GDP"。尽管上访也成为考核指标，但只是治标之策，且成本过高。中国民众并不是天生的"访民"，甚至"刁民"或"暴民"，只是他们通过法律解决问题的需求得不到满足。这就要求政府将法律作为重要的公共物品提供给公众。"律师进村，法律便民"，不只是一种工作方法。作为工作方法，在其他一些地方也有。在恩施，它是作为政府提供公共物品的一种责任，由公共政策、公共财政作为支撑，由此就形成一种可持续的政府行为。

中国改革开放的路径是先有地方的好经验，再有中央的好政策，后有国家推行的好制度。恩施州站在新的历史制高点上，"领跑一公里"，成为推进基层治理现代化的"恩施样本"，不仅解决本地难题，也为国家治理现代化和法治化提供了丰富的经验。

徐　勇

2015 年 10 月 28 日于桂子山

序　二

习近平总书记强调："全面推进依法治国，是解决党和国家事业发展面临的一系列重大问题，解放和增强社会活力、促进社会公平正义、维护社会和谐稳定、确保党和国家长治久安的根本要求。"

恩施州地处武陵山腹地，是共和国最年轻的少数民族自治州，是全国14个集中连片特困地区之一。近年来，州委、州政府顺应中央和省委关于法治建设的新要求，立足州情实际，推行"律师进村，法律便民"基层治理新方式，主动回应了基层群众的利益诉求，有效破解了法律服务"最后一公里"的难题，有力推进了法治恩施建设进程。

全面推进依法治国是实现国家治理体系和治理能力现代化的必然要求。在协调推进"四个全面"战略布局新形势下，法治建设的作用尤其重要，地位更加突出。适应经济社会发展新常态，我们还要再接再厉，坚持不懈引导广大干部群众尊法、学法、守法、用法，让"法治"在恩施落地生根，大力提升"依法治州"水平，奋力开创法治恩施建设新局面。

一是尊法。尊法的核心在于信法之权威。必须尊重和发挥法律在社会规范中的主导作用，真正让法律成为维护公平正义的基石，让法律的权威不可冒犯，让法律的信仰深深镌刻在广大干部群众心中。党员领导干部要做尊法的模范，带头尊崇法治、敬畏法律，引导群众增强法治意识、依法依规办事。

二是学法。学法懂法是守法用法的前提。党员领导干部要做学法的模范，把法律作为必修课，带头了解法律、掌握法律，不断提升法治素养。要以宪法为核心，以常用法律法规为重点，大力开展法治宣传教育培训，创新法治宣传方式和载体，引导群众自觉学法，培养"法律明白人"。

三是守法。对每个公民来讲，守法是应有的素质、应尽的义务。人人守法、时时守法、处处守法，法治建设才能落到实处。把遵守法律作为基本准则，正确处理权与法、情与法、利与法的关系，自觉在法律范围内活动。加强法治政府建设，严惩失职渎职行为，消除权力寻租空间。大力学习宣传遵纪守法的先进典型，营造守法光荣、违法可耻的社会风尚。

四是用法。法律的生命力在于实施，法律的权威也在于实施。我们要善于运用法治思维去分析解决社会问题，用法治方式引导群众合理表达诉求，切实解决好信访不信法、信闹不信法、信钱不信法、信权不信法的问题。要乐见群众用法、支持群众用法，使人民群众成为社会主义法治的忠实崇尚者、自觉遵守者、坚定捍卫者。

中共恩施州委书记、州人大常委会主任　王海涛

目　录

理论研究篇

改革个案篇

实践经验篇

社会反响篇

理论研究篇

导　论

　　"法者，治之端也。"法治是政治文明的结晶，也是现代化国家治理体系的基石。早在 1997 年，中共十五大就提出了依法治国、建设社会主义法治国家的基本方略。2012 年中共十八大又进一步强调，"法治是治国理政的基本方式，要更加注重发挥法治在国家治理和社会管理中的作用"。但是长期以来，我国的法治建设，尤其是基层法治建设相对滞后，难以适应经济社会快速发展的需要，也无法满足基层民众的意愿和要求，法治服务的"最后一公里"问题始终难以解决。如何进一步促进法治建设与服务，如何让法治在基层落地生根，成为亟须解决的问题。

　　2013 年中共十八届三中全会首次提出了"推进国家治理体系和治理能力现代化"的战略总目标。而国家治理现代化的一个重要方面就是治理的法治化，即治理的各个层面都纳入到法治化轨道中来。法治作为治理体系和治理能力现代化的必要条件和重要保障，对于提升治理层次和水平意义重大。然而，受传统政府主导体制的影响，在社会治理中，政府往往采取行政命令、强力管理等方式来处理和解决问题，法治的理念、手段和方式难以进入到治理过程中来，导致政府和基层社会之间缺乏一个有效的缓冲地带和约束机制，基层矛盾和冲突愈演愈烈。面对日益复杂的基层矛盾和日渐突出的上访问题，湖北省恩施州以普遍建立法律顾问制度为契机，开展"律师进村，法律便民"活动，通过积极引入"第三方"律师主体，将现代法治主体、理念和方式融入到基层治理中来，不仅促进了政府自身的改革与转型，也有效提升了基层治理能力和水平，为促进治理的法治化和现代化作出了有益探索。

一 恩施缘何需要法治

湖北省恩施州地处鄂西武陵山区，是典型的"老、少、边、山、穷"地区。在特殊的地理环境和民俗风情的影响下，恩施的社会治理始终缺少法治因子与元素，而政府自上而下推动的法律下乡，也始终难以有效落地，导致"干部有官气，农民有戾气，社会有怨气"。尤其是随着经济社会的迅速发展，利益复杂化和多元化趋势越来越强，仅仅依靠传统的行政治理手段，使得基层的矛盾和冲突不断加剧，社会治理陷入恶性循环之中。因此，在历史与现实困境双重因素的影响下，恩施亟须引入法治这一新的治理要素来实现基层的有效治理和良性治理。

（一）突破特殊社会基础之需

社会土壤是一个地方治理的基础因素和条件，"一方水土养一方人"，在不同的民俗风情下，一个地方的治理环境会存在很大差异性。恩施位于偏远山区，从人口结构看，土家族、苗族等少数民族人口占总人口的52.76%。由于民族因素和地域因素的影响，历史上恩施长期实行地方统治的"土司制度"，在土司统治的影响下，国法一直难以有效进入山区，使得农民缺乏法治的历史基因与行为习惯。这导致农民在日常生活中往往"信权不信法、信长官不信法官"，法治意识非常淡薄，在解决问题时往往"遇事就闹、见官就堵"，不采取法律途径来解决。2012年5月，沐抚办事处农民"听闻"办公大楼搬迁，200多名群众围堵办公大楼长达十几小时；2013年年初，恩施市领导陪同外地客商考察大峡谷景区，200多名当地群众以山林征收过程中面积测量不准为由，将考察团围困在当地酒店。法律意识和法治行为的缺乏，导致基层的矛盾和冲突极易扩大，这给地方的有序治理带来了很大挑战，因此亟须通过注入法治因素来缓解基层冲突。

另一方面，由于地处偏远山区，农民的生存条件相对恶劣，只有依靠各种手段来寻求生存，其中一个重要的手段就是暴力手段。而在村寨环境影响下，土匪、"山大王"等势力猖獗，暴力抢掠的情况时有发生，在此情况下，形成了农民的"暴力崇拜"，农民往往"信力不信法"。鹤峰县斑竹村两村民因自来水管漏水便动起刀子；建始县村民李炎平骑车被大树砸伤身亡，家人便纠集100多人在镇政府闹事。在"暴力思维"左右下，民众"堵门、堵路、堵工地，闹访、闹丧、闹医院"的情况时有发生，使得矛盾冲突不断蔓延，亟须法治对农民行为进行引导。

恩施的民俗风情具有很强的地域性和民族性，这与现代法治所要求的普遍性和统一性存在较大冲突，民众往往不愿意采取制度化、理性化的方式解决问题。这不仅加剧了改革开放以来的利益冲突，也成为恩施地区法治建设的一大阻碍。因此，亟须通过引入法治的理念和方法，将法治思维注入到基层社会中，以此突破特殊的社会基础，让法治植根于农村的社会土壤。

（二）适应社会转型之需

当前，我国经济、社会正处于加速转型期，各方面的改革也不断深化，社会的急剧转型亟须创新社会治理手段和方式。一方面，在市场经济的大背景下，基层社会逐步由封闭转向开放，利益观念不断深入人心而且逐渐合理化，民众对利益的诉求呈现出一种自我强化的趋势。另一方面，由于社会的急剧转型，基层的利益和矛盾日益复杂化、多样化，尤其是随着城镇化进程的加快，农村土地纠纷、征地拆迁、劳动就业、家庭赡养等矛盾日益凸显。"权力社会"向"利益社会"的转变过程亟须建立起畅通的利益表达机制和利益冲突解决机制，以此来缓解日益突出的利益矛盾和冲突。而法治作为利益表达和利益解决的制度化渠道，在当前社会转型中显得尤为重要。

同时，伴随着社会的急剧转型，迫切需要转换治理方式。长期以来，由于恩施特殊的地理环境与社会环境，政府在治理过程中往往采取行政强制等"力治"手段，面对基层矛盾和纠纷，政府"强力维稳"，由此形成农民"暴力维权"与政府"强力维隐"的对立格局。2013年全年，恩施州群体性事件达305起，特警总计出动达百余次。而在这种传统的"力治"方式下，社会的矛盾和冲突愈演愈烈。因此，亟须通过转换治理方式，用一种可以有效协调政府与社会对立的方式来解决基层问题。"法治"的一个重要特点是其为不同社会主体共同认可的规则，"法律面前人人平等"，通过法治规则的运用，可以使不同主体之间的利益矛盾和冲突在可预期、有序化的状态下得以解决。因此，在社会治理中加入"法治"要素，也是当前社会转型的迫切需要。

（三）基层有效治理之需

在城镇化和市场化的大背景下，基层治理的环境发生了深刻变化，而治理环境的变化势必需要新的治理方式与之相适应。2013 年改革之前，恩施州在基层治理中面临的突出问题是矛盾纠纷频发，上访问题"居高不下"。基层民众在面临矛盾纠纷时，常常"遇事就围、有事就闹、有求就访"，农民习惯于"闹、缠、访"，不愿意"按规则，走程序、讲法律"，导致矛盾纠纷愈演愈烈，上访问题越发严重，使得政府无心也无力谋发展。恩施州作为湖北省综治维稳的重点区，也是湖北省信访的重灾区。全州信访总量从 2010 年起连续三年高居湖北省"前三"，信访事项中的受理率、办结率、参评率、满意率在湖北省却排名靠后。2011 年、2012 年恩施州涉法涉诉进京非访 178 人次，占湖北省进京非访的比例高达 61.59%。如何有效解决严峻的基层矛盾和上访问题，成为当地政府最为头疼的事情。

面对日益突出的矛盾上访难题，由于基层政府习惯于传统的解决方式，在执法过程中时常存在"不守法、不遵法、不讲法"的情况，政府往往"依权决策、依威决策、依力治理"，使得法治被边缘化，没有发挥作用的空间，从而导致矛盾纠纷不断扩大。部分基层干部在遇到问题时"能拖就拖、能绕就绕"，对排查上来的矛盾视而不见、久拖不决，导致矛盾越积越深。对此，恩施市沐抚办事处书记田贵周表示："很多越级上访、'非访'问题，80% 在之初都是小纠纷，都是能够解决的，大多都是因为干部绕绕绕、拖拖拖、揉揉揉而造成的。"面对严重的信访问题，政府往往习惯于"摆平搞定"，要么"强力维稳"，要么"花钱买稳定"，反而造成"越维越不稳"的困局，这些都给基层治理带来了极大挑战。政府和民众双方都无法依法、用法办事，导致法治处于边缘化状态。缺少法治的有效约束，基层治理便难以有序运行，基层矛盾和冲突陷入恶性循环之中。

因此，要促进基层的有效治理，就亟须突破传统的治理思维和方式，在政府和农民之间搭建一个良好、有序的治理平台。对于政府而言，亟须通过法治来规制权力、规范行为，将政府的治理过程纳入到法治轨道；对于农民而言，也亟须通过法治来引导，让农民自觉学法、守法、用法。只有这样，才能最终实现基层的有序、有效治理。

二　恩施改革如何发生

近年来，全国各地都在探索农村基层治理的改革与创新，在这些改革中，有的侧重于治理单元的下沉与创新，有的强调治理技术的升级与应用，有的突出治理主体的多元化。湖北省恩施州从区域的特点与实际出发，在国家战略引导下，着重于治理方式的转变，通过将法治主体、法治方法、法治理念融入到基层治理过程，促进了基层治理的法治化转型，有效提升了基层治理能力和水平。

（一）落实法治战略

2013 年 11 月，党的十八届三中全会指出推进法治中国建设，"坚持依法治国、依法执政、依法行政共同推进，坚持法治国家、法治政府、法治社会一体建设"。2014 年 10 月，党的十八届四中全会进一步作出了"全面推进依法治国"的重大战略部署。这为各地推进法治建设和改革提供了总体方向和思路。在国家法治战略的引导下，湖北省于 2013 年就出台了《推进法治湖北建设的实施意见》，对如何全面推进法治建设进行了总体部署。2014 年 11 月，湖北省在"法治湖北"的基础上，明确提出了"打造法治湖北升级版"，对如何深入推进法治建设进行了进一步的明确。在国家法治战略和湖北省法治部署的引导下，恩施州立足本地实际，将法治建设作为促进基层治理的重要举措。为践行法治治理战略，2014 年 2 月，恩施州出台《关于全面深化改革加强法治恩施建设的意见》，提出到 2020 年建成全国法治先进自治州的目标。在这一战略部署下，恩施充分发挥基层的自主性和创新性，鼓励和引导地方开展法治建设和服务创新，以此推进地方的有效治理。

法治战略的提出对基层的改革与创新提供了方向，但是对于地处偏远山区的恩施而言，真正实现法治落地面临极大的限制和约束。一是地理环境的限制，法治进山难。由于地处偏远山区，山高坡陡、地广人稀是恩施的突出特点，平均每个村庄覆盖范围9.5平方公里，每平方公里平均只有131人。由于地理环境的限制，法治服务的成本比其他地区明显偏高，导致法治建设的"最后一公里"问题始终难以解决。二是经济条件的限制，法治供给难。恩施州地处贫困山区，经济落后，下辖8个国家级贫困县（市），是全国重点集中连片贫困地区之一。2012年，全州贫困人口有153.7万人，约占湖北省贫困人口的1/5。有限的财力难以应对基层法治服务的要求，难以回应群众依法维权的诉求。三是法律资源的限制，法治服务难。恩施州作为欠发达地区，法治服务的资源和人才非常缺乏。据统计，恩施州8县市约400万人口中，仅有337名律师、157名基层法律工作者，法律人才资源非常匮乏。农村法治建设长期依靠乡镇司法系统，直接服务于农民的法治力量捉襟见肘。

　　尽管面临多重限制和困难，恩施州通过整合资源、创新方法，突破重重困境，充分发挥基层的自主性和积极性，探索出了"寓法于治、法治落地"的新路径，以此促进法治战略和法治建设的推进。

（二）律师顾问着手，以点突破

　　法治战略的实施是一个复杂的系统工程，涉及司法、行政、体制、机制等各个层面的内容，想"面面俱到"，一下子促进各方面的改革创新，不仅难以把握，而且显得不切实际。恩施州通过结合国家战略及地方实际，从律师顾问着手，有重点、有针对性地推进改革。

　　2013年，党的十八届三中全会为全面推进各方面的改革提供了总的方向，而如何选择改革的切入点成为各级政府的一大任务。恩施州首先从自身工作着手，寻求司法领域的改革创新，经过反复研讨和沟通之后，决定以"普遍建立法律顾问制度"为着力点，通过落实和推动这项改革来促进法治战略的实施。对此，时任恩施州司法局局长的张在勇表示："十八届三中全会历史性地提出了普遍建立法律顾问制度，这是一种新的提法。在反复讨论后，我们决定在'普遍'和'制度'上做工作。所谓'普遍'就是大面积推开，实现纵向和横向的全覆盖；'制度'就是把法律顾问作为一项制度性的工作落实下去。"经过不同部门多方面的讨论，从法律顾问着手，普遍建立法律顾问制度成为恩施州州委、州政府的共识。

另一方面，之所以把普遍建立法律顾问制度作为着力点，也是基于恩施州的现实需要。据统计，2011 年以来，恩施州涉法涉诉信访连续两年在全州各类信访中排名第 2 位，在赴省进京越级访、重复访、非法访中，涉法涉诉信访占到 60% 以上。严峻的信访形势和涉法涉诉案件迫切需要引入律师顾问。对此，恩施州州委书记王海涛表示："涉法涉诉上访居高不下，案判了事未了，怎么办？这让我们想到要找律师、找律师顾问团、找法律专家委员会，要他们来'会诊'。现实的困难逼迫我们必须拿起法律的武器来回应，所以我们开始组建法律顾问团。"

在确定以"普遍建立法律顾问制度"为着力点后，为了进一步强化基层的法治建设与服务，恩施州开始将法律顾问延伸至乡村和社区，提出了"律师进村，法律便民"的实践思路。在这一思路引导下，各个县市、乡镇和村居开始探索"律师进村"的不同模式，以律师顾问的创建为重点，为基层民众提供法治服务。通过以点突破、重点突出，恩施州在法治建设的过程中找到了有力抓手，促进了改革稳步推进。

（三）从试点到推广，高位推动

在确定改革的方向之后，恩施州并没有一哄而上式地全面铺开，而是通过深入调研，试点先行，逐步推广。在党的十八届三中全会召开前，恩施州委、州政府就组织专班，对基层改革情况进行深入调研，为接下来的改革奠定基础。通过走访调研，专班对基层改革实践情况进行了摸底调查，并形成了相关的调研报告。其中，恩施市龙凤镇关于法治建设的改革探索，在解决当地社会中的不稳定因素、促进基层有序治理方面具有鲜明的特色。为此，从 2013 年 9 月开始，恩施州以龙凤镇为试点，率先开展律师参与涉法涉诉信访工作，初步探索建立"镇有律师顾问团、村有法律顾问、网格有法律宣讲员、家庭有法律明白人"的"四个一"法律顾问制度。

为保证改革的顺利推进，恩施州充分发挥党委领导作用，通过明确责任，高位推进改革的实施。在推行过程中，"普遍建立法律顾问制度"工作被纳入年度目标责任考核体系，州政府将此项工作列入了年度五项重点工作之一，同时定期组织督察组对各县（市）工作开展情况进行检查验收，以此推动改革工作不断改进和完善。此外，为了提高改革工作的效率，恩施州建立了明确的责任分工机制，明确了党委办公室、政府法制办、国资管理部门分别为党群机关、人民政府及所属部门、国有企业普遍建立法律顾问制度工作的责任单位，州、县市司法行政机关主要负责法律顾问的组织、管理、协调和培训工作。与此对应，还明确了州、县市、乡镇党委政府及部门要带头抓好普遍建立法律顾问制度，积极创新村（居）法律顾问工作方法，及时总结和推广行之有效的服务模式。

随着试点工作的稳步推进，恩施州进一步确定了改革目标，明确了改革"路线图"。2013 年年底，恩施州委、州政府出台《关于全面深化改革加强法治恩施建设的意见》，为"普遍建立法律顾问制度"提供了政策依据。2014 年 3 月，紧跟颁发了《恩施州普遍建立法律顾问制度的实施意见》，提出了改革的总目标：即通过 2 至 3 年的努力，形成覆盖州、县市、乡镇党委政府及其部门和企事业单位、人民团体、村（居）委员会组织的法律顾问网络。

在试点工作开展半年之后，2014 年 4 月 14 日，恩施州召开了全州普遍建立法律顾问制度工作启动会，标志着改革工作的全面启动。截至目前，恩施州全州 88 个乡镇政府全部签订了律师顾问团服务，覆盖率达到 100%，同时有 1937 个村（社区）聘请了法律顾问，覆盖面达到 75%。法治改革实践的开展，有效解决了基层的诸多矛盾纠纷和信访问题，取得了良好效果。

（四）从实践到深化，理念提升

恩施州以"普遍建立法律顾问制度"为出发点，继而推进"律师进村，法律便民"，其改革探索也在不断实践的过程中得到深化。2013 年 9 月启动的试点工作，在年底就取得了良好成效，同时也逐步探索出了不同类型和不同模式的改革实践。各个县市和乡镇根据自身的实际情况，通过充分发挥自主性，因地制宜地"走"出了不同路径。例如，恩施市沐抚办事处在建立法律顾问的同时，积极发挥乡村干部尤其是小组长的作用，创造了"法治与乡土相结合"的改革路径；利川市东城区则重点发挥律师的专业优势，以专业律师为引领实现法治进村；而在鹤峰县，其侧重于法治文化的宣传与培育，通过"法治文化浸润"，转变农民的思维观念。

这些不同类型的探索与实践，不仅丰富了改革的成效，也使得政府对改革的认识不断深化。

改革实践不仅达到了解决涉法涉诉信访问题的效果，而且呈现出了"无心插柳柳成荫"的成效。"普遍建立法律顾问制度"的实施不仅有效解决了基层的矛盾纠纷和上访难题，而且对于促进政府自身改革、提高乡村干部和农民的法治意识起到了明显的推动作用，使得政府对改革的认识不断深化。对此，恩施州依法治州领导小组办公室专职副主任张峋表示："经过改革，我们的认识也在逐步升华，最开始只想突出工作亮点，想在部门工作上做出点成绩。而随着工作的推进，我们逐步将这项工作确定为固定的制度。现在，我们则想把制度进一步升华，最终在基层培育出法治文化，实现法治治理。"可以看出，恩施法治改革的实践经历了不断深化的过程，简要概括，表现为"法治工作—制度创新—法治治理"三个阶段。随着实践的深入，改革的层次也不断提升，这为接下来进一步完善改革举措打下了坚实基础。

三　恩施改革的发生路径

从改革路径来看，恩施州开展的"律师进村，法律便民"工作，以促进政府和群众学法、守法、用法为目标，通过一系列针对性的举措，层层推进，一步步实现法治有效落地。

（一）顺势而为，引民"告状"

恩施州开展法治改革的最初动因是化解基层日益增多的矛盾纠纷和上访难题，由于农民遇到纠纷和冲突时往往"遇事就闹，见官就围"，导致政府"无力谋发展，无心谋发展"，并且农民"闹访、缠访"的问题许多是涉法涉诉问题，仅仅依靠部门干部难以有效解决，给基层政府带来了极大困扰。面对这一困境，恩施基层政府开始寻求法律途径解决这些问题，通过统一购买的形式聘请律师顾问团，将冲突纠纷交给律师解决，从根本上处理和解决基层的纠纷和信访难题，摆脱了以往"强力维稳"和"花钱买平安"的传统做法。对于涉法涉诉的纠纷和信访问题，恩施各地引导农民通过打官司解决，鼓励农民依靠法律途径"告政府"，而对于"告政府"的民众，由政府垫付案件代理费，为其解决后顾之忧。截至2015年9月，恩施州通过法律顾问引导民众"告政府"的案件有82起。通过引导农民"告政府"，恩施州开创了"农民免费打官司"的创举，将政府和民众的行为都纳入到法治轨道中来，不仅有效解决了基层信访难题，而且极大地增强了农民对法律的信任。

（二）因势利导，引民用法

"引民告官"使得农民对法律的信心大为增强，在此基础上，恩施州借助建立普遍法律顾问制度，逐步实现基层所有机关和全部村庄都聘请律师顾问。在推进乡村法律顾问工作方面，恩施州探索实施"律师进村，法律便民"活动，将法律服务变为一种公共产品和公共服务提供给村庄和农民。在具体的"律师进村"过程中，恩施州没有采取单一的固定模式，充分发挥基层的自主性，根据自身的财政实力、法律需求等情况，因地制宜推进。通过法律顾问进村，农民可以享受全天候、全方位的免费法律服务，开创了全民享受政府免费法律顾问的先河。在这一举措的激励下，农民的用法积极性得到不断提高。

（三）依需而施，领民学法

一方面，政府通过"引民告官"和"律师进村"，引导农民运用法律途径解决问题；另一方面，为了增强法治服务的成效，恩施州借助律师顾问，不断开展和创新基层普法形式，通过从农民的实际需求出发，从解决农民的实际问题着手，开展丰富多样的普法宣传活动，积极引领农民学法。在具体措施上，恩施州改变了传统依靠政府行政命令的普法方式，充分反映和结合农民的实际需求，从农民日常的生产、生活出发，借助律师顾问，不断提升普法宣传的针对性。例如，针对农村"386199"人群较多的情况，恩施州专门结合农村留守老人、妇女儿童的现实需求，通过专业法律顾问对这些群体开展有针对性的法律服务。同时，恩施州为不同职业的人群量身定制法治培训，满足农民多样化的法治需求。2014年，恩施市屯堡乡就专门为全乡5000多名驾驶员开展了题为"交通安全"的法律讲课。通过一系列符合农民需求的普法、送法活动，恩施州逐步形成了一个全民自愿学法、守法、用法的大环境。

（四）逆势倒逼，以法规政

在引导农民学法、用法的基础上，恩施州将法律顾问的作用进一步向政府延伸，通过普遍法律顾问制度的推行，让所有机关事业单位聘请律师顾问，充分利用专业律师促进政府依法行政，着力解决政府"依权决策、依威决策、依力治理"的问题。一方面，聘请律师参与政府重大决策、政策文件、项目合同等内容的审查，邀请律师列席政府相关的决策会议，以此保障政府依法决策、科学决策；另一方面，在执法过程中充分听取法律顾问的意见，通过合作办公，让律师顾问为政府工作"把脉"，切实促进政府依法行政。而在选拔任用干部时，更加注重了对其法律素养和依法办事能力的考察。通过一系列举措的实施，各级政府形成了尊重法律、依法决策、依法办事、依法行政的新局面。

（五）乘势而建，以法促治

为了促进"律师进村，法律便民"的持续运行，不断提升改革的层次和水平，恩施州通过将改革的举措制度化和规范化，使法治改革与基层治理相结合，让其成为一项长效制度。一方面，通过将法治与村民自治相结合，创新性地实施"层级调解制度"，充分利用乡村的自治功能，让法治与自治一起运转，不仅促进村民自治程序化、规范化运行，而且在村民自治中使法治理念和方式得到不断强化；另一方面，将法治与地方治理相结合，通过法治使基层政府、基层干部和基层群众进行互动，不断促进政府依法行政、干部依法办事、农民依法维权，从而实现法治的"落地生根"。

四　恩施改革的创新特点

恩施州以"律师进村，法律便民"为重点的法治改革与创新，突破了原有法治建设和服务的局限性，它没有片面地将这项改革当作一项简单的工作和任务，而是注重改革的制度化、系统化和长效性。从改革内容上看，它体现了系统性的特点，将法治与治理有机结合起来，促进基层治理法治化；从改革机制上看，它突出了内生性的特点，注重发挥内在需求、内生资源和内在机制的作用，保证改革的长效性；从改革方法上看，它突出了现代性的特点，充分利用现代市场、专业主体和现代技术，将改革推向更深层次。

（一）系统性：法治与治理的有机结合

在以往的农村改革中，许多地方的改革只单一强调某一个方面，导致改革的系统性和配套性不足，改革成效难以显现。恩施州推行的以"律师进村，法律便民"为突破口的改革，走出了单一化改革的窠臼，创新了系统性的改革路径。在改革实践过程中，恩施没有单单"就法治谈法治"，而是将法治与治理有机结合，使法治的要素、理念和方法与政府治理、社会治理和乡村治理相结合，保证了改革的系统性和配套性。

一方面，法治与政府治理相结合。法治战略的推进首先需要政府自身的改革，只有政府带头依法行政、遵法守法，才能为其他社会主体守法、用法提供示范，也才能让法治权威得以树立。在改革实践中，恩施州首先将法治要素引入到政府部门，借助"第三方"律师，为政府"把脉、把关"，促进政府依法行政。具体来看，通过建立律师审查机制，主动邀请律师对政府部门的决策、文件、合同等进行合法性审查，保障政府决策的科学性和合法性；通过联合律师共同"坐诊"、共同接访和共同研判，让律师顾问团在涉法涉诉等法律问题方面充分发挥自身的专业优势，以此促进政府依法办事、依法行政。据了解，2012年至2014年，恩施州律师为各级政府相关部门提供咨询2000余次，出具法律意见书500多份，参与重大项目研究90多个。将法治与政府治理的有机结合，不仅促进了政府自身依法行政，提升了政府形象，同时也起到了良好的法治示范，激发其他主体守法、用法的热情和积极性。

另一方面，法治与乡村治理相结合。乡村治理是基层治理的核心和关键。恩施州通过将法治与乡村治理相结合，把法治的基因植入乡村治理的全过程，使法治得以焕发生机，从而促进法治治理在农村的落地。在实践过程中，政府以统一购买的方式让农民享受到专业的律师服务和法治服务，将法治服务延伸到村、到户，为乡村的有序治理打下了良好基础。此外，恩施州还创新法治与村民自治相结合的方式，通过引入律师顾问来规范民主选举程序，法治"零距离"监督换届选举。同时，通过建立村级重大决策的律师到场机制，法治成为村级科学决策、依法决策的重要保障。恩施州通过将法治与乡村治理有机结合，筑牢了乡村治理的"法治根基"，不仅有效提升了乡村治理的能力和水平，也使得法治在乡村生根。

（二）内生性：内部资源与内在机制的有效利用

法治的生命在于落地，在于施行，在于进入人们心中。长期以来，农村法治建设和服务大多依靠单一的行政力量，由政府包办，缺乏针对性和精确性，不能将普法对象的需求作为第一动力，使法治难以契合农民多样化的要求，导致法治"悬空"。恩施州一改过去依靠政府外力推动的做法，通过迎合农民内在需求，利用乡村内部资源和内在机制，让法治深入人心并落地生根，体现了恩施创新的特点与优势。

一是迎合农民内在需求。恩施州在"法律下乡"的过程中，变政府"送菜"为农民"点菜"，将法治与农民生产生活相结合，让法治能够满足农民所需，能够为民所用，能够切实解决农民生产生活的实际问题。在实践中，通过利用问卷调查、群发短信、微信传递等贴近农民生活的方式，摸清农民最盼望了解的法律知识，再有针对性地开展法治宣传和培训课程，做到了有的放矢。同时，将法治与乡村经济发展需求、农民职业需求等相结合，为不同职业的群体、不同类型的村庄量身定制不同的法治服务，以此满足农民和村庄多样化的法治需求。通过将公众需求作为法治的第一动力，有效促使农民接受法律、使用法律，使得法治发挥出真正的效力。

二是利用乡村内部资源。在充分发挥政府和律师主体作用的基础上，恩施州积极调动村组干部、乡贤能人等乡村内部资源的积极作用，通过法治与内部资源的衔接，不仅弥补了法治资源不足的缺陷，而且通过内部资源的带动，促进普通民众参与到学法、守法、用法过程中来。对于村组干部资源，通过依托律师的专业培训，将其培养成法律联络员、法律宣讲员，以此促进乡村干部依法办事。仅2014年，恩施州共培训法律宣讲员13.5万人次。对于乡贤能人，通过法律培训，将老干部、老党员、乡村教师、乡村医生、经济能人等乡贤能人培养成"法律明白人"，利用这些"明白人"将法律知识和理念传送到千家万户。截至目前，恩施州共培训法律明白人近 12 万人次。

三是激活内在机制。以往的法治宣传和服务之所以难以持续，一个重要原因就是没有建立起长效的法治机制，在法治建设上往往只是"运动式"地开展活动，导致法治难以长效和常态。恩施州在推进"法律下乡，法治落地"的过程中，注重内在机制的挖掘和利用。一方面，激活乡村的微治机制。将法治服务延伸至村民小组、院落、屋场等农民熟悉的微单元，让农民在日常生活中就可以受到法治的熏陶。同时，依托乡村的微型组织，通过利用民间组织对接法治，弥补了律师资源不足的缺陷，实现了传统力量与法治力量的融合。另一方面，重视利益机制的应用。以往农民"信访不信法"的原因主要是"信访"比"信法"的成本低，且相信"信访"比"信法"能带来更多的利益和好处。而恩施在法治改革的实践中运用利益杠杆，特别是通过提供免费的法律咨询、"免费打官司"和免费法律援助等服务，改变农民信法、信访之间的成本收益均衡，带来信法比信访更好的结果，以结果倒逼行为主体信法，以此将民众的行为导入法治轨道。

（三）现代性：现代要素的充分运用

法治建设和法治服务作为现代性的相对专业的工作，如果仅仅依靠传统的政府主体和行政方法，很难有效推进和开展。恩施州改变传统政府大包大揽、行政命令的方式，转由充分发挥现代市场、现代律师主体和现代技术的作用，将现代要素注入到法治改革过程中来，创新了法治供给和服务方法，有力促进了法治服务的落地与开展。

一是运用现代市场机制。在改革过程中，恩施以市场机制为导向，充分发挥市场在资源配置中的基础性作用，以此激发改革的效率和活力。在法律服务的供给上，政府通过单列财政预算，面向市场和社会统一购买法律服务，运用市场机制调节法律服务资源。从 2013 年起，恩施州政府每年预算 5000 万元，面向市场开展法律服务工作。同时，充分发挥基层的自主性，以市场为导向，因需制宜，量财而行，保障法治服务的针对性。而在法治服务工作的激励方面，也充分利用市场机制，对参与涉法涉诉案件化解的律师，每个案件给予咨询费 1000 元，意见采纳奖励 3000 元，以此调动律师的服务积极性。

　　二是引入现代专业主体。恩施法治改革的一大亮点在于律师专业主体的引入，通过充分发挥律师的专业优势促进基层治理的法治化。通过改变过去"躲律师、怕律师"的消极态度，主动引入律师参与到政府治理、乡村治理过程中来，从制度上确立了律师的地位，使律师从"对手"转变为政府的"助手"。一方面，利用律师"讲明法理、讲清事理、讲通情理"的专业优势，通过签订"合同"获得合法性参与，在涉法问题的解决上充分发挥律师的专业优势；另一方面，在基层法治服务中，也积极发挥律师顾问团的作用，让律师参与到法律宣传、培训、咨询和诉讼等各项事务中，以此让基层民众享受到便捷、专业的法治服务。2014年，恩施州将州内337名专职律师聘请为乡镇法律顾问，同时，将州内157名法律服务人员、50名法律援助律师纳入法律顾问队伍。通过律师主体的引入，不仅充分发挥其专业优势，为政府和农民提供优质的法治服务，而且在政府与农民之间搭建了一个"第三方"平台和缓冲地带，使政府与农民之间的矛盾和冲突通过法治渠道有效化解。

　　三是利用现代信息技术。为了打破山大人稀、山高路远的空间阻隔，恩施州运用现代信息技术和"互联网＋"的思维，打造网络信息平台将法治服务送到千家万户，让农民在家门口就可以享受到多元、便捷的法治服务。通过建立法治网络平台，开通QQ群、微信群等，用老百姓感兴趣、乐于接受的渠道，拉近了法律与农民之间的"距离"。同时，通过在村庄打造"视频问诊"平台，农民可以提前预约律师，通过远程视频向律师进行法律咨询。此外，与移动公司合作开发终端服务器，打造动态案例库，将律师调解成功的纠纷案例上传至网络数据库，为矛盾化解提供参考，方便农民查询、参照。信息技术的应用，不仅提高了法治服务的效率和能力，也节约了农民的用法成本。据估算，通过网络互联，恩施州一年可以让农民少跑240万公里路，节约交通成本470万元。恩施州推行的法治与现代技术相结合举措，不仅是适应现代社会发展的有益创新，而且对其他地方进行法治实践提供了借鉴。

五　著作章节安排

　　本书以湖北省恩施州开展的"律师进村，法律便民"活动为起点，以法治促进治理转型过程为主线，以此展现恩施州法治改革的发生、发展脉络。之所以命名"恩施领跑"，重要原因在于恩施作为一个集"老、少、边、山、穷"为一体的地区，却通过阶段性的法治改革与创新，促进了地方治理的大转型，为实现长远的法治治理探索出了一条可复制、可推广的道路。对于当前许多经济发达、发展程度高的地区而言，治理的法治化转型都未开始或者正在起步，而恩施州通过地方的创新和改革，在法治治理方面"领先了一步"。

从内容上看，本书侧重于恩施州法治改革的实践纪实，同时借助理论分析对改革实践进行总结提升。全书共分为八章。其中，导论部分主要进行总体性和全景式的介绍，重点论述恩施为什么进行法治改革、改革的过程是什么、改革有哪些创新和特点，此部分是对恩施改革的总体"画像"。

本书一方面是为了记录和描述恩施州法治改革的实践过程，以此反映中国地方法治与治理发展的最新实践，为推进治理的现代化提供可借鉴的地方样本。另一方面，也是借力地方改革探索经验来提升理论研究水平，为学术研究提供新的理论源泉。由于撰写者理论水平与实践经验的不足，本书不免存在一定的缺陷，我们敬请学界前辈与同仁能予以批评、指正。

寻找山区社会治理的突破口

　　"创新社会治理体制"，是党的十八届三中全会《决定》提出的重要改革任务之一。现代社会治理的目的是实现"善治"，而"善治"的实现有赖于法治所提供的规则体系。党的十八届四中全会也明确提出，"全面推进依法治国"。实现社会法治，基础在基层，重点也在基层。恩施州作为集"老、少、边、穷"为一体的山区，法治建设长期处于薄弱状态。近年来，恩施州经济社会快速发展，但是发展过程中也面临着经济社会的双重转型，利益需求多元、社会问题层出不穷。为解决日益突出的社会治理难题，恩施州率先提出"法治恩施"的改革思路，力求突破现实发展困局，寻找山区社会治理的突破口。

一　战略选择：社会治理的法治化转型

　　当前，我国正处在一个快速的社会转型时期，也面临一场前所未有的社会治理变革。从社会转型角度来看，当前中国社会治理面临困境的根本问题在于治理体系和治理能力跟不上迅速变化的社会环境。对恩施州而言，其法治建设长期滞后，一些涉及农民财产权利与权益保障的突出问题没有得到妥善处理，导致"农民维权"与"政府维稳"陷入对立怪圈。因此，推进社会治理的法治化水平是政府创新社会治理体制的必然选择。

（一）社会管理的"失灵"

　　改革开放三十多年来，中国创造了空前的物质财富。然而，"以 GDP 论英雄"的发展观念导致"重经济轻社会"的现象日益突出，如何维持社会秩序成为棘手问题。长期以来，就如何解决这个棘手问题，政府以不同的方式强调和进一步加强社会管理。但无论传统行政化的一元社会管理，还是协同型的社会管理新体制，都没有解决好社会秩序问题。

由于体制和机制的惯性，很长时期内，我国沿用了计划经济年代政府管理社会的方式，政府几乎承担着社会管理的全部责任。虽然在基层进行了一系列改革，例如，在农村实行了村民自治，在城市实行了社区自治，但这些改革最终皆落入了行政化的"窠臼"，社会管理并未发生实质改变，基层社会管理出现"失灵"。为了适应社会变化，党和政府也在不断改革管理社会的体制、机制和方式。2004年，党的十六届四中全会首次提出"加强社会建设和管理，推进社会管理体制创新"；2007年，党的十七大则提出"社会管理的新格局"；2012年，党的十八大确立了"社会管理的新体制"，这种"新的格局"或"新的体制"皆试图将社会和公众纳入到社会管理实践中去，也在很大程度上促进了社会稳定和民生改善，但"社会协同"和"公众参与"仍旧存在于理论层面，没有迸发出应有的活力，在实践中也未能成为真正的现实，政府主导的社会管理局面没有发生根本改变。尤其是2009年以来，群体性事件每年都达数万起甚至十余万起①，成为社会管理"失灵"最突出的表现。

社会管理"失灵"的原因是多方面的。首先，是社会阶层结构的急剧分化而引发的利益多元化冲突。改革开放后，社会阶层结构由原来比较单一的"两个阶级一个阶层"向多元化、复杂化的阶层结构转变。随之而来的利益格局也发生巨大分化，由原来的利益高度趋同向利益的多元化、差异化转变，由利益冲突引发的社会问题也日益突出。同时，随着社会成员由"单位人"向"社会人"转变，传统的"单位"管理已经失效，向"社会"管理转变势在必行，但是这种转变并未获得成功，而是由"单位"管理变成了"政府"管理。政府管理往往呈现"父爱式"，强调"大包大揽"，然而政府并非"无所不能"，也会出现"管理漏洞"，或由于政府偏好而出现"管理失当"，但由于整个管理过程缺少社会和公众参与，社会管理中的一切后果只能由政府承担，政府也就成为公众焦点，难辞其咎。其次，是急速的大规模社会流动，由原来严格的户籍制度

---

① 数据来源于中国社会科学院发布的《社会蓝皮书（2013年）》。

下"一个萝卜一个坑"向"一个萝卜变着坑"的不确定性转变，增加了政府管理的难度。再次，与人口的流动性所带来的管理困难相比较，信息化带来的社会管理困难更是难以想象。信息封闭状态下，可以"大事化小"、"小事化了"，先掩盖再慢慢应对；信息开放的状态下，一件小事往往会通过网络的放大和迅速传播，引起众多人的参与而变成"大问题"，从而引发公众的聚焦和不满，社会秩序受到威胁。最后，随着公众公民意识的增强，公众需求日益多元化，充分表达其诉求的愿望越来越强烈，对公共政策决策、执行和评估的透明化提出更高的要求。

面对这些新的社会管理问题和管理要求，曾经很管用的社会管理模式与管理方法已经捉襟见肘，且越来越苍白无力。在新的发展背景下，如何有效协调社会关系，规范社会行为，应对社会风险，由社会管理向社会治理转变就成为了必由之路。

(二) 社会治理的兴起

正是由于社会管理模式、方法和体制存在的问题和部分的"失灵"，人们才对社会治理寄予厚望。党的十八届三中全会提出了"推进国家治理体系和治理能力现代化"的重大命题，《决定》在列出的 16 项改革清单中史无前例地将"创新社会治理体制"独立成章，首次在党的正式文件中提出了社会治理的重要命题。从"管"到"治"，一字之差足以反映出党和政府执政理念和治理方式的重大变化。"社会治理"由此代替"社会管理"成为我国社会体制改革的重要方向和目标，社会治理现代化也理所应当作为国家治理现代化的重要组成部分，逐渐受到理论界和实务界的高度重视。治理相对于管理，确有其优势。

首先，自 20 世纪 90 年代治理理念诞生并在一些国家和地区付诸实践以来，治理在克服"政府失灵"和"市场失灵"上产生了良效。其次，随着社会结构转型的深入，社会阶层结构日益分化，如何"吸纳"新兴的阶层力量，使之成为经济社会发展的推动者，是任何执政党和政府必须面对并解决的新课题。这些新兴阶层既可以成为政府的合作者，也可以成为局外人，甚至成为对立者。随着新兴阶层力量的壮大，他们作为改革开放的"新生儿"，不可能成为社会改革的旁观者，而是社会改革的"弄潮儿"。在此背景下，政府通过有效的"吸纳"机制，使他们成为政府的合作者，而不至于成为对立者。① 从结构上看，社会治理的要义就是"多元参与、共识、合作与共享"，这就决定了社会治理需要充分吸收各阶层利益攸关者的平等参与，新兴阶层力量的加入可以在更广范围内获得共识，促使国家与社会更广泛的合作成为可能，社会的合作共治局面得以逐步形成。国家与社会的相互合作、相互监督、平等协商，一方面可以克服政府"垄断"管理的失灵，另一方面也可以预防社会失灵。政府多用引导而非直接领导、多用协商而非命令，可以减轻政府在社会管理方面的压力，用更多的精力从事顶层设计。而社会治理中依赖任何单一主体作用的发挥，皆会出现失灵，社会也是如此，如同克服政府失灵需要市场和社会一样，克服社会失灵也需要其他主体参与到社会的互动之中。唯有建构国家、市场、社会的良性互动，才能克服各自的失灵，而社会治理正契合了这种互动建构的需要，但互动建构不能依靠彼此的心照不宣和妥协退让，根本上乃是依靠法治的引导和规范。

（三）社会治理法治化的转型

随着实践的不断进展，人们发现对社会治理的认识和建构，不能仅限于其模式的转换，更需要理念的转型。作为对转型发展过程中诸多问题的回应，必须强调法治化逻辑。尤其在党的十八届四中全会重点部署"法治中国"建设之后，社会治理法治化的呼声越来越高。社会治理之所以要向法治化转型，主要源于：

首先，法治是衡量社会治理能力现代化的重要标准之一。在社会治理中，社会关系的调整与社会利益的表达，都必须严格遵循法定依据、法定职权和法定程序。然而在"维稳就是讲政治"和"稳定压倒一切"的高压态势下，一方面，部分社会组织和社会成员的依法维权意识不强，当出现权利受损和利益表达受挫时，不是寻求制度化的行政救济或司法救济实现维权，而是通过违法上访、聚众闹事等非理性方式扩大社会影响，倒逼政府满足其要求，不仅不能解决矛盾，反而会导致矛盾激化、秩序受损，出现纠纷解决中的社会失范。另一方面，部分执法人员和干部运行法治思

①　姚远等:《"激活"与"吸纳"的互动——走向协商民主的中国社会治理模式》，《北京大学学报》（哲学社会科学版），2013 年第 2 期。

维和法治方式化解社会矛盾，应对社会冲突的能力不够。在协调社会关系、分配社会资源、化解社会矛盾时存在有法不依、有法难依、执法不严、违法不究的现象，甚至出现"以言代法、以权压法、徇私枉法"等严重违法行为，导致公民的合法权益受到侵害，社会不公平感和相对被剥夺感加剧，衍生出社会泄愤和社会抗争等"负能量"，加剧社会矛盾和社会风险。

其次，法治是有效化解社会矛盾和冲突的根本出路。从封建时代"王子犯法与庶民同罪"的朴素理念到现代社会"宪法和法律面前人人平等"的普遍信条，无不证明法治因其内在所固有的公平正义属性，而历来成为实现社会和谐稳定的有力保障。社会矛盾和纠纷产生的根源在于公平正义的原则受到了侵犯，其外在的表现是对法律法规的违背和破坏。人类社会的发展历史已经深刻说明，正是因为法制被皇权、特权肆意践踏，社会公平正义完全沦丧，才导致社会矛盾日趋激化并最终引发社会动荡和王朝更替。当前，我国随着经济社会的变革也出现了各种矛盾和问题，解决这些矛盾和问题的根本出路就是要依靠法治。当前，社会各种矛盾问题之所以发生，其核心根源在于相关主体的权益得不到有效维护，公平正义的诉求不能实现。在这种情况下，如果民众不能通过合法的渠道和及时有效的法治机制维护自身合法权益，就容易走向极端，甚至酿成群体性事件。因此，只有依法治理社会，把矛盾纠纷引入法治化轨道，使公平正义原则得以彰显，才能从源头上化解社会矛盾，从根本上维护社会和谐稳定。

最后，现代社会治理体系的有效运转离不开法治。现代社会治理体系的突出特点是社会治理主体的多元化。政府不再对社会事务大包大揽，退而成为与社会组织、公民等多方主体地位平等的一方，并与各方以互动合作、协同治理的方式维持社会秩序。这种依靠多元化治理体系应对多样化社会现实的治理方式，通过功能融合、优势互补的各主体之间开展积极合作、良性互动，在多方协同下共同进行社会治理，从而大大提升了治理效率，降低了治理成本。而这种多元共治的现代治理体系只有纳入法治化轨道才能有效运转。其一，复杂多样的社会利益关系需要法治机制进行调整，特别是多元化的各社会治理主体需要具体的、制度化的法律体系对其参与社会治理的方式、途径进行规范和协调，才能实现有序参与，不错位、不争权，更好地整合社会资源，提高治理效率。其二，对于社会组织和公众来说，需要法律法规对其参与社会治理的权益进行明确保护和合理引导，才能有利于调动其积极性，发挥其应有的地位和作用。其三，政府作为居于主导地位的一方，需要依据法律的强制力对政府公权力的行使进行制约，消除权力过于集中的弊端，使政府在社会治理过程中坚持依法行政，不逾权、不越位，实现从管理型政府到服务型善治政府的转变。

二　发展升级：恩施依法治理的路径转换

随着国家治理转型的大势所趋，依法治理已成为治理现代化的关键环节和重点内容。同样，对于恩施州而言，传统的"礼治"和"力治"已经无法适应现代化治理的要求，恩施州的社会治理也迈入了发展的"爬坡迈坎"阶段。将法治置于治理的最高层次和基本底线成为恩施的治理目标。

（一）人治思维亟待转向法治思维

一个地区群众选择处理问题的方式和手段，往往与该地区长期形成的传统文化有关。恩施州自古以来以土司制度闻名于华夏大地，而土司制度也为恩施地区深深打下了"人治"烙印。同时，土家族地区复杂的自然环境练就了土家族强悍的性格，独特的民族传统培养了他们的尚武精神。因此，"人治"思维也严重制约着恩施人法治思维的培育。

一是"力治"传统制约了法的渗透。一方水土养一方人。恩施位于偏远的大山区，历史上长期"因俗而治"，实行地方统治的土司制度，未实现核心地域的郡县制，伴随郡县制的国法极其稀缺。加之人们生存条件恶劣，只有依靠各种手段寻求生存，包括暴力手段，由此形成暴力崇拜。为了维持稳定，政府也只能依靠更强大的力量加以压制，从而形成暴政与暴民恶性循环，以至于当地人的国法淡化，法理认知缺失。一些农民在处理日常纠纷时，往往是"不用口头，就用拳头"。同时，由于现代教育的发展不足，农民法律知识欠缺，老年人多数"大字不识一个"，年轻人"挣钱糊口没时间学习法律"。因此，农民"认事不认法"、"认理不认规"、"认情不认法"的观念严重束缚着法治思维落地生根。而熟知"乡规民约"、拥有乡土权威的乡村精英们，如村医村教等乡贤，虽然也在向"现代乡绅"转型，但是其自身的法律素养较低，也难以成为守法农民的领头人。

二是"熟人社会"忽视了法的存在。恩施州农民世居深山，基本处于血缘与地缘叠加的乡土社会。自给自足的小农经济不必与外部交往，他们主要依靠在封闭的血缘与地缘关系基础上形成的"礼俗"进行自我调节。这种礼俗久而久之就形成了恩施州特有的人情。当人情在恩施州能够将矛盾纠纷化解时，国家法律往往就会被忽略。如恩施州山民热情好客，常常爱摆"无事酒"，但原本亲友之间联络感情的"整酒"被部分人作为借机敛财的手段，有事无事都整酒，"伤不起"的"无事酒"、"送不起"的"人情债"让农民苦不堪言，但整体的风气还是延续了这种与现代理念格格不入的习俗。可见，恩施州基层社会更多的是情理为先，借助熟人社会的人际关系治理村庄。尽管历史上有国法，现代也有国法，但在乡土社会中的运用极其有限。

三是"青天情结"规避了法的使用。对于农民而言，文化水平的限制和粗犷的性格促使农民为了省事省时省力，遇到问题就习惯性向"青天老爷鸣冤"，"信上不信下"，"信访不信法"。2012 年，全州涉法涉诉信访案件居全省前列，部分乡镇成为信访重灾区，甚至"群众遇事就闹、见领导就围"。"拆迁、征地、流转、劳资"等问题稍有不慎，就会引发群体性事件，农民有理无理都热衷信访，而非借助法律手段。

(二) 战略布局亟须法治保障

现代社会是一个异质性社会，需要通过法律规则解决异质性社会面临的种种问题，为异质性、流动性社会提供一个稳定的制度支撑体系。随着恩施州现代经济的飞速发展，个体与个体、个体与单位、单位与单位之间的经济关系变得愈来愈微妙，各行各业也越来越需要专门的法律人才担任法律顾问，处理发展过程中的法律难题。

一是"生态立州"战略要求改善法治环境。地处武陵山区的恩施州，气候适宜，植被丰富，生态优良，是名副其实的山水大州、生态大州。2007 年年底，州委、州政府确立了"生态立州、产业兴州、开放活州"的发展战略，既要金山银山，更要绿水青山，坚持"青山绿水也是政绩"

的执政新理念，着力推进产业结构调整，使全州经济健康协调可持续发展得到有效保障。2014年3月，恩施州委书记王海涛在与律师代表座谈时强调，"法治环境是一个地方重要的投资、旅游、人居环境，要把经济发展、民生改善、全面深化改革等重点工作纳入法治轨道，确保所有工作于法有据"。但与此同时，景区开发、景区管理等环节的矛盾纠纷也日渐增多。如恩施大峡谷风景区开发中，征地拆迁、移民安置、商户利益纠纷等新矛盾"井喷"，过去，干部采取高压维稳和行政强制手段，直接导致矛盾升级，造成大规模群体性事件，成为沐抚发展的"心头病"。沐抚办事处人武部长刘伟介绍，"过去，大峡谷开发使沐抚成为上访的'重灾区'。曾经恩施市公安局一年可能出动特警10余次。2012年3月19日，沐抚办事处办公大楼被200余位农民围了10多个小时"。

二是"双轮驱动"战略需要法治保驾护航。"贫穷落后是横亘于恩施经济社会发展之路的最大鸿沟，而发展水平最弱的是产业化，最低的是城镇化"，恩施州委书记王海涛这样评价恩施的最大问题。自2008年以来，恩施州经济增长步入快车道，生产总值增幅连续突破10%。城镇化率也从2009年的27.5%增长到2014年的38.4%，增长了11个百分点，但仍落后于全国水平16个百分点。对此，恩施州于2013年开始推行产业化和城镇化"双轮驱动"战略，不仅为经济社会发展注入了驱动力量，也找到了推进综合扶贫改革的着力点。然而，快速的城镇化过程也带来了一系列利益冲突，仅仅依靠"力治"，会进一步强化利益冲突。从信访情况来看，全州信访总量从2011年起连续三年高居湖北省"前三甲"，在赴省进京越级上访、重复上访、非法上访中，涉法涉诉信访占60%以上。且信访事项中的受理率、办结率、满意率在湖北省排名靠后，恩施州一度成为了湖北省综治维稳的重点区，也是湖北省信访的重灾区。典型如恩施市龙凤镇，在综合扶贫改革试点全面推进以来，扶贫搬迁、移民建镇、退耕还林和产业结构调整等带来了征地纠纷、山林界址纠纷等一系列前所未遇的矛盾。加之农民大量外出务工，婚姻矛盾和劳资纠纷不断涌现，一些在外省打工的农民受到了不公正的对待，只能忍气吞声、铩羽而归。因此，恩施城镇化的发展亟须法治保障。

三是"三位一体"战略以法治提升治理能力。在快速城市化的背景下，农村社会发生了巨大变化，这个变化可以简单概括为三个方面，一是传统的相对封闭的村庄边界被打破，村庄由封闭走向开放；二是农村中青年劳动力大量进城务工经商，农村出现了老龄化和空心化，村庄社会结构发生巨大变化；三是延续数千年的农业税的废除和国家开始向农村大规模转移支付。这三大变化，体现在村庄治理上，就是传统的主要依靠村庄内生力量维持秩序的能力大为下降，村庄中的诸多矛盾和问题非村庄内部引发，仅靠村庄内部力量也无法解决。对此，恩施州委按照党的十八届三中全会提出的"提高社会管理科学化水平，必须加强社会管理法律、体制机制、能力、人才队伍和信息化建设"要求，大胆对乡村治理方式进行创新。2013年以来，恩施州部署了"三位一体"的农村社会治理改革，即以"村医村教进班子、法律顾问进乡村、农民办事不出村"为抓手的"三位一体"基层治理模式。三项改革旨在促进恩施基层治理多元化、法治化和现代化，让农民分享改革成果。而只有把法治作为协调各方利益的方式，才能让改革释放更多红利，也才能促进治理秩序的法治化，提升治理能力。

（三）法治悬空亟须转向法治落地

党的十八届四中全会提出："法律的生命力在于实施，法律的权威也在于实施。"然而，长期以来，受外生型法治的惯性影响，我国法治管城市而不管农村，管干部而不管农民，山区法治处于"政府无服务、农民无意识"的"悬浮"状态。法治落地成为了山区社会治理法治化的难点与重点。

其一，法治内生不足阻碍了法治落地。中国法治化的路径有两条：一是由外向内，引进国外法治观念和法律条文，制定并修改本国法律。自新中国成立以来，我国一共颁布过892部法律，其中现行有效的是243部。恩施作为民族自治地区，拥有地方立法权，也有利于根据地方特色制定政策推动发展，也能有效避免红头文件"朝令夕改"，但是政策侵权和政策违约也难以通过司法程序及时有效地解决。二是自上而下，由国家向社会传递，"送法下乡"。从空间的维度来看，"法治中国"意味着中国全域的法治，不仅是城市的法治，也包含着农村法治。从我国法治建设的实践来看，"法治中国"建设关键在顶层设计，根本在基层推进。实际上，党和政府也十分重视基层法治建设，自1986年开始，国家陆续组织实施了六次全国性的普法活动，人们的法治意识有了明显提高；司法行政机关深入基层"送法下乡"，运用法律化解矛盾纠纷，有效维护了基层社会的稳定和谐，也使人们亲身受到了法治教育；基层政府依法为农村"两委"选举工作"护航"成为农村法治的生动实践。尤其是近年来，部分地区率先探索了"律师驻村"制度，依托执业律师进村为农民提供专业的法律服务。如广东省和江苏省推行的"一村（社区）一律师"工作制度，其主要依靠政府统一购买法律服务，或者政府补贴加律师义务奉献，或者是沿海发达村庄和企业自行聘请律师。这两种路径是必要的，但还不够，它们都属于外生型的法治。尽管"送法下乡"已持续多年，但法律服务往往不从农民需求出发，而是"照本宣科"，这也导致了法治在山区难以落地。而对于落后山区，律师往往不愿下村提供法律服务，这也导致山区缺乏专业的法律服务人才。因此，输送型的外生法治模式在山区难以奏效，探索内生型法治模式考验着恩施政府的改革智慧。

其二，经济实力较弱制约了法治发展。贫穷落后是横亘于恩施法治发展之路的鸿沟之一。恩施州下辖8个国家级贫困县（市），是全国重点集中连片贫困地区之一。2012年，全州贫困人口153.7万人，占全州人口的36%，约占湖北省贫困人口的1/5。在全国30个自治州中，农民人均纯收入、城乡居民人均可支配收入在20位以后；小康社会总体实现程度为74.8%，分别低于湖北省、全国8个和6个百分点，其中经济发展指标低于湖北省19.8个百分点。2012年，全州地区生产总值482亿元，仅占全省的2.1%。经济总量不大，产业结构不优，产业关联度低，产业链短缺，缺乏有规模的龙头企业和产业集群。城镇化率仅为34.55%，落后全国18个百分点，落后湖北省19个百分点，城镇管理水平不高，城市的辐射能力、服务能力有限。全州约1500个村需要通过整村推进才能实现整体脱贫，全州还有近10万户40万人居住在深山区、高寒区、地方病多发区，脱贫奔小康的任务十分艰巨。有限的财力难以应对中央关于"普遍建立法律顾问制度"的要求，难以回应群众依法维权的诉求。为此，探索更为灵活的法治建设方式，成为了摆在恩施州政府面前的一道现实难题。

其三，法律人才匮乏限制了法律服务。恩施州作为湖北省欠发达地区，受以往山区经济条件限制，律师"外流"普遍。恩施州8县市约400

万人口，仅有337名律师。同时，恩施的本土法律人才资源较为匮乏，许多律师的专业知识、业务水平、知识结构等综合素质与政府的要求有一定差距。尤其是近年来恩施州旅游业蓬勃发展，仅2013年就接待游客2650万人次，其中不乏大批外国游客。有时外国游客与景区发生纠纷，但恩施却没有一名涉外律师，大大影响了此类纠纷的化解。此外，大多数律师既对政府的运作程序和政策缺乏深入地了解，也缺乏必要的乡土知识，不够熟悉农村工作。即使是熟悉农村工作的村组干部，因其办事更多运用"土办法"，也难以成为农村法律服务的抓手。因此，山区法治建设长期依靠司法系统，直接服务于农民的法治力量捉襟见肘。

三　困境突围：山区法治的现实挑战

随着经济发展和社会转型，恩施州面临新挑战和新机遇。在社会发展建设中，历史矛盾和现实纠纷双重叠加，涉法涉诉案件居高不下，群体性事件频频爆发。而政府权力运用失当、农民维权措施失准、社会运行机制不全，极大困扰社会发展秩序。严峻的社会稳定形势，倒逼恩施州困境突围。恩施州借助基层法治社会建设契机，实现了社会治理的新突破。

（一）排解矛盾纠纷的"诉求"

当前，恩施州处于经济发展提速时期，在经济利益刺激下，历史矛盾和现实纠纷叠加，矛盾纠纷集中"井喷"，形成严峻的社会稳定形势。一方面，历史纠纷影响现实发展，成为恩施州发展的"病根"，除了数量繁多的土地纠纷以外，家庭邻里纠纷、农业种植技术推广等方面的矛盾也较为突出。另一方面，现实矛盾高发，演变成为新障碍。处于经济发展战略机遇期，恩施州城镇化建设、风景区开发、特色旅游项目打造等，需要妥善解决征地拆迁和移民安置问题。是否能够处理好历史因素和现实发展造成的叠加矛盾，不仅关乎经济建设进度，而且涉及社会治理方式是否能够平稳转轨。而从社会运行情况来看，恩施州在缺乏法治手段和制约规范的情况下，长期受困于矛盾纠纷、信访维稳和群体性事件之中。

一是"浮出水面"的历史纠纷。2015年，恩施州各乡镇（办）进行矛盾纠纷排查工作，统计显示，农村婚姻家庭纠纷、邻里纠纷、山林土地纠纷易发、高发，分别达到 663 件、643 件、607 件，占总数的 57.8%。以恩施市沐抚办事处高台村为例，据不完整统计，沐抚办事处每年发生林权界址纠纷和田地归属纷争达几百件，前些年高台村每年发生林权纠纷不下 100 件，最近几年数量呈现下降态势，但是每年也会发生 20—30 起。历史因素形成的矛盾纠纷，难以在短期内得到合理有效解决，制约着恩施州经济发展步伐。

大量历史纠纷的存在一方面在于确权颁证过程中责任不清，另一方面在于传统村组管理失范。从具体村务执行中责任不清的情况来看，在土地调整和林权改革时期，土地管理者对山区土地或林地的测量登记不够规范，有的"指山为界"、有的"记录笔误"、有的"保留关系"，给历史矛盾埋下隐忧。2008 年林权制度改革，因工作人员不负责任，没有对沐抚营上村倒灌水组集体山林进行实地测量，便在颁发《林权证》时，写上估计面积 658 亩。2013 年 1 月，因恩施大峡谷景区开发，需征该组集体山林，因土地面积"对不齐"发生较大纠纷。另一方面，村庄土地管理失范，难以规约，形成了众多积案难案。20 年前，市畜牧局征收利川市东城办事处新桥七组 9 家农户承包地，由于村集体挪用了补偿款，征地费用未落实到农户，之后通过小组、村委会、办事处、市里各级调处都未能解决，成为了复杂的历史积案。

整体而言，恩施州村居事务管理缺乏法治规范，受扰于政策执行不当影响，历史矛盾纠纷的解决缺少规范性和连续性，化解存在巨大压力。矛盾纠纷难以就地解决，历史矛盾"如火山一样，越积越高"，向外涌出，带来大量非访闹访案件，阻碍恩施州健康稳定发展。

二是"积重喷发"的信访案件。由于恩施州在发展中深受传统思路困扰，缺乏治理突破手段，新的闹访问题在历史矛盾纠纷的基点上"积重喷发"。恩施州作为湖北省信访高发区，信访受理率、办结率、参评率、满意率均在湖北省排名靠后。数据显示，从 2011 年到 2013 年，恩施州信访量连续三年登上湖北省"前三甲"，赴省进京越级访、重复访、非法访中，涉法涉诉信访占 60% 以上。巨大的信访数字背后反映了恩施州紧张的干群关系和巨大的社会斥力。

作为城镇化建设的"排头兵"，利川市东城办事处因经济开发存在巨大的信访维稳压力。伴随城郊区经济开发，东城办事处像"拔萝卜带泥"

一样，衍生了一系列矛盾纠纷，农民通过越级信访渠道维权，倒逼政府让步，使东城办事处披上了"发展的暗纱"。经了解，利川市岩洞寺村同样频发闹访案件。"岩洞寺社区的村干部在征地中，为了完成工作，答应村民蒋继文预留出宅基地，而这种承诺是不符合规定的，后来蒋继文要求兑现预留的宅基地，并为此事前后四次到恩施州和北京上访"。

分析闹访频仍的原因，从农民维权行为视角来看，一方面，过去，恩施州因俗而治，农民信任长官，崇尚暴力。村寨山民文化塑造了恩施州农民强烈的个体意识和"英雄气概"。农民在缺少维权渠道的前提下，往往走上非理性甚至极端路径。2014年6月，坪坝营镇居民唐某因其女罗某所有的林地被征收，镇政府依法将征收林地的费用全部交给罗某，而唐某认为被征林地是所有家庭成员共同所有的，镇政府将钱全部补给罗某的行为侵犯了老人自己的合法权利，与镇政府产生非常大的误解，心生郁结，致使其作出在县政府大门前喝农药的不理智行为。另一方面，农民遇到问题不信任身边的村组管理者，遇到矛盾常常围、堵、缠政府和大领导，形成"小闹小解决、大闹大解决、不闹不解决"的闹访心理，最终导致"小事即出组，遇事就上访"。从恩施州政府负责部门来看，政府部门过去惯行"摆平就是水平，搞定就是稳定"做法，通过强力制裁，"花钱消灾"，而不是"花钱买制度"，刚性的管控思想和维稳手段导致恩施州进入"越维越不稳"的怪圈。建始县业州镇陈克金的一起刑事案件，在经过法院判决之后，仍长期信访，政府为了"摆平"，给其解决生活费55000元。但签订息访协议后，陈克金又反悔，"诉求"变得越来越高。

恩施州信访案件不仅数量巨大，而且种类繁多，解决难度较大。在处理信访案件中，相关部门缺少分类分流，致使有的信访案件常年积聚，农民情绪难以疏解，利益难以兑现，最终衍生成群体性事件。

三是"加速骤燃"的群发事件。在经济高速发展和社会流动机会增多的情况下，农民参与意识增强，参与意愿迅速提升。但是，社会参与制度不健全，参与渠道不畅通，法治机制不匹配，导致农民政治参与失衡，造成社会不稳定。自2003年以来，恩施州全州共发生群体性事件20起，约有6098人参与进来。其中，城镇公共交通经营3起，企业改制重组3起，2起补偿纠纷，涉法涉诉案件2起。当地群体性事件具有几个重要特点，成因复杂，参与者众，诉求不一、类型多样、处理难度大、事件扩散广，造成恶劣社会后果。

恩施州在经济开发加速进程中，经济利益主体越发多元，利益要求更加强烈。而近期发生的群体性事件更具明显的利益性和制度的失范性。利川市都亭街道办事处"冉建新离奇死亡事件"揭开了恩施州地方政府在经济开发建设中与基层政府、民众之间复杂关系的"盖子"，配套制度的不健全为农民"散步"表达政治诉求提供可能。都亭街道办事处是利川市政治、经济、文化中心，而教场村则是都亭街道办事处的核心区域。据报道，教场村八组村民在拆建中对"体育路"提出自拆自建，政府"三违办"却称，村民自建房属于"三违"范围，需要整治。冉建新在村民与政府之间坚持村民的做法，后因违纪违法被判刑，在判决过程中不治身亡。"冉建新案"成为利川市群体性事件的"爆点"，群体性事件爆发加剧了"广场效应"，给当地社会治安和社会稳定造成巨大不良影响。

探究恩施州群体性事件频发背后的机理，恩施州群体性事件的爆发与政府、农民和社会各主体有着重要因果联系。首先，作为政府主体，面对群众的利益诉求和利益表达，缺少正面及时回应。部分政府部门只堵不疏，难以有效疏导农民情绪。其次，对于农民来说，农民对制度化渠道失信，在单一表达渠道难以实现利益诉求的前提下，常常走向非制度性的渠道维护权利。部分农民缺乏法律观念和法治意识，在群体性事件发生过程中，盲目参与进来。非利益相关方的参与，扩大了群体性事件的烈度和影响，将维权行为变成"泄愤事件"，维权行动迅速演变成非法活动。最后，社会治理主体与中间机制不足。群体性事件往往将政府和农民两方直接推向"冲突前台"，双方"剑拔弩张"，事件迅速"爆燃"。信访案件的喷发和群体性事件的偶发给恩施州社会稳定带来巨大压力，而政府、农民与社会之间沟通不畅，严重影响恩施州现实社会发展秩序。

（二）理顺发展秩序的"要求"

社会发展的程度不仅仅在于政府主体单方面的建设情况，更在于政府、社会、公众之间有效融合程度。政府权力有约束、农民权利有保障、社会发展有空间，才能推进社会整体进步，才能依法保障政府、农民、社会权利互不侵犯，求取发展的"最大公约数"。恩施州在现实经济发展和社会管理当中，政府主体、农民主体和基层社会之间存在系统失调的局面。同时，政府机构内部、农民自身素质和社会制度本身发展水平存在较大提升空间，给矛盾纠纷的发生和重大难题的出现提供了"土壤"，成为恩施州法治建设不彰和经济发展迟缓的阻滞因素。

首先，政府刚性维稳。现实社会运行中，恩施州各级政府和有关部门在执法中存在部分不履职责、法责不明和刚性维稳的问题，不仅不能获得农民理解，更造成政府权威式微。其一，恩施州政府或有些部门处理纠纷时职责"缺位"。在处理矛盾纠纷的过程中，基层村干或者市州政府对于农民现实利益诉求不管不问，最终将矛盾拖大、堆大。恩施州州长刘芳震坦言："农村的小事往往因小组长无法管，村干部无心管，乡镇无力管，最终都拖成大事。"鹤峰县邬阳乡乡长汪娟同样表示，"当前80%的重大矛盾都是村组干部不负责，将小纠纷一点点拖大造成的。"农民遇到问题直接"找青天"，"青天办案"彰显恩施州某些层级部门和单位对权力的不负责任。其二，政府不履诺，政府之间"推、拖、揉、绕"，存在权力"打架"。恩施州作为落后的山区，在景区开发和城镇化过程中，需要进行征地开发、移民安置和商铺竞拍等活动，农民的土地利益和商户的商业利益与政府之间的管理权力形成巨大的连接，如何确保利益的均衡，决定着恩施州发展建设的"弹性和柔韧度"。屯堡乡鸭松溪村一名不愿透露姓名的妇女抱怨道，"自己的土地被征用后，政府答应在给予征地款补偿的情况下，给予一定土地补偿。但是土地补偿'竹篮打水一场空'，事后找谁谁都不负责"。恩施州各乡镇政府在经济开发中，善后工作的"阑尾"成为矛盾纠纷频发的"病灶"，也反映出权力部门之间的权责不明。其三，政府强力维稳，社会斥力加大。过去，恩施州有些政府和负责部门办事直接"批条子"、"拿着印把子决定农民的命根子"，缺少事前的风险评估和决策把关。遇到信访闹访直接"重拳出击"，但是强力维稳却像"重拳打在棉花上"，社会矛盾纠纷、信访案件"触底反弹"，"越维越不稳"。据统计，恩施州人大信访部门2013年1月至2014年7月共接待处理涉法涉诉信访问题2728件（次），其中来信952件（次），来访1776人（次）。

其次，农民非理性维权。历史上，农村社会是一个"熟人社会"，也是一个"无讼社会"。[①] 农民遇到矛盾纠纷直接找附近的"老权威"就地

① 费孝通：《乡土中国生育制度乡土重建》，商务印书馆2014年版。

解决，大家"低头不见抬头见"，不愿伤了和气。遇到矛盾，晓之以理，动之以情在先，最后不得已才会诉诸法律。恩施州司法局办公室罗建刚科长介绍，"在偏远山区，民间的纠纷主要依习惯解决，如族长对家族内部矛盾的处理、姑舅对家庭内部纠纷的介入、德高望重的人对邻里问题的调处等，部分纠纷通过这种方式能够得到解决，但也容易激发新的矛盾，小纠纷不能及时公正解决酿成严重刑事犯罪的事例也不在少数"。对于恩施州山区农民来说，一者，农民不知道怎么去运用法律维权，也没有余钱去打"马拉松"般的官司。另外，山村的"土律师"常常将农民导向"歧途"。时任恩施州司法局副局长李邦和表示："过去，大量信访案件背后都有'土律师'在支招。"再者，农民遇到纠纷没有制度渠道进行维权。由于政府之间的不负责任、权力"打架"，农民找政府解决纠纷"门难进、事难办、脸难看"，甚至，去打官司反而"吃"到官司，农民对于体制性的渠道缺乏信任。在利益表达渠道不畅和维权途径不足的情况下，恩施州山区农民"信访、信力、信闹"的意识"如沉睡的狮子一般"被激活，直接暴力抗法，闹访维权，使得信访渠道成为农民的"绿色通道"。还有，农民基于现实利益—风险评估。沐抚办事处党委书记田贵周这样介绍农民为什么信访而不信法，"一是农民上访不用走程序，能够短期得到回应；二是打官司要花钱，而农民不想去花钱；三是打官司具有风险，官司输了农民要负责"。山区农民需要解决遇到的矛盾纠纷时，通常对维权成本进行比较考量。农民出于对政府高压维稳的规避以及对维权回报的期待，最终将"赌注"压在信访的道路上。但是，信访闹访也使农民陷进其中，如同"走钢丝"，长期与政府"缠闹"。

最后，社会稳定缺乏"减压阀"。矛盾纠纷的化解部分在于社会"冲气囊"和"缓冲带"的存在，这些中间缓冲能够减少矛盾冲突的烈度和强度。而社会缓冲机制的空白将会使政府与农民"短兵相接"，加剧矛盾纠纷的解决难度。恩施州作为落后山区，经济发展迟缓，社会发育程度不足，社会治理机制和组织尚未建立健全。从矛盾纠纷的解决人员、途径和机制来看，一方面，缺少专业调解人员。据统计，2013年以前，恩施州各乡镇（办）几乎没有律师，司法所也只有1—2名司法工作人员，基层司法维稳工作压力巨大。而在现实经济发展过程中，基层政府遇到大量的信访难题，类型复杂，涉法涉讼案件占比高，技术含量要求高。现实倒逼恩施州亟须引入专业治理人员参与矛盾纠纷解决之中，帮助政府分担，减少管理成本。但是，恩施州在处理矛盾纠纷的过程中，政府缺少对于案件事前的法律审查，对于解决矛盾纠纷所出具的处理决定缺乏法律研判，使政府在执法的过程中就成为"违法者"，最终导致政府因农民闹事而出事。

另一方面，社会疏导途径和机制不足。经济发展需要良好的社会环境给予保障，而创造优良社会环境需要多元的疏导途径和多样的分流机制。恩施州在经济发展和矛盾纠纷"双重高发"的现实面前，农民遇到利益问题，表达渠道不足，农民"有诉求难言求"。同时，面对繁冗复杂的矛盾纠纷，基层政府缺乏对于矛盾纠纷的分类，常常采用"一刀切"、"眉毛胡子一把抓"的方式加以对待，"小矛盾养大、大矛盾成访"，这就加剧社会管理难度。所以，建设纠纷筛选机制成为迫切需要解决的问题。另外，恩施州在处理矛盾纠纷的全程中，事后缺乏监督机制和执行力。过去，恩施州众多矛盾纠纷虽然经过村组干部、乡镇领导的处理，但是有的农民事后反悔，不认账、"翻烧饼"，给现实矛盾的化解带来巨大危害和不良示范。据了解，恩施州基层乡镇单位每年处理历史积案的花费都得上百万元。政府在调解纠纷、处理信访案件的时候，缺少法治程序规范，"重复办案"，抬高了社会管理成本。

恩施州在经济发展和社会转型时期，如何保障社会发展秩序的有序运行决定了发展的持久性和建设的长效性。对于不断增加的社会矛盾，如果置之不理或者处理不当，都会加剧社会内部的损耗，减少发展的活力。在现实面前，社会机构之间系统紊乱、农民自身法治意识欠缺、社会纠错制度不健全，给恩施州矛盾纠纷的高发"打开了巨大的裂口"，成为矛盾纠纷的"高发区"和信访维稳的"重灾区"。现实启示，多元治理机制和专业性治理主体的建立健全，是规避政府和农民暴力对冲，由"拳头政治"走向"理性政治"，实现治理法治化的重要助推力。

（三）创新治理方式的"追求"

恩施州作为矛盾纠纷频发的山区地区，经历了从传统礼治到力治的治理嬗变过程，而礼治和力治方式在现代利益社会中难以有效解决矛盾纠纷、信访问题。对此，需要转变治理思维和治理方式，法治治理应运而生。而恩施州法治治理模式的创制，为基层治理探索提供了善治样本。

传统中国社会是一个礼治社会，因俗而治，习以为常，内生规约成为乡土社会的治理纽带。在礼治社会中，社会秩序通过礼俗进行自我调节，乡土内部法治空间较为狭窄，不需要外部国家法律介入。恩施州作为少数民族为主的边远山区，传统时期，国家力量影响较弱，乡土社会通过自我力量进行管理。山区农民相信自己的组长和组内熟悉的"头人"，在日常生产、生活和管理中，村寨内遇到矛盾纠纷大家讲情面，说情理，"大事化小，小事化了"，农民注重自己在村寨中的地位和面子，不到万不得已不寻求法律途径解决问题。邬阳乡斑竹村村民谈到，"农民最担心的事情，不是罚款，不是坐牢，也不是饿肚子，他们最怕的是无法在当地'为人'"。由于大家互相熟悉，组内矛盾自行消解。但是，山寨农民借助礼俗管理具有一定的局限性，礼俗讲求关系和人情。在日常管理中，缺乏相对完备的程序和一定的治理规范，常常导致矛盾堆积，形成历史性纠纷。高台村第一书记周甲芳谈及，"过去，有的小组长碍于面子，对于小矛盾还参与调解，大纠纷就不管了，关系和人情成了村内矛盾堆积的重要原因"。乡土"人情"、"关系"，成为现代法律向下渗透的两道"难关"。

伴随国家建设进程，传统因素受到现代化改造，礼俗纽带日益剥离脱落，礼俗权威逐渐流失，国家权力下渗进入乡土底层，由传统的礼治社会步入行政社会。在过渡的行政社会时期，农民与国家直接接触，政府权力主导的"力治"模式成为该时期的主要方式，农民处于被支配地位。恩施州受到"力治"影响较为深远，"力治"思维和方式不仅固化了政府的行政思路，同样也束缚着农民的维权选择。随着恩施州经济提速阶段的到来，一方面，农民利益意识被激活，农民利益诉求越来越多样，利益冲突增多。另一方面，由于政府沿用行政强制的"力治"方式，强化了利益冲突。长期的山民思想使得农民遇事动用暴力，"拳头出气"代替了"依法解怨"，农民常常因为法律意识淡薄走上违法道路。2010年以来，鹤峰县共发生现行命案11起，特别是2012年邬阳县"3·7"故意杀人案，犯案者因家庭纠纷就杀死其岳父一家4口。同时，恩施州在基层法治建设难以深入乡土的背景下，基层政府缺少法治思维，遇到纠纷"大棒对拳头"，以暴制暴。强制维稳手段使社会矛盾由小变大，不降反升，农民与政府进入"零和博弈"的"双输"怪圈。而从现实发展要求来看，农民信访维权、政府以力维稳的方式不再是最理性的选择，而依法维权和依法行政才能够实现双方甚至多方之间的"非零和"博弈，达到"多方共赢"局面。

现实"力治"方式导致恩施州社会矛盾纠纷层出不穷，涉法涉诉信访积案众多，非访、越级上访人数居高不下。基于这种困局，恩施州州委书记王海涛深入基层调研，表示："涉法涉诉上访居高不下，案判了事未了，怎么办？这让我们想到要找律师、找律师顾问团、找法律专家委员会，要他们来会诊。现实的困难逼迫我们必须拿起法律的武器来回应，所以我们开始组建法律顾问团"。2013 年，恩施州借助国家"普遍建立法律顾问制度"契机，推行"律师进村，法律便民"建设活动。通过以法治建设为杠杆，把礼治和力治治理中的积极要素融入法治治理当中，补充了稀缺的法治资源。恩施州把法治作为社会发展建设的底线和保障，实现了治理路径的转轨，维护了社会公平正义。截至 2014 年 11 月，全州已组建法律顾问团 126 个，聘请法律顾问的村（居）委会 1886 个。全州法律顾问共解答法律咨询 25800 余人次，办理 541 件法律援助案件、法律援助事项 6557 件。

恩施州"律师进村，法律便民"建设活动作为山区基层治理探索的创新典型，具有可复制性、可推广性的根本原因就在于其解决了法治落地难题，使得政府依法维护社会稳定，农民理性合法维权，社会法治氛围浓厚，成为基层法治治理的有效探索。首先，政府依法维护社会稳定。恩施州通过以市场为杠杆，采用单列预算手段，将作为独立"第三方"的律师引入到基层社会信访维稳行列之中。一方面，基层政府在处理矛盾纠纷的全程中，事前咨询律师意见，事中律师会诊研判，事后律师把关决策，政府戴上了自我约束的"紧箍"。由于作为独立主体的律师参与，政府、农民之间的地位变得平等，政府对矛盾纠纷和信访难案作出的处理意见或决定更加合法公正，避免因违规违法行政造成"冤案错案"，政府权力有了约束，执法更加合法，合法性权威渐增。其次，农民理性合法维权。恩施州大量的信访问题和稀缺的律师资源困扰着基层社会，而农民见不着、用不起律师的现实使农民走上闹访维权的路子。如何引导农民依法维权成为解开信访"死结"的关键一环。恩施州将法治平台建在村居，把法治要素引入乡村，培育乡土法治新人，搭建了法治治理机制。农民"无事时能学法、遇事能问法、有事时能用法"，依法维权行为取代了闹访缠访行径，农民本身成为法律宣传员和法治建设者。最后，社会法治氛围浓厚。恩施州在基层法治建设的进程中，借助政府公共财政支持，引入独立"第三方"律师资源，规制政府，引导农民。"农民少了怨气、政府多了底气、社会多了和气"。

恩施州借助基层法治建设活动，社会矛盾不断递减、社会守法意识提升、基层社会法治氛围逐渐呈现，开辟了独具特色的法治治理路径。更为重要的是，恩施州以基层法治社会建设为撬点，丰富了社会治理主体，完善了社会治理机制，形成了法治治理方式。恩施州在从传统"礼治社会"向"法治社会"转变的过程中，通过法治深耕，基层社会治理土壤更加丰厚沃实。

小　结

当前，中国处于深化改革和战略转轨时期，社会治理方式急需突破创新。于此，国家治理能力和治理体系现代化的适时提出为社会治理转型开题谋篇。在治理现代化的整体布局下，"法治中国"建设的起航为治理现代化的宏伟目标提供了重要助力。而"法治建设的重点在基层，难点也在基层"，努力推进基层法治建设成为治理法治化的根本，进而也是实现治理现代化的重要突破口。

恩施州作为受到传统礼治和力治深厚影响的"老、少、边、穷"的山区地区，基层法治建设始终难以落地，法治思维受阻，法治意识薄弱，法治治理空白。而目前恩施州处于经济发展机遇期，经济建设要求法治环境予以保障。但是，在现实社会运行当中，政府缺乏依法行政，农民依法维权渠道单一，不断高启的法治需求和稀缺的法治服务严重错位。最终导致矛盾纠纷叠加、信访闹访频频、群体性事件不断，社会稳定形势不容乐观。

如何破解基层社会信访难题、巩固基层法治建设阵地、提升基层社会治理水平，成为摆在恩施州发展面前的重大难题，也是恩施州谋求改革的重要动力。为此，恩施州借助国家治理现代化和"法治中国"建设的重要契机，敢为人先，率先一步打造出一条独具恩施特色的"律师进村，法律便民"的法治建设之路，为基层治理"杀出一条血路"，成为山区治理的善治范本和创新典型。

在法治牵引中充实治理主体

治理意味着国家与社会、政府与非政府、公共机构与私人机构间的合作。多元化治理是治理体系现代化的必然要求。然而，在我国地方治理中，社会力量参与不足，治理主体仍然比较单一。在恩施州，同样面临着基层治理由政府主导和"大包大揽"的问题。一方面，领导干部"拍脑袋决策"现象较为普遍，在解决社会问题时，政府包揽了大事小事，涵盖了所有程序，集权力于一身；另一方面，作为专业社会力量的律师以及具有积极作用的乡土主体，在基层治理中却缺乏制度化的参与渠道和平台，导致有效的治理主体缺位。

2014 年起，恩施州率先推行法律顾问制度，推进"律师进村，法律便民"工作。首先，以政府采购的方式，将律师专业化力量融入到政府治理中，打造新兴治理主体；其次，通过律师引导和法治规制，规范政府主体的治理行为；再次，通过律师进村与法治衔接，建立起乡土主体与律师间的联动机制，激活了乡土力量在基层治理中的功能。在政府主体、专业主体以及乡土主体的互动共治下，恩施州成功培育出一批法治化治理主体，弥补了政府单一治理的缺陷，实现了治理主体补位。

一　以法治引导促进专业参与

党的十八届四中全会明确提出，"积极推行政府法律顾问制度，建立政府法制机构人员为主体、吸收专家和律师参加的法律顾问队伍，保证法律顾问在制定重大行政决策、推进依法行政中发挥积极作用"。然而，在我国地方治理中，律师、专家等专业力量的常态化和制度化参与并不多见。为此，恩施州采取市场化方式，由各级政府统一采购法律服务，并拓展律师功能，促使法律服务下沉基层，同时保障了治理主体的专业性。

（一）律师参与的现实需求

在我国广大农村地区，特别是山区农村，普遍存在着法治资源稀缺、法治力量难以深入，导致农民维权缺乏指导的难题。随着经济发展与社会急剧转型，法治缺位已很难适应社会管理的新形势。对于同处山区的恩施州农村来说，引入专业律师参与基层治理过程，有着迫切的现实需求。

一是山区农民依法维权的诉求。近年来，恩施州各县市城镇化建设"如火如荼"，由此引发的征地拆迁、土地产权、边界纠纷等问题，使农民之间和干群间的矛盾纠纷也日益增多。在恩施州利川市东城办事处，自2008年以来，征地拆迁引发的矛盾纠纷多达上千件，其中半数的矛盾纠纷涉及法律问题。但是，由于法律资源稀缺，农民很难便利地寻求到专业的法律服务维护自身合法权益。在建始县业州镇马栏溪社区，有的村民小组到居委会车程需要2个小时，法律资源的供给更为困难。随着经济社会的发展，农民也逐步认识到了法律在维权中的重要性，一位农民表示，"一些矛盾纠纷，村干部碍于人情无法解决，而找律师就能解决"。然而，由于农村缺乏律师资源且交通不便，农民普遍面临着渴望法律却用不到法律的困境。因此，依靠政府来推动法治服务下乡，将律师服务变为一项公共服务，以此满足农民的现实需要，显得尤为必要。

二是干部依法办事的要求。在恩施州，干部运用靠权威、讲情面的"土办法"来处理矛盾纠纷的现象普遍存在，与现代法治理念不甚相符。而且，随着城镇化建设的快速推进和农民法律意识的逐步增强，传统的治理方式已经不合时宜，对基层干部的治理能力也提出了更高要求。在利川市理智村，5组村民刘某"承包"了几亩农转非退出来的土地，但由于村委会对法定程序不太了解，使承包手续并不齐全，不具有法律效力。后来，刘某因土地被征用向村里要钱，村支书就讲道理进行调解，前后经历了半年依然没有成功解决。刘某认为"地是自己种的，那应该是属于我的"，而村干部并没有意识到这属于法律界定的问题，依然采用过去的老办法，导致调解不尽如人意。此外，在过去的治理中，还普遍存在着强制性手段，宣恩县伍家台村村主任表示，"过去群众不听话，就不帮助他办红白喜事。这对农民来说是很大的威胁"；黄坪村党支部书记姚元翔也说道："过去做工作就是大老粗，有着很多不合规则的行为。"

三是化解干群直接冲突的需求。传统的社会治理结构为政府主导型，缺少社会中间环节，导致农民和政府处于二元对立格局，使得农民与政府互动容易发生冲突。如何有效引进并充分发挥律师"第三方"的专业作用，破解干群间的对立困局，成为社会治理的重要课题。

（二）律师进村困难重重

将律师等专业主体引进到农村中，是充实恩施州基层治理法治资源的迫切需求。然而，受当地传统文化、复杂的地理环境等因素的制约，法治资源在深入基层的过程中存在着诸多困难。

第一，地理环境方面，恩施州山大人稀，山地面积广，地形复杂且人口分布不均。农民多散居深山，出行和联系均不便，导致律师服务到村困难。鹤峰县杜江律师讲："我们所离邬阳乡最近的村有49公里，距离中营乡最近的村是30公里，下乡1天只能到乡镇，很难进村。"同时，恩施州"大村多、小村少"，平均每个村近10个小组，法治服务单元也比较大，如宣恩县万寨乡1个律师要负责全乡24个村、244个小组的业务。此外，恩施州外出务工人口多，人口流动性强，2014年，恩施州外出务工人员达到90万人，中青年男性的大量外出，使村中多老弱妇孺，而受其年龄和文化水平的限制，政府很难及时组织村民开展法治活动。

第二，社情民意方面，恩施州少数民族人口超过一半，且居住较为分散，民情复杂。目前，全州有25个民族，各族"大杂居，小聚居"。受客观条件限制，恩施州总体经济水平发展相对滞后，2014年，全州人均GDP为18206.52元，位居湖北省末位，很大程度上制约着公共服务的供给。另外，据第六次全国人口普查统计，恩施州初中、小学和不识字的人口占总人口的74.3%，平均受教育程度不到初中二年级水平，远低于全国、全省的平均水平。各少数民族在社会习俗和文化传统方面也存在较大差异，使得当地社会结构、社会整合方式和社会治理理念与其他地区有很大差异。

第三，法治资源不足成为"律师下乡"的重要限制。一是律师数量匮乏，受山区经济条件限制，律师"外流"普遍。目前，恩施全州仅有律师 337 名，且集中分布在经济发达地区，"老、少、边、穷"的农村地区律师极少。律师作为承担"法律下乡"服务的主力军，区域律师资源的不平衡极大地影响了法治服务的均衡性。二是经济发展水平滞后，财政建设资源短缺。2013 年，恩施州人均 GDP 在湖北省排名倒数第一，落后的经济、薄弱的财政资金使农村基层法律服务缺乏较强的物质基础支撑，既不利于律师进村的经费保障，同时影响到法律服务的持久性。

(三) 如何"邀"律师进村

为改善因地理环境、社情民意、法治资源缺乏等带来的律师下村难题，恩施州改变传统的律师服务方式，改由政府统一购买法律服务，促使法治服务有效落地。

(1) 市场运作，让律师服务下沉

在市场经济中，律师群体虽是法律正义的维护者，但同时也是市场化的"职业群体"，由于农村法律服务经济效益低，多数律师不愿下村服务。为改变现状，恩施州遵循市场化的运作模式，推行法律顾问制度，要求各级政府及部门统一购买法律服务，根据需求独立与律师事务所签订协议，做到每个乡镇都有一个法律顾问团，每个村（居）都有法律顾问。

首先，政府埋单，单列预算。所谓"政府埋单"，是指通过市场机制，将"法律便民"作为一项公共服务，交由具备条件的社会力量承担，政府根据服务数量和质量向承担机构支付一定的费用。恩施州将这种模式总结为"百姓点菜、政府埋单、律师下厨"。通过统一购买服务和单列预算的方式，打消了律师做"义务工"的顾虑，提高了律师投身基层的积极性。在恩施市屯堡乡，被聘的法律顾问每人每年可得到基本服务费6000 元，而绩效经费则由律师提供的法律咨询（50 元/次）和培训（500 元/次）次数等加以累计。

其次，平等协商，共同议价。恩施州通过市场公开招标的方式，由双方平等协商、共同议价，达成协议。律师可以和政府就服务价格"还价"，政府也可以根据需要对律师提出要求，完全遵循市场交易规则，改变了过去行政式的交易方式。2014 年，恩施州财政局、司法局联合下发《恩施州普遍建立法律顾问制度经费保障办法》，明确规定相互尊重原则：

"法律顾问要充分尊重聘任单位意愿，与聘任单位在服务方式和服务内容上努力达成共识。聘任单位要认真对待并积极采纳法律顾问提出的法律意见和建议。"2014年，宣恩县万寨乡在与法律顾问签订协议时，觉得法律顾问的事情不会太多，因此只支付了10000元的费用，律师顾问对此并无异议。但是，法律顾问团成立后，律师每天要接十几通农民的来电，农民一有事就来找律师，律师工作负担沉重。为此，法律顾问团向万寨乡提出增加服务费用的意见，经过双方协商，万寨乡在2015年将法律顾问费用增加到了30000元。

最后，灵活开展，各取所需。恩施州各地的经济发展水平以及社会冲突程度存在着差异，各地对法律服务的需求类别和程度也不相同。因此，恩施州并不要求各地采取同质化的运作模式，而是根据各地的经济能力、服务需求和法治资源等情况，自行制定律师的服务职责、范围以及费用标准，避免上级政府统一支付服务费用而使服务缺乏"针对性"以及难以考核的问题。例如，恩施市沐抚办事处通过分期付费的方式来考核律师的服务质量，在签订协议时先支付给法律顾问3000元，等案件彻底解决后再支付2000元，如果案件不能彻底解决，则按照解决程度进行支付。在利川市，东城街道办事处由于重大纠纷案件较多，因此在与法律顾问签订协议时规定，"对重大案件和疑难纠纷集体讨论时，法律顾问必须按要求参加"，缺席一次扣除酬金2000元。

（2）拓展功能，适应多元化需求

过去，律师功能以诉讼代理为主，且主要服务都集中在经济发达的城市地区，律师业务呈现出单一化和片面化，这种服务很难适应恩施州社会矛盾剧增、干部群众法治意识薄弱的现实需求。因此，恩施州各地在与律师签订协议时，不仅规定律师要担任政府的诉讼代理人，还要为农民提供法律咨询和融入矛盾纠纷调解，以此使矛盾化解的关口"前移"。

其一，咨询功能。恩施州各县市在农村均设立了"法律诊所"或法律顾问室，农民可以免费向律师咨询法律问题。利川市团堡镇高岩坝村进行村民委员会选举时，一位村民不在家，选举结果公布后，这位村民反映"选举时我没有在家，我没有投票，这个结果没有用"，之后还为此事到镇里上访。律师进村后，该村民向律师咨询此问题，律师向其普及了选举法知识，使该村民的疑问得到解决。另外，恩施州各地还印制了法律便民服务卡，农民通过电话咨询可以随时联系律师，仅恩施市就发放便民服务卡 50000 张。沐抚办事处法律顾问吴先政说，"自从发了联系卡后，我接到咨询电话最多时一天达 27 次"。截至 2015 年 5 月，恩施州的法律顾问已经免费为村民提供咨询服务达 11.48 万次。

其二，疏导功能。一直以来，农民到政府部门反映的个人诉求纷繁各异，有的是农民间的私人恩怨，有的是涉法涉诉问题，还有一部分是不合理的需求，政府部门迫于维稳压力，很难全部依照法律程序给予回应。利川市东城办事处组织委员邹晓恩说："过去我们盲目地息访、退让，经常花钱买平安。"法律顾问制度建立后，恩施州各地让法律顾问对信访案件进行分类疏导，对于不合规定的诉求不予受理，如果是涉法涉诉问题，法律顾问会引导转入司法程序，协助来访者进行法律诉讼。2013 年 8 月，恩施市沐抚办事处木贡村 6 组和 7 组村民因山林补偿发生纠纷，双方冲突不断，后来到办事处上访。因为双方的纠纷涉及相关法律，法律顾问建议办事处让双方通过诉讼来解决。办事处听取法律顾问的建议后，先行垫付诉讼费用，引导双方各自聘请律师搜集证据。2014 年 1 月，法院受理此案，双方均同意走法律渠道解决问题。

其三，调解功能。过去，律师主要通过代理诉讼解决问题，而现在律师的功能重在调解，当发生矛盾纠纷时，律师向当事双方讲明相关法律以及利弊，使双方达成和解。利川市东城街道办事处规定，"法律顾问如果能当场调解的，就当场调解"。建始县业州镇通过合署办公的方式，让法律顾问与信访工作人员共同接访，使法律顾问参与调解信访案件。马栏溪社区 3 组村民王某和秦某因为盖房子发生了纠纷，村干部调解了 2 次，司法所调解了 6 次，都没有成功，后来请律师进村，依据法律进行调解，才使双方达成了和解协议。当地村民李大富表示，"村里调解不好的，现在可以直接找律师调解"。

（3）因地制宜，让法治有效落地

在建立法律顾问制度的"普遍性"之外，恩施州各地还根据自身特点探索出了具有"特殊性"的参与模式。虽然律师参与的方式、程序、程度以及内容有所差异，但都达到了同样的法治治理效果。

其一，乡土融合型。在乡土资源丰厚、乡土力量较强的地方，恩施州以乡土力量为治理基础，以专业力量为治理保障，充分利用乡土力量自身的传统权威和声望调节社会关系。同时，律师还为乡土力量提供法制培训，使乡土力量的治理方式在法治轨道内运行，使二者有效融合。在恩施市沐抚办事处，相较于乡镇干部和村干部，小组长在小组内有着更高的威望，办事处党委书记田贵周说："有一些问题，乡镇干部和村干部解决不了，但是小组长一句话就能解决，因为他在小组里有权威，大家都会服从，即使心里不服，出于面子也不会再闹事了。"为此，沐抚办事处将小组长作为矛盾纠纷化解的第一个层级，任何矛盾纠纷的调解程序都从小组长开始，而当小组长在调解过程中遇到法律难题时，法律顾问可及时提供协助。另外，法律顾问还通过参与村务会议、定期召开会议、融入屋场等形式对小组长进行法制培训。沐抚办事处高台村的一位小组长说，"利用夜会或者屋场会向村民宣传，既不耽误大家的时间，还能够增加大家的法律常识"。

其二，专业引领型。"引领型"的参与模式是指在法治基础薄弱而矛盾纠纷突出的地方，以律师等专业力量为核心主体，引领领导干部调解社会矛盾纠纷并及时提供法律意见，使专业主体在第一时间、第一关口参与到案件处理中，发挥引导作用。以利川市东城街道办事处为例，东城办事处位于城市建设的主战场，经济社会发展迅速，征地拆迁规模大，因此上访闹访现象也较严重，再加上领导干部法律素养不足，难以及时有效地解决难题。为此，东城办事处让律师引导干部排查防范并主动对案件进行调查，全程参与矛盾纠纷调解与决策讨论。在此基础上，东城办事处还创建了以律师为核心的"四个联合"机制，即联合接访、联合会诊、联合化解、联合稳控。当地马桥村7组村民刘某与冉某因宅基地纠纷大打出手。得知情况后，法律顾问陈律师及时与双方交流并进行实地勘察，在律师调解下，双方签订了和解协议。

其三，官治合作型。在社会构成较复杂的地方，政府难以依靠单一的力量进行治理，恩施州通过行政力量和专业社会力量合作共治的方式，充分发挥双方各自优势，共同对社会问题进行排查、讨论、处理，实现了专业力量对行政力量的补充以及行政力量对专业力量的支持。恩施市屯堡乡是典型的移民区，人口来源比较复杂，平时村民之间交往不多，矛盾纠纷很容易激化，政府在处理矛盾纠纷时面临着诸多阻碍。为此，屯堡乡主动与法律顾问展开合作。一是与法律顾问共同普法。屯堡乡采取"政府搭台，律师讲法"的普法宣传方式，既发挥法律顾问的专业优势，又体现政府提供平台的基础作用。截至目前，屯堡乡共举办了 3 次大型普法宣传活动。二是与法律顾问共同调解。法律顾问通过提供法律咨询、参与综治例会、召开屋场会议，与政府开展合作，共同对矛盾纠纷进行调解。三是与法律顾问共同研判。屯堡乡一位基层干部说，在政府或村委会的决策过程中，通过政府与法律顾问共同研判，干部可以学到相关法律知识，尝到了法治的"甜头"。

其四，乡贤带动型。"带动型"的参与模式是指，在专业资源少而乡贤资源多的地方，恩施州充分挖掘乡贤资源，发挥乡贤的帮带作用，对乡贤进行法制培训，将其纳入法制建设队伍中，进而以乡贤带动在农民中普法、带领大家守法。在建始县，全县只有 2 个律师事务所、15 名注册律师，下辖的业州镇司法所也只有 3 名工作人员，专业资源极其匮乏。为此，业州镇通过干部下乡，采取访问乡贤、群众推选乡贤的方式将一批老党员、老干部、教师、医生、退伍军人等纳入到法制建设队伍中，由法律顾问对他们进行法制培训，增强其法律素养，发挥他们的宣传法律、调解纠纷功能。业州镇马栏溪社区一位老人讲："我看的电视节目，大都是法律类的，特别是调解纠纷类的节目，然后我会把学到的知识用到生活中，不然现实中调解就不会有合理的根据。"

其五，文化沁润型。在民风淳朴、民族风俗以及传统习惯较为深厚的地方，律师专业力量在开展业务时，以农民的精神需求为基础，从文化方面着手，遵循当地的文化习惯，将法治活动与文化生活结合起来，以"润物细无声"的方式改培育农民的法治精神。过去，鹤峰县邬阳乡的传统风俗遗留浓厚，当地"整无事酒"风气严重，不管大事小事，都要办酒席，既增加了农民的人情支出，也增加了让干部腐败的机会。一位农民说："我一天最多的时候，要去吃 8 个酒席，一家 100 块，一天就要送出去 800 块。整酒打牌赌博的人也多，经常引起打架扯皮，真让人恼火。"在法律顾问的指导下，邬阳乡制定了新的《村规民约》，明令禁止"无事酒"等陋习，并规定了严厉的惩罚措施。随后，当地还将法制建设与文艺下乡、道德模范评选活动融合起来，寓教于乐、育法于乐。村民说："演出那天锣鼓喧天，气氛热烈，即使天上下着雨，也无法阻挡村民们的热情啊。"

二 以法治规制规范政府主体

政府是国家制度的主要执行者，政府的治理能力现代化尤为重要。现代政府的内涵之一即是法治政府，政府的权力要在法律的约束下运行，并受到其他权力主体和社会的制衡。在恩施州，由于领导干部和群众的法治观念比较淡薄，因此在政府治理中，"拍脑袋决策"、大包大揽、急功近利等问题较为突出。为此，恩施州通过将法律顾问引入政府治理程序中，推动政府依法决策；同时通过明晰权力界限，在法律顾问指导下，明确哪些可为，哪些不可为，推动政府依法行政。

（一）发展中的政府不规范行为

改革开放以来，在政治体制改革和行政体制改革的推动下，我国政府在向法治政府和服务型政府的转变中取得了较大的进步。但是，在地方治理过程中，部分政府主体仍有不规范的甚至违法的行为。

（1）领导干部"拍脑袋决策"

改革开放以前，我国政治的重要特征之一是治理主体的单一化，政府作为重要的政治主体，在治理中起着主导作用。改革开放后，我国通过一系列的决议和法制体系建设，努力向法治社会转型，领导干部的意志在管理决策中受到制度约束。但是，在权力集中的行政体系里，官僚主义作风长期存在，领导干部的"意思"成为一些地方政府决策的依据，形成了"拍脑袋决策、拍胸脯承诺、拍屁股走人"的乱象。

最近几年，恩施州处于经济社会发展的上升期，在城镇化建设中，政府起着关键性作用，在政府主导的建设中，部分地方的领导干部存在着"拍脑袋决策"的越线行为。恩施州委在开展党的群众路线教育实践活动时就指出，领导干部中存在着"官本位思想严重，拍脑袋决策，搞一言堂、家长制"等问题。在利川市，岩洞寺社区在执行征地拆迁任务时，遭到一位居民的反对，社区干部为了迅速完成任务，临时决定为这位居民留出 0.4 亩的预留宅基地。而这个决定并不符合法律和政策，只是社区干部的应急之策。后来这位居民向政府要地时，政府找不到合法合理的依据满足居民的需求。因此，这位居民到北京上访了四次，但问题的根源还在于当初干部处理问题时没有遵循法律法规，凭借着主观意志就随意作出了决策。

领导干部"拍脑袋决策"的现象，部分是经济建设巨大压力的驱使，也有一部分是权力与人情关系的交织，使干部们不得不考虑法律之外的因素。恩施市屯堡乡民政办的干部说，在基层治理中干部的传统观念浓，人情执法、关系执法的现象较为严重，一些干部作出决策时总逃不出基层的人情关系。利川市东城办事处司法所干部也说，"过去解决利益纠纷主要靠讲人情、讲道理，有时为了让当事双方和解，干部作出与法律不一致的决定，但在人情上是站得住的"。然而，这样虽能暂时解决问题，但是它显然和法治社会所追求的公平正义相悖，而且为社会稳定埋下了更大的隐患。建始县长梁乡民政所干部坦言："按风俗、习惯来调解，虽然有效，但在法律上不一定能站得住脚。"

（2）政府包揽大事小事

恩施州发展建设中涌现的矛盾纠纷，给政府、领导干部带来了巨大的工作压力，在利益和传统观念的影响下，大部分农民"信访不信法"、"信上不信下"，将政府看作是救命稻草，认为领导干部能够解决所有问题，导致所有矛盾纠纷最终都集聚在政府。恩施市沐抚办事处书记田贵周说："农民总认为办事处是青天大老爷，有事就找政府。"

在矛盾纠纷的重重包围中，政府不仅是包揽了村干部的责任，也越俎代庖地处理了本应由法院来解决的问题。由于农民"信访不信法"，所以对于一些涉法涉诉纠纷、甚至是刑事案件也找政府部门上访，而政府为了避免访民作出极端事情，在维稳的压力下，也不得不予以受理。在建始县业州镇龙门子村，一位村民骑摩托车强行通过标识禁止通行的施工道路时，掉河身亡。从法律上来讲，死者家属应该首先起诉施工单位，但是，家属认为问题该由政府来解决，因此死者的30位家属抱着遗像到业州镇信访办上访，后来又到县里上访。政府迫于压力就出钱"摆平"。恩施州多地的领导干部反映，信访部门受理的案件中有许多是涉法涉诉案件，此类案件涉及重大利益纠纷，关系到当事人的民事权利，并不在行政机关的受理权限内。然而，迫于群众的上访压力，领导干部又不得不对此类案件进行调解和处理。

（3）以摆平求稳定

面对日益严重的社会矛盾，恩施州承载着巨大的维稳压力。近几年，恩施州的上访数量一直居高不下，在湖北省处于前列，疑难案件数量繁多。2014年，中央公共安全支出占中央一般公共预算支出的2.9%，湖北省公共安全支出占湖北省一般公共预算支出的1.5%，而恩施州的公共安全支出占一般公共预算支出的比例高达5.5%，恩施州各级政府在维护社会稳定方面耗费的精力和成本比全省、全国水平高得多。恩施州法制办李邦和主任表示："领导干部的精力，主要是在维稳，'扑火'和'接人'，一些乡镇一年信访维稳开支就多达40余万元，干部很难有精力谋发展。"恩施州各地政府力图通过功利式的执法方式平息矛盾、抑制上访，然而这些执法手段中有一些是不恰当的，甚至是违法的。

首先，强力执法现象较为普遍，运用强制性的、行政命令式的手段执行决定、处理社会矛盾。在调查中，恩施州各地的一些干部坦言，为了推进经济建设，维护社会稳定，在操作中确实存在着违规执法现象。利川市东城街道办事处的一位干部表示，过去，在城镇化建设中，为了顺利完成征地拆迁工作，一些执法人员使用过"简单粗暴"的手段。当地理智村的一位村干部讲，曾经为了让一位态度蛮横的村民服从决定而不得不使用暴力手段。强力执法的方式虽然能在一时间内完成任务指标、贯彻命令，但是事后却带来了更大的麻烦，一些农民在压迫之下选择了更为极端的维权方式。2013年，恩施州进京非访的数量达到了92人次。

其次，利用"花钱买平安"的方式，满足上访群众的利益诉求，以求快速解决问题，但是往往不但解决不好问题，反而使政府陷入"越维稳越不稳"的困境。恩施市一位长期接触上访群众的干部说，部分群众上访不是单纯地维护权益，更是为了通过上访将利益最大化。建始县长梁乡综治办的干部说，"一些老上访户提出无理的要求，政府不满足他们，就搞非访闹访"。在维稳压力下，政府习惯通过花钱买平安的方式来化解上访问题。长梁乡一年用于信访维稳工作的经费高达50万元，恩施市龙凤镇面临着同样的困难。2013年，龙凤镇的维稳成本达到了20万元。

（二）律师把关，防"拍脑袋决策"

2013年9月，恩施州委书记王海涛提出要以"律师参与涉法涉诉信访问题的处理"为突破口,解决信访难题,规范政府的行为。恩施州各地政府及其部门建立法律顾问团后,从程序上保障了法律顾问参与到领导干部决策中。

第一,审查政府决策。政府在进行重大决策前,均由法律顾问团对其文件、决策、重大项目的内容等进行合法性审查,并为行政处理决定和信访答复等提供专业的法律技术支撑,从源头上降低了政府行政决策失误的风险。截至目前,恩施州律师顾问团出具了 100 份法律意见书,其中 97 份被采纳;恩施市法律顾问团提出法律意见 35 条,出具法律意见书 10 份。利川市在确立了重大决策由法律顾问进行合法性审查的制度之后,还创建了"提前防范、及时决策"模式,即法律顾问在排查防范时及时搜集掌握矛盾纠纷信息和不稳定信息,及时向政府部门汇报,供领导决策参考,确保超前防范、主动预防。例如,利川市政府发布公告限制电动三轮车出行时间及出行路段后,部分车主预谋串联上访滋事。法律顾问掌握这一信息后,及时反馈给当地政府,利川市通过律师团配合工作,有效避免了群体性事件的发生。

第二,为政府文书合同排除风险。以往,部分行政人员由于缺乏专业的法律知识,在起草文书、签订合同时,考虑不周全,忽略了一些法律问题,导致文书不规范、合同存在漏洞。法律顾问制度建立后,恩施州规定"法律顾问对重大行政决策进行法律风险评估,为对外交往和重大项目谈判中涉及的重要法律问题提供论证意见"。之后,各地政府根据自身的实际情况,建立了不同形式的风险评估机制。例如,恩施市经常性地邀请律师参与政府常务会议,请其对政府决策和意见进行法律风险评估,2014年,其法律顾问团共列席常委会议 6 次,前后提出了 35 条专业性意见。其中,恩施市政府在审查龙凤新区闸口安置小区项目的建设合同时,律师顾问认为项目建设方合同存在工期过长、风险责任描述不清等法律问题,协助政府严格规范了合同内容。

第三,为政府决策失误进行专业补救。过去,恩施州一些地方政府部门出现决策失误时,往往通过压制民意、高压稳控的"摆平"方式来消除负面效应。建立法律顾问制度后,政府部门改变了以往高压稳控的做法,转向法律顾问寻求合法且符合民意的解决方法。在法律顾问的指导下,各地政府一般根据法律要求或法院判决履行政府责任。如邬阳乡在对金鸡口库区移民进行补偿时，因双方在补贴标准上无法达成一致而导致矛盾不断。之后，乡政府采纳律师顾问团给出的"政府补偿依据不合法，库区移民的要求为正当合理"建议，最终对移民追加了800万元补偿款，使纠纷得以化解。

（三）律师参与，明晰政府事权

以往，恩施州在解决社会矛盾纠纷方面，治理主体较为单一，仅靠政府的力量，行政人员既负责法制宣传，也负责案件的取证调查，同时还包揽矛盾纠纷的化解，甚至部分领导干部迫于压力前往第一线处理棘手的问题。从宣传到处理，再到稳控，所有的权力和责任集于政府一身。这一方面使遇到法制宣传和法律事务时，行政人员因自身能力不足容易导致工作的不规范；另一方面，由于从源头到末端，政府包揽了社会矛盾纠纷处理的方方面面，而基层的司法行政部门人员力量缺乏，影响了案件处理的效率和规范；同时，政府既是"当事人"又是"法官"的情况，也较大影响了案件处理的公正性。

在建立法律顾问制度后，恩施州将律师引入社会矛盾纠纷的治理中，从单一治理转向多元治理，法律顾问的参与对政府形成了监督。建始县在信访回复、处理的程序中引入了"法律顾问取证调查"机制，改变了过去由行政人员走访调查的做法，调查权与决策权的分离使处理意见更加中立公正。建始县业州镇柏蜡树村二组村民常某，向业州镇政府提出请求"征地补偿资金不应作为集体资金纳入小组集体分配"，业州镇政府在收到常某的诉求后，邀请法律顾问去调查，之后发现，柏蜡树村的补偿资金分配方案经由村民代表共同协商通过，并签订了协议，这并不违背土地管理法和村组法，因此建议业州镇政府驳回常某的申请。此外，宣恩县特别创建了法律顾问与行政人员的"联合排查"机制，法律顾问协同干部排查防范矛盾纠纷隐患，并对排查中发现的上访户、不稳定因素进行法律宣传，防止非访闹访的发生。

恩施州除了使案件的调查权与决策权相分离外，还让法律顾问直接参与对行政调解、信访案件的处理，从而在具体案件中指导政府该如何行使权力，如何不逾越权力边界。利川市东城街道办事处创建了矛盾纠纷化解的"四个联合"模式，即联合接访、联合会诊、联合化解、联合稳控，从案件的发生到事后稳控，法律顾问全程参与其中，为领导干部提供法律意见，与当事人面对面接触，为其提供理性合法的维权建议，如果能当场解决，法律顾问可以直接进行调解。建始县业州镇则通过建立合署办公制度，使法律顾问参与到信访案件处理中，法律顾问与行政人员共同接待来访并进行回复，实现信访与咨询的零距离衔接。

（四）律师指引，依法维权追责

过去，如果群众不执行与政府签订的协议或者损害政府权益时，政府往往采取强制手段来解决。利川市东城街道办事处一位干部说："以前我们在执行行政决定时存在着简单粗暴的方式。"家住东城办事处的赵某，有一所房屋属于非法建筑，办事处多次催其拆除房屋，赵某未采取任何行动，于是东城办事处便将其强制拆除，结果引起赵某多次上访。政府虽然有理，但强制手段并不能得到民众认同。法律顾问制度建立后，在法律顾问的协助下，恩施州各地政府变强制执行为司法诉讼，以此维护政府权益、追求责任，让行政命令书变为法律判决书，使群众心服口服。2013年12月，来凤县城市管理局制止了来凤"百姓网"在来凤县步行街举办的慈善义卖活动，由于当事人不满，就在其网站对来凤县城市管理局侮辱、诽谤。对此，来凤县城市管理局并未进行压制，而是通过司法诉讼形式，将来凤百姓网告上法庭。

通过依法维权追责，恩施州在政府和群众中树立了权威。过去，行政干涉司法的现象普遍存在，一些领导干部认为行政手段比司法手段更快更有效。而现在，政府通过"打官司"来执法的案例在恩施州已经不是新鲜事。利川市因城市发展需要将市民牟某的房屋进行征收，按照合同，牟某应在签订合同后10日内将房屋腾空交付，而牟某未按照合同执行，国土资源局多次催收无果。虽然牟某违约，但是国土资源局并未对其强制执行，而是将牟某请进法院，通过法律渠道进行解决。

三 以法治衔接激活乡土主体

在现代化进程中，我国的乡土主体呈现出衰落的态势，村干部、小组长、乡贤能人的作用没有得到充分利用，同时，这些乡土主体缺乏现代社会所要求的法治意识，无法在基层治理中发挥应有的作用。因此，恩施州在建立法律顾问制度的契机下，将法治力量与乡土主体融合，以此激活小组长的作用、支撑村干部治理，培育了具有法治思维的"新乡贤"。

（一）基层治理中乡土力量式微

在 20 世纪的国家政权现代化运动中，乡村领袖与传统文化网络逐渐脱离关系，越来越依赖于行政机构。由于行政力量对自治力量的干预较大，乡土主体的作用尚未有效地发挥出来。

（1）村干部治理后劲不足

2014 年，恩施州按照湖北省委的要求，在村两委换届选举中，推行村党支部书记和村委会主任"一肩挑"。恩施州的 2360 个行政村，有 2324 个村实行了"一肩挑"，比例高达 98.47%。这虽然一定程度上减轻了村庄的经济负担和工作成本，但在矛盾纠纷、上访频发的恩施州，也较大加重了村庄"一把手"的负担。恩施州利川市理智村的村支书说，"现在没有制约我的人了，什么事情都推到我的头上，过去两个人可以分工合作，互相商量着做，而现在主要靠我一人了来处理各种问题，有时候忙不过来"。在这种工作压力下，村干部很难去探索新的治理方式，同时在治理中也难以做到面面俱到。宣恩县马鞍山村的党支部书记萧儒朝说："上面千条线，下面一根针，上边政府派发下来各种行政任务，基层干部人少事多，处理问题时力不从心。"

另外，在恩施州，村干部的法治观念较为薄弱，对于涉及法律的问题，村干部一般用"土办法"来解决。利川市东城街道办事处司法所长李林海表示，过去村干部在处理村民的利益纠纷时，大都使用讲道理、拉关系的方式，而村民顾及人情面子，不得不选择和解。在宣恩县伍家台村，村干部利用办红白喜事来平息村里的矛盾纠纷，村主任叶朝敦曾说，村民都很看重红白喜事，而村民办仪式时，仅依赖自家的力量是办不起来的，必须要有村民和村干部的帮忙，其中村干部的作用更大。因此，当发生矛盾纠纷的村民或者上访闹事的村民不服从村两委的调解时，村干部就不帮其办红白喜事。

（2）小组长治理角色羸弱

与庞大的行政村相比，村民小组与农民的生活更加密切，在地缘上，它是农民社会交往的基本半径，同小组的村民一般有着共同的历史记忆和血缘纽带；从利益关联上来讲，村民小组与土地产权、集体经济等利益要素息息相关。因此，小组长在基层治理中的作用不可忽视。我国南方一些村庄，推行了以村民小组为基本单元的村民自治形式，村民小组长在治理中发挥着重要作用。而在恩施州，村民小组长在基层治理中的作用尚未凸显出来。利川市理智村村民小组长阳池祝表示，小组长在村庄治理中的作用微乎其微，主要负责上传下达，将村里的事务告诉村民，登记社保信息等，有的村民也不信服小组长。在理智村7组，村民张某将建筑垃圾倒在了房子边上，而邻居谭某认为张某倒在了自己家里，双方因此争吵了几天，后来7组组长葛坤珊来调解，但是他们认为小组长没有权力，对葛坤珊的调解并不认同，无奈之下葛坤珊又把村支书叫来进行处理。

恩施市沐抚办事处也存在着同样的问题。沐抚办事处党委书记田贵周说，"我们的小组长，有些辈分高，在小组里有一定影响力，派出所调解不了的问题，小组长一句话就解决了，然而以前我们把小组长这个乡土力量几乎遗忘了"。过去，沐抚办事处对小组长缺乏有效的规范监督，因而在村民中小组长的合法性较低。一方面，由于实际中小组长大多由村干部指派委任，没有经过法定的选举程序，缺乏民意基础，村民对小组长人选的熟悉度并不高；另一方面，一些小组长或忙于私事，或对小组事务不闻不问，对于矛盾纠纷不能及时地去调解，导致问题发酵。因此，有村民反映"组长干不干一个样，干好干差一个样"。

（3）乡贤能人缺乏参与平台

农村中的乡贤能人具有较高声望，对于维系村庄团结和秩序有着独特作用，是基层治理的重要资源，但他们却缺乏参与村庄治理的渠道。利川市理智村一位老人讲，当地年轻人一般都有尊老爱老的传统，过去村里有什么事情，一般让老人来评理，而如今，老人在村里基本没有发言权。理智村的谢世友老人曾担任过生产大队队长，为人正直，在村里的威望很高，不过由于在村庄治理中并没有正式地位，所以其本人发挥的作用很有限。在宣恩县马鞍山村，宗族势力比较强，刘姓人口占村庄总人口的98%，在选举中以及矛盾调解中，宗族成员都发挥着重要作用，但由于过去村庄没有以合法合理的方式引导宗族势力发展，甚至还存在宗族间的争斗。

（二）以法治力量支撑村干部

以往，村干部工作压力大，调解矛盾时力量不足，再加上缺乏法律素养，处理矛盾纠纷时使用的方式也不恰当。为此，恩施州要求各县市以乡镇政府为单位，成立法律顾问团一个村庄一位法律顾问，为村干部和村民提供法律服务。

（1）律师坐班，介入村干部调解

在恩施州，由于山林较多，外出务工农民也较多，农村里的矛盾纠纷主要集中于土地纠纷和婚姻纠纷。为此，法律顾问主动融入到村干部的调解中，弥补其法律知识不足的缺陷。宣恩县椒园镇 4 组村民长年在外务工，与妻子分居多年，2015 年 6 月夫妻二人决定离婚，但因为财产问题，二人闹到了村委会，由于村干部对离婚协议不了解，不知道如何划分财产。之后，法律顾问向二人讲明了子女抚养、山林分割等问题，使二人和平地签订了离婚协议书。律师的介入，不仅帮助村干部解决了突发性的矛盾纠纷，还解决了积压多年的上访案件，大大提高了办事效率。在建识县业州镇，一位村民因邻居家的通道占用了自己的土地而上访近 10 年，村干部多次调解未果。法律顾问制度建立以后，村干部邀请法律顾问调解 3次，一周内就把问题解决了。

（2）律师参会，为村干部提供指导

法律顾问除了帮助村干部调解矛盾纠纷外，还通过参与村务会议为村干部提供涉法业务上的指导。2014 年，宣恩县黄坪村在村民代表大会上对村务公示的内容进行讨论，当时法律顾问参与了会议，法律顾问发现公示内容不符合规范，对其提出了建议，随后，法律顾问还在村代会上向村干部和代表宣讲有关村务公开的法律知识。黄坪村村支书说："以前我们都是大老粗，现在有法律顾问监督指导，我们按照程序来做。"在利川市，法律顾问陈术升律师入驻理智村后，在陈律师的建议下，村干部多次组织村民代表、党员代表和小组长召开村务会议，对村庄内的矛盾纠纷进行排查，讨论处理办法。理智村的小组长阳池祝、葛坤珊介绍，村民代表会议上法律顾问会对他们进行法律培训，会后他们再将法律知识讲给村民。2015 年 5 月，岩洞寺村的法律顾问彭勇律师也参与到村务会议中，向小组长、村民代表和党员代表讲述了土地承包法。

（三）以法治机制激活小组长

"农民不怕村长乡长，甚至不怕市长，但就是怕小组长。"与村干部、乡镇干部的行政色彩不同，小组长一般是村落或自然村中具有威望的人物，在调解矛盾纠纷中发挥着重要作用。

一是赋予小组长政策性权力。恩施市沐抚办事处在建立法律顾问制度的同时，从政策上认可小组长在矛盾纠纷调解中的作用，在程序上赋予其调解权力，同时将律师等法治力量引入到小组中，为小组长补充法律能量，从而激活小组长在基层治理中的作用。在程序上，沐抚办事处采取"层级调处"模式，小组长是调解程序中的第一级，基层中的所有矛盾都需经由小组长调解。如果小组长调解不成，必须由小组长在《层级调处表》上签字，才能转交上一级。其次，沐抚办事处给小组长颁发了具有法律象征性的"印章"，政府承认村民小组长印章的法律效力，使其成为调处矛盾纠纷的重要依据，以此激发村民小组长的积极性。

二是增强小组长法治观念。村民小组长在调解矛盾纠纷时主要运用传统的伦理手段，这虽然有效，但一些手段与法治观念不相符，而小组长自身法律意识薄弱，仅依靠自己的力量很难突破这一困境。对此，恩施州借助法律顾问对小组长进行法律支持和法制培训，同时召开专题联席讲座，将一些基本的法律知识和村组管理最需要的法律介绍给小组长，增强小组长的法治观念，使小组长的权威能够在法治轨道内运行。小组长在调解矛盾纠纷过程中，遇到法律难题时，可随时邀请法律顾问介入调解。利川市理智村一位村民小组长表示，"律师在小组长会议上向我们宣讲有关土地、家庭的法律知识，我们回去后再讲给村民。"

三是建立律师小组长联动机制。利川市东城街道办事处建立了律师与小组长、院落中心户的联动机制，使律师及时掌握村庄内部社会动态，防患于未然。理智村治保主任陈树春说："小组长和院落中心户发现矛盾纠纷的苗头时，可以和律师进行电话联系，然后我会协同律师一起下乡调解。"法律顾问陈术升律师在村庄坐班时会进行走访，与小组长沟通交流，关注"叫鸡公"（指经常闹事的人）的动态，小组长也可向律师反馈情况。通过法律顾问的专业力量，使小组长的基层治理中力量被激活。

（四）以法治方式培育新乡贤

自古以来，我国农村社会就存在着享有盛名的乡贤能人，他们利用自身的地位、财富或知识，调节村庄的人际关系，维持社会秩序。在湖北秭归，村两委将村里的老干部、老党员、退伍军人、经济能人等具有威望的人物吸纳到治理体系中，组建了村民理事会，以此协助村委会工作、维护村民利益。与秭归不同的是，恩施州并不是直接利用乡贤能人的力量，而是在法律顾问的帮助下，将法治观念输入乡贤能人的思想中，使其成为顺应时代潮流的"新乡贤"。

（1）乡贤能人转为法律宣讲员

恩施州通过实施"法律宣讲员"制度，在小组或网格中培养一个具有威望、受人尊敬的法律宣讲员，定期为村民宣讲法律知识，并通过法律宣讲员，在农户中培养一名法律明白人，使法律走进千家万户。截至目前，恩施州已经培训21990名法律宣讲员，法律明白人达到8万余人，使一大批老干部、老党员、老教师、经济能人、小组长等威望高的群体成功转型为知法懂法的"新乡贤"。业州镇二道桥社区一位党员说："以前跟邻居发生矛盾，我都觉得如果符合'道理'就是对的，听了镇里律师开办的培训课，我才知道其实不是那么回事，符合道理的不一定合法嘛，以后再发生啥事，还是多问问律师才好。"

（2）乡贤能人参与矛盾化解

在农村，德高望重的老人是非常重要的治理资源，恩施州一些地方将老年人组织起来，通过法律顾问对其进行指导和培训，使其参与矛盾纠纷的调解。在恩施州利川市理智村，该村于2002年成立了老人协会，过去老人协会的主要功能是为老年人举办一些娱乐活动，其功能局限于老年人群体，在村庄层面并未发挥大的作用。法律顾问入驻村庄后，由其对老人协会成员进行培训指导，一些家庭纠纷请老年人来处理。7组村民冉瑞红与其婆婆有着长期矛盾，"两人扯皮了十几年"，法律顾问调解后矛盾仍未解决，随后，法律顾问找到老人协会，才使问题有效化解。

在恩施市沐抚办事处，法律顾问制度建立后，当地并没有完全依赖律师调解矛盾纠纷，而是在法律顾问团的指导下组建了由乡贤能人、乡村教师、村组干部等人组成的"陪审团"，对村民间的矛盾纠纷进行听证调解。一方面，由法律顾问对乡贤能人、村组干部进行法制培训，使其具备用法律来调解矛盾纠纷的能力；另一方面，乡贤能人以及小组长运用合理的规则、观念，凭借自身在农民中的威望，化解村民之间的纠纷。而对于乡贤能人和村组干部都无法调解的重大纠纷，则由法律顾问专门来调解。专业主体与乡土主体、法治规则与乡土规则的融合，在法律顾问的辅助和带动下，使乡土主体焕发出了新活力。

（3）乡贤能人参与村庄管理

在农村，医生和教师在农民生活中起着重要作用，他们文化水平较高，且拥有着关系农民生存与发展的技能，因此备受农民尊重，他们在调解村民间矛盾纠纷方面有着先天的优势。为此，恩施州不断探索将村医村教等乡贤力量纳入到基层治理队伍中。截至 2015 年 1 月，恩施市的 172个村共有 191 名村医村教通过选举或任用等方式，兼职参与村级管理。除村医村教外，恩施市还选拔任用了 33 名兽医、8 名种植养殖大户、7 名创业致富能人等 48 名能人进入村级班子。该市南河村还鼓励返乡创业人员、私企老板等社会"能人"回到村庄参加选举。恩施州通过法律顾问引导、法治机制衔接的方式，将乡土主体充分利用起来，使其采取合法手段，在基层治理中发挥现代气息和法治气息的功能和活力，大大充实了治理主体，同时也使治理主体的办事方式得以转型。

首先，对于政府主体来说，其在作出重大决策和处理牵涉群众权益的问题时，必须要和法律顾问沟通，请律师进行合法性审查，保证干部依法行政，避免决策失误引发的法律和社会风险。同时，在政府执法过程中，法律顾问明确告知哪些可为、哪些不可为，在源头上对行政权力进行制约和监督。利川市一位干部说，"现在有法律顾问告诉我们怎么做会规避法律风险，怎么做是正当合理的，现在我们管理是有了底气。"郊阳乡党委书记谭祖沧讲道："以前乡镇干部直接就把问题处理了，如今作出决定之前，还须请律师给予法律意见，避免不懂法律、常吃官司情况的发生，为政府解决了不少后顾之忧，也增强了政府的公信力。"

其次，对于专业主体来说，过去律师的业务主要是代理诉讼，这虽然能维护当事人的权益，但是社会效益很低，在治理层面尚未发挥作用。恩施州通过法治牵引方式，将作为专业社会人士的律师纳入治理队伍，增加了律师的社会效应，实现了政府与律师的双赢。夷水律师事务所袁作禧律师说："我们参与矛盾纠纷调解，一方面增加了我们的品牌效应，另一方面也对社会作出了贡献。"

再者，对于乡土主体来说，恩施州法治牵引的做法弥补了基层社会治理结构的历史断层，从政策上给予其一定的合法性，使他们重新回到治理舞台，使接受过法制培训的乡土主体拥有了符合现代社会的法治思维。业州镇马栏溪社区汪清云老人说："过去调解纠纷主要是看面子，大家抬头不见低头见，现在得讲道理讲法律，既不破坏感情，也不损害利益。"

在法治融合中优化治理方式

党的十八届四中全会明确提出，"依法治国，是实现国家治理体系和治理能力现代化的必然要求"，将法治化治理进一步提上日程。国家治理现代化在本体上也是国家法治治理的现代化。治理现代化作为我国新时期的战略目标，其基础在基层，重点也在基层，基层治理法治化也同时成为国家治理体系和治理能力法治化的必然路径。长期以来，我国传统基层治理中"国法不下乡"的"无讼"社会特点，使国家"依礼而治"，基层社会主要依靠礼俗进行自我调节。然而，随着国家建构力量的深入，"上法下礼"的乡土社会底色逐渐被国家"力治"所取代，政府依靠强制性权力进行基层社会管理，特别是在群众利益意识不断强化的当前，缺乏合法性的力治反过来进一步激化了利益冲突。在现代异质性社会条件下，依靠法律规则解决当前流动性社会面临的种种问题和冲突，借助法治方式推进基层治理，变得尤为必要。

位于鄂西武陵山区的恩施土家族苗族自治州，历史上依靠土司制度封闭治理，形成了典型的"因俗而治"社会，土司遗风留存。而在利益多元化、矛盾纠纷复杂化的当前社会，恩施基层社会长期来面临着政府强力维稳、群众以力对力的治理难题，全州信访总量自 2010 年起连续三年高居湖北省"前三"。作为信访"重灾区"，其信访案件的受理率、办结率、参评率、满意率在湖北省也排在后面。为打破基层治理困局，恩施州以优化传统治理方式为破题，将现代法治融入基层治理过程，通过专业律师牵引、乡土力量融合以及官治互融合作等，将法治融入治理、用法治溶解矛盾，改变了过去力治为主、法治空缺、社会失序的难题，打造出专业化、社会化、协同化的现代治理方式，为基层治理现代化提供了有益探索。

一 "以力对力"：传统力治格局的困境

从大禹治水到当代的现代化治理，在各个历史时期，因经济社会基础不同，每个节点的社会治理思维、制度和治理方式均不一样，治理效果也有差异。传统时期，国家的悬浮使乡村教化盛行，所以尽管有国法，但乡土社会仍是"礼主法辅"，国法在此的运用受限。而自国家权力取代传统权威后，国家通过力治进行权力渗透，但至农民成为利益主体，经济得失转变为其行为的主要牵引力，国家依靠单一强制性治理方式导致农民"以力对力"，使基层治理陷入困境。在恩施州，"群众维权"和"干部维稳"的对立格局始终存在，很大程度上也是受制于"力治"的治理传统。

（一）"权力为上"治理方式下的"零和"博弈

在传统礼治格局下，"国法不下乡"使基层社会得以依靠宗法维持秩序，并形成了特有的乡土社会底色。但随着市场化和国家政权建构力量的不断深入，历史上长期形成的传统礼治根基被动摇，转而变为依靠权力进行治理的国家"力治"。力治将国家权力深入到乡土社会，一方面赋予国家以整体性意义；另一方面也将国家和农民置于"面对面"的直接交往中，并由此形成了特定的博弈关系。

特别是在人民公社时期，"政社合一"的模式要求通过政权组织来管理经济，"三级所有，队为基础"，农村的一切生产、生活均被统合进这三个层次的"集体"当中，农民完全处于被支配地位，因此造就了"力治"的典型。"这种统制型的集体主义农村社区治理方式带有某种'准军事主义'的治理色彩，老百姓主要作为集体中的生产要素而存在，其自由度是十分有限的。"[①] 而农民作为另一方利益主体，在这一时期则采用软性抵制方式予以回应，农民内生劳动积极性的缺乏，使农业生产无法满足国家需要，最终造成国家与农民"零和"博弈下的"双输"结果，人民公社体制废除成为当时条件下"力治"治理方式失效的有力注脚。

改革开放以后，基层自治的开展，在一定程度上使国家行政权力从基

---

① 张要杰：《农村社区治理方式变迁刍议》，《兰州学刊》2007 年第 1 期。

层社会抽离，乡村获得自我治理的空间。但是，基层农村仍在很多领域继续沿袭着传统力治模式，国家行政权力往往凌驾于自治力量之上，行政干预和抑制自治成为常态。特别是在农业税收缴、计划生育、征地拆迁等方面，依然可以捕捉到依靠强制性力量而进行的政府行为，以规压法、以言代法一时成为政府治理方式的"代名词"，而此时，农民则以"依理抗法"给予回应。在利益为主基调的当前社会，仅仅依靠力治特别是缺乏合法性保障的力治，只会进一步激发利益冲突。

位于偏远大山区的恩施自治州，"因俗而治"的地方土司统治制度使其与主流的郡县制相脱离，导致与此相伴生的国法也极其稀缺。而在由传统礼治社会向现代经济社会变迁的过程中，因土地、房屋等利益和权利而产生的纠纷，在法治文化稀缺的恩施各地区，极易转变为数量更多、更为复杂的矛盾冲突，政府治理行为也更善于采取强硬方式以求稳。再加上偏远山区恶劣的自然条件影响，人们采取各种手段以谋求生存，依靠暴力形成的暴力崇拜成为当时社会条件下人们的应对策略。而在这一历史底蕴演变过程中，暴力传统催生政府依靠更强大的行政力量进行压制，暴政与暴民恶性循环的对弈格局由此成为常态。政府的强制性行政力量与农民的暴力性反击力量构成长期来恩施州基层治理的博弈双方，也成为"力治"方式失效的源头所在。

（二）利益导向下的农民"依力"回应

改革开放以来，市场经济进一步强化了人们的利益意识，过去人民公社时代的行政社会也向现代化的利益社会不断转型。市场经济一方面改变了长期来形成的封闭的生产和生活方式，扩大了农民与外部社会的交往范围和领域，使其本身对利益的诉求产生了自我强化；另一方面，伴随国家民主法治建设的推进，传统强制性的行政权威不断流失和瓦解，农民的权利意识得到增强，"群众越来越不听话了"。特别是在21世纪以来，跟随经济社会发展而来的是利益冲突的日益增多，政府很多时候仍然依靠传统的强制性力量进行社会管理，而在利益牵引下的农民则以力对力、靠力维权，使基层社会形成了群众靠力维权和干部靠力维稳这一相互对立的局面，其过程依旧是"零和"博弈，带来的同是"双输"结果。

位于偏远山区的恩施州，在土司遗风、山民观念和村寨意识的影响下，干部习惯于强力维稳，农民则习惯于以力对力，以大力对付小力，导致恩施州的上访事件居高不下。此外，山大人稀的农村环境更加剧了农民依靠"拳头"解决矛盾的主观意念，"遇事就围、有事就闹、有求就访"是山区农民应对强制行政权力的常用手段，"缠、闹、访"成为恩施州基层农村的常态。在惯用"力"解决问题的格局下，政府依然沿袭过去的"力治"方式，只会产生更大的反弹，问题也不断积聚增多。在恩施州鹤峰县斑竹村，两位村民因自来水管漏水产生矛盾便动起了刀子；而建始县村民李炎平骑车被大树砸中身亡，家人便纠集100多人围堵镇政府闹事。在"暴力文化"的思维影响下，恩施州"堵门、堵路、堵工地，闹访、闹丧、闹医"的情况时有发生。

除了农民自身习得的"拳头"思维外，政府治理方式的"失序"在很大程度上催生了农民的"武力"对立，过去传统的命令式治理模式成为当前矛盾冲突的另一来源，"简单粗暴"的管理方式虽然能够暂时解决问题，但也埋下了较多隐患。恩施州东城街道办事处陈建平主任讲："现在的群众权利意识比以前强多了，如果有一点不当的行为，就会引起群体上访，过去行政命令的方式也难以行得通。"在当地南环大道的建设过程中，东城办事处将村民张浩然家的房屋进行了征收，并签订了拆迁协议，但之后张家并未按照合同规定搬迁，办事处也多次下达行政命令，但一直拖了近5年仍未解决。如果采取过去强制执行的方式，爆发暴力冲突就难以避免。

而在恩施州沐抚街道办事处，当地大峡谷的开发使得沐抚成为了上访的"重灾区"，因政府与农民、农民与农民之间经济利益纠纷而产生的暴力事件也不断发生，严重时，恩施市公安局一年可能需要出动特警达10余次，而在2013年3月19日，沐抚办事处办公室大楼就被200多位农民围堵了十多个小时。办事处纪委书记周平说："有一次农民聚集到办事处门前围堵，派出所民警上来维持秩序，双方发生争执，把民警都打翻在地了。"而在征地拆迁和移民安置中，沐抚每年发生的聚众事件都有四五起。办事处田贵周书记表示："2013年每天上班时办公室外至少有十几位农民围着，办事处8位班子成员至少3人在北京或省里接人。"仅2012年，到办事处上访的就多达200余起，赴省、州、市上访的有30余起，5起进京上访，"很多时候办事处书记、主任很难进到办公室办公。"

（三）治理方式运用的现实困境

在传统政治动员体制下，国家通过基层政权对社会进行全面管制，承担着衣食住行无所不包的职能，而市场化改革的深化和国家管理的理性化，使得国家与社会、基层自治与政府干预的关系逐步明晰，国家强制推行以前那种政治挂帅、运动推动、政府操控的动员式治理方式受到限制，通过全面掌握和操作经济、社会实体来执行纲领决策的办法已经行不通。特别是在恩施州贫困山区，有限的法治资源与落后的法治观念进一步加剧了强制行政力下农民以力对抗的程度，这也倒逼政府的治理方式须由传统管制向法治治理转型，倒逼政府不仅需将法治入农民的"家门"，同时也要入其"心门"，由此通过政府治理方式的"转身"拉动基层治理的升级。"引入法理，是抵御社会治理参与不足、管理层控制等弊病的根本方法。"①

面对政府以力管理、农民依力回应的现实困境，恩施州将依法治理和送法下乡作为工作重点，依靠法治文化扭转基层传统的暴力文化。然而，由于政府和农民法治思维的缺失以及贫困山区法治资源的缺乏，导致以法治助推社会治理方式转型的初试受限，治理模式突破也面临较多困难。

一方面，政府法治理念转型困难。与行政的灵活性相比，法治重在程序，要求行使主体通过一系列的环节和规则规范人们的行为。在现实中，行政则易于转化为"张口"行政，甚至简单随意，且往往主要约束民，与法治"管民也管官"的出发点相脱节。特别是对于公权力来说，行政主体将自己置身于法治范围之外或凌驾法治之上，在异质性社会中，将会造成更大的矛盾冲突。行政主体治理思维的转变是治理方式和行为转变的前提，但作为社会治理主体之一的政府，长期来形成的依靠强制权力进行社会管理的惯性，反过来制约着其对法治的接受与运用，政府甚至不愿进行治理方式的转换。湖北省联信律师事务所鲁诚律师说，"以前的律师进公检法很难，开个会还要过安检"；恩施市屯堡乡陆明祥律师同样表示："以前防备律师把事搅混、把事情搞砸了，所以那时候都

---

① 刘旭：《社会治理构成及法治保障》，《北京交通大学学报》，2015 年第 2 期。

说防火防盗防律师。"

另一方面，行政人员法治素质不足。政府工作人员作为基层治理的主要参与主体，其自身法律素养的缺失，成为治理过程中"有法用不好"的主要问题。在恩施州各地，普遍存在着政府人员调解矛盾纠纷，虽然懂得一些相关法律法规，但恰恰因为专业性不强、法治化功底不够，导致自身中立性不足，使用法律进行治理的效果也差强人意。特别是，恩施州作为欠发达地区，法治服务人才资源的匮乏更进一步加剧了基层法治化治理的难度，专业人才的缺乏无法弥补基层行政人员法治素质不足带来了治理困局，农村法治建设单线依靠基层司法系统，使服务于农村和农民的法治力量捉襟见肘。恩施州东城办事处工作人员讲道："过去政府部门处理矛盾纠纷时都是'凭感觉'办事，对于法律问题我们也是'半桶水'，一知半解，因此明知有些矛盾纠纷涉及法律，我们也不用。再说了，就算我们使用相关法律来解决问题，老百姓也不相信我们对法律的解读呀！"为应对治理过程中的众多不稳定因素，东城办事处还为此专门成立了 30 多人的大专班来进行专项治理，前后投入了近百万元的维稳经费，但以法治理的效果却始终不理想。

再者，法治悬空使依法维权思维难转变。在日常生活中，农民遇到不公平待遇或经济利益纠纷，依"理"维权、以力抗争的行为习惯根深蒂固，虽然政府也进行过一些法治建设的实践探索，但由于传统的普法宣传经常流于形式，使法治成为"挂在领导嘴上、留在办公纸上、贴在宣传墙上"的口号，无法适应恩施州山区特殊的历史文化形态，法治更难以对农民产生思维方式上的影响，法治悬空使农民始终停留在"信访不信法"的思维怪圈中。特别在近些年，随着恩施州各地区经济的发展，规划开发、拆迁征地等成为新的矛盾纠纷触发点。2011 年和 2012 年两年时间内，恩施全州涉法涉诉、进京非访达到了 178 人次，占进京非访的比例高达 61.59%。而在建始县业州镇，在迎来经济发展机遇的同时，农民之间、农民与政府之间的纠纷冲突也出现"井喷"态势，"2008 年、2009年以来，镇里的群众上访事件突然开始增多，最严重的时候，我们几乎每天都会在政府大院里遇到好几拨上访的人，特别是每周一，还会有好多群众带着铺盖卷住政府办公室。为了处理上访的事，我们干部都是忙得焦头烂额、疲于奔命。"

二 律师牵引,打造专业化治理

法律是治国之重器,良法是善治之前提,以良法之治化解社会矛盾就成为以法治方式实现国家善治的题中之意。[①] 从恩施州基层治理历程中看,其最缺乏的要素是"法",最稀缺的资源也是"法"。法治作为基于共同认可的规则下进行的治理活动,一方面要求干部依法行政和依法维稳;另一方面要求群众依法获利与依法维权,需要利益主体在法律规则下互动博弈。恩施州在普遍推开建立法律顾问制度的过程中,通过法治方式引领基层治理,将律师由事后推向台前,依靠专业化、职业化的律师参与,促使"干部通过法制的途径解决诉求,农民通过法制的途径提出诉求",助推治理方式由单一管制向依靠法治进行事前预防、事中规范和事后回访的专业化治理的转型。

(一) 事前排查化解入手,发挥预防功能

过去的基层治理过程中,在发生矛盾纠纷时往往采取事后补救的方式,等冲突发酵后才进行处理,再加上依靠强制性权力的治理方式,结果易于造成矛盾纠纷扩大化和严重化,也进一步加剧了基层治理的难度。恩施州通过引入专业化的律师参与治理过程,充分发挥律师在预防和排解矛盾纠纷中的专门功能,改变了过去单一的依靠政府权力进行维稳的方式,使大量矛盾消解在萌芽前。

首先,由律师把关,矛盾事前掌握。在推进"律师进村,法律便民"制度改革中,恩施州将过去仅局限于诉讼、代理的律师功能进一步拓展到法律咨询、排查和引导等方面,保证农民时时能咨询、事事有人答。同时在村(居)委会设立了专门的律师办事窗口,接待来访农民,还通过律师定时进村、网上信息交流等方式为农民提供法律疏导。仅 2014 年,恩施州律师顾问团累计为农民解答法律咨询达到 4.2 万人次,为农民节省了近 420 万元的法律成本。在利川市东城街道办事处,还建立了固定的律师"坐诊"排班表,要求每位律师每月至少 2 次为村民"出谋划策"并"对

---

① 何士青:《论国家善治与法治》,《武汉科技大学学报》2015 年第 3 期。

症下药"，消解农民的"心结"。

专业化律师的提前介入，为预先获知矛盾并化解潜在风险提供了有效保障。2014年10月，恩施州屯堡乡杨家山村村民谭之申在为同村村民谭遵超进行房屋粉刷时不慎坠楼，后经住院治疗无效于次年1月死亡。之后，谭之申的家属就死者生前的医疗费和死亡补偿等数次找到谭遵超"讲理"未果，就扬言要将死者遗体放到谭遵超家里。屯堡乡律师顾问团律师获知情况后，为避免事件发酵，主动到当事人家里了解情况并给予引导，律师顾问站在法理角度为涉事的双方详细分析问题，同时告知了事情处理的正当程序，最终说服双方通过法律渠道进行矛盾化解。"一部分当事人在听取律师意见后自觉理亏，纠纷往往就会迎刃而解"，沐抚办事处综治办主任陈华平如是说。屯堡乡杨家山村支部书记肖玉军同样感慨道："法律顾问团就是一个法律政策咨询平台，就像一本活字典一样，可以随时翻阅法规，而以前村干部要咨询法律政策时主要是问别的村干部或者司法所。"

其次，请律师引领，冲突提前预防。为改变过去政府"一言堂"式的重大矛盾纠纷处理方式，恩施州特别出台了《引入第三方处理涉法涉诉信访积案化解工作的实施方案意见》，一方面，要求律师直接参与积案的受理、评查、交办、督办和会审等流程和程序；另一方面，还对需要通过诉讼、仲裁、调解和行政复议等解决的信访事项，由律师对当事人进行提前告知和引导。通过专业律师的引领，就在政府和农民之间搭起了一条"红线"，政府、律师、农民得以依靠互动模式参与利益调处，避免了重大矛盾的扩散，治理方式也趋于规范。2013年11月，鹤峰县为改善城区道路拥挤和货车占道问题，决定利用此前已经征收但因为规划调整而一直没有建设的原蓉美村四组土地修建临时停车场。但该村四组的村民从网上查找《土地管理法》后认为，被征地多年不用应当归还给集体或个人，因此就向政府提出必须将该块土地交还该组原来被征地的农民，并计划组织人员阻拦施工并集体到省州上访，使矛盾势头一度升级。在此关口，当地法律顾问及时介入，通过召开座谈会的方式，给村民详细解答了法律规定，让村民明白了被征用的土地已经由集体所有权变成了国有，而国有土地是不可能再变回集体土地的道理，同时也让村民了解到，如果强行阻止施工，公安机关可以依法给予处罚。村民在清楚了法律规定和自己行为可能产生的法律后果后，冷静放弃了到省州上访和阻止施工的想法。法律顾问的引导，将一场可能发生的群体事件消除在了萌芽状态，与过去政府遇到纠纷问题便采取单一行政强力"一刀切"的管理方式相比，专业律师的进入，使政府治理行为更具规范性。

此外，恩施州还将律师顾问团进一步延伸至乡镇重点项目建设区域以及村居的矛盾纠纷多发点，通过让律师走访座谈，掌握地方的实际情况，及时纠正法律手段的运用和农民法律认识上的偏差，引导农民理性思考，使其合理表达利益诉求。在建始县长梁乡，乡政府专门设立了"社区矫正"办公室，以将预发的矛盾提前矫正。但是，由于过去缺乏专业法律人员，导致矫正机构一直流于形式。直到法律顾问制度的落地，律师参与到具体引导过程中，才使"社区矫正"真正发挥了职能，实现了从形式向内容的转化。恩施州龙凤坝三龙坝村村主任向茂森评价法律顾问时说："法律顾问就像医生，遇到难题他给你'处方治病'；时逢太平的时候，他可以给你'处方防病'。"

再次，邀律师参与，纠纷快速排查。恩施州采取政府"点菜"、法律顾问"下厨"的工作方式，开展"一对一"的法律服务活动，让法律顾问深入重点项目承建区域和矛盾纠纷多发地区，与村组干部、群众交谈聊天，以此了解社情民意，收集第一手资料，寻找化解矛盾纠纷和维护群众合法权益的结合点。此外，围绕信访事项，恩施州以"点菜服务"方式约谈重点信访对象，在走访群众、摸清群众法律需求的基础上，有针对性地开展形式多样的法制宣传活动，运用律师独立的"第三方"身份，在群众和政府部门之间营造沟通平台，以理服人，使纠纷难题及时得到排查。在恩施州东城街道办事处，刚开始时律师顾问团每天要接待几十件来访，且大多数来访群众比较激动，有些甚至带着质问情绪前来咨询。对此，律师一方面需熟悉农民所反映事件的来龙去脉；另一方面还须考虑农民所反应的问题是否隐藏着矛盾，小的纠纷有没有可能演变为大的冲突等，如果有潜在风险，律师则应主动介入、提前防范。东城办事处法律顾问陈术升说："有人向我们咨询问题时，如果我们觉得他们咨询的问题比较严重，会引发大矛盾，那么我们会亲自去处理。"2014年9月，一位农民向陈术升咨询土地边界问题，鉴于征地过程中土地边界易于引发大量纠纷，陈术升初步判断这位农民可能会与他人有土地纠纷。详细了解情况后，陈术升证实了自己的判断，这位农民确实是与邻居发生了边界纠纷，之后，陈术升律师亲自进村与村干部一起将双方的纠纷排查妥当了。

（二）事中融入调解跟进，激活缓冲功能

长期以来，政府在应对已发生的矛盾冲突时，习惯依靠行政权力强硬解决，同时，由于基层干部的法律知识储备有效，使政府决策不时"触雷"，不仅处理不了问题，还容易引发新的干群冲突，难以让群众心服口服。恩施州将律师"请"入调解过程，重点参与到基层矛盾纠纷的化解程序中，通过发挥律师的专业化功能，以此弥补因基层干部法律素质不足、行为方式粗暴带来的社会矛盾激化难题，为基层治理方式的改善安上了"保险"。

一方面，专业律师的融入弥补了基层调解"不懂法"的局限。在恩施州山区，普遍存在着基层干部法律知识储备不足的问题，在处理矛盾纠纷的过程中，因不懂法或者对法律知识一知半解，导致矛盾调解往往潜藏着法律风险，且容易越法解决。为此，恩施州让专业律师融入矛盾纠纷的调解程序，利用律师的专业法律知识，增强了矛盾纠纷调处的规范性，律师自身的专业化水平更容易获得农民的认可。恩施州马兰溪村村支部书记陈光国说："律师进村解决了我们村干部'棘手'的实际问题，改变了村干部无法了解和模棱两可的事情。"高台村村民向柏菊也形象地比喻道："这好比是过了厨子的汤都好喝些。"

恩施州专业化律师融入基层矛盾纠纷调解，提高了政府行政人员和村干部工作的权威性与规范性，使纠纷化解更为通畅。恩施州李子村村民鲁华军和李明得因为林权问题发生纠纷，1984 年林权分到户之后，到 2008年重新颁发新的林权证时，鲁华军将老林权证遗失，按照新规，乡政府将鲁华军原来的地块划给了李明德，后来在村干部和司法所的调解下，两家在 2013 年签订了林权协议。但在这之后，鲁华军重新找到了老林权证，就想反悔并要求乡政府返还自己 20 世纪 80 年代时候的林权。然而，乡政府和村委会在法律林权问题上的界定也不是很清楚，于是请律师顾问团加入进行解决。律师顾问团成员向鲁华军分析法理，虽然自己找到了林权证，但是之后的协议是当事人同意签订的，在法律上仍然有效，只有通过法院判决李明得的林权证无效后才可变更，于情于理，使鲁华军最后欣然

接受了专业律师的建议。宣恩县万寨乡伍家台村村民叶朝敦说:"以前的干部调解矛盾都是用土办法摆平就行,也只是给个说法,而现在是要让百姓从讨说法到心服口服。"

另一方面,专业律师进入,缓解矛盾调解"难用法"问题。宣恩县万寨乡乡长用"海绵理论"来形容"律师进村,法律便民"制度的功能,他将这一地方治理方式创新形象地比作"海绵","把基层老百姓历史上形成的对政府、对司法体系的不信任感吸收进来,律师的介入就像催化剂和转化剂,通过转化使'海绵'不断扩大,进而使依法治理的基础不断扩大"。恩施州将治理过程中出现的法律问题主动交由律师"承办",专业律师通过发挥自身优势,由政府的"对手"转变为"助手",改善了过去基层政府用法困难的窘状,进一步增强了基层法治专业化治理成效。从2013年9月起,恩施州聘请律师顾问团参与了100件涉法涉诉疑难积案件的处理。截至2014年年底,23件积案全部得到化解,3件进入了司法程序,依法终结的有5件,还有69件在落实化解意见。

2014年5月,利川市东城街道办事处与村民牟利满签订了房屋征收安置补偿合同,牟利满同意自家房屋被征收,并按照合同规定于2014年6月之前将房屋腾空,同时交付被征收房屋的房租。然而,协议签订之后,牟利满并未履行合同,一直不愿搬出,导致街道政府的工程建设无法按期进行。东城办事处为此多次催收,下达通知书,均没有效果。此后,办事处的法律顾问陈术升律师和张浩律师共同接手,从法律上核定牟利满的做法属于违法,认为政府应该通过诉讼渠道来解决。在律师的建议下,东城办事处向利川市人民法院依法起诉了牟利满,在法律面前,牟利满的态度才有所缓和。此时,两位律师又建议办事处可在这时候撤诉,通过调解来解决利益纠纷,最终,双方各退一步,将问题圆满化解。正是依靠律师的牵引和参与,使得恩施州大量的基层矛盾纠纷势头得到了合理缓解和控制。

最后,专业律师引导,避免过程调解"不依法"难题。恩施州在最初引入专业律师团时,还有个别部门考虑到内部事情少、涉法涉诉案件不凸显等,一开始并不愿意"请"律师进来,并且反而对律师进入后是否会影响基层治理存在疑虑。为此,恩施州采取奖补方式,同时将建立法律顾问制度工作纳入地方年度绩效考核范围,对落实较好的乡镇和村庄进行经费奖励。而在律师进入后，还规定除协作干部提供法律咨询外，律师还需利用自身的专业优势，为干部调解矛盾提供协助，保障治理行为本身的正当性。东城办事处岩洞寺社区二组村民蒋昌敏于 2002 年嫁到重庆，2007 年利川市因建设工业园区将蒋昌敏家的承包地全部征用，但当时其父亲因想将 0.4 亩地作为预留地，所以未领取这块地的征地补偿费。因蒋昌敏的户口仍在东城，2013 年，其想要回这 0.4 亩地作为宅基地使用，自身要求未果后，蒋氏父女就 2 次到市里上访，4 次到北京上访，与办事处"较劲"。在法律顾问团进入后，彭勇律师首先进行实地走访，前往重庆对蒋昌敏婆家的承包地情况进行了摸底。调查后发现，蒋昌敏虽然户口在东城，但二次延保时已经失去了承包资格，并其本人在婆家也有了承包地。掌握了这些信息后，岩洞寺社区和东城办事处改变了过去依靠行政权力强制执行的暴力方式，转而依此向当事人"据理力争"，最终驳回了其无理要求。办事处组织委员邹晓恩称其为"从盲目信访退让变为客观主动处理"。专业律师的引导，保障了地方政府治理行为的规范性，"在做出决策时，有了底气"。

（三）事后回访疏解补缺，做实清障功能

过去，传统的矛盾纠纷调处往往只由政府人员给出调解结果和具体的执行意见，调解给予答复即意味着调解程序的结束。但是，由于复杂现实情况的限制，往往使一部分处理意见并未真正落地，对调解结果的执行、接受情况跟踪反馈环节的缺失，导致本已协调成功的矛盾纠纷产生二次反弹和"复燃"，最终让事态更进一步扩散和激化了。

为防止矛盾纠纷再次反弹产生叠加问题，恩施州屯堡乡律师顾问与当地部门人员联合，率先建立了"执行情况回执表"制度，其中将包括调处事件的具体细节流程、当事人就履行义务和附带条件等达成的基本协议，以及调解后双方执行的阶段性程度等内容全部纳入表格中，以此对调解案件的执行情况进行复查式跟踪，由律师和政府部门对当事人双方权利和义务的执行情况进行共同"把关"，确保每调解一件落实一件，不为基层治理中的矛盾纠纷留下死角。屯堡乡杨家山村紫竹园组村民谭明全说，"要不是律师和村委会对这调解结果进行把关，官司也不知道要打到什么时候才是个头"；当地群众更亲切地称进村律师是"法律的家庭医生，权

益的守护门神"。

2014 年，长梁乡村民李来炎开车途中意外将邻居撞死，当时经乡政府协调，由肇事者赔偿死者家属 48 万元了结此事。但是，由于赔偿金额数量较大，加上李来炎家庭生活条件限制，导致肇事者难以完全履行调解协议，最终造成事件双方互不买账，当初的调解协议也被"搁浅"。为此，李来炎案件被交由长梁乡政府律师顾问向爱民律师进一步解决，向爱民再次就事件进行了追踪回访，经过与当事人双方的二次调解与协商，使赔偿金额最终从 48 万元降至 34 万元，使双方都愿意并且能够接受和履行法律责任了。

三　乡土融合，塑造社会化治理

公共服务供给特别是法治服务的供给需要多元主体互动，完全依靠政府自上而下的推动，往往导致需求与供给不相匹配，资源也得不到充分利用。但是，单一撇开政府只强调发挥社会或乡土的作用，也容易使公共服务陷入无序状态。因此，法治服务的进村入户需要协调好政府与乡土社会的关系。2013 年 8 月，恩施州以党的十八大报告提出的"普遍建立法律顾问制度"为契机，广泛开展了"律师进村，法律便民"活动，创新了社会治理方式。其运用自身优势，通过构建"微治""层级""听证"等机制，将乡土力量融入到法治服务中，形成了治理"组合拳"，不仅避免了传统政府"一条腿走路"的困境，同时也激活了乡土社会的活力，丰富了农村法治的实践形式，二者优势互补，在法治融合的过程中提升了社会治理能力。

（一）构建"微治"机制，让村组矛盾村组调

法治化治理是一项系统而庞大的工程，若没有机制体制的创新，改革很难取得成效。健全的机制是山区法治服务落地的有效载体和重要依托，但长期以来，由于各类运行机制的缺失，使得法治落地缺少制度依托，没有经常性的平台，从而导致矛盾纠纷、越级上访严重，农村法治始终停留在街边、漂浮在口号里，与农民生产生活相脱离，难以深入人心，机制缺损已成为法治服务落地的一大难题。恩施州通过搭建"微治"机制，下

沉治理单位、下放权力到组，制定激励措施，实现了矛盾纠纷就地化解，确保了法治落地生根。

首先，单位下沉到组，让村组能作为。创新组织机制为法治服务落地提供了必要的保障。恩施州将治理单位下放到组，明确规定了村小组的基本职责，让村组织有章可循，有法可依。村小组作为乡土力量的内源性载体，是以血缘和地缘关系为纽带形成的自然聚落，具有超强的自组织性和内部凝聚力，是社会治理的基本单元。恩施州将治理单位下沉村小组，成立了法律宣讲员组织、治安中心会长协会、调委会等基层法治组织，这些微治组织，相互补充、相互合作，不仅盘活了乡土力量，同时也把山区法治的建设带进了有序的运转轨道。2014 年，恩施州沐抚办事处发生的 235 件矛盾纠纷中，通过村民小组成功调处的占到 60%，通过村组调处成功的接近 90%。高台村李家湾组组长宋祥友介绍说："以前有纠纷我们直接找村委会，现在一般通过村小组织就可以很好地解决。"

其次，权力下放到组，让村组有作为。恩施州创新治理模式，将权力下放到基层小组，让小组手握"重权"，借助乡土优势，做到矛盾不出组。针对涉法涉诉矛盾纠纷的处理，一般都需要经过逐级疏导，层层把关，最初也是最为重要的一个环节就是要通过村小组予以把关，明确村民小组长作为矛盾纠纷第一调解人的地位，只有小组长无法调解的时候，才可以将矛盾纠纷转交给上一级或者导入司法渠道。以恩施市沐抚办事处为例，办事处由于恩施大峡谷景区开发而一度成为信访重灾区，农民"遇事就闹、遇领导就围"，越级上访、群体性事件时有发生。对此，沐抚办事处于 2013 年将村民小组重新恢复为以原生产队为基础，将辖区 44 个地名组划分为 177 个村民小组，管理规模缩小为平均每组 40 户 150 人。在此基础上，沐抚办事处创造性地授予小组长一枚印章，同时规定各小组的村民找组长办事，无论是否办成，都需要小组长盖章，以此实现权力下放。沐抚办事处营上村 10 组授予小组长如"沐抚办事处营上村 10 组：王启南"样式的印章；营上村 1 组组长谭永国则表示："以前办事停留在嘴上，现在需写在纸上。有了'印章'做事不能乱搞了，责任更大了。"截至 2014 年 7 月，办事处 235 件矛盾纠纷，有 81% 为村民小组长所成功调处。

最后，激励落实到组，让村组愿作为。完善的激励机制是法治服务落地的关键。恩施州政府创新治理方式，主动转变自身角色，依据各地的特点，充分发挥村民小组的优势，实现了治理方式和治理能力的社会化。在社会矛盾纠纷的层级调处中，恩施州政府将权力下放到基层小组人员的手中，特别是村民小组长和驻片干部，利用其自身的地域权威性，往往在解决矛盾纠纷时可以事半功倍。为了充分调动村小组成员的积极性，激发其工作热情，各乡镇依据实际情况，实行纠纷化解奖励制度，每成功化解一件矛盾事件给予 50 元人民币，每成功劝说一件矛盾纠纷给予 20 元作为劳务费，意见被采纳的，每个案件奖励 100 元，同时对各个村民小组还会进行年终绩效考核，实行优劣评比。"有了基本的激励保障，村小组干起来也有动力，不仅矛盾纠纷变少了，邻里之间的关系也变好了"，屯堡乡司法所李美略有感触地说。

(二) 构建"层级"机制，让乡土矛盾乡土调

社会管理难点在基层，基层矛盾化解的好坏直接关系到基层治理的成效。恩施市通过引入律师资源，将乡土的力量纳入了法治框架，通过层级化调解机制，有效地解决了基层治理无效的难题。同时，通过充分调动村组干部资源，坚持层级调处原则，有效地将矛盾纠纷化解在组内，夯实了基层自治组织，成为基层矛盾化解的关键所在。

首先，恩施州处将矛盾纠纷调处职责划分为五级，具体划分为：中心户长（组长）、村驻片干部、村居委会、综治维稳中心及专办。所有的调解都必须要遵守调改程序，下一级未进行调解的，上一级一般不予以接受。为此，沐抚办事处专门制定了一张《矛盾层级调处意见表》，规定凡是矛盾纠纷都必须从组长、驻片干部、村书记或村主任、办事处综治中心和分管领导，这五级逐级进行调解。中心户长由村民民主选举产生，一般是本地区具有一定威望的村民，遇到纠纷矛盾首先由小组长出面把关，争取做到矛盾就地化解。如果小组长无法调解的，在《矛盾层级调处意见表》上需写明原因，转送到村委会，由村委会进行调解。各村在村委会都设有专门的律师办事处，以定时定点、电话便民等方式为村民提供法律援助，努力做到矛盾不出村。如果村委会也无法调解的，一般会由上一层级接续接手，如果依旧无法化解的最终将会由司法所引入司法轨道。恩施市沐抚办事处实施层级调处以来，取得了明显的成效，截至 2014 年 5 月，

共成功调处矛盾73件，调解成功率为96.05%，其中组长独立调处的矛盾纠纷共42件，占57.53%；驻片干部及村级调处成功26件，占35.61%；综治维稳中心成功调处4件，引入法律渠道调处的1件。在层级调处机制下，矛盾纠纷实现了"不积累、不集中、不拖延、不推诿"，分而化之，不仅提高了政府的办事效率，同时也盘活了乡土的力量。

其次，制定调处表，明确责任主体。恩施州各乡镇制定《矛盾纠纷层级调处意见表》，让各层级在参与调解后签订意见并盖章，以此明确各级调解主体责任。其一，组长把关。村民有矛盾纠纷可以直接找小组长，小组长作为本辖区内的威信代表，深受大家的拥戴，一般一个小组长管理30至40户人家，熟悉各家各户的基本情况，可以和村民很好地沟通，便于将矛盾纠纷就地化解。据统计，65%左右的纠纷都是在小组长那里化解的。建始县司法所所长罗宇表示："过去都是群众直接找我们，现在有各村的小组长把关，省去了我们很多麻烦，矛盾得以就地化解。"小组长用一张《矛盾层级调处意见表》将所有的矛盾纠纷约束在基层行政范畴内加以解决，充分发挥组长的乡土作用，使行政的层级调处率达到95%以上。2015年6月，恩施州各乡镇都组建了以"小组长"为单元的矛盾调处机制，通过小组长的审核把关，将矛盾纠纷化解了在源头。其二，村干部调解。对于较为复杂的矛盾纠纷，小组长会转交给村干部调解，村干部会利用驻片干部和村委会的力量将矛盾大事化小、小事化了，做到矛盾不出村。通过审核小组长提交上来的《矛盾层级调处意见表》，村干部会给出合理的调处建议。"村民之间的矛盾纠纷经过村委会或者驻片干部的调解一般都能得到很好的调解"，杨家山村负责综治工作的村副主任黄远佐表示。其三，法治追踪。对于涉及生命财产等重大矛盾纠纷时候，村委会往往都很难自行解决，需要借助综治维稳中心及专办的力量予以解决，专办通过专业的法律知识，对下级提交的《矛盾层级调处意见表》予以审核受理，综治维稳中心或专办对《矛盾层级调处意见表》出具的意见尤为重要，决定着矛盾纠纷是否需要引入法制的轨道。

最后，建立律师顾问把关制度。律师处于层级调解的最后一个环节，是矛盾纠纷化解的最终"守门神"，针对乡土层级无法调解成功的矛盾纠纷，由律师顾问给予免费咨询，让矛盾纠纷有效调处在基层。恩施州政府充分发挥律师独立"第三方"的作用，在全州范围内聘请律师，并统一支付咨询费用，将律师信息下发到每家每户，在农民间建立起"有问题找律师"的主观意识，使律师以"法律代言人"的身份融入到矛盾调解中。州政府将乡土力量无法解决的纠纷导入司法程序，引导农民通过法律途径维权，让诉讼手段成为矛盾层级化解的"最后一道屏障"。恩施市沐抚办事处是一个总人口达30088人的大乡镇。2001年，在"合乡并村"的时候被划入了屯堡和板桥两乡，2008年又因为恩施大峡谷景区开发的需要，恢复成立了沐抚办事处。也正是在这一分分合合的大背景下，使沐抚一度成为了州、市突出的信访重灾区，仅2010年，就有200多起上访的矛盾纠纷，其中赴省、州、市上访的30余起，5起进京上访。"很多时候，我们干部都很难进办公室办公，群众遇事就闹，来领导就围，特警一年就要出动十余次"，沐抚办事处田贵周说道。为了改变这一状况，努力把矛盾化解在基层，沐抚办事处通过律师把关，对矛盾纠纷实施层级化调处，将大的矛盾纠纷化解在了基层，乡土的内生动力和律师的外在助力合二为一，在法治融合过程中改善了治理方式。

（三）构建"听证"机制，让社会矛盾社会调

长期以来，我国法治建设重宣传而轻实效，重形式而忽内容，重数量而忽质量，特别是农村基层法治的建设更是被"悬在空中、阻在山外、止于墙上"。基层法治建设面临着普法主体稀缺，普法观念淡薄，普法精准度不高等问题，致使农民游离于法治体系之外，难以享受到法治阳光的"滋润"。为此，恩施州以"律师进村，法律便民"为契机，通过创新普法形式，嵌入律师资源，激活乡土力量等做法，实现了"普法有人依，知法有处寻，用法有依据"，使法治服务纵向到底、横向触边，深入到每个农户的心中。

一是组建"乡贤听证库"。为保障听证员权威性，听证员库以乡镇为单位，由乡贤能人、乡村教师、村组干部等200至300人组成。听证库的听证严格按照相关程序进行：先由申请人向听证代表陈述申请理由，再由村小组专人入户调查情况，随后申请人接受听证成员提问；接下来，申请人暂时退场，听证代表各自发表自己意见和建议并进行表决，最后由听证库专人当场公布结果。2014年4月，郭某某与刘某某家因田界及道路权属发生争议，两家因此产生纠纷。双方争执不下，对田界及道路权属的划

分无法达成一致，致使邻里关系恶化，影响了双方的生活。在僵持不下的情况下，郭某某于2014年5月1日向听证会提出申请，希望听证会对他与被申请人刘某某的纠纷进行调解。听证库接到申请后，派专门的调解员查看两家的相关林权证、土地证，又到现场进行了确认，通过多方面调查相关情况，仔细核对林权证与土地证，最终认定两家之间的路不属于个人所有，而应属于共有，听证之后，又给郭某某与刘某某讲政策、说道理，以"邻里之间应以和为贵，退一步海阔天空，不宜因为一时的利益纠纷而伤害了邻里间的感情"来规劝双方。最后，郭某某与刘某某在听取了听证库的调解，看了对田界的划分之后，终于达成了协议，调解成功。

二是"随机抽取听证员"。为了确保听证会的公平、公正、合理性，听证库的听证员不是固定不变的，而是从"乡贤听证库"中随机抽取的，在开听证会之前，每次抽取约3至5名听证人员，听证人员主要由乡村教师、乡贤能人和村组干部组成，其基本要求是懂文化、知法规、明事理。同时，除听证库中抽取的听证人员外，双方当事人还可以自带2名亲友构成10人听证团，来监督听证库中抽取的听证人员。高某夫妻有二子三女皆成家立户，相处不睦。两年前高某去世，长子阻挠安葬，高妻向儿子下跪。处理丧事未结束，两个儿子私分家庭承包田，引起其他家庭成员不服再生怨恨。高妻连续两年将长子的禾苗扒除，破坏其生产，遭长子举报到乡政府，但多次调解均未果。乡贤听证库得知情况后，本着乡土问题乡土解决的原则，请双方当事人抽取听证人员，并且自带亲友团，大家公开评议，不偏不倚。听证人员从下午2点半一直调解到次日凌晨1点，从情理法角度打比方、摆事实，最终将持续3年多的家庭矛盾化解，家庭成员订立了和解协议。

三是"农民评农民"。听证会采取乡镇干部主持，当事农民陈述、听证员评理方式进行。每次开听证会的时候，村民邻里三五成群便会群聚集在听证现场，听完听证会人员的结论之后，村民便从情、理、法等多个角度，评议判决结论是否合理，如若不合理，村民便可在听证会的最后一个环节提出不合理的理由，要求听证会重新讨论结论。农民评农民使得政府全程当配角，农民当主角，政府成功从"台前"走向"幕后"。让农民评农民的好处就在于"以往有些农民明知无理还要上访，政府无法解释清。但通过亲友乡贤评议，能使其自知理亏不好意思"。通过这种互动评议形式，不仅将最实用的法律服务送到了普通农户的身边，同时也激发了大家学法、懂法、守法、用法的热情。戴某某夫妇是恩施市某村村民，由于年事已高，已经没有劳动能力，膝下有两个儿子相互推脱不愿赡养。无奈之下，戴某某将两个儿子告上了"法庭"，在听证会上，本村村民对戴某某的两个儿子进行了道德上的"谴责"，两个儿子畏惧村民的压力，认识到了自己的错误，主动承担赡养义务。

四　官治合作，筑造协同化治理

我国历史上是一个"权威型治理"的国家，权力自上而下的高度集中是其典型特征。政治机构的权力可以随时地、无限地侵入和控制社会每一个阶层和每一个领域。在权威型治理国家的控制下，社会资源的流动是单向度的，即一切社会资源都由政府统一支配和管控，其他社会主体的空间被无限压缩，在国家治理体系中政府有着绝对的主导权。在长期"权威"思想的支配下，政府部门权力异化，行事僵化，不愿精简放权，办事推诿扯皮，寻租风气严重。因此，转变政府职能、打破政府内部部门间的分割和不合作局面，激活其他主体活力，建立开放式的服务型政府，成为当前社会治理的迫切要求。

（一）联合坐诊，形成法治合力

传统的治理都是政府大包大揽，行政手段主导着资源的配置，政府控制着一切，压缩了其他治理主体的活动空间。为此，恩施市政府以创新社会治理手段为导向，积极转变政府职能，精简放权，以市场化为牵引，通过公开招标的形式购买法律服务，在治理的体系中嵌入律师资源，打破了传统政府"一条腿走路"的治理模式，盘活了治理主体，形成了政府加律师资源的双重合力。恩施州通过把律师吸纳为治理主体，晒出了"权力清单"，厘清了法律手段与行政手段的边界，既让人们树立了"办事依法、遇事找法，化解靠法"的法律思维，同时也强化了政府依法执政的理念，改变了过去"简单粗暴"的执法方式，实现了用制度督权、按制度办事、靠制度管人的成效，赢得了农民的信任。恩施州在推进法治建设的进程中，改变了以往主要靠政府"单打独斗"的局面，主动引入律师资源，二者目标一致，优势互补，协同治理，实现了法治落地的共同发力和"两条腿走路"，使得法治走进了千家万户，在农民心中落地开花。

对于涉法涉诉矛盾纠纷的处理，传统政府往往都是凭经验办事，按照以前做事的惯性来处理相关问题，但又由于政府官员不懂法，政府内部也没有相关法律人才，因此往往出现"有法不用法"或"事与愿违"的现象。同时，即使政府工作人员在调解矛盾纠纷时懂一些相关法律，但往往又因为专业性不强，中立性不足，致使"好心办坏事"。"政府部门处理矛盾纠纷时都是依规章办事，对于法律问题我们干部有时也不是太懂，不能够灵活运用，就算明知道不符合情理，但有时也必须得按规章走"，屯堡乡司法所李美略讲道。

恩施州政府为弥补干部对于涉法涉诉专业问题的不足，运用市场化的手段，通过公开招标的形式，购买法律服务，将律师资源嵌入政府的行政过程，通过联合坐诊的方式，不仅调动了律师服务社会的积极性，同时也弥补了政府在法律知识上的不足，二者优势互补，协同化治理，提高了社会治理能力。恩施州政府在与律师联合坐诊的时候，明确规定了律师的权利与义务，确保了律师作为独立"第三方"的中立性。一是受聘律师积极参与人民调解、行政调解、司法调解及涉法涉诉和重大疑难信访问题的处理；二是协同政府建立健全法律顾问制度服务网络，营造良好"办事依法、遇事找法、化解靠法"的法治环境；三是镇司法所定期给法律顾问团、村法律顾问开具工作清单，并限时完成工作任务（律师顾问团律师至少一个月参加1次政府班子成员会议，提出不少于2条法律建议，参与2次信访接待，有1套法律顾问工作台账）。

通过政府与律师的联合坐诊，扭转了传统农民信访不信法的固化思维，就政府而言，以前只能凭经验、用土办法化解矛盾，而现在引入法律顾问以后，不但学到了专业的法律知识，同时也强化了干部的法律思维，学会了用法律手段去调解矛盾纠纷。对法律顾问而言，以前空有一身"法律"本领，却没有用"法"之地，现在与政府协同治理，不仅规制了政府的行为，让政府有法可依，同时也实现了律师自身的社会价值。更重要的是，官治合作能够让政府与法律顾问在法治能力提升的同时，进行优势互补，合力化解矛盾纠纷，促进社会和谐稳定。2013年，恩施州被确定为全省法治建设工作的试点市，试点以引入律师资源为抓手，突破了以往政府管控资源的模式，州政府通过市场化的运作嵌入律师力量，以一村一法律顾问为切入点，广泛开展"律师进村，法律便民"活动。截至2015 年 6 月，全州应聘法律顾问单位 555 家，已聘法律顾问 509 家，聘用率为 91%，其中 17 个乡（镇、办事处）全部组建了法律顾问团，208 个村（居）实现了"一村（居）一法律顾问"的全覆盖。而利川市东城街道办则探索出了"四个联合"的信访化解机制，律师与各部门一起参与信访的接待、会诊、化解与稳控。2014 年下半年，法律顾问团联合接访 87 起、629 人次，共出具 100 多份法律意见书，其中 97 份被采纳。

（二）联合接访，优势融合互通

长期以来，由于乡土缺乏内生法治诉求和建设主体，基层法治建设处于政府推动模式，难以形成乡土内生模式。恩施州政府因地制宜，通过市场化的手段引入律师资源，充分发挥本土律师的乡土情结，激发其内生活力，有重点地将律师资源融合在市、县、乡、村各级，创新治理模式，采用联合接访的形式，实现协同治理。政府有政府的优势，律师有律师的作用，二者运用自身的组织优势，通过优化机制运行，将乡土的力量融入到了法治服务中，避免了传统政府"一条腿走路"的困境，同时也发挥调动了律师服务社会的积极性，在法治融合的过程中提升着社会治理能力。

联合接访由律师和各乡镇司法所抽调出来的人员组成，二者协同"会诊"，设有专门的接访场所和固定的排班表，以定时进村、电话便民等方式为村民提供法律援助。村民有矛盾纠纷首先由司法所负责接待，询问基本的缘由，一般的矛盾纠纷司法所的工作人员便可给出解决意见，但如果遇到涉及生命、财产等专业的涉法纠纷，司法所的工作人员往往不能自行解决，需要借助律师的专业法律知识才能很好地化解，律师资源借力行政力量，不仅重构了政府治理要素，同时也使基层法治建设找到了落脚地，真正走完并走好"最后一公里"。以东城街道办事处为例，在过去的一年里，律师与司法所共同接待信访案件 128 起，涉及人数 1025，参与矛盾纠纷 86 起，为政府重大决策和重点项目提供法律援助 66 次，为村民提供法律援助 413 次。建始县业州镇也通过将法律顾问室设立在信访办，实现了接访、咨询一体化，当上访人有需求时，律师向其提供法律咨询，让农民知法。如马栏溪村王某因道路建设与黄某发生纠纷，多年上访始终无果，法律顾问成立后，律师为其提供咨询，双方终达成了和解协议。

政府与律师联合接访不仅规范了政府的行政行为，提高了各级干部依法行政的意识，同时也有利于理顺基层农民诉求，提高农民依法维权的信念。恩施市东城街道办事处城隍村村民谭秀英因承包地在二轮延包时被村组调整给他人一事多次上访，甚至赴京非访，引起了农业部及农业厅的高度关注。为此，司法所人员会同律师通过联合接访的形式审理了这一案件，律师以独立第三方公正的形象得到了村民谭秀英的信任，而司法所也通过制度化的途径引导了谭秀英的理性诉求，二者协同调查，查找法律依据，最终提出了村干部错误的办事方法，维护了当事人的合法权益。马兰溪陈光国书记说："通过联合接访形式的开展，群众遇到难题来咨询的越来越多，反映问题喊书记的越来越少；政府请律师做决策的越来越多，干部拍脑袋决策的越来越少；矛盾纠纷通过司法渠道解决的越来越多，群众缠访闹访的人越来越少。"

（三）联合研判，铸造安全阀门

为了扭转传统"信访不信法"的思维惯性，恩施州政府采取"政府搭台，律师融入"的联合研判方式，通过联合研判不仅发挥了法律顾问的专业优势，同时也理清了权力边界，避免了政府"乱作为"。律师有专业的法律知识，政府有权威的行政优势，律师与政府联合研判，取得了"1 + 1 > 2"的治理成效。

律师事务所派遣专门的律师顾问，与乡镇司法所的人员共同坐班。如恩施市东城街道办事处规定周一至周五，5 名法律顾问轮流实行坐班制，与办事处班子成员、综治信访工作人员共同参与信访接待，对于群众的涉法难题，联合"把脉问诊"提出解决方案。政府与律师联合研判不仅限于矛盾纠纷的联合化解，还包括社会治安联防、突发事件联勤、重点问题联治、特殊人群联管，创建了"五联"工作机制，在推进社会治理的过程中，形成了政府牵头、律师融入、联合协同、上下联动的基础运行体制。2015 年 3 月，有开发商打算在杨家山村的集体林地上开发旅游农家乐，规划在山上修建旅馆、道路、休闲设施等项目。杨家山村委会接到这个开发项目的后，上报乡镇政府，乡镇政府很快就同意了开发商的申请。但在开发的中期，村委会发现开发项目对当地的环境造成了很大的破坏，于是找到法律联合研判中心，通过专业的法律调查，最终将开发项目予以叫停。

政府与律师联合研判的作用不仅限于矛盾纠纷发生之后的调处，更重要的是它可以对矛盾纠纷做到事前预防。为了将涉法涉诉的纠纷纳入法制化的轨道，政府司法人员与律师定期会对本村可能诱发重大纠纷的事件做一个总体的评估，就农民疑惑的一些法律问题定期开展面对面交流，将矛盾纠纷化解在萌芽状态，做到事前联合"研判"。以恩施市龙凤镇为例，2015 年上半年，全镇由律师和政府联合研判的共计 185 件，成功调解了153 件，联席镇党委会议 15 次，参与政府重大决策 12 次，参与规范文件及规则制定 17 项，仅 6 月龙凤镇法庭立案登记的就有 300 多起，与去年同期相比增长了 100%。政府与律师联合研判避免了政府"拍脑袋决策"的现象，体现了法律顾问在政府决策中的"把关、审核"作用。在联合研判的过程中，不仅提升了政府决策的科学性和规范性，同时也引导了农民由"信访"向"信法"转变。

小　结

一直以来，传统的基层社会治理主要依靠政府"单打独斗"和"一条腿走路"，且往往运用强制性的行政权力进行社会管理，以"力"治理的治理方式不仅很难解决基层社会问题，也往往容易造成新的矛盾冲突。随着社会经济的不断发展，政府单极化的公共权力资源配置模式与现代治理需求不相匹配，过去"大包大揽"式的法治供给体制已无法满足农村、农民对法治的需求，特别是对于偏远山区的恩施州来说，"山高路远"更加剧了基层农村对法治的"渴求"。

为进一步创新基层法治化治理方式，回应国家法治治理现代化的当前要求和山区农村对法治入村的现实需求，恩施州率先通过市场化方式购买法律服务，主动引入律师资源。一方面，将专业律师引入了基层治理过程，通过律师牵引，打造出专业化治理主体，弥补了基层干部法律知识不足导致的"不懂法""不用法"问题；另一方面，将律师资源与现代条件下的乡土力量进行融合，通过打造"微型"机制和"层级化"机制，赋予村、组以法治化治理融入效力，乡土力量的嵌入进一步激活了恩施州山区农村的积极性治理要素，优化了治理方式。再者，将专业律师输入治理程序，通过与基层行政、司法等部门的协同，塑造出了新形势下的联合机制，形成了有效的治理"组合拳"，避免政府"单腿走路"、单一作为的问题。

可以说，恩施州优化治理方式的创新，使其基层山区治理能力和水平得以在法治融合中不断提升，打造出了山区基层治理现代化的"恩施样本"，成为国家法治化治理方式有效推进的应景回应。

在利益调节中畅通法治途径

利益是人们行为的根本出发点，利益关系是人类社会的根本关系。基层法治建设活动的开展与民众切身利益密切相关，基层法治建设受阻的重要原因在于缺乏畅通的利益诉求机制。面对纷繁复杂的社会矛盾，如何以利益杠杆进行调节，是对广大基层干群治理能力的严峻考验，也势必对社会稳定产生深远影响。湖北省恩施州作为"老、少、边、山、穷"地区，在法治缺位的现实状况下，农民出于自身的利益考虑往往不依理、依法维权，而是以利着眼，以力抗争。2013 年，恩施州以"律师进村，法律便民"工作为契机，搭建法治咨询平台，加大政府财政支持，实行乡土承接，多项措施使农民信法维权成为可能。恩施州通过发挥利益杠杆调节功能，扭转了农民"押注"信访的传统，畅通了基层法治建设之路。

一　利益失衡,维权导向错位

利益问题特别是利益矛盾冲突及协调问题是现代社会制度设立的根本问题。在市场化时代，广大农村地区出现了多元化利益主体为实现自身的利益而激化矛盾冲突的局面。

(一) 信访"低成本"信法"高成本"

农民的行为往往带着鲜明的利益导向，经济成本和时间成本都是他们行为选择的影响因素。面对矛盾纠纷，保持利益最大化心理的农民往往会趋向成本最低、成效最快的行为方式，寻求法律途径很难成为他们的最优选择。在恩施州，仅有的 337 名执业律师，绝大部分集中在城区，个别县的在所律师不足 10 人，且以城市为业务主要来源地。山高路远，交通闭塞，业务不集中，很难让本就十分有限的法律专业人才下乡进村。而经济收入不高的农民往往也对高昂的律师服务费望而却步。

此外，恩施州广大农村地区农民文化水平普遍不高，文盲在中老年群体中较大范围地存在，农民不知法、不懂法，不会打官司、打不起官司，觉得打官司是有钱人的事，是会钻空子的人专用，更担心"赢了官司输了钱"，结果反而吃亏，因此，多数农民宁可选择上访。对他们来说，上访无须专人代理，成本低廉，又不需要特定程序，往往是"无师自通"，找到政府大门即可。在地方政府"花钱买平安"的维稳思维下，农民即使无理上访往往也能获得可观回报。如在恩施市，18位农户因房屋裂口集体找政府而非找施工企业，政府明知是无理取闹，却为了平息事端直接给钱解决。

（二）信访"无风险"信法"有风险"

面对矛盾纠纷，行为选择的风险评估是农民心中的又一小算盘。农民到法院打官司的目的是为了解决问题，追溯到根本是为了维护自己的切身利益。而一旦走司法途径，官司要么打输，要么打赢，风险系数相对较高，尤其是对于本身就属于无理取闹，企图依靠胡搅蛮缠满足一己私利的农民，明知理亏，更不愿走法律程序。而相比上访，因为上访只有满足要求和未满足要求两种结果，即使要求没有得到满足，对访民来说，也无须承担额外的损失，基本是零风险。对农民而言，这无疑是极大的诱惑。

另外，走司法途径意味着要遵守严格、规范的程序，立案、开庭、宣判一系列步骤都需要时间，但上访简单直接，如果得以处理，短期内便可见效。同时，人民法院的层级受理机制，也让习惯"信上不信下"的农民无法越级。但农民对于上访却拥有自主决定权，越级上访在基层老百姓中毫不陌生，更何况上访还存在运气因素。遇到以息事宁人、利益摆平为接访导向的部门和干部，可能不明就里，不摸清来龙去脉，不调查前因后果，就施以"好处"，草率解决。基于信法与信法的风险评估，农民自然倾向于风险极低，甚至能够让走法律程序注定败诉的案件"柳暗花明，起死回生"。建始县业州镇陈克金曾对法院的刑事判决不服，但经三级法院复查均维持原判。之后，陈克金通过上访，获得了县领导签批给予自己解决生活费的5.5万元。恩施市沐抚办事处黄向前表示："信法有赢有输，信访最差是不花钱，稳赢不输，从而误导农民信访而不信法。"

因此，在成本考虑与风险预估的双重影响下，农民往往趋利而行，信访不信法、信力不信法、信权不信法，习惯寻求在法外解决问题，以重复上访、越级上访甚至缠访闹访解决个人诉求。部分上访获利，尤其是获得额外利益的访民还具有极强的示范效应，引导其他农民的维权导向一再偏离法治轨道。

（一）农民信访不信法

"人不伤心不落泪，人无难事不上访。"对于群众来说，遇到了难以解决的困难，上访是他们希望所在。但上访之后问题没有得到及时解决的情况常常出现，其中一个重要的原因是上访群众不知道自己的问题应该由哪个部门解决，只好"一窝蜂"往信访部门挤。同时，基层部门对信访案件的处理能力有限，甚至处理失当，使访民往往跳过基层越级上访。

近年来，在第三产业特别是旅游业的助推下，恩施州经济发展进程加快，相伴而来的各种社会矛盾纠纷也纷纷凸显，特别是征地拆迁、山林地界等成为新一轮影响农村稳定的因素。对这些矛盾纠纷解决的好与坏，直接影响着地方政府在群众中的威信。解决好了，群众自然理解支持政府工作，解决不好，群众就易于与政府直接对立，对政府工作不配合，甚至千方百计予以阻挠，而是到处上访，给省州市领导写信留言，诉说自己的问题，甚至不计代价进京上访。

在山区闭塞的环境下，农民习惯向"青天大老爷鸣冤"，为了减少程序"信上不信下"，为降低成本"信访不信法"。同时，由于受"法不责众""民意难违"等惯性思维的影响，许多信访群众往往采取群体上访、越级上访、无理上访等方式给政府施加压力。从 2011 年到 2013 年，恩施州信访量连登湖北省"前三甲"，赴省进京越级上访、重复上访、非法上访中，涉法涉诉信访占到 60% 以上。

鹤峰县政府在建设鹤峰县工业园区时，对本县太平镇某村部分土地进行征收，于 2011 年 3 月 25 日与该村村民周某某签订了《房屋搬迁补偿协议》。按协议规定，开发公司按耕地征收标准给周某某支付了 4471 元宅基地块，后期还将为其调换 140 平方米的宅基地。后因周某某按照开发公司的整体规划和要求在自家责任田上修建了房屋，并享受了开发公司对所有搬迁户实施的补偿安置政策，开发公司就未再给周某某指定宅基地。周某某认为房屋是在自家责任田上修建的，所以要求开发公司按协议再提供给自己 140 平方米的宅基地。在协商无果的情况下，周某某多次找政府和相关部门要求解决，不间断上访近 3 年。

（二）农民信力不信法

礼治失序、法治缺位和力治上位，深刻反映了恩施州农村地区社会治理的水平和层次。在长期发展过程中，土家族、苗族等少数民族形成了独具特色的风俗习惯，这些习惯具有很强的地域性和民族性。一些本应该运用法律手段解决的问题，农民却习惯于以打冤家、械斗、"吃贼饭"或用赔钱的方式私了。在这种复杂的历史文化背景与独特的民风民俗影响下，"遇事就围、有事就闹"成为恩施农民解决问题的常用手段，农民习惯于"闹、缠"，不愿意"按规则，走程序、讲法律"，长期以来形成了农民的"暴力崇拜"，若"口头"解决不了就用"拳头"，打赢才"有面子""争了气"，导致纠纷升级，矛盾愈演愈烈，甚至上升为群体性事件。

（三）农民信权不信法

与信力不信法相伴随，信权不信法也是农村社会的普遍心态。在历史上，恩施地区长期实行"土司制度"，存在较大程度的自治，国家通行法律一直未能在这里扎根落地。受此影响，农民往往"信权不信法、信长官不信法官"，在解决问题时"遇事就围、见官就堵"，习惯性地把政府当作利益诉求的最佳渠道，崇尚权力，漠视法律。

与日益纷繁复杂的矛盾纠纷不相适应的是，人民公社解体后，"乡政村治"模式并未真正落地。相反，在城镇化与市场化的冲击下，务工潮带动的农村人口流动规模空前，农村逐渐空心化，村民自治趋于疲软，村干部多半沦为乡镇政府的代理人，管理能力不足，无法面对随着经济发展大规模涌现的矛盾纠纷，村内调解成效相对有限。恩施州代州长刘芳震感慨："农村的小事往往因小组长无法管，村干部无心管，乡镇无力管，最终都拖成大事。"农民之事本无小事，但在基层干部看来，农民之事都是小事，政府之事才是大事。基层牌子多、任务重、考核频繁的现实让干部只能"顾上难顾下"。在恩施州，农村户籍人口达352人，村干部仅1.2万人，人均管理幅度达292人。

长期以来，地方政府与农民的"二元"对立，还加剧了农民"信高层不信基层"的观念。在农民心中，上级部门、上级领导往往意味着更大的权力，诉求得以解决的希望也就越大。这种权力不但比司法程序要快，有些时候还能为访民带来远大于法律途径解决的现实好处。恩施市沐抚办事处党委书记田贵周回忆道："2013年3月我刚上任时，每天早晨8点半去上班，几乎很难进办公室，外面少则几个人，多的时候十几个、二十几人，只要我出现，等待的人群立马就围上来，正常的工作都难以开展！而这么多上访的农民，不可能都是非得让乡镇出面解决的大矛盾大纠纷，经常是一些邻里纠纷，家庭纠纷也来找乡镇，找我解决。这些如果能在基层被消化掉，乡镇这里压力也能减小很多啊。"

利益诉求得以满足是推动农民跳过基层、纵向直上，直接寻求上级部门解决问题的原动力。在农民的一贯思维中，更大权力往往具有更大程度的公平性，能够更为妥当地解决问题，满足自己的利益申诉。在恩施市征收土地过程中，一位老人因邻居家两口人4亩地，因而推测自己家6口人应该有10多亩地而非政府丈量的8亩，在无理要求被拒绝后，最后上访至最高人民检察院。近年来，由于矛盾层次越来越高，大量矛盾纠纷源于国家政策法规的变动，让农民对基层政府的调解甚至基层法院判决不服、不从，更加剧了农民信权不信法的心理变动。据统计，截至2014年，恩施州全州有82件经过法院终审的案件仍然在不断上访中。

二 技术助推,便捷法律服务

信息技术的发展，加快了政府职能的转变。互联网的普及应用，为公共服务的延伸提供了技术上的支持，也让社会能够更为便捷地获取资源。针对律师进村难、农民不懂法、不用法，法律服务难以进村入户的问题，恩施州因地制宜，运用现代信息技术和"互联网＋"的思维，建立方便快捷、实用性强的法治网络平台，以此畅通法律服务获取途径，降低农民用法成本。

（一）信息技术助推送法"最后一公里"

恩施州地处鄂西武陵山区，山高坡陡、地广人稀是其突出特点，平均每个村庄覆盖范围9.5平方公里，每平方公里内平均只有131人。由于地理环境的制约，法治服务成本高，使得服务机构"望山兴叹"，法律人才"望山却步"，法治建设的"最后一公里"问题始终难以解决。素有"一脚踏三县"之称的鹤峰县邬阳乡，东与宜昌五峰县牛庄乡接壤，西北与恩施州巴东县、建始县毗邻，交通闭塞，法治服务更难以纵向到底。当地人戏称："喊话听得见，相见要一天。"该县杜江律师说到此也十分无奈："我们事务所离邬阳最近的村有49公里，下乡1天只能到乡，很难进村。"而恩施州巴东县东西宽最窄处10.3千米，南北长水平距135千米，在蜿蜒的山路上，农民少则要走上几十公里，多则要走上一两百公里才能出山。离县城最远的金果坪乡距县城超过了200公里，开车也要走上五六个小时。农民进城尚且困难，方便的律师服务更难以顾及。

在恩施州委州政府"律师进村，法律便民"工作的带动下，邬阳乡党委政府果断求变，以信息技术为牵引，"以网代路"，升级完善网格化管理服务平台，在村一级设立了"法务工作联络员"。全乡16位村级便民服务网格信息管理员，全部向法律层面拓展延伸，在为群众提供一般便民服务事项的同时，也负责确保网络通信传输畅通，对网络情况进行管理，保障网络安全。邬阳乡民族中心学校还安装了无纸化学法、用法考试系统，分年组织"网学网考"。

同样是借助信息技术，"e信通"平台的建立，改变了张榜贴墙的传统普法路径。在网格化管理平台的基础上，邬阳乡开辟专门的信息发送功能，在线给村民群发短信、彩信，将常用的法律知识、法规政策及时送到农民手中。同时，该乡还针对外出务工人员较多的情况，专门设置了农民工法治网络社区，使其能够异地享受法治服务。信息技术的应用打破了空间阻隔，节约了当地农民的用法成本。

近年来，恩施州各县市在推动法律服务下乡的同时，以QQ群、微信群为依托，将院落、小组这一熟人社会"圈"进互动社区，与律师零距离，方便农民随时咨询。活跃在群内的律师与基层法律工作者将实用性强、通俗易懂的法律知识不定时在群内发布，开辟了普法送法新路径。在鹤峰县邬阳乡石龙寨村，村里还建立有包村律师的微信群，"遇到问题发个消息就能问，还能看看群里的法律知识，读一读有启发性的法律故事，对于培育农民的法治意识十分有用"，邬阳乡司法所所长罗才胜说道。

（二）信息技术解决用法难题

在恩施州，以往的农民要找律师咨询，必须"跋山涉水"进城去。现在，全州通过在村庄设置远程视频咨询系统，打造"视频问诊"平台，农民借助该平台，可以提前预约律师，通过远程视频向律师进行法律咨询，使其足不出村就可以与律师"面对面"交流。矛盾纠纷的双方当事人还可直接通过视频远程邀请律师调解，全程录像保障了有据可查。建始县长梁乡桂花村支部书记樊家佩介绍："我们这个村离县城有40多里山路，现在有了网上视频系统，农民只要动动手，就可以'请来'律师，再也不用跑冤枉路了。"

案例共享是技术助推法律服务在恩施州落地生根的又一大创举。一是案例分类。鹤峰县邬阳乡16个村已全部建立村级法律网格咨询平台，并配备了16名网格化信息管理员。网格员将调解成功的纠纷案件分流建档，以备查询、参阅。二是案例入库。把律师调解成功的纠纷案例上传至网络数据库，方便有同类纠纷的农民"依葫芦画瓢"去解决。如来凤县建立了案例数据库，通过法律联络员调出类似的案例，为化解农民矛盾纠纷提供借鉴。三是案例联动。通过各部门和各地区资源共享，实现农民对案件的实时追踪、查询和监督。受益农民纷纷表示，"以后再有了纠纷，我也能照着前例去解决了。"恩施州通过现代信息技术的应用，打破了空间阻隔，使农民足不出户就可以"问诊千里外"。据估算，仅恩施市一年就可以让农民少跑路40多万公里，节约交通成本120余万元。

三　政府埋单，免费服务

在市场经济的大背景下，法律服务作为一种市场化服务，使农民在享受法律服务时需花费大量成本，特别是在农民权利意识觉醒的今天，农民打起官司来更是"费时、费钱、费力、费心"。为打通法律服务"最后一公里"，使法律服务"市场化"向"平民化"转变，恩施州采取政府统一购买律师服务的方式，实现免费咨询、免费诉讼和免费援助，将律师服务延伸到寻常百姓家，使农民免费享受到专业的法律服务，重拾农民对法律的信心。

（一）免费咨询，让农民走近法律

过去，律师的工作地点都设在县城或更繁华的城区，山区农民要想获得专业的法律服务必须跋山涉水，加之律师咨询费用超出了农民的承受范围，因此，过高的官司成本成为横亘在农民用法前的另一道门槛。"村民为讨回17万元，打官司竟然花了6万元！"恩施州宣恩县万寨乡板场村村民张毅无奈地感叹："对咱农民来说，法律真是个奢侈品！"为化解山区"矛盾在基层、律师在天边"的困境，恩施州以让农民免费享受到专业、便捷的法律咨询服务作为突破口，为农民走近法律提供便利。

恩施州通过政府购买法律服务，聘请法律顾问团，迈出了免费咨询的第一步。具体而言，由政府列支专项财政预算，以政府购买的形式汇集专业律师资源，特别是以政府的名义聘请州内知名律师到各个乡镇担任法律顾问，让律师从过去的"小面积"服务发展成为覆盖州、县（市）、乡、村四个层级的"大面积"服务，实现了法治服务的全覆盖。据介绍，自2013年起，恩施州政府每年预算5000万元对法律顾问制度予以保障。在此基础上，恩施州还建立起法律顾问团，由3至10位具备专业法律知识的资深律师组成专业律师团队，团队成员分别在劳务纠纷、责任田界纠纷、家庭纠纷等不同的专业领域享有一定知名度，有一定的行政管理经验，品行正派且熟悉基层工作。恩施市沐抚办事处沐贡村村民张显兴在与邻居发生纠纷时，打电话向顾问团的7名律师咨询，发现给出的解决办法基本一致，这才打消了认为办事处领导"忽悠"自己的疑虑。

在免费咨询服务的具体推行过程中，恩施州还创新了多种形式。一是创建便民服务卡。便民服务卡正面印有法律顾问的宣传语、服务内容、承诺内容和注意事项，背面具体地标注了辖区内每位律师的证件照、所属单位及职位、擅长领域、获奖经历、联系方式等信息。考虑到不同人群的使用情况，政府将此卡印刷成大小两种版本发放到农户家中，使恩施州5049户、30088人人手一张便民卡，农民可以根据自身需求联系任一律师进行咨询，只要一个电话，律师就会及时答疑解惑甚至上门服务，做到困难有人帮、疑惑有人解，让农民"一卡在手，问法无忧"。一张小小的便民服务卡，畅通了农民与律师联系的渠道，减少了农民大小事来回跑的麻烦，使法律更加贴近居民，受到了农民的广泛欢迎和好评。

二是借力传统邻里资源，利用集市、院落及屋场等搭建起全方位的便捷服务平台，引导基层干部、普通群众及法律顾问团在自愿基础上平等交流，发挥免费咨询功能。一方面利用村庄开会或农民赶场的机会，安排律师向农民宣传法律知识；另一方面以地域相近、规模适度的农户院落、屋场为单位，每10户左右培训一名法律明白人，通过邻里纠纷调解进行法治宣传和咨询反馈，同时定期召开屋场会向农民普及法律知识，对农民的不解之处进行解释，对涉农事件提出建设性意见和建议。来凤县绿水镇在农民院落内张贴法治案例、法治漫画，让农民在串门纳凉之时就能看到法治宣传；杨家山村的村干部和法律宣讲员则利用村民在屋场乘凉、闲谈之际，给农民讲解法律知识。

三是开办"法律诊所"，律师通过入户"问诊"、定点"义诊"、定期"巡诊"、集体"会诊"等方式，免费提供咨询服务，把法送到农民家门口，让农民真正感受到"法在身边"。其中，入户"问诊"即通过以3到4名律师定期走访分管农户的方式，将农民最现实的法律需求"收上来"，把最需要的法律知识"送下去"；定点"义诊"是由律师定期到村内的"法律诊所"坐班，及时为农民提供法治帮扶；定期"巡诊"为通过定期和不定期的走街串巷，使律师深入到农民的生活中，发现潜在的矛盾纠纷，将矛盾化解在萌芽状态；集体"会诊"是请村干部、律师和司法所工作人员在"法律诊所"中共同商议村内重大矛盾纠纷，协商讨论问题的解决方法。目前，恩施州已建立起村级"法律诊所"2400余所，"法律诊所"中的律师每月至少参加1次村支两委会议、参与2件民事纠纷调解、解答3人次的法律问题。

恩施州通过组建法律顾问团及创新多种实现形式，成功地将免费法律咨询服务输送到基层，让律师在基层发光发热，使律师参与社会治理从义务变成了责任，满足了公众多元化、个性化的需求。截至2015年5月，恩施州的法律顾问团已免费为村民提供了11.48万次咨询服务。建始县司法所所长罗宇表示："过去都是群众奔波找律师，现在律师主动跑到家门口，送法上门，省去了群众来回奔波的麻烦，农民打心底里乐开了花。"

（二）免费诉讼，让农民使用法律

由于法律制度不完善、程序设置不合理和诉讼程序烦琐拖沓等原因，农民在用法时需要耗费更多时间和精力。以近年来的农民工讨薪问题为例，按法律规定，全部程序走下来需要 29 个月，其间会耗费大量时间、精力、金钱，如果官司打不赢，更是"赔了夫人又折兵"，对农民来说无异于雪上加霜。很多农民虽然渴望通过打官司维护自己的合法权益，但却苦于无力负担诉讼费用和精力而忍气吞声，对法律"望而却步"，转而走上信访之路。针对这一困境，恩施州委、州政府积极降低农民用法负担，通过利益调节倒逼农民用法，通过提供免费诉讼服务搭建平民化诉讼平台，引导农民通过司法途径维权，让农民"挺直腰杆"走进法院。

一方面，提供专项资金以免除农民后顾之忧。当矛盾升级到行政手段难以为继时，政府就为部分案件垫付立案费和代理费。在当事人提交免费代理诉讼的申请后，乡镇政府先行垫付立案费及代理费，由于结案后立案费和代理费由败诉方承担，因此，若申请人败诉，则两项费用全部由乡镇政府承担到底。据介绍，农民上访最为突出的沐抚办事处，现每年投入 5 万元免费诉讼专项资金，辖区内的农民可按照程序申请免费代理服务，2014 年，法律顾问为辖区农民代理了 14 起诉讼案件，办事处共花费 3.6 万元。

另一方面，注入充足的律师资源以优化用法效果。当农民需要免费援助服务时，可以根据案件的性质，自由选择一名或多名律师，被聘请的法律顾问团成员会给予当事人最大程度的优惠；如果农民对法律顾问团的任何成员都不满意，还可以根据个人偏好在国内自由选择任何律师，"只要有中华人民共和国律师资格证的人都可以"，这样一来就解除了律师在地域方面的限制，给农民更大、更自由的选择空间，同时也间接地打破了政府与律师暗箱操作的可能性，尤其在涉及农民告政府的案件时，农民可以没有后顾之忧地打官司。

免费诉讼旨在降低农民打官司的成本，但并没有因此而引发司法诉讼剧增的问题，也没有成为政府的支出负担。以沐抚办事处为例，沐抚办事处 2014 年共发生矛盾纠纷 286 件，其中源头调处解决的有 273 件，进入司法诉讼程序的有 14 起，仅占 5%；而在过去，每年仅用于信访工作的开支就多达 40 余万元，实施此项制度第一年，其调处经费便缩减到 20 万元，2014 年再降低到 10 万元，预计 2015 年仅需支付 3 万元左右的常规性费用。免费诉讼服务、特别是低价或免费代理的成功之处就在于减少了信法的巨大成本，降低了法律的使用门槛，通过利益杠杆平衡了农民信法、信访之间的成本收益，使信法比信访更管用。

（三）免费援助，让农民信任法律

传统的法律援助制度主要为经济困难或特殊案件的人群无偿提供法律服务，虽然覆盖面逐年扩大，如经济困难或盲、聋、哑以及未成年人没有委托辩护人的都可以获得法律援助，但严格的受助条件仍使多数农民不能享受到及时便捷的法律服务。为使弱势群体和贫困农村家庭更好地享受到法律服务，恩施州健全法律援助与法律顾问的衔接机制，通过一系列援助措施，帮助农民平等地站在法律面前，享受一样的法律保护。

恩施州创新免费援助服务，在传统的法律援助制度基础上，融入当地法律顾问制度的相关元素，带有法律援助制度和法律顾问制度的双重色彩。免费援助的对象包括了因个人原因无力支付相关费用的、涉及十人或以上集体性矛盾纠纷的以及诉讼对象为行政机关、集体或者企事业单位的这三类。这一制度的亮点在于最大限度地扩大了受助的覆盖范围，一方面，覆盖了传统法律援助制度的全部对象；另一方面，考虑到农民经济和社会资源的匮乏，无论诉讼主体为集体的案件还是诉讼客体为集体的案件，都予以无偿援助。

据有关部门统计，截至 2015 年 3 月，恩施州进村法律顾问共办理法律援助案件近 1000 件，法律援助事项 14000 余件。建始县农民谭发连因房屋拆迁安置问题上访了 8 年，2015 年，在律师顾问的协助下申请了法律援助，凭恩施州中级人民法院二审判决书，拿到了 200 多万元的房屋安置补偿合同款。免费援助工作的实践证明，免费援助工作者通过参与处理涉法涉诉案件、信访案件、侵害弱势群体利益的群体性案件，能够及时解决纠纷、有效化解矛盾。恩施州免费援助服务的创新之处在于，通过健全法律援助与法律顾问的衔接机制，畅通了免费援助的"绿色通道"，使作为法律手段之一的免费援助服务，在维护社会稳定中发挥了"调节器"和"减压阀"的重要作用，使农民在遇到矛盾和纠纷的时候，能够理性表达自己的诉求，使矛盾在法律框架内得到解决，最大限度地减少不和谐因素。

四　乡土承接，服务零距离

过去，法律服务的开展主体多为政府，法律服务的推进主要依靠行政手段，由于没有近距离贴近农民生产生活，导致效果大打折扣，农民要想获得专业的法律服务却"找不到门、找不对路"，给经济条件较弱、法律知识贫乏的农民出了一道难题。为此，恩施州充分调动乡土力量，将微治单元和民间组织打造成农村法律服务的重要修复机制和支持系统，实现了农民与法律服务的零距离接触，拓展了基层法治空间。

（一）　利用微治单元创立法治空间

以行政为主导的法治，能"上报""上墙""上课堂"，却难以"入耳""入脑""入心"，法律服务只停留在行政村，无法下沉到小组甚至农户，导致面积广阔、农户分布分散的山区农村实施效果并不理想。恩施州把法治服务前移至小组、院落、集市等农民熟悉的单元，充分利用乡土力量，将法律服务的"阵地"筑到农民身边，让农民与法律服务零距离接触。微治单元成为了农民维护自己权利"听得见，看得到，问得着"的平台，农民可以直接向组长提出自己的法律需求，农民之间可以基于理性原则、本着协商精神解决矛盾冲突，使基层法治建设找到落脚点。

首先，回归小组单元。在以往的基层法治中，村民小组只是作为一个层级单位、一个村委会的基础单元，协助法律下乡政策的实施，但由于单元过小，村民小组在法律下乡中的地位并不显著，许多普法宣传活动都由村委会决定，因此往往处于被动甚至被忽视的地位，很难发挥作用。恩施州则打破了这一局面，依据山区农民分散居住的特点，将法治建设单元划归小组，充分挖掘村民小组"地域相近、利益相关、规模适度"的治理优势，探索出了一条"户—组—院—片—村"五级体系为主线的建设链条。它将矛盾化解关口从村内下移组内，强化了村民小组的功能，使之成为一个独立的政策推行单位和主体，直接落实法律顾问制度，使之由被动变主动、从后台走上前台、由客体成为主体，成为农民接触法律的有力

"支撑"。一方面，将法律宣传单位下沉到小组单元。恩施州将法治直接送到小组单元，利用包村律师和基层司法干部为小组长提供实用、常用的法律知识培训，提升小组长法律知识水平，将其打造成为"法律宣讲员"，使其参与纠纷调解有了统一、通用的参考标准，避免"看人情、看人势"。对此，恩施州邬阳乡乡长汪娟表示："组是我们接近群众的最基本单位，管好了每一个组就管好了每一个家庭，我们的法治也就找到了根基，落到了实处。"高台村李家湾组组长宋祥友介绍说："接受法治培训后，有了调解依据也就有了参与的底气。"另一方面，将矛盾处理权力下放到小组单元。恩施州把村民海选产生的小组长纳入村组干部统一管理，将以前村内统筹包揽的管理工作分解下放，同时要求村内任何矛盾纠纷必须先经组长调解，即使调处不成功也要给出意见。沐抚办事处党委书记田贵周强调，"如果小组内未调解而村里直接参与纠纷调解的，就会被视为越位"。该办事处 2014 年发生的 286 件矛盾纠纷中，通过村民小组成功调处的占到 68%，通过村组调处成功的接近 90%。再者，将法制建设奖励落实到小组单元。除基本工资外，恩施州对调处成功的每件纠纷给予小组长 50 元的奖励，在年终考核上，优秀小组长还将获得 500 元的"年终奖"。高台村团井组组长向中合谈道："办事处每年对优秀小组长的表彰不仅有奖金，还要戴上大红花上台，有了这种荣誉感，更有干劲儿了！"

　　其次，凭借屋场院落单元。以往，村委会作为农民群众性的自治载体，对上要承载繁重的行政任务，对下则面临"千条线穿一根针"的局面，政府普法宣传设置在口号标语里，停留在街头路边，农民看得见但"摸不着"，与农民生活挂不上钩。为解决这一难题，恩施州探索出将法律服务重心下移的办法，重塑自治单元，推动乡土资源与法治建设的有机结合。基于地广人稀的特点，恩施州将法治活动渗透到院落，以地域相近农户的院落、屋场为单位，把法治宣传引向农民家门口，使其成为农民的法律平台和关节点，方便村民出门学法。

　　此外，恩施州根据不同村组院落的分布情况、地缘关系特点，按照"规模适度、居民认同、有利自治、便于服务"的原则，在充分尊重农民意愿的基础上进行院落单元划分。例如，将规模较小且农民较少的院落组成一个单元，成立一个法律落实组织；将规模较大且农民较多的院落，划成几个单元，组建若干法律落实组织。恩施州来凤县绿水镇在农民院落内张贴法治案例、法治漫画，让农民在串门纳凉之时就能见到法治宣传，农民直言"赚了"："平时干农活很忙，没时间看电视里的普法宣传节目。现在好了，白天出门干活或者晚上出门串户的路上还能顺便学习法律知识。"建始县业州镇则以几户村民所共同使用的屋场为单位，搭建起了以案说法的"前沿阵地"。法律推进单元向农民院落、屋场延伸，形成了村民（代表）会议、居民议事会、村委会及其下属委员会、村民监督委员会上下贯通、左右联动的基层法治体系新格局。在当今中国农村快速发展和转型期，恩施州将院落作为农村最基本的细胞之一，已经逐渐成为当地法律顾问制度宣传和推进的聚集点、落脚点和交汇点。

最后，依靠家户单元。为打破制度和规章的格式化，恩施州让法律顾问制度向更小的单元延伸，依靠家户单元推进农村法治普及，利用其灵活性和人性化的特点，不仅将家户单元当作法律工作内容和形式的延展，更将其打造成一种基层法治观念的创新。具体来看，恩施州通过建立"三明白"，使农户成为学法的有效单元。一是培养家庭"明白人"。农户中的当家人经过村民小组自己组织的法律培训大会成为独立的法律明白人，明白人可进一步带动家庭成员学法用法，恩施州现已培育法律明白人 5.2 万人。二是粘贴法律"明白纸"。鹤峰县石龙村村民孙家清指着屋墙上的《致邬阳乡全体居民的一封公开信》说，"我们遇到法律困惑时都可以按照公开信上的说明咨询律师"。三是借力农户亲情网。2014 年，恩施市普法巡讲团先后 45 次"进校门"，为 21000 多名中小学生巡回宣讲，形成"学生带家长，家庭带社会"的扩散效果。

（二）利用民间组织构建法治纽带

由于产业结构、城乡结构、就业结构的迅速转型，恩施州许多农村出现了农民自发成立的民间组织，民间组织内部成员在一起活动，形成关系紧密的群体，但由于经验不足且缺乏指导，大多数民间组织的工作仍停留在表面上，无事可做、无事可议，并没有在村庄治理中发挥出明显的作用。为此，恩施州利用农村民间组织对接法治，以民间组织引导法治舆论，鼓励农民学法、用法，实现传统力量与法治力量的融合。

首先，借助"帮理郎"进行基础性调解工作。农村矛盾纠纷具有多样性、复杂性和激烈性特点，而且往往帮亲不帮理，导致矛盾纠纷极易激化。针对此，恩施州充分利用"草根精英"的纽带作用，让群众矛盾由群众来解决、由群众来评理，在此带动下，自发性的矛盾纠纷调解组织在农村应运而生。2013 年 9 月，恩施州宣恩县椒园镇黄坪村率先成立矛盾纠纷化解组织"帮理郎"。"帮理郎"由村老干部、村支两委成员自愿组成，现有成员 6 人，最大年龄 63 岁，最小 38 岁，主要负责调解本村的群众纠纷，走访村民群众，了解村情民意，向村民群众宣传惠民政策及法律法规，并通过宣恩县网格化管理综合信息平台向镇、党组织传递信息，做好信息收集、反馈等工作。产生于村民当中的"帮理郎"，在村民中威信高、工作方式灵活、沟通方式更贴近百姓，成员自身也愿意为村里的建设出力，帮有理的村民讲道理，化解各类矛盾纠纷，确保"小事不出村，矛盾不上交"。截至目前，"帮理郎"已成功化解 12 起矛盾纠纷，其中律师顾问参与调解的有 3 起。"我们村的这些'帮理郎'自愿组织起来，协调化解了许多矛盾纠纷。谁有理，他们就帮谁，一点儿都不偏私。现在，我们村还真是其乐融融。"宣恩县椒园镇黄坪村党支部书记姚元翔开心地说。村委会还将组织成员聘为了人民调解委员会成员，使其调解结果从"民间默契"变为"法律凭据"。"帮理郎"作为基层民间的调解组织，是人民调解制度的重要补充，在具体的矛盾纠纷调解中发挥了重要作用。

其次，"帮理郎"与人民调解委员会衔接。在处理矛盾冲突的过程中，单个农民因为力量单薄，其诉求往往容易被忽视。为解决这一现实问题，恩施州引导农民借助团体力量进行利益表达和权利申诉，充分挖掘人民调解委员会的作用，创新性地将人民调解委员会和法律顾问制度衔接起来，以通过这一现有的农村组织形式增加农村法律服务的合理性和科学性。其具体做法是将"帮理郎"组织成员受聘为人民调解委员会顾问，让成员以人民调解委员会调解员的身份处理矛盾纠纷，调解后形成的书面结果准许加盖人民调解委员会印章，使其结果纳入人民调解范畴，赋予法律效力。2014 年 4 月 7 日，建始县业州镇马兰溪社区 70 多岁的老人朱民友因村里小孩扔东西砸坏了自家的房顶非常生气，到房顶把小孩赶到楼下后叫来其家长，双方争执不下。随后，人民调解委员会调解员及时赶到现场，参与双方的调解，最终，孩子和家长认识到错误并给老人赔偿现金560 元，当事人对调处结果也表示很满意。人民调解委员会使"帮理郎"组织的调解结果具有法律效力，改变了传统的法律服务供给形式，弥补了法律服务容易脱离群众的缺陷，在调解农村矛盾纠纷中具有天然优势。

在现代社会，法治是最大的社会公约数，法治途径和方式是有效化解社会矛盾纠纷的最佳路径。随着当代中国政治和经济的不断发展，基层社会对法治的需求日益强烈，法治作为一种理性的治理方式，是市场经济持续发展的必要条件。运用法治方式推动发展，核心要义在于把利益调节构筑在坚实的法治基础之上。"用法律划分好中央与地方的财权、事权，用法律划清政府与市场之间的关系，用法律来维护社会公平"。只有运用利益调节方式，才能保障不同法律服务供应主体之间的公平竞争和自由，才能真正将法律顾问制度在基层落地。

在系统支持中创活法治机制

法治的有效实现需要牢靠的法治机制做保障。然而，一直以来，法治建设主要靠政府运动式、零碎式地推进，健全长效的法治机制尚未有效建立。与其他许多地区一样，恩施州以往的法治建设，主要是按照上级政府要求，每年定期发资料、开大会、办讲座。但法治建设的形式呆板，缺乏机制保障，使法律服务只能写在纸上、停在嘴上、挂在墙上，并没有落到实处，更无法深入人心。

2013 年 11 月，党的十八届三中全会明确提出，要"普遍建立法律顾问制度"。在此契机下，恩施州于 2014 年 4 月在全州推行普遍建立法律顾问制度工作，重点通过建立长效机制激活和推进法治建设。首先，构建市场运行机制。通过单列预算，采用政府购买法律服务的方式，吸引律师积极主动提供服务，同时为律师敞开"政府体制之门"，发挥律师在法治建设中的作用。其次，打造公平引导机制。恩施州将法律顾问塑造成为独立的"第三方"，在法治建设中导入公平正义载体，通过法律顾问对行政程序、公共资源分配进行监督，逐渐实现程序公平和分配公平。最后，创立多元激励机制。为保障普遍建立法律顾问制度工作的成效，恩施州从物质和精神两方面入手，对法治建设中政府、法律顾问、农民这三大主体采取对应激励措施，推进了法治建设在山区落地。

一 构建市场运行机制

建立长效法治机制，使法治资源得到优化配置，成熟的市场运行机制必不可少。恩施州通过为政府法律顾问提供经费保障，同时为法律顾问提供开放机制，吸引更多律师提供服务，发挥律师功能。

（一）单列预算

经费保障是政府法律顾问制度保持生命力的关键。《中华人民共和国律师法》第二条明确规定，律师"应当维护当事人的合法权益，维护法律的正确实施，维护社会的公平和正义"。在人们心目中，律师应该是"正义的化身"，但是律师作为一门职业，与其他职业一样，也是理性经济人。作为政府的法律顾问，离不开必要的经费保障。恩施州司法局张峋副局长对此表示："以前政府使用法律顾问，是不给法律顾问工资的。法律顾问的工作是义务型、奉献型，但我们深知，这样没有生命力。"

我国政府法律顾问制度从 20 世纪 80 年代试点至今，已日臻成熟。然而，一直以来，政府法律顾问基本上处于"只干活，不拿钱"的境地，其为政府提供法律服务没有经费上的保障。政府在进行重大决策、规范性文件起草等涉及法律的行政行为，遇到不能把握的棘手问题时，往往会咨询法律顾问或者律师事务所，但往往只是象征性地支付相当低的服务报酬甚至不给报酬，远低于律师的服务成本。[①] 对此，恩施市屯堡乡法律顾问袁作禧深有感触："往年提供法律服务，乡镇象征性地给一两千元，但这点劳务，都抵不上提供法律服务来往的路费。"统计数据显示，全国约有23500 名律师受聘担任各级政府部门的法律顾问，占律师总数的 1/10 以上。[②] 这也意味着，政府法律顾问经费保障难的问题，在整个律师行业普遍存在。

为激活政府法律顾问制度，恩施州率先行动，将政府法律顾问的服务报酬纳入政府专项预算。2014 年 6 月，恩施州财政局、司法局联合向各级单位印发了《恩施州普遍建立法律顾问制度工作经费保障办法》，其中规定："恩施州普遍建立法律顾问制度工作领导小组办公室和责任单位所需工作经费列入州级财政预算，法律顾问聘任单位开展法律顾问活动所需经费列入各单位年度部门预算，村（居）委会开展法律顾问活动所需经

---

① 何自荣：《试论我国政府法律顾问制度基本内容》，《南昌航空大学学报》（社会科学版）2015 年第 2 期。

② 参见 2013 年中华全国律师协会、司法部律师公证工作指导司在北京共同举办"律师服务法治政府建设研讨会"的相关报道。

费由乡镇人民政府统筹安排。"同时，自 2013 年起，恩施州每年单列财政预算 5000 万元，让全州 88 个乡镇政府签订律师顾问团服务，覆盖率达 100%。通过一系列措施，使得法律顾问给政府服务的报酬有了财政上的保障，打消了法律顾问做"义务工"的顾虑。另外，恩施州的法律顾问经费预算，体现了"因需购买，量财而行"的特点，一方面，不同部门以独立主体身份向律师购买法律服务，在聘用时可以根据自身需要采取灵活多样的方式；另一方面，各级政府和部门可以根据自身对法律服务的需求度，量财而行聘用法律顾问。例如，恩施市龙凤镇由于法治服务需求量大，2015 年支付 25 万元聘请了 5 名法律顾问；而相对偏远的宣恩县万寨乡，2015 年则投入 3 万元购买法律服务。

党的十八大和十八届三中全会、四中全会提出"普遍建立政府法律顾问制度"以来，多个省市积极开展此项工作，如广东省的"律师进村（居）活动""一村（社区）一法律顾问工作"等。在广东省，政府法律顾问工作所需经费由各级人民政府予以保障，村（居）法律顾问工作所需经费，在珠三角各市由本级财政负责，在其他各地级市则实行经费省市共担。① 与广东省相比，恩施州各级政府法律顾问特别是村（居）法律顾问的经费预算则呈现出以下两大特色：一是灵活性。广东省在文件中明确提出"给予每个村（社区）每年不少于 1 万元经费支持"②，而恩施州则没有规定给予每个村（居）提供经费的具体数额，以便有利于各村（居）根据法律顾问的工作量来灵活确定服务报酬。二是合理性。在广东省，各村（居）法律顾问的工作考核由县级司法行政机关会同街镇司法所负责，其服务经费则由省级财政或市级财政承担；在恩施州，各村（居）法律顾问的工作考核则由乡镇（街道）司法所会同村（居）委会负责，其服务经费直接由乡镇政府统筹。为了便于工作开展，法律顾问的经费统筹部门与工作考核部门应为同一部门。恩施州将各级政府及村（居）委会的法律顾问服务经费单独列入预算，且在具体的财政安排上考虑周全，有效解决了政府法律顾问的经费保障问题。

---

① 参见《中共广东省委办公厅、广东省人民政府办公厅印发〈关于开展一村（社区）一法律顾问工作的意见〉的通知》（粤委办发电〔2014〕42 号）。

② 同上。

（二）资源内牵外引

中国律师的绝对数量众多，但相对数量却很少。截至 2014 年年底，全国共有执业律师 27.1 万多人。① 这一律师数量，位居世界各国前列。但我国大陆 2014 年年底有 13.6782 亿人（不包括香港特别行政区、澳门特别行政区和台湾省人数）②，也就是说中国每 1 万人口平均拥有 2 名左右的律师。而根据美国律师协会（American Bar Association）对于律师数量的调查，截至 2007 年，美国拥有 1143358 名律师，即美国每 1 万人口平均拥有律师约 38.1 名，人均拥有律师数量是中国的 19 倍左右。与律师行业最发达的美国相比，中国律师的相对数量相差甚远。另外，2014 年，我国共有地级行政单位 333 个③，平均每个地级行政单位拥有 811.4 名律师；行政村的总数量约为 60 万个，平均每 2.2 个村庄才拥有一名律师。恩施州作为地级行政单位，其律师数量不足的情况则更为突出。2013 年前，全州专职律师共计仅 337 名，每 1 万人口平均拥有 0.8 名律师，平均每 7.4 个村（居）才拥有一名律师，律师的绝对数量和相对数量均远远低于全国平均水平，律师资源严重匮乏。对此，恩施州司法局张峋副局长感触颇深："恩施州的这点律师，根本不够用。我们只能多方整合力量，充分挖掘法律人才。"

在此情况下，恩施州多措并举，通过内牵外引不断优化法治资源。首先，内部挖掘，充分调动本地法律人才。一是积极将法律服务工作者和法律援助律师纳入法律顾问行列，将全州 181 名法律服务工作者、50 名法律援助律师列入法律顾问队伍。自 2014 年开展普遍建立法律顾问制度工作以来，全州 35 个基层法律服务所、181 名基层法律服务工作者全年共为全州乡镇政府、事业单位、村（居）委会和各类企业及经济组织担任法律顾问 208 家，工作成效显著。二是广泛动员各级司法部门的行政人员协助法律顾问开展工作，或直接将其列为法律顾问队伍。基层司法部门的行政人员长期从事矛盾纠纷调解工作，具有丰富的矛盾纠纷调解经验，且

---

① 参见司法部于 2015 年 4 月 8 日公布的数据。
② 参见国家统计局发布的《2014 年国民经济和社会发展统计公报》。
③ 参见《中国统计年鉴（2014）》。

相对熟悉法律，是一支重要的法律力量。恩施市屯堡乡早在组建法律顾问团前，就将乡司法所所长李美略、乡司法所副所长邹兴菊纳入进法律顾问团，充实了基层法治力量，大力促进了屯堡乡的法治落地。三是不断对法律人才进行培训，提高法律人才的专业技能。恩施州委书记王海涛强调："要加大律师队伍建设力度，为律师依法履职创造条件。"建设法律人才队伍，不仅要增加数量，也要提升质量。2014 年 7 月 10 日，恩施州首届法律顾问培训班开班，此后通过定期的培训为法律顾问"充电"。据悉，在恩施州举办的首届法律顾问培训中，州司法局领导班子成员、州直及各县市的 70 余名律师和司法行政工作人员均有参加，取得了良好效果。

其次，大力引入外来法律人才。一方面，恩施州与省内律师事务所合作开展结对帮扶活动，由恩施州委、州政府牵头，请湖北省律师协会精心挑选 10 家省内知名律师事务所，选派政治素质高、业务能力强、熟习农民情况、会做农村工作的优秀律师，帮扶恩施州矛盾纠纷集中、法律事务需求大和经济体量大的村居开展"律师进村，法律便民"工作。通过县（市）推荐，恩施州司法局、州律师协会最终确定了恩施市龙凤镇三河村等 10 个帮扶村居。湖北中和信、立丰等 10 家省内知名律师事务所与州内夷水、领汇等 9 个律师事务所结成帮扶对子，帮扶律师事务所将免费在结对帮扶村居从事为期一年的法治宣传、法律援助、涉法信访和纠纷调解及村居治理等法律事务。另一方面，恩施州从外部的高校引进法律专家。恩施州与多所高校合作建立了"法治建设专家委员会""大学生实习服务基地"。2013 年 6 月，中国政法大学黄进、中南财经政法大学吴汉东等 17 人受聘为恩施州法治建设专家委员会成员。2014 年，恩施州法治建设专家委员会成员已有 120 位高校专家，而大学生实习服务基地则有 1000 余名法律专业大学生前往恩施农村提供专业服务。通过内牵外引，截至 2015 年 5 月，全州 2494 个村（居）已有 98.64% 的村（居）聘请了法律顾问。再者，恩施州不断鼓励州外律师事务所进驻州内开设律所，以激活州内法律服务市场。总体来看，恩施州多措并举扩充法律人才，取得了显著成效，很大程度上缓解了州内律师匮乏的困境。

（三）体制开放

长期以来，政府对律师或多或少持有一种敌视态度，声称律师是社会不安定因素的挑起者，从而对律师关闭"政府大门"，让律师游离于体制之外。2012年3月，河南省尉氏县时任政法委书记的胡师民甚至在全县政法工作会议上骂"律师是孬种"。在实际中，政府权力难以在阳光下运行，政府的一些非法行政行为，使其与律师队伍"水火不相容"，使整个行政体制较少对律师开放。

自恩施州在全州范围内推广普遍建立法律顾问制度工作以来，多方面向法律顾问进行了体制开放。一是开放社会管理工作。社会管理是政府的主要工作，且其中不少是与法律相关的，比如涉法涉诉矛盾纠纷的解决等，需要法律顾问的参与。2014年，恩施州330余名律师协助有关部门开展了社会矛盾化解5500余起，参与解决涉法涉诉案件达412件，为恩施州社会管理"保驾护航"。

二是开放政府日常管理工作。2014年，恩施州法律顾问列席各级政府常务会达1152人次，参与政策文件审查820余份，参与重大项目审查312项，在法律顾问参与恩施州各级政府日常管理工作的过程中，发挥了巨大作用。2013年年底，恩施市人民政府召开常务会议，邀请市政府法律顾问团律师鲁诚参加，讨论公务员离岗创业、保留公职政策是否应当取消。鲁诚律师当时提出建议："公务员离岗创业政策与《公务员法》规定相违背，建议废止相关政府文件，通知离岗创业的公务员在规定时间内处理好其创业岗位的工作并及时上班。"律师的建议很快被采纳，恩施市决定自2014年1月1日起取消公务员离岗创业政策。

三是开放监督政府工作。2014年，恩施州选派了11名积极参与涉法涉诉信访工作的律师担任"两代表一委员"，其中州人大代表1人，州政协委员5人，县市政协委员2人，以此形成对政府的常态化监督。法律顾问作为一个相对独立的第三方群体，能够对政府形成比较客观的监督，起到的监督效果也较为良好。

二　打造公平引导机制

公平是法治的生命。要想创活法治机制，其核心是在人们心中建立公平引导机制。恩施州以普遍建立法律顾问制度工作为契机，通过打造法律顾问这个独立的"第三方"，逐步实现程序公平和分配公平，在山区群众心中打造了有效的公平引导机制。恩施州州委书记王海涛深有感触："'律师进村，法律便民'工作最开始是为了化解上访和维稳问题，最后发现它的功能和作用更重要的是树立公平和正义。"

（一）导入公平载体

公平正义是法治的核心价值，党的十八届三中全会把"促进社会公平正义、增进人民福祉"作为全面深化改革的"出发点和落脚点"。但是，长期以来，将公平正义原则植入人们日常生活之中的机制却非常缺乏，农民心中的"公平正义"培育受到侵蚀。改革开放后，政府越来越多地参与到经济发展过程，成为众多经济事务的主体，甚至变为征地拆迁、公共工程建设的主角。而一旦产生矛盾纠纷，政府又转身成为调解主体。政府既是利益相关方，又是利益调解方，既当运动员，又当裁判员，难以获得农民信任，公平正义无从谈起。因此，农民便普遍向上级政府部门上访寻求诉求，让更大的官主持"公道"。恩施州因为特定的民情和落后的经济发展状况，社会管理形势更让人堪忧。据统计，2011年以来，恩施州涉法涉诉信访连续两年在全州各类信访中排名第2位，在赴省进京越级信访、重复信访、非法信访中，涉法涉诉信访占60%以上。

公平正义落地，亟须有效的载体。在现阶段的基层治理中，政府与民众作为利益相关方，存在较难跨越的信任危机，特别需要建立独立有效的"第三方"实施公平正义。律师被认为是"公平正义"的重要维护力量，在矛盾纠纷调解中具有先天优势，可以打造成为独立的"第三方"。但是，长期以来，律师被农民看成"讼棍"，且法律顾问是政府聘请而来，存在替政府办事、为政府开脱的嫌疑。如何将法律顾问打造成为独立的"第三方"以保障公平正义落地，成为摆在地方政府面前的难题。

对此，恩施州主要从两方面寻找突破口。一方面，在向律师购买法律服务时，采取公开招标采购的方式。为规范法律顾问的聘用管理，确保法律顾问聘任选用"阳光操作"，2015年3月，恩施州发布了《恩施州法律顾问聘用指导办法》，其中规定："法律顾问聘请单位必须按照政府采购的有关规定，严格落实公告、初审、公示、聘用等工作程序，将法律顾问服务资源纳入公共服务交易平台，建立法律顾问良性遴选机制，确保聘请法律顾问依法有序。"政府通过公开招标购买法律服务，表明律师应聘法律顾问具有竞争性；并且，在这种方式下，政府只是法律服务的购买方，没有权利要求法律顾问从事违反律师职业操守之事，从而有效地提高了法律顾问的独立性。另一方面，恩施州鼓励农民通过司法程序状告政府。在鹤峰县邬阳乡的一起林权纠纷中，法律顾问依法引导当事人李依林将镇政府告上法庭，且法院最终判定乡政府败诉。对此，邬阳乡党委书记谭祖沧认为："政府虽然输了官司，但赢得了农民的信任。"法律顾问虽然是政府聘请的，但政府在侵犯农民的权益时，农民却可以通过法律顾问为自己的正当权益辩护，借助法院判决的权威规范政府的行为，无疑极大增加了农民对法律顾问这个独立"第三方"的信任度。

通过公开招标购买法律服务，避免了各级政府因和某位律师或某个律师事务所关系好，或者因为与其存在利益关系，就聘用某位律师或某个律师事务所。政府在遴选法律顾问时的标准是客观的，法律顾问在为政府提供法律服务时也可以更加公道，避免依附政府，失去独立性。此外，在聘用法律顾问后，政府还鼓励农民借助法律顾问的力量"告自己"。通过两大措施，不管是对政府还是对农民来说，法律顾问都是一个专业的"裁判"，更是一个独立的"第三方"，法律顾问被有效打造成了导入公平正义的载体。

（二）树立程序公平

"程序决定了法治与恣意人治之间的基本区别"，这是美国前首席大法官威廉姆·道格拉斯的名言。行政程序公平是法治政府的基本特征，也是法治建设发挥作用的有效保障。行政程序公平即行政决策制定的过程和程序对利益相关者而言都是公平的，是一种行政过程和程序不偏不倚的状态。

然而，从实践来看，我国政府的行政程序一直很难做到真正公平，行政主体规则意识不强、外部监督缺乏都是主要原因，更重要的是缺少一个专业的"第三方"为行政程序把关。一些地方政府也担心自身的行政程序存在问题，但由于缺乏相关的专业人员为其"把脉"，因此只能按经验办事，遵循旧的行政程序，为政府治理行为埋下失序隐患。

最初，恩施州引入法律顾问，其中一个很重要的原因是解决政府与民众这两大利益相关方之间的信任危机，但后来发现，由于法律顾问在这个过程中充当着独立"第三方"的角色，且法律顾问有专业知识，很适合承担为行政程序把关的工作。经过尝试，恩施州探索出了法律顾问助力行政程序公平的两条路径：其一，由法律顾问督促政府按行政程序办事，解决行政程序上存在的问题，祛除行政程序中的不公平因素。以往，恩施州各级政府存在的一个问题是不按程序办事。特别是在农村地区，有些地方的村委会选举换届比较随意，不按照法定程序来。聘用法律顾问以后，通过建议规范村委会选举程序，宣传《村组法》等相关法律知识，推进选举程序依法进行，保障了选举结果公平公正。其二，法律顾问成为行政程序中的一个环节，通过审核行政行为以提高行政程序的公平性。例如，在处理矛盾纠纷的程序上，邬阳乡政府以前是直接向当事人出具处理决定书，但因基层干部对法律不够熟悉，所以处理决定书也可能存在法律上的问题。引入法律顾问后，邬阳乡政府先把矛盾纠纷的处理决定书给法律顾问审核，再下达给当事人，极大地减少了处理决定书中的失误，增强了政府处理矛盾纠纷的公平性。

（三）保障分配公平

如果说程序公平体现的是过程公平，那么，分配公平则体现了结果公平。我国现在处于社会主义初级阶段，暂不能实现分配上的绝对公平，只能尽量保障相对公平。改革开放的总设计师邓小平，在 1986 年 3 月 28 日会见新西兰总理朗伊时也曾说："我们的政策是让一部分人、一部分地区先富起来，以带动和帮助落后的地区。"分配结果的适度差距，反而能激励人们投身社会主义事业建设的积极性。但是，改革开放以来，伴随着经济高速发展的同时，贫富差距也不断拉大。国家统计局发布的数据显示，2014 年全国居民收入基尼系数为 0.469，虽然这是基尼系数连续第 6 年下降，但仍然超过国际公认 0.4 的贫富差距警戒线。因此，缩小贫富差距，保障分配相对公平，对于我国来说依然任重道远。

以往的公共资源分配，主要是政府独揽，其他各方能够起到的监督作用不大，因此很难保证分配结果的公平公正。对此，恩施州委书记王海涛认为："在农村，涉及农民的公共资源分配，比如农业补贴标准、低保户的确定等，政策上都有明确的规定，而这些规定通常都是公平的。但是，目前大部分农村公共资源的分配主要由村两委主导进行，缺乏外在的监督，从而很难保证分配的公平。"20 多年前，恩施市东城街道新桥社区 9 户农户的土地补偿款被村集体私吞，现一直要求赔偿，但村集体经过投票最终决定不予补偿，于是这 9 户农户就连续多年不断上访。基层的公共资源分配，亟须注入新的力量对其进行监督。

恩施州开展"普遍建立法律顾问制度"工作后，法律顾问与政府结为市场合作伙伴关系，律师保持独立的治理主体地位，并且，在对法律顾问实行体制开放后，使得法律顾问能够为公共资源分配的决策出谋划策，在诸如确定低保户等公共资源的分配过程中，引入法律顾问的建议和监督，从而促进了分配结果的公平公正。恩施州金鸡口村的法律顾问，根据 2014 年湖北省关于移民搬迁补偿的新规，帮助村民多拿到近 300 万元的补偿金。

三　创立多元激励机制

人的行为不是天生的，需要外部的激励。基层法治建设持续、长效发展的根本保障，在于制度的完善和落实，而法治主体的长效运转更离不开有效的激励机制。长期以来，基层法治"悬空"的重要原因便是缺乏法治激励机制。2014 年以来，恩施州开展"律师进村，法律便民"活动，创活法治激励机制，通过赋权律师充分发挥其专业法治作用，加强考评监督以推进政府建章立制，给予农民"甜头"以引导其依法维权。既增强了法治主体间的互动，也推进了山区法治建设的程序化、规范化和常态化，推进了法治深耕大山。

（一）激活律师专业力量

律师是法治建设的重要力量，是法治队伍的重要组成部分，也是服务农村法治的生力军。但长期以来，政府对法律顾问基本上没有任何激励，律师在政府中处于一种"招之即来，挥之即去"的处境。一方面，地方政府在请法律顾问办事时，给法律顾问的服务报酬往往低于法律顾问提供服务的成本，有时候甚至不给报酬，法律顾问的工作变成了无偿服务。另一方面，有些地方政府将律师当"对手"，认为律师是挑事者，对律师群体的地位不认可，对其也不可能给予精神奖励。对此，恩施市政府法律顾问鲁诚深有体会："以前，我们律师进法院之前要过安检，连水杯都不让带进去，律师的地位可想而知。"

因为政府对律师的激励有限，恩施州绝大多数律师在为公司、私人服务。而恩施州来说，在推行"律师进村，法律便民"工作的过程中，除了面临着律师不想为政府服务的问题，还同时要解决律师不愿下基层的困境。作为欠发达地区，恩施州交通不便，经济落后，法律服务市场发展不充分。由于在大山中收入不理想、机会有限，律师们往往偏爱"进城"，不愿"下乡"。杜鹏律师谈道："新入行的律师还在啃老，没有合理收入，他们大都选择到经济发达地区执业，这也是经济条件的限制造成的。"湖北民族学院每年虽有近百人的法学专业本科毕业生，这些来自全国各地的学生要么选择回到家乡，要么奔赴"北上广深"，州内的法学毕业学生，也都一直梦想着能走出大山，很少会选择留在山区。

特别是，山区交通不便、山高路险、村大人散，而律师精力有限，法治服务的单元过大，法治服务的成本过高，也极大削减了律师工作的积极性。以鹤峰县邬阳乡为例，"鹤峰总共9个乡镇22万多人，只两个律师事务所，12名执业律师，现有律师资源很难全面推行'律师进村，法律便民'工作"，杜鹏律师谈道，"起初我们和政府签订合同，只是说为政府决策提供法律咨询。随着工作逐步深入，后来加上要为老百姓提供免费的法律咨询，再后来又加上要进村入户进行法律宣传培训。但是工资报酬是没变的，这违背了合同内容，我们也只能拿它是在做公益"。同时，山区律师的业务素质相对较低，甚至有很多"土律师"，他们专找政府麻烦，或一心牟钱财，被称为"讼棍"。对此，恩施州采取了多重措施，激励律师乐意为政府服务，愿意走基层"揽活"。

首先，恩施州各地探索出对律师进行"绩效工资考核"的激励机制，将律师收入同其工作绩效直接挂钩，提高他们的工作积极性。恩施市屯堡乡政府在与夷水律师事务所签订的《法律顾问合同》中，约定了每年5万元的固定工作报酬，但在实际工作过程中，发现固定报酬不利于法律顾问工作的开展。因此，屯堡乡进一步改进方式，实行基础工资与计件工资的双匹配，规定每位法律顾问每年的基础工资为6000元，法律咨询报酬为50元/人/次，法律培训的报酬为500元/场，要求每年培训10次。屯堡乡党委副书记袁铭方说："将法律顾问的工资报酬进行量化考核，这成为屯堡乡'律师进村，法律便民'工作的一大探索。通过这种方式，政府知道自己的钱是怎么花的，花得放心。法律顾问也知道，自己在政府那儿挣的钱是怎么挣的，大家心里都有了一本'明白账'。"屯堡乡通过绩效给酬，将律师收入与工作量挂钩，既满足了法律顾问的物质需求，又让法律顾问感受到了收入分配的公平性，极大程度上激励了法律顾问为基层政府提供法律服务的热情。

其次，除了经济效益问题，律师也有对社会地位和个人声誉的考虑，因此，恩施州又进一步给予律师精神鼓励。2014年，恩施州将州内337名专职律师聘请为乡镇法律顾问的同时，将法律服务人员、司法行政人员也纳入到法律顾问团队，并与高校建立了"法治建设专家委员会""大学生实习服务基地"等，让法律专业大学生能前往恩施州农村提供法律服务，有效扩展了法治人才力量。此外，恩施州委州政府对14名法律服务工作突出的律师记三等功予以嘉奖，极大地鼓舞了律师为政府提供法律服务的积极性。恩施州还让律师顾问列席各级政府常务会，参与政策文件和重大项目的审查，将法律顾问视为一个平等的主体，无形中给予了法律顾问精神上的肯定。

最后，从律师个人发展来看，律师进村也是一个新的职业平台，因此，为了提升律师素质和业务能力，恩施州给予其工作便利，为其提供学习交流的机会。2013年年初，恩施州提出依法治州的目标后，便聘请了省内外的知名律师，组成依法治州的专家顾问团。此后，州委协调公、检、法等部门又出台了相关举措，诸如要尊重律师调查取证权、查阅案卷权、独立发表法律意见的权利，为其提供便利的工作条件。同时，各地还大力加强队伍建设，开展律师职业继续教育培训，举办法律顾问的培训班，设置律师参与涉法涉诉信访案件处理业务技能务实专题，州委书记、州委政法委书记亲自授课，也邀请曹亦农、汪少鹏等律师为律师顾问团成员进行专题讲授，提升其政治素质和业务能力。此外，恩施州委州政府牵头，在湖北省律师协会的帮助下，专门引进了省内10家知名律师事务所，"结对帮扶"州内矛盾集中、法务需求多或财政困难的重点村居，开展为期一年的律师业务素质提升和农村法治宣传工作。

恩施州通过经济支持、精神奖励、业务提升等激励措施，让律师进

入到乡村治理过程，利用律师的专业性和独立性，使其成为政府治理的
"推手"和农民维权的"助手"。如今，律师深入农村广阔的天地，既
很好地展现律师的作为，让律师的价值得到了充分的发挥，也为基层法
治治理作出了很大贡献。以恩施市的夷水律师事务所为例，自工作启动
以来，该所共举办夷水法治讲堂 304 次，培训法律明白人 21000 人次，
参与调解矛盾纠纷 2364 件，提供法律援助 252 件，同时为政府出具了
法律意见书 138 份，提供法律建议 2860 条。当前进行法治社会建设，
理应转变对律师群体的传统认识，将其纳入到政府治理过程中，并建立
起一系列激励机制，寻求律师"第三方"这一有效载体，共同促进法
治的有效落地。

（二）激励政府建章立制

重法治，必先理清"权治"。政府作为法律下乡的主导核心，只有明
确行政范围，清晰职责权限，方能树立政府权威，引导村民知法守法。普
遍建立法律顾问制度，也必须发挥政府的示范作用。正如时任恩施州委政
法委副书记的胡平江所说："政府都不用法、不守法，老百姓就会觉得法
律是'纸老虎'。"然而，以前政府的法治工作也存在着一些问题，有的
单位只是给了律师一个法律顾问的名头，律师实际上发挥的作用不大。张
廷红律师说："2010 年起，我就被聘请为恩施市人力资源和社会保障局的
法律顾问。但那时没名没分，各项业务也不规范，积极性不高。"过去，
法律顾问制度在基层难以为继，一方面是因为政府法律意识不强，遇到纠
纷和难题才想到法律顾问；另一方面是由于政府官员的法律能力也相对欠
缺，往往不重视决策的法律效果。此外，有些基层干部尚没有转变治理理
念，依然靠传统权威办事，怕麻烦不走程序。

早在 10 多年前，恩施州地方政府和部门就聘请了律师顾问，并在很
大程度上提升了行政绩效。"2003 年起，我们就聘请了吴律师担任卫生系
统的法律顾问，一直坚持到今天。"利川市卫生和计划生育局长刘德盛表
示，自 2006 年起该局再没有一起因程序不当而导致败诉的案件。特别是，
恩施市鹤峰县的水利水产局、国土局等多个部门，在几年前甚至十几年前
就尝到了聘请法律顾问的甜头。鹤峰县水利水产局水政监察队于 1998 年
建队，当时整个队只有 4 个人，且队员法律素质低，在工作过程中犯了不

少错误。因此，水政监察队在 2002 年开始聘请法律顾问，工作成绩逐渐斐然，为全县营造了良好有序的水事新秩序，水利水产局水政监察队也因此荣获了"2012—2014 年度全省水政监察工作先进集体"等多项荣誉称号。鹤峰县的国土局，因为本身有很大的法律需求，于 2005 年开始聘请法律顾问，至今参与化解了 66 起重大矛盾纠纷。祁局长表示："聘用法律顾问以后，我们感觉开展工作更有底气了！"但是，早期的尝试仍是"星星之火"，没有形成"燎原之势"。

从实际情况来看，不少地方政府和部门一直对法律顾问有内生需求。在干部的观念中，他们也希望通过法律顾问来提升自己的形象和威信，"现在，农民都开始学法用法了，如果我们干部跟不上，就会处于被动，很多事情就可能败诉"。这种情况下，农村普法教育工作的逐步深入，也促使政府工作人员学法用法，促使政府建章立制、依法办事。正值此时，党的十八届三中全会明确提出"普遍建立法律顾问制度"，为地方实践带来了政策契机。此后，恩施州大力推进普遍建立法律顾问制度工作，探索实行新的激励措施，推进政府建章立制，促进其决策的科学化和行政的法治化。

首先，以反馈促改进。一方面，自"普建"工作启动以来，恩施州注重加强舆论引导，建立了严格的信息报送制度。通过手机信息报送平台，每天将各地的"普建"工作情况，编发成手机信息和工作简报，直接推送给州委领导、县乡"一把手"，每月在全州范围内通报，以达到相互督促和改进的目的。不少干部感慨："你每时每刻的工作落实情况，州委书记每天都一清二楚，你要是敢拿它不当回事，以后还怎么过。"通过这种信息督查方式，倒逼地方政府和部门引入法治规范，成为用法带头人。另一方面，恩施州充分利用现代信息技术，在光纤进村率超过 98%的基础上，建立"律师 QQ 交流群"，"视频面对面"系统等，以便于及时反馈"普建"工作中的情况和问题，更好更快地提出解决方案。对于需要当面讨论解决的问题，不定期召开律师、律师事务所主任、司法所长、县（市）司法局长的座谈会，了解工作中出现的热点和难点问题，不断改进方法、完善机制，并采取针对性的措施，确保"普建"工作能全面深入地推进。

其次，以考评促完善。2014 年 6 月，恩施州制定了《恩施州普遍建立法律顾问制度工作考评办法》整体从组织领导、办事机构及职能履行、经费保障、法律顾问队伍管理、档案管理、信息报送等方面（如下所示），考评基层各个单位的"普建"工作情况。在这之后，恩施州还制定了《恩施州法律顾问工作管理办法》《恩施州法律顾问服务业务规范》等8项规章制度，将"普建"工作纳到政府的年度综合目标责任考核体系。在年终考核时，依法治州领导小组对各县市的工作进行考核，司法行政部门对法律顾问进行考核。通过群众评议、聘用单位评价、司法所评审、司法局评定的方式，对成绩突出的律师以及律师事务所予以表彰，对考核不合格或是两次考核基本合格的予以更换，再对法治工作突出的10个先进单位、10名先进个人进行单项表彰。

附：恩施州普遍建立法律顾问制度工作考核指标及评分细则（县市）

恩施州普遍建立法律顾问制度工作考核（县市）实行百分制。

1. 制订实施方案，配备工作人员，工作制度完善。（10分）

2. 每年召开1—2次专题会议。（10分）

3. 经费纳入财政预算，专款专用。（10分）

4. 法律顾问的服务质量评价体系健全。（15分）

5. 工作档案管理规范，按要求报送工作信息和进展情况。（10分）

6. 加强交流，分类指导，总结推广典型经验。（10分）

7. 法律顾问列席相关会议，对重大行政决策提供合法性审核建议或进行法律风险评估。（20分）

8. 每个阶段有工作总结。（15分）

最后，以督查促整改。工作过程中，或"明"或"暗"地监督巡查能有效推进工作落实。恩施州成立了"普建"工作监督考核组，开展专题调研督查，将每月的最后一个工作日作为检查日，对各县（市）"普建"工作情况进行查看验收，各县（市）司法局的领导带队，分片进行抽查暗访，查看"法律诊所"公示栏、门牌、席卡是否到位，《律师工作日志》是否记载详细。通过走访村居，核实律师顾问是否按期到"法律诊所"上班，开展"法律巡诊"时候是否履职尽责。再通过听取群众与当事人的反映，检查律师顾问的服务态度和效果是否良好，法制宣传工作是否到位。通过深入到各乡镇和村居，实地调研与督查，保障了全州各地法治工作的改进和完善。

政府是依法治国的重要主体和推动力量，其自身行为具有强烈的示范效应。如果能够紧紧抓住这个关键，在规范政府权力的行使、防止权力滥用方面开展切实可行的制度安排，不仅会对全面推进依法治国起到重要作用，也会引导民众信法、学法和用法。恩施州在推进依法治州过程中，通过信息报送、反馈整改、监督考评等激励措施，使得各单位均聘请律师顾问，主动为政府打造了权力"笼子"，产生了良好效益。正是政府的法治化，才让法治权威得以维护；正是政府的带头示范，才让社会能够学法、信法。恩施州的探索表明，实现法治落地，首先须激励政府自身能建章立制，以法治规则办事。

（三）激发农民法治精神

山区农民在长期的自然征服和生存抗争中，形成了强烈的"村寨观念"和"暴力崇拜"。加之农民受教育水平普遍偏低，法治意识淡薄，为了鸡毛蒜皮的事"开骂""动拳"。在暴力斗争思维的影响下，农民缺乏法治的历史基因与行为习惯。过去，农民习惯性地向"大老爷鸣冤"，动不动便找"大领导"。很多人为了减少办事程序，降低维权成本，往往用群体上访、越级上访、无理上访等方式给政府施压。例如，2013年年初，恩施市领导陪同外地客商考察恩施大峡谷景区，200多名当地群众以山林征收中面积测量不准为由，将考察团围困在当地酒店。诸如农民这种"信上不信下""信访不信法""惧威不惧法"的行为方式，亟须现代法治进行引导。

农民不愿用法，这固然与农民法治薄弱、在用法中存在"成本—收益"考量相关，但政府普法宣传工作不到位、无法激励农民用法也是主要原因。以往，我国农村的普法宣传工作主要采取"悬浮式""填鸭式"，缺乏有效机制，导致普法靠运动、宣传靠活动、学法靠宣讲，但这种普法宣传始终停留在街边、漂浮在口号里，与农民生产生活相脱离，难以深入人心，使得广大农村地区的农民依然面临着"不知法、不用法、不守法"困境。普法宣传不能促使农民用法，其中一个重要原因是法治无法对农民产生激励，导致农民用法缺乏动力。

对此，恩施州创新方法，让其"零成本"用法。通过政府埋单，为农民聘请了专职的律师顾问，再辅之以"法律援助制度"，实现了让农民"免费打官司"，以此减少"机会型上访""牟利型上访"。20世纪90年代，宣恩椒园水田坝村村民，因镇政府征地补偿不到位而持续上访，后椒园镇政府为其聘请了两位律师，将镇政府告上法庭，最终由椒园镇政府依据法院判决对其进行了补偿。为了让人们树立起法治思维，恩施州又着力进行法治文化"培根"，并对在法治教育中涌现出的守法、用法典型人物和案例，予以表彰激励，让农民尝到了法治的"甜头"。

一方面，奖励用法典型。为提高各村人民调解组织及调解员的工作积极性，恩施州对参与调解纠纷的小组长和乡贤能人，实施一系列物质或精神的激励措施，如在年终的"优秀共产党员"和"优秀小组长"评选时予以优先考虑。高台村团井组小组长向中合谈道："办事处每年对优秀小组长的表彰不仅有奖金，还要戴大红花上台，有了这种荣誉，更有干劲儿了！"恩施市沐抚办事处更是对工作做到位的小组长给予"高额"奖励，据办事处党委书记田贵周介绍："只要在过去一年时间里，小组长所在的小组没有伤亡，没有邪教组织的，奖励1000块钱。另外，我们每年表扬、表彰四分之一的组长。就是开一个大会，评四分之一的组长为优秀组长，上台戴大红花，然后每人奖励500块钱。"

同时，很多县（市）还将这些激励措施形成了文本化的机制。恩施市芭蕉乡制定了《芭蕉侗族乡村级人民调解纠纷奖励暂行办法》。该办法明确对村级人民调解组织调解民间纠纷实行一定的奖励，调处简易纠纷一件奖励30元，有完整卷宗的奖励100元，调处疑难复杂纠纷奖励800元。其中，简易纠纷和卷宗由司法所认定，疑难复杂纠纷由综治办认定。再如巴东县野三关镇出台了《人民调解工作奖励办法》，该办法对处理意见、调解协议书和调解档案的制作作了详细要求，并对纠纷调处的报告及回访作了明确规定，同时将调处矛盾纠纷纳入年终考核范畴。制度化奖励办法的出台，极大地调动了村级调解组织和乡贤调解员的工作积极性，促使人民调解工作逐步走向规范化，也进一步提高了各类矛盾纠纷的调解质量和调处成功率。

　　另一方面，激励守法模范。鹤峰县将守法、用法纳入"最美鹤峰"的评选标准，经过农户申报、代表推荐、群众评议等环节，农民把自己身边在"遵纪守法、敬老爱幼、诚信友善、勤劳致富"等方面走在前列的，且具有正能量的群众和家庭推荐出来，再从候选人中按照量化评分标准，选出"最美鹤峰人"和"最美家庭"。然后，政府向其颁发荣誉证书，并给予现金奖励，守法模范还可以在农村信用社获取一定金额的信额贷款。鹤峰县走马镇党委负责人黄凤协说："我们就是借'最美'评选的舞台，引导群众遵纪守法、诚信友善，做热爱家乡、支持家乡建设的'美丽'村民。"

　　此外，恩施州还将表现良好的社区服刑人员纳入守法模范评选，对社区服刑人员进行考核表彰，激励他们通过积极改造重新回归社会。巴东县绿葱坡镇从2015年1月开始，对辖区内的服刑人员进行计分考核。19岁的黄某2014年因盗窃罪被判处有期徒刑两年缓刑三年。入矫初，他一直有很大的精神压力，其家庭情况差，自己又因盗窃获罪，一直很自卑。司法所与当地村干部、企业家一起，积极对其进行心理疏导教育，并在集镇上给他解决了工作，黄某逐渐重拾生活信心。现在他不仅在工作上兢兢业业，在服从司法监管方面也极力配合，每个服刑人员每个月25分的基础性总分，黄某一分都没有丢过，月月都是满分。在阶段性考核中，他以满分100分、总分第一名的优异表现得到了表彰。宣恩县沙道沟镇的奚泽为，因滥伐林木被法院判处有期徒刑三年，缓期五年，被纳入社区矫正对象。他在司法所工作人员的帮教下，热心组织和参与村级公益事业，带领村民清理电力路障，清除公路塌方，赢得大家的一致赞誉。当他接过荣誉证书和5000元奖金时感激地说："感谢政府的宽大处理，让我重获了将功补过的机会！"

　　激励民众法治精神是法治落地的关键。法治的生命在于落地，在于施行，在于进入广大民众心中。如果法律不能够为人们所理解和接受，法律将仅仅是"束之高阁""悬浮于空"，难以"入脑、入耳、入心"。恩施州在法治建设中，充分尊重农村社会实际，仔细考察农民的理解能力和生活习俗，通过一系列激励措施和机制，将法治与农民生活密切联系起来，使得法治能满足农民所需，能够为民所用，能切实解决问题，激励农民培育法治精神。可见，山区法治落地的关键在于，要从人们的实际需求出发进行普法教育，打造形成法治文化，成为行为习惯，法治才能持久生效。

随着人们法治观念和法治意识的不断提升，法治需求也越来越强。但是，由于各类法治运行机制的缺失，法治落地没有制度化的依托，没有经常性的平台，机制缺损成为法治落地的一大难题。山区法治要持久地发挥效益，特别需要应用制度规范为其铺路，以动态系统机制建设，保障法治建设成为常态。恩施州"律师进村，法律便民"经验的核心，就是通过建立市场机制、公平机制和激励机制，将法治要素植入政府基层治理和农民日常生活之中，将法治观念和法律制度转换成人们的自觉行为，让人们主动运用法治话语、法治思维和法治理念来解决问题。

在农民引导中夯实法治基础

　　法治现代化建设，重点在农村，难点在农民。党的十八届四中全会明确提出，要引导全民自觉守法、遇事找法、解决问题靠法，使全体人民都成为社会主义法治的忠实崇尚者、自觉遵守者、坚定捍卫者。然而，长期以来，我国农村法治建设面临着"迈不开步子、踏不上调子、对不上路子"的尴尬局面，农民法律意识并未得到全面提升。究其原因，和以往政府"填鸭式、灌输式、运动式"的普法方式不无关系。如何提高农民的法治素养，让法治真正深入到农村和农民生活之中，实现农民从"当家人"向"法治新人"、农村从"法治荒漠"向"法治绿洲"的转变，成为影响我国基层法治建设和现代化进程的重大问题。

　　受普法条件、自身素质以及文化传统等因素的影响，地处广大农村，特别是偏远山村的农民的法律意识依然淡薄，农民遇事"信力不信法、信访不信法"现象依然存在。如何引导农民学法、懂法、用法、尊法，成为山区法治建设的关键和核心。恩施州在普法中以需求适应为先导，以政府示范为机制，以自治训练为抓手，让普法对接农民需求，不仅使法律为农民所需，更使法律为民所用，最终将法治服务和法治思维送进了山区的村村寨寨，为探索依法治州、实现基层良治打下了坚实的基础。

一　需求适应，激活学法需求

　　在"律师进村，法律便民"活动创建以前，恩施州法制宣传活动的开展，简单地把政府所需当作农民所需，其形式基本是以政府为主体，以行政为主导。这种以外力推动的法治教育存在的最大问题，就是一方面与需求脱节，难以满足农民的实际需求；另一方面是难以产生实际效果，不能切实解决农民遇到的实际问题。不接"地气"的普法内容日益与农民需求相脱节，造成的结果自然是老百姓对普法活动既不接受也不认可，使法治难以真正融入乡土社会，由此也走进了"政府越普法，农民越信访"的怪圈。

（一）迎合农民需求，避免"替民做主"

针对过去普法过程中普遍存在的"千篇一律，千人一面"困局，恩施州以"律师进村，法律便民"为契机，努力扭转以往"填鸭式、灌输式、运动式"的送法方式，从根本上激活农民的学法需求，使基层法治建设长期面临的"服务难进入、制度难融合、落地难生根"困境得到了改观，山区法治服务真正实现了进村、入户、润心。

（1）创建"点菜式"普法

普法是使农民学法、用法、信法的第一步，而完善的普法宣传教育机制，则是增强全民法治观念，推进法治社会建设的前提和基础。长期以来，恩施州农村法治建设大多由政府主导，政府习惯于当"父母官"，"不管农民需不需要，事事替农民拿主意"，使法治观念和法治思维难以深入民心，更无法适应农民需求，造成法治"悬浮"在空中。流于形式的普法运动，其最终的结果就是"挂在领导嘴上、留在办公纸上、贴在宣传墙上"。"以前的普法效果不明显，解决不了农民的实际问题，原因之一就是普法没有针对性，就像一阵风刮过去一样，对农民的作用并不见得有多大"，建始县马栏溪村村长陈建国说道。恩施州以农民"点菜"方式创新送法模式。

一方面，提前发放问卷摸清农民法律需求。长期低效的普法工作让恩施州领导深刻地认识到，只有建立系统、高效的法律知识培训体系，有计划地开展今后的法律培训工作，才能逐步改变以往普法无实效的情况。2014年，恩施州政府转变普法工作思路，以满足农民需求为导向、以解决农民实际困难为目标，开始在法律培训前就发放"法律知识宣讲调查问卷"，目的就是要提前摸清农民最盼望了解和最迫切需求的法律知识，以便在今后的普法活动中可以做到为农民"量身定制，按需普法"。为此，恩施州在设计调查问卷之初，就先行考察农民对普法的组织方式的偏好，恩施州司法局原副局长李邦和说："提前摸清农民对普法形式的喜好，就可以对症下药，真正做到有的放矢，律师在进行培训的时候也可以达到事半功倍的效果，这样别致的普法形式农民怎么会不喜欢呢？"在问卷收集回来后，州司法局将进一步汇总分析，然后把农民最迫切想了解的法律知识优先筛选出来，提前计划并安排，并第一时间把急需的法律知识送下去。据统计，仅来凤县绿水镇就已发放超过 5000 份调查问卷。基于调查的结果，绿水镇将普法重点放到了农民最关心的土地管理法和民法方面，实现了普法宣传的"对症下药"。

另一方面，利用新媒体技术了解农民法律需求。除了用发放问卷的方式提前了解农民法治需求、增强培训效果外，恩施州还充分利用短信平台、QQ 群和微信群等来提前了解农民的法律需求。2014 年，鹤峰县邬阳乡建立 e 信通沟通平台，其最初的作用就是旨在摸清农民的法律需求。具体而言，就是在律师每次下乡给农民进行培训之前，采取由农民短信投票的形式决定顾问律师的培训选题。在所有的数据汇集到网络终端后，律师可以更清晰地知晓农民最迫切需要的法律知识。就此，百兴律师事务所主任杜江律师认为："与以前相比，我们现在对农民的法律培训是有备而去，可以说是为农民把准了脉，既大大提高了培训效率，节约了培训成本，又取得了切实的效果。"提前摸清农民对法治最迫切的需求，使政府可以针对性地开展法治宣传和培训课程，让普法活动既"换了新瓶"又"装了新酒"。仅就邬阳乡而言，在开通 e 信通之后，已与农民互动 36000余次，街道群众法律咨询 13000 余次，在网络科技的帮助下，政府真正了解了农民对法律需求，拉近了农民跟干部的心。乡长汪涓说："通过这个平台，我们可以提前了解大家实际的法律需求，现在每次法律培训的现场都挤满了群众，比以前来的人多多了。"

（2）打造"偏好式"普法

创新普法形式，让农民乐于学法，是提高农民法治观念的有效途径。恩施州根据农民职业的不同，将农民分为不同的普法对象，并为各类型农民量身打造各具特色的送法方式，真正做到了"一把钥匙开一把锁"。

为使普法贴近农民生活，恩施州运用百姓喜闻乐见、通俗易懂的快板、歌舞、小品等文艺形式让枯燥的普法"对农民胃口""投农民所好""合农民兴趣"。过去，恩施农村除了看电视、赶场外等常见活动外，其他娱乐活动相对匮乏。鉴于此，恩施司法局在将普法宣传与农民娱乐相结合方面"动起了脑筋"，不仅丰富了农民的娱乐活动，也通过寓教于乐的形式将法律知识真正送入民心，收到了一举多得的效果。"这种普法方式很快就得到了普及，受到农民朋友的喜爱"，恩施州司法局公律科科长罗建刚说。

以恩施市为例，该市目前共演出《耍耍》《快板》《小品》《歌舞》等法制专题节目17场次，解答群众咨询490人次，发放宣教资料4万多份，受教育的干部群众超过5万余人，为法治建设试点工作营造了良好的宣传氛围。此外，恩施市依法治市办公室、市人大法工委、市司法局还与恩施电视台沟通，策划并精心组织编排，联合打造了全新的电视普法栏目《硒都法治》，满足了城乡居民便捷学法的需求。此栏目自2013年起已播出24期，产生了很好的普法效果。

（3）激活"亲情式"普法

父母是孩子最好的老师，孩子的行为也会影响父母。以学生带动家长，以家长带动片区的法制宣传教育活动，可以让法律更好地深入到千家万户，在全社会形成良性循环的法制教育机制。基于此，在"12.4"全国法制宣传日这一天，恩施州屯堡中学开展了以"大手牵小手，家校普法一起走"为主题的普法活动。贴近学生、老师、家长实际生活的鲜活普法事例和生动朴实的法律知识宣讲语言，让农民受益匪浅。在活动现场，工作人员还向学生和家长发放了印有法律顾问团律师信息的卡片，以及各村"律师诊所"律师联系方式的法律知识宣传单，达到了一举多得的效果。一位家长表示："真是活到老学到老，我今天才晓得法律的重要性，来这一趟真是值得！"通过这样的活动，不仅缩短了学校和家长之间的距离，还消除了学校教育和家庭教育之间的一些误会，为学校更好地行使教育职能提供了更加宽松的环境。这次培训会，除了学校的五百多名师生参加以外，还有近两百名学生家长共同接受了法制宣传教育。截至2015年7月，屯堡乡通过"大手牵小手，家校普法一起走"为主题的普法活动共培训了学生、教师、家长2000余人，效果斐然。

恩施州政府以"律师进村，法律便民"为契机，一改往日"百姓用法，政府点菜"的弊病，实现了普法宣传"谁用法，谁点菜"，从根本上转变了过去"摆摆桌子、发发单子、做做样子"的低效率普法方式，在一定程度上克服了地理环境制约和律师资源不足的难题，使法治建设停摆在"最后一公里"的问题得到了很好解决。

（二）解决实际困难，避免"千人一面"

法律的生命力在于实施，法律的权威也在于实施。作为社会生活方式的法治，最根本的归结点就是把法治理念和方式落实和融入到社会生活，解决农民生活中遇到的实际问题。恩施州通过把法律服务"落在夜会""扎在屋场""嵌在集市"，使学法单元下沉到底，从而让农民学法有处可寻，极好地解决了农民学法和用法难的问题，重拾了农民对法律的信任，为建立"人人守法""事事依法""时时用法"的法治新格局打下了良好基础。

（1）解决农民"学法难"的问题

恩施州地处武夷山区深处，地理位置偏远，远离中心城市，以往为农民提供的法治服务也多停留在县、乡（镇）层面，农民遇事找律师常常是跋山涉水。如何解决农民用法难的问题，是横亘在政府与农民之间的一道"鸿沟"。恩施州通过市场引进律师主体，很好地解决了农民法律短缺的问题，真正实现了法治进村、入户，让农民"时时学法，处处问法"。

一是组织夜会讲法。围绕农民关心的法律问题，来凤县绿水镇律师向启仲在小组夜会中面对面、有针对性地向农民开展法律知识宣讲。夜会上，绿水镇司法所负责人详细介绍了人民调解、法律援助等相关知识，引导群众用法律解决争端。绿水派出所则将精心准备的情景编排成模拟剧上演，生动揭示了当前农村赶集常见的"丢包骗钱计"的行骗伎俩，在与群众互动中增强了群众防骗意识。民警们还讲解了农村吸毒犯罪的外在形式，并展示缴获的一些罪证，以此警醒农村青年规避恶习。为成功有效地开展夜会普法，绿水镇政法综治单位还为群众印发实用的民生110卡片、警民联系卡5000张，宣传纸杯12000个，人民调解宣传资料3000张，"防盗防抢防骗"宣传资料10000份，调查问卷2000份，受到群众的热情欢迎。有村民表示："大家白天劳动，晚上学法，可以做到劳动学习两不误，没有夜会普法我们一般也是闲在家里看电视，还不如学点儿实用的法律知识呢。"

二是利用屋场普法。由于山大人稀，恩施州山村的农民居住相对分散，如何把分散的农民聚拢起来进行卓有成效的普法就成了关键。为此，来凤县划小普法单元，将普法下沉到屋场，方便村民出门就能学法。所谓屋场，简单讲就是以某户农民家的房屋为中心，其他家的房屋依次建开，并逐渐形成一大片连接在一起的房屋群落。该县绿水镇村民田翠柳表示："现在串个门、纳个凉，房前屋后都能看到法律知识和法治案例，真的很方便。"绿水镇的一处农家小院，包括家庭婚姻和道路安全法等的法律知识"七巧板"，被嵌在中心户庭院的走廊两旁。一位居住在此的老农饶有兴致地说，"每天经过长廊都会停下来看一看，学一学，真的是赚到了"。截至 2014 年 9 月，该镇已召开屋场会 134 场次，对 3400 余位农民进行了法律培训。

三是通过集市送法。恩施州山大人稀，农民出行极为不便，以往遇到矛盾，农民往往要走几十里甚至上百里山路去县城咨询律师，花费农民极大的时间成本和物质成本。针对这一情况，恩施州律师顾问团的律师根据村民的经济活动时间和范围，利用农民每个月几次固定的赶集机会为农民进行法律宣讲和现场答疑。每月初一、初四、初七是固定的赶集日，椒园镇率先邀请律师前往集市进行"法律坐诊"，为农民答疑解难，将法律送到农民身边。活动现场，法律咨询处总是会围满前来咨询的群众，法律工作组耐心为群众解答土地、婚姻、家庭等法律问题，获得了群众好评。综合治理办公室主任田木平讲："农民朋友都高兴得不得了！无形之中，大家对政府的信任度更高了。"

以行政方式为主导的普法运动，虽然可以使法治"上报""上墙""上课堂"，但却难以"入耳""入脑""入心"。为此，恩施州通过探索新的普法单元，使法治真正贴近农民生活，促进了全民自愿学法、知法、懂法、用法大环境的形成。普遍建立法律顾问制度后，到 2014 年，全州受聘法律顾问共解答信访、法律咨询 34800 余人次，参与调处矛盾纠纷 5300 余起，化解信访积案 412 起，恩施州赴省进京非正常上访同比分别下降了 52% 和 39.7%，涉法涉诉类进京非访同比下降 72%。2015 年 1 月至 4 月，重复访、越级访已同比下降 80%。

（2）解决农民"用法难"的问题

美国著名法学家庞德说，"衡量一个国家法制是否健全，不是看它颁布了多少法律条文，而是这些法律是否深入民众的内心，并为他们所接受"。对于山大、村散、人稀的恩施州而言，若想法律被农民接受，首先要解决的是农民用法难问题。

一方面，因需而动。屯堡乡位于恩施市西部。近几年，随着旅游资源的开发，农民纷纷开始买车拉起了游客，跑起了运输。但是，由于农民的法律意识相对比较淡薄，违反交通法规的现象层出不穷。2013 年 10 月 24 日，一辆满载圆木的载重卡车与一辆摩托车迎面相撞，造成卡车司机和摩托车司机当场死亡，其他 3 人重伤。事后调查，事故的原因就是摩托车司机没有遵守交通规则。

为维护群众的生命财产安全，避免类似惨剧再次发生，屯堡乡自 2014 年开始，为全乡驾驶员开展"交通安全"专题培训。与以往"千篇一律"的交通培训不同，律师更注意将生涩难懂的"法律语言"转化成通俗易懂的"农民语言"。屯堡乡党委书记吴秀忠说道，"到什么山头唱什么歌，这样才会让农民觉得接地气"。培训的内容也都是经过律师顾问团精心讨论和安排的，在培训时结合具体案例，用事实告诉司机朋友违反交通法规的惨痛后果，让大家能有更切身的体会。遇到不懂的地方，农民朋友还可以当场向律师提问，"我们现场教学，最终目的就是让大家紧绷法律这根弦"，屯堡乡律师顾问团袁作禧律师说道。鸭松溪村田坝组司机罗守喜谈到培训后的感受时说，"现在的培训确实比以前实在多了，有了生动的案例，律师说的话我们也都能听得懂。像以前我开车的时候就不知道怎么在夜间使用远光灯和近光灯，现在都改正了过来"。据统计，自"律师进村"活动开始之后，屯堡乡已开展以交通安全为主题的培训达 30 余次，共培训 5000 多名驾驶员和 2000 余名法律明白人，全乡交通违规从 2013 年的 7500 余例下降到 2015 年 1400 余例，下降比例达 81%；重大交通事故也从 2013 年的 7 件下降到 2015 年的 2 件，为农民挽回直接损失近 300 万元。

另一方面，因需而援。在恩施州一些山村，因退耕还林导致无地可种而选择外出务工的农民日益增多。据统计，恩施州农村外出务工人员的数量从 2000 年的 57.25 万跃升至 2010 年的 89.59 万，增幅达 56.49%。随着外出务工人员的增多，农民工权益的保护也显得越发重要。自从"律师进村"制度之后，恩施州政府从大局和公平性的角度出发，将对这部分人的法治服务也纳入整体的法治服务体系中。业州镇村民黄启志在温州打工时，无故遭到公司解雇。事出后，远在外地的黄某联系到钟明森律师帮忙解决。自 2014 年 8 月介入此案后，钟律师先后五次前往温州，最终使该公司赔付黄启志 12 万元为结。黄启志对结果十分满意："钟律师真的是帮我办了大事！他一个人来回奔波，为我的事付出了太多的时间和精力，我们全家人都很感谢他！"

此外，由于当前农村外出打工人数多，以至于留在村的主要是"386199"部队，即妇女、小孩和老人。针对这部分人群，恩施州专门结合农村留守老人、妇女儿童的现实需求，通过法律顾问，对这些群体开展针对性的法律服务。据统计，2014 年，恩施州借助法律顾问，针对"三留守"人群开展了 1823 场专项法律宣讲，取得了巨大成效。宣恩县万寨乡马鞍山村支部书记肖儒朝说，"现在村里有了律师这只'金凤凰'，每次培训不论多忙农民们都会赶过来"。

解决了农民用法难问题，在减少遗留纠纷的基础上，又规避了新矛盾的产生，农民维权由过去"拿武器"到现在的"拿法律当武器"，干部管理也由原来的强力压制变为现在的依法而行、依规而动，不仅减少社会冲突和治理成本，更提高了社会治理绩效，形成"律师向前迈，政府向后转"的良好势头。

（三）融合社区发展，防止"千篇一律"

传统的法治服务往往采取"撒胡椒粉"的方式，将政府认为有必要的法律法规"打包下放"，忽视了不同村庄的差异性，使得法治服务"大打折扣"。恩施州在开展"律师进村，法律便民"活动的过程中，结合各个类型村庄发展中的热点、难点问题，借助律师顾问团提供有针对性的法治服务。

（1）助力社区发展

近几年，随着城镇化进程的加快，恩施州各县、市政府因发展需要而进行的征地、拆迁也越来越频繁，因征地、拆迁而引起的各类矛盾也日益凸显，不仅割裂了政府与农民之间的和谐互动，也造成了城乡之间发展不协调等问题，越来越多的矛盾汇聚在社区，使管理成本越来越高，管理成效却越来越低。为改变以上困局，恩施州在普法活动中融合社区发展需求，较好化解了社区因发展而带来的矛盾纠纷。

20 年前，利川市畜牧局因发展需要征收新桥七组 9 家农户的承包地，由于征地 3 年后村集体挪用了补偿款，这 9 户农民一直未再拿到剩余的钱。为此事，9 户农民曾多次向上级领导反映情况都未能得到解决。2013 年，由于二轮征地的机会，法律顾问得以介入该案件，"当时我们走访了很多相关部门，经过了长时间的调查取证。有些部门的领导人早已不知去向，但我们一直都没有放弃"，顾问团律师张浩说道。经过不懈地努力，顾问团律师不仅解决了这件遗留了 20 余年的纠纷问题，还成功促成了新的征地协议。"我们当时都已经放弃追回补偿款的念头了，毕竟都过去了 20 来年，但他们最终还是帮我们讨回了补偿款，我们都打心底里感谢这些律师"，拿到补偿款的农民感激地说。

有了律师顾问团以后，情况和以往相比发生很大改观。针对拆迁、征地纠纷等问题，法律顾问重点围绕"土地管理""征收补偿"等主题，针对性地宣传《物权法》《土地管理法》《房屋征收与补偿条例》等法律法规，在化解初期纠纷的时候起到了良好效果。在东城街道办事处，初步统计，过去的一年时间里，办事处法律顾问团共参与信访接待 128 起，1025 人次，参与矛盾纠纷调解 86 起，为政府重大决策、重大行政行为、重点项目推进以及重大事故处理提供法律援助 66 人次，为群众提供法律咨询服务 413 人次。"今天走在东城街道办事处的大街小巷，感受最大的就是农民思想观念的变化。人人争做法治新人，尊法、学法、守法、用法的现象在东城已蔚然成风"，东城街道办事处党委书记刘红兵自豪地说。

（2）助力农民致富

恩施州地处武陵山深处，下辖 8 个国家级贫困县（市），是全国重点集中连片贫困地区之一，如何提升农民致富能力的问题始终是横亘在恩施州各级领导心里的一道坎。

因当年修建大龙潭水库，屯堡乡产生了一大批"离土离地"的水库移民，成为"不会种地的农民"。由于祖祖辈辈以土地为生，这批失地农民并不懂得除种地外的其他谋生手段，除部分农民外出打工谋生外，仍然有不少农民选择继续留守在农村。2014 年 5 月，为了帮助这批水库移民组织生产，切实解决其生活中遇到的困难，屯堡乡开展了主题为"大龙潭库区新型农民科技暨法律明白人培训"的法律讲座。培训会上，屯堡乡法律顾问团成员、夷水律师事务所律师魏长群对库区移民进行了基础法律知识培训，内容涉及创业过程中的资金、场所及市场交易风险的规避，就业过程中劳动关系的确立、劳动待遇的保障、职业病的防护等方面的知识。除此之外，律师还积极倡导库区新型农民在生产生活中要强化法律和规则意识，遇到纠纷时要合理表达诉求，依法维权。

特别值得注意的是，除了进行法律培训，当地政府还在法律培训会上组织技术专家，对移民进行致富能力的培训。屯堡乡党委书记吴秀忠讲："让农民富起来才是我们这些领导最关心的问题！"在培训会上，恩施职业技术学院的专家针对果茶、蔬菜种植与管理、油茶管理、葡萄种植等方面的技术对农民进行专业讲解，引导库区移民合理、科学地栽培管理农作物，提高库区移民的农业生产技能。与会农民刘运斌表示，"此次培训我们不仅学到了农业实用技术，也懂得了一些基本法律知识，对自己的生产生活大有益处"。目前，该乡律师顾问团已为花枝山村、鸭松溪村、新街村培训新型职业农民和法律明白人600余人。

法治的生命在于落地，在于进入广大民众心中。恩施州在法治建设过程中，将权力下放，变政府"端菜"为农民"点菜"，将法治与乡村经济发展、农民职业需求、农民生活需求相结合，从而让法治为民所需、为民所用，切实解决了农民生产生活中遇到的实际问题，使法治浸入到农民行动之中，从根本上改变了农民"信法难，不信法"的局面。

二　政府示范，培育守法习惯

政府作为重要的社会治理主体，一定程度上代表了社会的主流行为，其自身行为的好与坏对社会风气产生着巨大的示范效应。因此，政府作出良好的行为示范对推进基层治理法治化起着基础性作用。特别是对于法治信仰薄弱、法治理念匮乏、法治方式欠缺的广大农村地区，政府的示范在促进农民思维转型和升级过程中是不可缺少的一环。基于此，恩施州以"法治恩施建设"为契机，以法治规范为约束，促进自身行为转变，着力发挥示范效能，用合法性审查、风险评估、依法维权等切实行动，将遵法守法的习惯由自身向农村基层社会全面推广，真正实现了"一转百转"。

（一）合法性审查，促进政府守法

行政过程的合法性审查是制约政府权力越轨的核心举措，也是建设法治政府的必经之路。提升行政过程的正当性、合法性与合理性，不仅能有效保障群众的根本利益，也能在社会中树立守法榜样。然而，地方政府并没有对行政合法性审查引起足够的重视。从恩施州合法性审查的实际操作情况来看，审查机制主要存在以下问题：其一，行政活动合法性审查的主体困境；其二，行政活动合法性审查的范围模糊；其三，行政活动合法性审查的效能有限。针对上述问题，恩施州强化顶层设计，实现了合法性审查制度的进一步完善。

（1）引入审查主体

从当前各地的情况来看，合法性审查的负责机构有政府法制机构、大学法制研究机构、社会中立机构以及律师事务所四种。然而，在合法性审查过程中占据主导地位的仍是政府法制机构。这种合法性审查机构又往往是政府的法制机构模式，让审查部门与行政部门关系变得更加微妙。基于上述原因，恩施州聘请律师顾问团，完善律师"审查"行政过程机制，坚定了将行政活动关在"法治牢笼"中的信念。律师作为专职的法律从业者，并非政府内部工作人员，具有一定的超脱性。加之，律师是专业的法律从业者，是公平正义的代言人，进一步增强了律师顾问团的中立性，从而增加合法性审查的权威性。为进一步确定律师合法性审查的主体地位，恩施从制度层面明确法律顾问团的主体地位，州内各地市纷纷出台规范性文件，赋予了律师顾问团参与合法性审查的"制度性管道"。截至2014年，恩施州共聘请律师顾问团83个，成功与212名律师建立合作关系，让律师队伍成为一支行政合法性审查的"生力军"。2014年，恩施州利川市仅规范性文件一项，就请律师顾问团审查了11次。

（2）借力专业素养

随着经济社会的快速发展，群众利益诉求日益多元，社会矛盾冲突日益多样，干群关系日益紧张，地方政府面对的治理环境也随之更加严峻。这些现实的困境都要求地方政府加快建设法治政府的步伐，利用法律规范来协调各种利益关系，在法治的框架内综合运用法治思维和法治方式处理各种社会矛盾。习近平总书记曾强调："人类社会发展的事实证明，依法治理是最可靠、最稳定的治理。"①

问题在于，恩施州各级政府内部工作人员往往难以处理专业性较强的法律事务。在"依法行政"越来越迫切的形势下，恩施将律师顾问团由简单的行政决策"审查团"变成了行政活动"智囊团"，让律师专业技能的全面施展与政府治理有机结合。在具体过程中，恩施州一方面通过事前审查、事中参谋、事后补救等方式，让律师团为政府行政活动画上了"红线"、筑好了"防线"、守好了"底线"，有力地避免和预防了政府治理过程中可能出现的"错误"和"过失"。2011年，来凤镇一位矿主因不服政府关停其采矿场的处理决定而选择上访，镇政府本决定以信访方式进行答复，但律师却建议要以行政诉讼方式进行解决，以此保证政府依法依规。另一方面，律师顾问团的加入也健全了纠偏机制，使过去盲目决策和随意决策带来的问题得到及时纠正。为了鼓励公务员离岗创业，恩施市政府曾作出了与《公务员法》相抵触的政策决议。这项决议的出台明显违法了国家相关法律，但却在恩施市范围内长期实施并持续执行。直至2013年年底，恩施市聘用法律顾问团之后，律师鲁诚才指出了这项决策与现有法律的矛盾之处。在鲁诚的建议下，恩施市迅速纠正了决策失误。

（3）扩充审查范围

2010年，《国务院关于加强法治政府的意见》将"坚持依法科学民主决策"放在了核心地位。但中央在强调对重大决策合法性审查的同时，却并未对其他行政环节的合法性审查作出具体规定。这就令诸多行政活动处于监管能力的薄弱区域，给少数行政活动僭越法律和侵犯权利创造了制度"空间"。为了进一步强化合法性审查的监督功能，恩施州将整个行政过程都纳入律师顾问团的审查范围，不仅明晰了合法性审查的审查边界，也使法治思维和法治方式能更有效渗透到政府行政活动的每一个环节。在把好决策关的同时，恩施还将合同、文件、项目纳入审查，实现合法性审查的"横向到边"。2012年至2014年，恩施州律师为各级政府相关部门提供咨询2000余次，出具法律意见书500多份，参与重大项目研究90多次，重点事件研究100多次和涉法涉诉信访处置4000多次。

---

① 习近平：《在庆祝澳门回归祖国十五周年大会暨澳门特别行政区第四届政府就职典礼上的讲话》，《人民日报》2014年12月21日。

在实现审查内容扩展的基础上，恩施州还积极推动合法性审查制度的"纵向到底"，建立州、县、镇三级审查机制，以普遍建立律师顾问团制度为依托，以律师的广泛参与为抓手，将不同行政层级全部纳入审查范围。与此同时，恩施州还进一步筹建村级合法性审查机制，将村级公共管理纳入审查范围，使审查由行政扩展到自治。从"横向到边"到"纵向到底"，恩施州真正实现了合法性审查制度的"纵横交错"，让每一级政府的每一项行政活动都处于合法范围内，晒出了政府的"权力清单"，使律师顾问团转化为政府守法治理社会的"监视器"。2015年，宣恩县万寨乡政府计划筹建便民服务大厅，并找来了工程承包商。然而，律师顾问团在进行合法性审查过程中却发现，目前的承包商实际上是一家没有建筑资质的建筑公司。于是，律师顾问团建议撤换承包商并重新公开招标。面对这种情况，乡政府果断暂停工程，并公开招标选择具有建筑资质的承包商。

（二）风险评估，促使政府遵法

在现代复杂的治理环境中，除了要求政府做到依法行政，更需要政府能够实质性地负起责任。如可以在行政决策阶段便能预知某一行政活动的基本风险，便能在行政过程中有针对性地预防，大大降低决策失误的可能性。因此，政府行政过程必然要求建立风险评估机制。结合"法治恩施建设"奠定下的良好基础，恩施州利用律师顾问团这一优势资源打造出一支风险评估专业团队，为建设法治政府与创建责任型政府夯实了根基。

（1）健全评估制度

鉴于风险评估在行政决策中的重要作用，风险评估早已被纳入行政决策程序。但由于缺乏制度化的"刚性"规定，使得风险评估在地方行政决策体系中变得可有可无，其是否能发挥作用还要看决策者个人的风险意识。为了突破这一局限，恩施州将风险评估用文字书写成规章制度，奠定了风险评估在整个决策体系中的重要地位。

具体来看，恩施州规定凡是影响民生的重大决策、重大项目、重大事项必须要进行风险评估。在强调风险评估重要地位的基础上，恩施州还出台有评估细则，明确规定了风险评估的主体、内容、范围与流程。如州民政局 2013 年出台的《恩施州民政局重大决策社会稳定风险评估工作实施细则》就规定："重大决策风险评估工作，组成社会稳定风险评估小组，组织相关部门、单位及有关专家、学者以及决策所涉及群众代表等进行评估论证。评估工作按照广泛征求意见、全面分析论证、确定风险等级、提出评估报告的程序进行，确保决策的合法性、合理性、可行性和可控性，促进社会和谐稳定。"通过法治助力使风险评估真正地实现了标准化、规范化、流程化，效能较以前有了极大增强。

（2）创新评估形式

在树立风险评估权威地位的基础上，恩施结合州内实际需求，创立评估形式，使风险评估更具协同性。恩施州内超过 70% 的地区是山地，集合了"老、少、边、穷、库、坝"等诸多特点于一身。险恶的自然条件使许多社会矛盾被无限放大，恩施州也成为湖北省综治维稳的传统重点区。仅就信访而言，恩施州信访总量从 2010 年起连续三年高居湖北省"前三"。在严峻的社会形势下，恩施做任何决策都要慎之又慎，稍有不公平、不合理、不合法，便有可能在社会上引起不小的波澜。鉴于此，恩施州积极创新风险评估形式，让律师顾问团作为风险评估的"中坚力量"，打造了律师列席政府常务会的风险评估"新常态"。在决策制定阶段，律师便能提出专业建议，决策制定部门也能及时听取律师意见，在决策制定过程中便能融入法治思维。沐抚办事处党委副书记周平讲道："律师的顾问作用，可以有效避免基层政府'拍脑袋'的传统做法。"

（3）升级评估机制

创新风险评估形式，不仅打通了律师参与的"绿色通道"，还使得评估方式由"割裂"走向"互动"。在风险评估的过程中，律师顾问团通过归类分析从各个途径获取的风险信息，有力地掌握了重大行政决策存在哪些具体的风险，知悉导致决策风险的因素是什么，从而更加科学地提出修改建议。这样"面对面"的评估机制，还可使政策制订部门对方案存在的疑虑向律师进行当面咨询，律师顾问团能及时作出专业性解答。现在的评估并不只是对一个方案的风险进行打分和估值，对一个决策的肯定与否定，更是整合建议与决策修正的有机结合，促进了风险评估与决策制定的体系化运作。

（三）法治维权，促成政府用法

法学家哈罗德·伯尔曼认为："法律必须被信仰，否则它便形同虚设。"[①] 在我国传统治理过程中，因重视权力的控制作用，而忽略了法治的规范作用。特别是在长期的历史进程中，这种权力主导的治理模式更多强调个体对国家的服从，一定程度致使公共权力过于强大，造成了"权力至上"的社会治理难题。在这样的社会背景之下，要想在社会中普遍培育出法治精神更是难上加难。特别是在社会矛盾相对突出的维稳重点区恩施州，社会上普遍流行着"打官司"就等于"打关系"的说法，使群众陷入"信访不信法"的思想误区。习近平总书记指出："要逐步在广大干部群众中树立法律权威，使大家相信，只要合理合法的诉求，通过法律程序就能得到合理合法的结果。"[②] 为此，恩施州率先作出改变，推动了法治维权，构建了维权过程中"法律至上"的良好局面。

（1）转换政府思维

恩施州通过积极转变角色定位，回归法治本位，逐步扭转了"权大于法"的治理格局。长期以来，恩施州在处理维权事务的过程中，往往缺乏相应的法治观念，常常为了暂时的稳定而花钱息访或以权压访。然而，这种"被动式维稳"的方式虽可一时稳定却难换来社会的长治久安，息事宁人往往会产生更长时间的缠访与纠葛，形成维权者与政府长期博弈的状态。为转变这种"越维越不稳"的不利局面，恩施州将法律作为化解矛盾纠纷的最后防线，改变了过去"司法未动，信访先行"的维权模式，让法治在维权中唱起了主角。

在具体维权活动中，恩施州坚持依法办事，做到了法律面前人人平等。特别是引入律师参与之后，律师发挥第三方力量，形成了多措并举的法治维稳格局。通过律师与政府的"联合坐诊"，使律师顾问团在接访过程中便能作出针对性判断，使维权得到及时处理、分类，做到了"该归司法的归司法"，在源头上协助政府推进依法维权。在此基础上，恩施州构筑了司法机关与涉案行政机关的联合机制，建构了"党委领导、政法

---

① 伯尔曼：《法律与宗教》，生活·读书·新知三联书店1991年版。
② 习近平：《在十八届中央政治局第四次集体学习时的讲话》，2013年2月23日。

委监督、律师参与、责任主体落实"的化解体系。

（2）引导公众舆论

依法维权不仅仅是政府自身要坚守的行为，更是要内化为社会共同奉行的维权准则。为加强舆论引导，恩施州司法局将律师参与涉法涉诉信访与普遍建立法律顾问制度宣传工作相结合，开展调研督查，编发手机信息、撰写工作简报，现已开展律师参与涉法涉诉信访专题调研 3 次，走访了 8 个县市、54 个乡镇、10 余个州直部门，编写手机信息 16 期、发送10500 余人次，配合各类媒体采写宣传报道 150 余篇。在引导政府角色定位的同时，恩施州也在扭转社会思维上下了大功夫。

同时，律师在"联合坐诊"过程中，除了针对维权进行分类和处理，也能给予维权者专业化法律建议，使维权者能够对比依法维权和缠访闹访的成本与效益，让其根据实际情况选择合适的维权手段。这一举措有力引导了维权者的维权行为，使其能自觉自愿选择法律武器进行维权。

（3）落实维权环节

恩施州大力建立引导机制，疏通法治渠道，打造"法律至上"的维权机制。一方面，积极鼓励"民告官"。将一些本应由司法来解决的问题交给司法来解决，并坚决走司法程序，排除行政对司法的干预。同时，为了进一步推动群众运用司法手段维护自身合法权益，恩施州还推出"免费打官司"的援助机制。凡是需要通过司法手段来解决的案件，政府均免费提供律师咨询服务，并为案件承担代理费用。2014 年以来，州直相关部门先后 10 批次对 59 案 59 人给予司法救助 125.76 万元，八县市共使用司法救助资金 283.92 万元，救助涉案当事人或其近亲属 308 人，让确有困难的信访人回归正常的生活轨道。

2015 年 1 月 22 日，清坪镇村民秦某驾驶摩托车在咸丰县 002 乡道行驶时，因路边坠石砸中头部，导致一人死亡，一人受伤。秦某亲属以小村乡人民政府和咸丰县公路局为被告向咸丰县人民法院提起诉讼，要求赔偿各项损失 25 万余元。虽然，小村乡律师顾问团认为本案责任主体清晰，诉讼意义并不大，但结果却对小村乡政府影响深远。于是，乡政府坚决走上了司法程序，让法院来做最终的裁决，以使结果更加让农民信服。

另一方面，恩施州大力推行"官告民"。以往政府既是政策的制定者，又是具体执行者，还是矛盾的仲裁者。这种模糊的身份认定，使政府在治理过程中常常备受质疑。2013 年 12 月，来凤县城市管理局制止了来凤百姓网在来凤县步行街举办的慈善义卖活动。这本属于政府正常的执法程序，并未有违法乱纪的现象，但却召来了来凤百姓网对来凤县城市管理局的侮辱、诽谤。在这种情况下，不明其中缘由的群众也纷纷倒向来凤百姓网，指责政府的执法行为"失当"。鉴于此，来凤县城市管理局并没有通过权力对百姓网进行制裁，而是在律师顾问团的建议下走上了司法程序。法律面前，县城市管理局与来凤百姓网不存在执法与被执法的关系，属于完全平等的主体，政府也不存在特权。在判决之后，舆论也不再"一面倒"地指责政府。

三　自治训练，构筑用法平台

村民自治作为我国基层治理制度，其有效实现离不开法治的保障与规范。一方面，法治能划清自治与他治的边界，为自治创造自由空间；另一方面，自治又不是一个自成一体的独立王国，需要法治的规约与限制才能保障自治的顺利运行。如若自治离开法治，便会变成难以驯服的"野马"，造成难以预料的后果。因此，法治与自治的有效衔接不仅是引导农民学法、守法、用法的重要途径，也是培育自治能力的有益探索。基于上述考虑，恩施州将"送法下乡"与"自治锻炼"进行了有机结合，使两者相辅相成，互相推动，形成了自治体现法治、法治融入自治的良好局面。

（一）借力村规民约，让自治体现规则意识

村规民约作为村民在共同的生活场域中形成的秩序规则，具有"软性"约束力，能潜移默化地协调村民间各种关系，是国法的重要补充。但村规民约却也常破坏国家法律的权威性。"作为普适性知识的法律和作为地方性知识的村民自治规则并没有太多的交融。"[①] 在恩施州，更是有不少村庄的村规民约与法律明显抵触。可见，在积极推动村规民约补充国

---

① 李秋高：《论法治背景下村民自治之障碍与消解》，《北京理工大学学报》（社会科学版）2007 年第 3 期。

法治理社会的同时，也应积极推动国家法律与村规民约的良性互动。

（1）实化制定流程

恩施州强化律师作用，让村规民约融入法治思维。恩施州各县市先后出台完善村规民约的指导建议，让法律顾问团成为村规民约与国家法律有效衔接的"领路人"。在各村村规民约制定时，律师必须到场监督规则制定。村规民约制定过程中除了继续保留村庄"个性"，也要充分考虑国法的"统一性"，一切与国法相抵触的内容被一一摒弃，杜绝了以暴易暴的处事方式。

为了进一步规范村规民约，恩施州还将完善村规民约制定流程摆上议程。恩施州各县市详细制定了村规民约的制定流程，实现制定过程的标准化。村规民约的制定，做到了前期讨论与协商、中期宣传与反馈、后期表决与公布，并将座谈会、听证会、表决会等形式引入制定过程。让村规民约是否适用、对谁适用、如何适用等问题由村民说了算，增强了村规民约的公正性、权威性以及公信力。

（2）细化民约内容

恩施州将操作性与参与性作为村规民约制定的两个重要参考标准，使村规民约不贴近村庄实际的情况得到了极大改善。以往，恩施州农村各地的"无事酒"多且杂，农民有苦却不能言。为了刹住不良风气，恩施州将"无事酒"纳入民约，经过村民充分讨论，明确将什么时候能办酒、办酒需要什么程序、办酒的标准等问题以村规民约的形式进行了具体规定，既体现了民意，又强化了村规民约的操作性。如恩施市杨家山村村规民约就规定："不大操大办红白喜事，崇尚喜事新办，丧事从俭。红白喜事需向村委会报告，婚嫁事宜必须依法依规办理。严禁整、吃除婚丧嫁娶外的'无事酒'。"同时，村规民约中还规定了对违反民约，置办"无事酒"的处罚措施，针对普通村民、村民代表、村干部、无证车辆和厨师班分别制订处罚方案。

除此之外，恩施州还将许多与村庄治理紧密相关的公共事务纳入村规民约。利川市白鹤村过去整理村内垃圾都是村干部的事情，村民从不主动参与。新版村规民约出台之后，将清理村内垃圾明确列为村民的义务。此举不但对村民保持村民环境卫生的责任作出了明文规定，也激活了村民的参与意识，使村民由原来的"配角"变成了当之无愧的"主角"。同样的情况也发生在杨山村，杨山村村规民约中写道："积极开展文明卫生村建设，搞好公共卫生，加强村容村貌整治，严禁随地乱倒垃圾、秽物，建筑垃圾碎片要及时清理，柴草、粪土应定点堆放。"

（3）强化民约执行

村规民约出台之后，若不能进入实际运行阶段，便会成为一纸空文。为此，恩施州一是继续推动律师参与，让律师作用"不止步"于村规民约的制定阶段，使律师为村规民约的顺利执行"保驾护航"。二是明确划分处罚权限，使对于违反村规民约规定的处罚完全置于合法范围内，动用村内"私刑"自此成为了历史。如杨村村规民约在社会治安部分就明确规定："对违反上述治安条款者，触犯法律规定的，报送司法机关处理。尚未触犯刑律和治安处罚条例的，由村委会批评教育，并视情节轻重，给予 200—500 元的处罚。"三是借助乡土力量，依靠自治力量保障民约效力。恩施州大力借助乡土力量，不仅保障了村规民约的有效实施，还让实施的过程变成了村民培育法治思维的过程。在传统的乡村社区，社会的治理更多是依靠乡土社会的内部力量。因此，凭借舆论和道德力量也能促进村规民约的顺畅执行。在民约实施过程中，恩施州积极利用说服教育和村民相互帮助、感化、监督等方式，如劝说无效，则综合运用批评教育、公示通报、给予适当处罚等手段，予以督促纠正。

（二）再造自治流程，让自治融入程序意识

法律一旦设立就需要严谨的程序保证其切实有效。但长期以来，由于村民文化水平普遍相对较低，对法律程序的理解和运用能力相对有限，使诸多自治程序在实际的运行过程中偏离了设计初衷。此外，在封闭落后的山区，农民受传统治理因素的影响更为严重，集中表现为村民规则意识不强，凡事更愿讲人情而不愿看程序，重视合理性而不看重规范性，"认理不认规"的思想严重。

（1）融入监督力量

在开展"律师进村"项目之初，恩施州便认识到了重塑自治程序的重要性。为了重赋村民自治生命力，恩施州引入法治力量，建构外部监督。在恩施，村民会议、村民代表大会、专门监督小组对党支部和村委会具有监督权，但党支部与村委会实际上又对村民会议、村民代表大会、专门监督小组赋有领导和管理权，形成了"弱权"监督"强权"的尴尬局面。而村民大会或者村民代表大会由村委会来主持，也为部分干部架空村民大会或者村民代表大会监督权提供了可能。东城办事处各村（居）村民代表会议、党员代表会议、小组长会议制度虽然已经建立起来，但是平时很少召开会议，近一半的村庄到每年年代或换届时候才会召开一次。律师作为农村社会的外部人员，是独立于自治组织的监督力量，具有法律性、社会性、权利性和独立性，在村民心中代表着公平和正义。在普遍建立法律顾问制度之后，律师参与到了村民自治的各个流程，成为了监督依法依规自治的重要力量，极大地减少了不按程序自治情况的发生概率。建始县长梁镇桂花村 2014 年召开村民代表会议 6 次，其中律师参与的就有 4 次。

（2）规范自治程序

长期以来，自治流程设计不科学，不仅造成了自治流程形式化，还使得许多不良的自治行为得到滋生。以选举为例，在选举过程中，一些村庄常常会出现拉票贿选、胁迫恐吓、扰乱秩序的情况，极大地破化了村民选举的公正性，也影响了社会秩序，给基层社会稳定带来了重大隐患。

基于此，恩施州一是规范选举程序，让法治能预防。在选举过程中，律师具有双重职责，不仅要宣传《村组法》，让村民知晓如何选举，还要监督选举流程，让违法的选举行为无处遁形。此外，通过律师与村民选举的"零距离"接触，也使村民意识到了依法参与选举是自身的一项基本权利。2014 年，恩施州宣恩县黄坪村参选人数达 1162 人，较上届高出 200 多人。

二是完善公开程序，让法治能审议。以往，村务什么时候公开、公开什么内容、公开内容是否真实这些信息都是不确定的事情。利川市理智村曾获得了 150 万元征地费用，当时，村干部和村民代表商议，将其中 30 万元用于补偿农民，剩下的 120 万元用于村庄道路、运动场等基础设施建设。分配方案决定后，村委会并没有及时将信息公布出去，引发村民对村干部的质疑，部分村民认为是村干部欺骗村民，将土地私自卖给了政府，引发集体上访。这显然是因公开机制不健全而引发的争端。为了扭转这一局面，恩施州特别建立了村务公开律师审议制度，即村务公开要先过律师这一关，极大地增强了村务公开的透明度和可信度。同时，恩施还积极利用"互联网＋"思维，打造村务公开信息平台，让村务公开由贴在"墙上"变成了登在"网上"，方便村民随时查询。如遇质疑，村民还可以随时向律师进行咨询。

三是健全决策程序，让法治能把关。过去，村务决策往往是村内"闭门造车"，决策合不合理、合不合法、民不民主，都是难以预估的事情。在村委会聘用律师顾问团之后，凡是村务决策律师都要亲自到场，让随意决策变成了"历史"。

（三）规约自治行为，让自治对接责任意识

村民自治不仅涉及个人的自治也涉及他人的自治。"个人自治并不是个人意志和欲望的完全自由实现。其需要同他人的自治协调发展。"[①] 不仅如此，自治活动的有序开展还涉及自治与他治的关系，只有划清行政权力的边界才能为自治创造良好的社会空间。然而，实现不同主体的有序协调，需要借助法治的力量。恩施州作为边远山区，政府普法成本高，农民用法效益低等问题，导致法治社会建设相对缓慢。在法治悬空的大山深处，自治始终难以通过法治来实现有序发展。这一局面直到"律师进村"项目实施之后，才大为改善。"律师进村"不仅是"送法下乡"，更是送去了法治思维和法治方式。

（1）规约政府行为

"村民自治的成长空间，村民自治权利的实现与政府下放权力直接相关。"[②] 为了激活自治，恩施州率先重塑政府行为，重申了《村组法》的权威性，以法律为准绳，来判定自身在自治中的角色和地位，改变了过去"越俎代庖"的做法。建始县业州镇黑鱼泉村村支书私下将本该属于贫困村民的低保分给了自家亲戚，镇政府知道这件事之后，本想立刻撤销村支书职务，但在下决定之前，镇上却首先找来律师顾问团咨询，直接撤销行为是否与《村组法》抵触。咨询律师之后，镇政府知道上级政府有权撤销党支部书记之后，才下了撤换党支部书记的决定。而对于村支书同时兼

① 王利明：《人民的福祉是最高的法律》，北京大学出版社2013年版。
② 徐勇：《村民自治的成长：行政放权与社会发育——1990年代后期以来中国村民自治发展进程的反思》，《华中师范大学学报》（社会科学版）2005年第2期。

任的村主任一职，则是通过换届选举的方式加以撤换。这在过去是不可能发生的事情，政府要撤换村干部可能就是一句话的事情。此外，如集体资产的处置，过去都是乡（镇）政府做决策、村干部照办，现在却要问问村民同不同意。同样是黑鱼泉村，镇上本想变卖一些集体资产，以便修建村民服务中心。为了尊重村民在自治中的基本权利，镇上召集村民代表进行表决，村民代表表决通过之后，政府才得以进一步推行新建村民服务中心的规划。

（2）规约村委行为

村干部作为村民自治的核心骨干，对村庄发展肩负着重大责任。然而，以往村干部在村庄各项工作中随意性大，常常采取一些"土办法"。如宣恩县伍家台村叶主任就表示，"过去群众不听话，我就不给他办事"。现在情况却发生了极大的转变。一方面，恩施州通过法律培训，使村干部头脑中形成法治思维，程序意识和责任意识日渐增强，改变了过去随意的工作方式，能自觉地在法律框架下遵照制度和程序的要求为村民办事。同时，律师与村委的"联合办公"机制也让律师能更加深入地参与村委的各项工作中，为村干部依法办事加上了一道"保险阀"。另一方面，律师作为独立于自治组织的主体，也为干部依法依规自治带来了"新氛围"。这种"新氛围"不仅体现在监督干部上，更体现在辅助干部上。过去，村干部不能依法依规，多半要归咎对法律认知程度低，不具有运用法律武器治理村庄的能力。通过"联合研判"机制，使村干部也有了"军师"。面对村内公共事务，律师与村干部共同研究，避免了村干部因对法律的"无知"，而触犯"底线"的可能性。龙凤镇村民康忠金请包工头拆除旧房时，因挖机师傅操作不当，把邻居的房子"抓"了个大洞。居委会干部出面，调解了两个星期，但因涉及一些法律层面的问题，处理起来仍有"解不开的结"。最后，经过律师陈嘉睿"坐诊"，一日之内，一纸调解书让房主、施工方、受损方三方均满意了。

（3）规约村民行为

农民不仅是村庄的主体，也是村民自治的主体。因此，规约村民行为是规约自治活动的核心环节。但长期以来，"土法律""旧制度""老道理"是村民遵守的行为准则，遇事认死理，办事无章法是对其的典型概括。比起法律，村民往往更加信任暴力，在日常生活中，常常会因为一些小事，大打出手。为了扭转这一不利局面，恩施州通过开展法律知识培训，培训网格法律宣讲员 2500 人次、法律明白人 10 万人，使一大批乡贤精英变成了普法宣传的"桥头堡"。不仅如此，装备了法律知识的乡贤精英也逐渐变成了矛盾调解的"先头部队"。以邬阳乡为例，全乡先后在 148 个村民小组设立"矛盾纠纷义务调解员"。义务调解员基本由各村民小组公开推选，有效发挥了德高望重、办事公道、法律素养较高的村民在矛盾调解中的积极作用。借助乡土威望、法治思维、法治方式，使不少矛盾得以在基层直接化解。普法和调解不止调动了乡村精英的参与自治的热情，更让他们在依法依规自治的过程中发挥了"正能量"，形成了良好的示范作用。与此类似，在个性化普法宣传、建立村级"法律诊所"、以案说法等措施的引导下，使农民变"信奉暴力"为"信仰法律"，将法治的精神融入自治之中，成为了村民的行为准则，并在生活中自觉运用法治思维和法治方式处理和协调个人与他人的关系。

此外，在过去，村民在自治活动中还表现出参与意识不强的特点。现在，在法律顾问团的监督下，村民委员会不仅要按时召开村民代表大会、党员代表大会、组长会，还要真正尊重村民意愿，让农民切身感觉到了民主参与的价值和意义。与此同时，在律师引导下，村务决策也变成了培育法律精神的"练兵场"，进一步夯实了村民的责任意识，让村民逐渐明白参与自治不仅是一项权利，更是一种义务。通过一系列的举措，村民逐渐找到了在村民自治中的位置，比起以前，村民更愿意参与其中并积极发挥自己的作用。

实现农民学法、守法、用法，就要激活农民的主体性，让农民自主地、能动地、独立地、创造性地融入法治社会。当然，这首先需要发掘农民的自为性，让农民自觉认识到建设法治社会的重要性，这离不开国家的有效引导。然而，国家引导也需要契合农民主体的实际需求，以尊重农民的主体性为前提。正基于此，恩施州摆脱了传统宣传方式的局限，顺应当下农民的所思所想，与农民的实际需求有机结合。从迎合农民需求到契合农民职业再到融合社区发展，每一个步骤都是从农民切身利益出发，都是个性化的设计，是对逐渐分化的农村社会的主动适应。

此外，国家引导不仅仅在于宣传，更重要的是以身作则。政府作为国家的代表，其本身就代表着社会的主流行为。如果政府在要求农民守法的同时，自己却作出与法治社会相违背的行为，必定难以服众。而政府主动守法，更能在社会中形成正面的示范效应。建设法治政府和责任型政府，看似是政府自身行为，却是对农民潜移默化的引导。

当然，国家引导还需要为农民搭建平台，让农民在日常生活中体会法治、接受法治、融入法治。村民自治便是一个很好的平台。村民自治真正地实现农民当家作主，由农民自主去管理自身。但前提是要在法治框架下，农民依照法律法规的要求合法合理自治。恩施州通过律师参与，将独立的治理主体引入村民自治，不仅带来了外部的监督力量，也让自治在法治轨道下健康成长。作为自治主体的农民，在自治中学法，也在自治中培育了法治精神，使得法治逐渐内化成为了村民日常生活的行为准则。

总体而言，在日益多元的当今农村社会，推进基层治理法治化，要摒弃传统方式，开发更为丰富多彩的引导方式。同时，引导不能只停留在宣传层面，一定要创建平台，让农民参与其中，真正感受到学法、守法、用法的切实利益。

结　　论

党的十八届四中全会提出："法律的生命力在于实施，法律的权威也在于实施。"然而，如何找到一条法治落地的有效路径，走好法治服务"最后一公里"，始终是困扰各级政府的一大难题。湖北省恩施州作为经济相对落后的山区，通过结合自身的实际特点，以开展"律师进村，法律便民"为契机，充分发挥律师这一现代法治主体的作用，将法治的方法、机制和理念融入到政府改革与基层治理过程中来，使得山区的治理"焕然一新"，促进了山区治理的法治化与现代化。在有限的资源和相对落后的经济条件下，恩施州通过充分发挥市场机制和基层的自主性，以法律顾问为载体，借助现代技术、利益调节和乡土衔接，将法治服务延伸到千家万户，促进了法治的有效落地。我们将之称为"内生型寓法于治"的模式，这种模式是从农民自身的需求出发，以利益为导向，以法治的制度化为目标，借助第三方的主体，引导农民学法知法用法，要求政府和干部懂法依法守法，通过农民与政府的互动，法治与治理相互促进，促使法治落地。

一　恩施改革的内涵

恩施的法治改革是借助现代律师主体促进法治落地的有效路径，是将法治与政府改革结合，规制政府权力，促进政府依法行政的有力尝试；是将法治与基层治理相融合，引导农民守法、用法，促进基层治理法治化与现代化的有益探索。

（一）不是简单的法治工作，而是社会治理的深层改革

在以往的改革实践中，不少地方只是将改革当成一项工作或者任务，

在实践的过程中，不注重改革的系统性和持续性，仅仅局限于作出一个亮点，或者为了应对检查而进行短期的探索，这些改革可能会带来一时的成效，但却无法获得深刻的创新与长远的发展。

恩施州的法治改革起因于基层的信访困局和维稳压力，起步于普遍建立法律顾问制度的提出，发展于"律师进村，法律便民"的探索实践，但落脚于法治的落地和治理的现代化。在改革实践的过程中，恩施州并不是将这项改革当作一项简单的法治工作，而是通过科学的顶层设计、系统的制度保障、渐进的改革举措和不断深化的改革理念来推进基层的探索实践。虽然在改革的举措上，恩施重点是发挥现代律师的作用，促进"法律问题由律师解决"，但是在具体的实践过程中，却是将法治与政府治理、社会治理与乡村治理有机结合起来，通过法治杠杆撬动治理的法治化与现代化。

恩施的改革创新，一方面，通过引入"第三方"律师，组建律师顾问团，政府以统一购买服务的方式将法治服务的关口前移至村庄，让农民也能享受到便捷的法治服务；另一方面，让"第三方"律师全程参与到政府部门的决策、执行和监督过程中来，通过律师与政府部门的合作，让律师与政府联合决策、联合接访、联合研判，为政府的行政过程把脉把关，以此促进政府依法行政；此外，通过律师与乡村治理相结合，让法治的思维、方法和机制融入到乡村的民主选举、民主决策、民主管理和民主监督中来，使农民在日常的生产生活中受到法治熏陶，从而促进乡村依法治理。恩施这种"将法治寓于治理"的探索，实现了基层治理的改革创新。

（二）不是单一的律师进村，而是均等化法律服务的下乡

长期以来，农村基层的法治服务都处于边缘化的状态，尤其是对于落后的山区农村，专业的法律服务对于农民而言，可谓是"可望而不可即"。农民如果想要寻求律师服务，必须跋山涉水、翻山越岭进入城镇，不仅"费事、费力、费心"，而且需要花费大量成本。这导致许多农民不愿用、用不起法律。虽然对于发达地区的农村而言，有的地方也将法律服务延伸至村庄，但是大多采取的是单一的"律师进村"，聘请的律师通常只负责简单的咨询、诉讼服务，并没有将法律服务作为一种均等化的公共服务提供给农民。

湖北省恩施州开展的"律师进村，法律便民"活动，不只是简单的"律师下乡"或"律师进村"，而是"以律师为载体的均等化法律服务进乡村"。从服务的供给来看，政府将这一服务作为公共物品，由政府单列财政预算予以支持，充分发挥公共财政的作用，促进法律服务进乡村。从服务的内容来看，并不是简单利用律师提供咨询或者代理诉讼，而是将服务的功能不断拓展，农民不仅可以免费享受到法律知识宣传、法律咨询等服务，而且可以获得"免费打官司""免费援助"等法律服务，其内容涵盖了法治服务的方方面面。从服务的方式来看，摆脱了以往普法宣传的局限，通过多样化、便捷化、贴近农民生活的方式来提供法治服务，农民不仅可以通过便民服务卡第一时间获得律师服务，而且可以利用现代信息技术，通过"法治虚拟社区""法治视频系统"等方便、快捷地获得法治服务。可以看出，恩施开展的基层法治服务是以公共服务的形式向农村延伸，不仅提高了法治服务的效率，更提升了法治服务基层、服务农民的水平。

（三）不是政府单方的主导推动，而是社会合作的内在创新

恩施州的法治改革与探索，不是仅仅依靠政府的外部推动，而是结合社会不同主体和内部要素而进行的法治创新。在改革过程中，虽然政府在政策支持、财政保障和律师引入等方面发挥了积极作用，但是这些探索的深入发展也得到律师、乡村干部、农民等内部主体的积极响应，正是通过不同主体的相互合作，最终促进了改革的落地。

在恩施改革的发展过程中，政府作为公共产品和公共服务的供给者，主要发挥引导和扶持作用，通过整合政策、财政、人力等资源，为法律顾问制度的设立和法律服务的进村提供强有力的保障与支持，同时通过建立多维的激励机制，将物质机制、荣誉激励与政治激励相结合，调动律师、基层干部和农民改革创新的积极性。律师作为现代性的专业主体，在改革过程中通过处理好公利性与私利性的关系，充分发挥自身的社会责任意识，为法治政府的实现和法治服务的落地提供专业化的支持。而为了使改革实践能够真正落地，恩施充分发挥乡村村组干部、乡贤能人和民间组织的作用，通过这些内部纽带，将法治与农民紧紧联结起来，以此让法治能够深入人心、落地生根。

二　恩施改革的成效

从 2013 年的试点开始，恩施的法治改革截至目前运行了两年。通过两年的探索实践，恩施推行的"律师进村，法律便民"取得了良好的成效，不仅在促进政府依法行政方面发挥了积极作用，而且激发了农民的法治意识和热情，有效化解了基层的社会矛盾与纠纷。

（一）有力促进了政府依法行政

恩施州的法治改革以促进政府自觉守法为起点，通过法律顾问全程参与政府行政的全过程，有力促进了政府依法行政。一方面，通过建立律师审查机制，将律师作为"座上宾"，主动邀请律师对政府部门的决策、文件、合同等进行合法性审查。在审查过程中，律师为政府提供独立的法律意见、法律解释，出具法律意见书等，将整个行政过程纳入法治轨道，为政府"划定红线、守住底线"。2012 年至 2014 年，恩施州律师为各级政府相关部门提供咨询 2000 余次，出具法律意见书 500 多份，参与重大项目研究 90 多次、重点事件研究 100 多次和涉法涉诉信访处置 4000 多次。另一方面，通过把律师吸纳为治理主体，晒出了"权力清单"，厘清了法律手段与行政手段的边界，转变了政府的工作方式，促进政府依法、依归解决问题。利川市东城街道办组织委员邹晓恩表示，"法律顾问成立后，基层干部有了底气，过去盲目地息访，现在客观主动地运用法律处理，不像过去那样怕群众闹事"。

（二）有效激发了农民法治意识

作为偏远山区的农民，法律知识的缺乏、法治意识的薄弱是影响法治下乡和落地的重要问题。恩施州通过开展"律师进村，法律便民"，不仅为农民提供了优质、便捷的法律服务，而且有效促进了农民法治意识的提升。一方面，通过政府统一购买，让法律顾问进村入户，免费为农民提供服务。农民亲切地把律师称为"法律的家庭医生，权益的守护门神"。截至 2015 年 5 月，恩施州的法律顾问已经免费为村民提供咨询服务 11.48 万次。法治服务的开展不仅使农民获得了常用的法律，而且增加了农民学法、用法的意识。另一方面，通过提供免费法律援助，成立法律援助律师团，让符合要求的当事人自由选择律师寻求法律援助，有效提升了农民对法治的认可度。截至 2015 年 3 月，恩施州进村法律顾问共办理法律援助案件近 1000 件，法律援助事项 14000 余件，有效维护了弱势群体的合法权益。此外，恩施州还积极探索"免费打官司"服务，引导农民通过司法途径维权。恩施市沐抚办事处每年设立 5 万元"免费打官司"专项资金，辖区内的农民可按照程序申请免费代理服务，2014 年法律顾问为辖区农民代理案件 14 起，办事处共花费 3.6 万元。"免费打官司"的开展，降低了法律使用门槛，将农民维权行为纳入到法治化轨道中来。通过引导农民依法维权，改变以往农民"为上访而上访"的局面，逐步树立起法律权威。

（三）显著降低了政府的维稳成本

长期以来，政府在面对纷繁复杂的基层矛盾和信访难题时，往往不惜消耗大量的人力、财力压制信访事件，希望通过"花钱买平安"，但往往导致"案结事不了，止诉不息访"，不仅导致矛盾和信访问题激化，而且也付出了高昂的经济成本和社会成本。恩施州通过开展"律师进村，法律便民"，使得农民不仅可以免费咨询律师，而且可以"免费打官司"，农民在律师顾问的引导下，逐渐从"信访"转为"信法"，通过法律途径来解决问题，这极大地减少了政府的治理成本和维稳压力。恩施市沐抚办事处每年用于"免费打官司"的费用不足 5 万元，但政府维稳经费从 2012 年的 50 余万元迅速降低到 2014 年的 10 万元。建始县长梁乡过去 1 年花 50 万左右用于信访维稳，而现在通过"律师进村，法律便民"工作的开展，1 年的维稳经费降到了 15 万。可以看出，恩施州开展的法治改革与创新实践，对于缓解基层的维稳成本起到了立竿见影的效果。

（四）有效化解了基层矛盾与信访难题

恩施开展法治改革的初始原因是为了应对日益突出和社会矛盾和"居高不下"的维稳难题。经过两年的改革实践，基层的矛盾纠纷和信访问题得到了明显解决，起到了立竿见影的效果。在实践中，通过充分发挥律师的专业优势，让律师适时、适度参与基层矛盾和法律问题的"诊断"，使得矛盾纠纷的解决步入法治化轨道。据统计，从 2013 年 9 月起，恩施州聘请律师顾问团参与对 100 件涉法涉诉疑难积案进行处理。截至目前，41 件积案全部化解，5 件进入了司法程序，6 件依法终结，依法打击处理 1 件，核销 2 件，45 件在落实化解意见。

另一方面，通过法律顾问与信访制度的衔接，律师与司法行政人员合署办公，在接访过程中开展具有针对性的疏导教育，让信访问题的解决也走向正轨，缓解了干群之间的矛盾和冲突。对此，宣恩县万寨乡乡长张艳丽表示："律师的作用就像一块海绵，吸收双方的法律误区，在二者间起到缓冲作用。"同时，通过律师引导农民守法用法，并对政府的行为严格把关，参与信访案件的调查、处理、复查，使得基层的信访问题得到了极大改善。2014 年，恩施州赴省进京非正常上访同比分别下降 52% 和 39.7%，涉法涉诉类进京非访同比下降 72%。2015 年 1 月至 4 月，重复访、越级访同比下降了 80%。

三　恩施改革的价值

恩施以"律师进村，法律便民"为切入点的法治改革，不仅有效促进了法治的落地，而且推动了基层治理理念与方式的转型，对于实现基层治理的法治化和现代化具有深刻的现实价值和长远的启示意义。

（一）探索了法治落地的有效实现路径

党的十八届四中全会提出了"全面推进依法治国"的重大战略部署，但法治如何落地还需寻求有效的实现路径。目前各地的法治创新多以"增人增事"为主，而且注重的是短期的法治宣传和单一的咨询服务，这些改革不仅可能增加治理的成本，而且取得的效果也不甚理想。而湖北省恩施州探索的法治创新的核心在于"寓法于治"，即在改革中并未"另起炉灶"，而是充分利用现有的治理资源，将法治与治理有机结合起来，不仅使得改革的成本很低，而且将现有的治理要素利用起来，从而实现了法治的有效落地。通过法治与政府治理相结合，让政府树立守法、用法的典型和示范，从而增强了基层民众对法治的信心；通过法治与乡村治理的结合，让农民在日常的村级治理活动中感受到法治的存在，从而促进法治入脑、入耳、入心。恩施州探索的法治落地实践对于其他地方的改革具有深刻的启发意义，为法治落地的有效实现提供了可供借鉴的路径。

（二）构建了基层治理现代化的制度基础

国家治理体系与治理能力的现代化，其重点在基层，难点也在基层，基层治理现代化是国家治理现代化的关键。而治理现代化的一个突出特点就是治理的规则性和有序性，即不同治理主体的行为遵循共同认可的规则和程序。法治作为现代社会共同制定的规则体系，它不仅是治国理政的基本方式、基本理念，更是治理体系和治理能力现代化的必要条件和重要保障。恩施州通过"律师进村，法律便民"，以现代化的专业律师为载体，将法治的理念、思维、规则普遍引入到基层的治理活动中。通过法治引领，重塑了基层治理主体，优化了基层治理环境，形成了依"法律"进行"法治"的局面。可以说，恩施的法治改革构建了基层治理现代化的制度基础，确保了基层治理根基的稳固性。

（三）创新了现代基层治理的方式方法

改革开放以来，我国农村的基层治理主要依靠行政与自治两种方法，但是由于受传统治理思维的束缚，行政手段往往居于强势，甚至出现"行政取代自治"的现象，这就与现代社会治理相悖，导致基层治理处于混乱、无序状态。现代社会的发展需要新的治理方法和方式与之相适应。恩施探索的法治改革与创新，其突出特点就是将法治方法和手段引入到基层治理过程中来，通过法治引领，促使基层政府在行政过程中按规则、按程序依法办事，避免了干部"拍脑袋决策，按经验办事"，使得政府治理规范起来。同时将法治的方法融入到乡村治理中，在村庄民主选举、民主决策、民主管理和民主监督活动中融入法治方法，从而引导农民也按程序、按规则办事。恩施的改革实践，创新了基层治理的方式方法，对于实现基层的有序治理和良性治理意义重大。

四　恩施改革的进一步思考

恩施州推行的普遍建立法律顾问制度和"律师进村，法律便民"取得了良好成效，对于促进基层治理的法治化与现代化提供了可供借鉴的改革范本。但是随着改革的逐步深入，一些深层次的问题也逐步显现，需要进一步思考完善。

（一）进一步从体制上解决好"最后一公里"问题

目前恩施推行的"律师进村，法律便民"着重于基层治理机制的创新，其主要的成效也表现为治理能力和水平的提升，通过法治的引入促进治理机制的完善。但是基层治理与法治的创新，还需要进一步解决好体制创新的问题，只有体制与机制相配套，才能最终解决好改革的"最后一公里"问题。

我国的基层治理体制由县、乡、村构成，恩施的改革实践也分别在这三个层面引入了律师顾问和法治机制，但是为了进一步走好法治落地和基层治理现代化的"最后一公里"，还需要将改革的触角进一步向下延伸，更加重视行政村以下的治理单元和组织，真正实现法治治理的"落地"和"生根"。只有发挥行政村以下的村民小组、自然村的作用，让最接近农民的组织发挥效用，才能最终解决"最后一公里"问题，实现源头治理。而从恩施改革的实践来看，一些地方正在进行积极的探索，例如恩施市沐抚办事处在推行法治改革时，重新恢复了人民公社时期的村民小组建制，充分发挥村民小组和小组长的作用，赋予小组长以权利和责任，甚至为小组长配备了"印章"，让其在法治落地的实践中充当先行军，使得基层80%的矛盾都在组内得到解决。

（二）自治与法治结合，进一步强化法治的社会基础

法治化治理的实现不是一蹴而就的，法治精神和法治理念的培育更是一个相对漫长的过程。在法治的道路上，如果仅仅依靠律师资源的作用，依靠政府的外部推动，肯定是难以实现的。这就需要充分发挥乡村的自主性，利用乡村的内部资源和内在要素，将法治与自治有机结合起来。

村民自治是基层民主与法治的天然"训练场"，在自治活动的开展过程中，农民通过参与村庄民主选举、民主决策、民主管理和民主监督，潜移默化地受到程序与规则的熏陶，按照理性化和制度化的方式参与自治过程，这对于法治意识的培育而言非常重要。因此，为了有效推进法治治理

的实现，需要更加注重探索村民自治的有效实现形式，充分发挥农民的自主性和创造性，让农民在村民自治中自觉学法、守法、用法，以此实现基层治理的法治化与现代化。

（三）进一步强化长效制度保障与支持

恩施探索的"律师进村，法律便民"是自下而上启动的，而为了实现改革的长效性和持续性，必须要进一步强化政府的制度保障与支持。过去基层法治建设难以持续的重要原因就在于缺乏一个完备的制度保障体系。恩施州在开展"律师进村，法律便民"的过程中，创新了支持机制、程序机制和激励机制等，使法治改革更加规范化和制度化。而为了进一步保障改革持续性，需要更加强化长效制度保障和支持。政府在改革创新的过程中不能"置身之外"，甚至"高居之上"，而是需要进一步起到带头和示范作用。在法治改革中，政府要强化自身的改革，主动引入法治规范政府权力，将行政过程贯穿法律精神之中，让"权力关进法治的笼子里"。同时，在推进过程中，还需要进一步将法治服务当作政府提供的公共服务，强化政府的政策支持和公共财政支持，唯有如此，才能使改革走得稳、走得实、走得远。

改革个案篇

乡土融合型法治落地的有效探索

——基于恩施州恩施市沐抚办事处的个案研究

长期以来，我国基层法治社会建设存在"最后一公里"短板，始终难以落地。尤其是随着我国进入经济发展提速阶段，社会矛盾丛生，严重影响着基层社会稳定。因此，加快基层法治社会建设成为当前基层治理的重要目标。在新的形势下，面对迫切的法律诉求，而政府提供公共支持和法律服务的能力欠缺，特别是在经济发展落后的山区，由于缺少人员、财源和机制保障，法治建设更为不足，这就为地方政府探索基层法治建设路径提供了可能。在此背景下，恩施州沐抚办事处以"法治恩施"建设为契机，引导法治下乡，唤醒乡土内生力量。以乡土调解为基础，以行政调解为过渡，以律师调解和司法诉讼为底线，创制出一条"层级调处，法治下乡"的基层法治建设新路径，从而提升了基层社会治理的法治化水平，这也为法治落地的实现提供了经验范本。

一　沐抚困境：基层治理陷重围

（一）区划变更，管理不利

过去，沐抚办事处机构更迭无常，机构频繁变动给当地社会管理带来巨大负面影响。一者，乡镇机构撤销，缺少管理机构，管理不善。1952年，沐抚为恩施县十二区公社，1958年建立人民公社，1984年改为区辖镇，1996年改为市辖沐抚乡。由于沐抚经济落后，早期没有发现可开发可挖掘的资源。2001年，恩施市撤销了沐抚乡，将其并入屯堡乡和板桥镇，使得农民事务无人来管；再者，村居"合村并组"导致管理单元过大，管理失效。

1. 乡镇撤销，农民事务无人管

2001 年，沐抚乡被撤销以后，绝大部分村居划归了屯堡乡，部分村居划归板桥镇。乡镇机构的裁撤，给农民办事带来极大不便。一方面，从农民角度来说，农民办事花费多，办事阻力大。一者，增加了路程，多花了路费。台村村委副主任谭锦锡说："过去，农民到沐抚乡办事，花个十几分钟到二十分钟就能办完，花不了几个钱。乡机构撤销后，从沐抚到屯堡乡办事至少需要 1 个小时的车程，坐公交车来回也要十几块钱（以前，没有直达屯堡的道路时，还要绕道到大峡谷山顶上，需要两个多小时的路程）。"这样，不仅浪费了农民大量劳作时间，交通费用也大大增加。再者，农民办事遭遇烦琐的推诿，常吃"闭门羹"。高台村村民向少云说："以前办理结婚证在村里开完证明后，到沐抚很快就办妥了。沐抚乡机构撤销后，在村里盖章后需要到屯堡乡盖章。有时到屯堡乡了某个程序出现问题，还要折回来再补充证明，最后再到县民政局，来来回回折腾好多次才能办结。有时，乡里有些部门领导不在，我们连办都办不了。"

另一方面，从乡镇办公人员来看，屯堡乡办事人员、财政预算并未因沐抚乡的撤销合并而新增。屯堡乡办事人员没有财力保证，缺乏办事积极性。另外，面对复杂的村居事务，屯堡乡很难给予办事人员保障。这样，屯堡乡无法对合并后的沐抚地区进行到位管理。据沐抚办事处司法所所长向延奎介绍："过去，沐抚地区村居发生矛盾纠纷时，上面没有专门负责的干部管理我们的事务，矛盾难以及时化解。当时，我们沐抚真像'没了妈的孩子'。后来，2008 年重新设置沐抚办事处的时候，好多激动的村民拿来鞭炮在办事处门前燃放，庆祝机构重新成立"。

2. 村组过大，农民事务管不好

沐抚办事处村组管理单元的分合与乡镇机构的撤立同样频繁。村组治理单元不合理，使得农民事务管理失效。其一，村委管理服务人员与村治面积不衔接，管理难度加大。以高台村为例，高台村经历过历次变革。人民公社时期，农会设在高台，叫高台嵌。设立"小乡"时期，村委会搬迁了地址，高台村为高台乡（在现在的村委会址处）。1967 年，全乡有3000 余人。2002 年，团井村、河塘村、高台村合并，统称"高台村"。"合村并组"后，该（行政）村面积达到 9.69 平方公里，全村 1200 户，共 4709 人，而村委会成员只有 8 人。可想而知，对于近 5000 人的大山村，只有不足 10 个人进行管理，这超出了"熟人社会"理想治理模型的范围。8 名村干部很难及时化解产生的纠纷矛盾，更不用说他们还有大量的上级任务需要应付。"2014 年，高台村团井组两家农户因盖房时界址不清，在夜里发生吵嘴斗殴，村委会治保主任向娟和村委员向学军花 10 多分钟从家中赶到现场。以前小村的时候，附近的村委员不到两分钟就能及时赶到了。"

其二，小组单元过大，管理不过来。沐抚实行"合村并组"后，将原来以生产队为基础的村民小组新建为以"地名"为基础的 44 个村民小组，过大的人口规模和居住规模超出了相对合理的自治标准，组长组员不熟悉，管理无效益。陈华平介绍："原来全办设置 50 多个中心户长管 6997 户，有的中心户长辖区多达 239 户近 500 余人，山大人稀，有时候纠纷发生后中心户长都不清楚这户农户的情况。"因此，分散的居住状态，过量的组员人数，使小组长在管理上"吃不消"。团井组小组长向中合说，"自从'合村并组'以后，小组内的事务明显增多，矛盾纠纷也难以及时调解。另外，在召集村民开夜会的时候，村民参与的积极性不高。一方面，因为离我家太远了；再就是在我家里开会也容不下那么多人；还有就是有的人不太熟悉就不来了。这样一来，大家对集体活动的参与就大大下降了"。

（二）机制滞后，自治失效

沐抚乡"合村并组"以后，进行了新旧村两委的换届选举。旧村两委经过两个月的过渡期，通过选举产生新村两委，但是选举并未充分考虑村庄布局均衡，一些基本问题并没有根本解决。另外，村组干部之间责任不明，缺少法制或制度规范，村组运行不畅。最后，村组出现严重"空壳化"，缺乏自我管理、自我服务的自治实体，村组发展建设陷入"空转"。

1. 选举失衡，合力式微

沐抚乡实行"撤乡合村"以后，村两委在原有班子成员的基础上重新选举。基本上完成村支书和村主任"一肩挑"、村庄配备"第一书记"的制度转变。不过，村两委选举在打乱原有村委格局基础上没有平衡好各村居的利益诉求，村庄运转出现一定隐忧。以高台村为例，高台村村两委是在高台村、团井村和河塘村三个（行政）村基础上合建而成的。但是，新村两委8名成员以高台村和团井村为主，河塘村村民无人担任村委会成员。这样，"合建"后的村委班子构成对村民的村庄认同"合力"造成了一定影响。

根据《中华人民共和国村民委员会组织法》原则规定，在尊重民意的基础上，实行民主选举、民主决策、民主管理和民主监督。但是，村委会成员的缺位某种程度上导致部分村民的意愿或利益不能被有效代表和及时反映，村民对村庄认同感不足。高台村河塘组村民向柏菊遇到一件麻烦事——自己的"低保"被除名，然而多次找到村干部都没能及时解决。她透露："2014年，我的养老金账户被村干部无意弄错注销了。因为本村其他组有一个同姓同名的人去世了，社保部门在除名的时候把我的名字和账户注销了，而没有把那位死者的账户注销，在领取养老金上遇到了麻烦。我已经把身份证和复印件都交上去了，但是迟迟见不到处理结果。"向柏菊老人对村干部的疏忽大意非常不满，认为无人为自己"代言"。

2. 运行失范，责任难明

沐抚乡"合村并组"以后，在日常管理中村组干部关系并没能得到理顺，制度规范缺乏完善，村干部之间、村民与村干部之间的不信任感增加，矛盾堆积。

村干部之间"掐架"。据高台村第一书记周甲芳介绍，2013年他到高台村担任"第一书记"的第一件事就是解决干部之间的矛盾，理清干部之间权责。上任以来，周甲芳书记对于村干部之间存在不团结和互相拆台的问题，采取"分工组"的做法加以破解。"2014年6月对于计划外生育人口问题进行解决时，由于某农户在福建打工（而计划生育专干和村主任原来存在误解），我就特意安排这两个人前往解决问题。由于这两名村干部在福建人生地不熟，没人和他们聊天，他们俩之间只能彼此说话。通过这件事儿他们俩关系得到了改善，工作得到了提升。调解矛盾纠纷、村庄生产生活建设需要干部之间进行协商，互相'捧场'，而村干部之间不团结影响了村庄的日常管理"，高台村第一书记周甲芳谈道。

组长运行"乱套"。沐抚乡"合村并组"后村民小组长在产生、运行、管理等方面存在较大不足之处。首先，组长产生缺少选举程序。过去，沐抚地区村民小组长虽然是由原来小组内的村民担任，但是村民小组长在任免时没有经过法定的选举过程，相当一部分组长是村委会直接委任的，老百姓对组长人选知晓度不高。高台村小李家湾村民向株山介绍，"我们组小组长产生以后，大家都不清楚是谁，有的有自己想选的候选人，也难以选上，可不舒服啦"。其次，组内运行没有考评监督。小组长产生以后，每年都未进行定期选举换届，村委会或村民缺少对组长民意测评。结果"组长干不干一个样，干好干差一个样"，有的组长在一定时期很好完成村组任务，村民也没有将其选举下去的可能，村民对组长越来越不信任。高台村小田坝组组长向桂梅由于不愿去"得罪"发生纠纷的双方当事人，对较大的纠纷就不参与调解了，结果导致矛盾纠纷不断堆积。最后，组长无法及时公正地解决纠纷。有的组长忙于自己私人事务，对村民小组内的情况不上心。组内需要调解纠纷的时候，小组长不能及时到场平息矛盾。"高台村石板沟组的组长谭学兵，由于自己家开办酒厂，生产、销售都是自己一家，忙不过来，已被第一书记周甲芳谈过两次话。"

3. 村庄空壳，自治失效

由于特殊的地理环境，沐抚没有乡镇企业内部"消化"过剩的农业劳动力。村庄落后的经济导致村庄建设"空壳化"。同时，农民不得不摘掉"草帽"，戴上"工帽"，去湖南、福建、山西、河北和浙江等外省厂矿企业打工维持生计。村民大量外出务工导致外流量大，村务管理形成人口"空壳化"。从大步垅组组员的流动情况来考察，目前大步垄组在籍农民共78户，308人。实际在组农户不足30户，人口不及100人。实际人口居住率约为33%，流出率约为67%。并且，实际在村的常住人口大多以老幼妇弱为主。大量青壮年村民往返于城乡之间打工和做小生意，已经很少有人会主动关心村里的公共事务。沐抚地区的乡村，已经显现出由熟人社会向半熟人甚至陌生人社会发展的趋势，村庄管理被"撂荒"。"有时候，村民半夜里发生打架斗殴，我们综治专干也得到户进行调解。村庄乱七八糟的小事儿占去了我们大多数时间，几乎没有空余时间去做别的事情"，高台村综治专干向俊介绍道。

（三）经济开发，矛盾高启

历史上，沐抚地区经济发展滞后，农民经常因道路修建筹款、家庭邻里关系不和等问题发生纠纷。在林地确权颁证时期，一些不负责的测量和划地行为，为后来田地矛盾埋下了"祸根"。2006—2007年，恩施大峡谷成功开发，为沐抚甚至恩施市的经济发展带来重大转机和良好前景。但是伴随着经济发展，沐抚地区出现了一系列新矛盾、新问题。2008年，沐抚办事处恢复建制后，管理上不能完全到位，地区矛盾更加复杂、问题更加突出、形势更加严峻。

1. 历史矛盾堆积

沐抚的治理困局不单单在于大峡谷开发后的新矛盾，也在于历史遗留问题难以化解。而历史遗留问题在利益调整时期更容易被触发，沐抚的发展可以说是"背负着历史的暗影"。

2008年林权制度改革，因工作人员不负责任，没有对沐抚营上村倒灌水组集体山林进行实地测量，便在颁发《林权证》时，写上估计面积658亩。2013年1月，因恩施大峡谷景区开发，需征该组集体山林。由沐抚办事处牵头组织林业、国土、财政所人员组成的专班实地测量此宗集体山林面积为320亩。该组群众56户共265人共同坚持要以所持《林权证》面积658亩给予补偿，否则不予签订《征收补偿协议》。

沐抚地区历史纠纷多集中在田地权属、林权划分、道路修建占地等问题上。据不完整统计，过去，沐抚乡每年发生林权界址纠纷和田地归属纷争达几百件，前些年高台村一村每年发生林权纠纷不下100件，最近几年数量下降，但是也发生20—30起。而这些林权界址纠纷和田地权属争议又多发生在街坊邻居和兄弟姊妹之间，部分发生在村际之间，这种现实对矛盾的调解处理造成先天困难。

2002年，沐抚乡沐抚社区居委会和营上村对一块集体用地归属权产生了争议，两个村庄都认为自己祖辈就拥有这块地皮，互不相让。但是，找到当时的老人来作证又不可能。最终双方纠集本村村民在公田处发生了大规模械斗，派出所出动后才得到平息。

2. 上访案例频出

过去，沐抚地区基层干部在处理村民遇到的问题纠纷时，没有法律意识，相互之间扯皮，直接将问题"踢开"。作为新上任的村组干部没有参与当年分田到户和林权划分，在处理历史遗留问题时不能在短期内给予村民及时回复和解决。另外，村组干部之间也出现工作懈怠，将小组和村内的矛盾"拖大"。这些历史积案和现实问题无法及时解决，村民对村组干部的信任感降低。因此，部分村民遇到问题时不通过村组干部解决，而直接找到乡、市州、省、北京等地进行非访、越访、缠访，给沐抚的社会稳定带来较大压力。

在农民"信上不信下、信访不信法"的背后，沐抚办事处党委书记田贵周总结出三点规律：一是农民上访不用走程序，能够短期得到回应；二是打官司要花钱，而农民不想去花钱；三是打官司具有风险，官司输了农民要负责。因此，农民在遇到矛盾得不到解决时，就直接找大官、找青天，希望领导为自己"开绿灯"。"过去，每天早晨8点半到办公室去上班，几乎很难进办公室。8点多办公室外面至少有几个人，多的时候十几、二十个，他们就是在那里等着，就是找新来的书记解决问题。他们总认为沐抚这次来了一个'青天'，任何事找他去，他说话管用"，田贵周这样说道。

3. 群体事件偶发

沐抚当地景区开发，在乡镇范围内部转移了大量剩余劳动力。农民能够实现就地就业，减少了因在外打工时间、金钱上的耗费。同时，大部分商铺承租给当地客商，有效带动本地区的商业发展，为沐抚办事处乃至恩施市带来巨大的财政收入。更为重要的是，旅游收入除去部分上交到市级财政外，大部分用于乡镇基础设施建设和风景区深度开发，为沐抚办事处进一步发展注入了"强心剂"，加足了"油"。

伴随大峡谷风景区开发，征地拆迁、移民安置、商户利益纠纷等新矛盾"井喷"，而过去，干部采取高压维稳和行政强制手段，直接导致矛盾升级，造成大规模群体性事件，成为沐抚发展的"心头病"。

对于初期征用的土地，被征土地农户每户基本获得8万—10万元的征地赔偿款，保证失地农民享有基本资金转向其他领域创收谋生。但是，随着大峡谷深入开发，征地后政府获得巨大卖价，老百姓对当初获得的补偿感到不满，农民心理出现极大落差，不少农民纷纷抱怨。"2013年3月，恩施市领导陪同外商考察大峡谷景区，200多名群众以山林征收面积测量不准为由，将考察团围困在峡谷轩酒店。针对此事件，营上村、林业站、综治办多次到现场调处，均未获解决问题。"大峡谷风景管理处在移民安置工作中造成一定负面影响。沐抚办事处营上村一名不愿透露姓名的农妇愤愤地抱怨，"政府在初期征用农民土地、搬迁安置时，许诺给予搬迁农民一定的耕地，保证基本的蔬菜种植。但是，一旦搬迁工作完成后，政府就不再提这件事。我们再去找相关领导，他们就整天推诿扯皮。"商户之间、商户与政府之间、商户与农民之间，由于商铺产权不清、市场流转中管理不到位、缺少司法公正程序等，造成诸多商业和经济纠纷。

沐抚办事处人武部长刘伟介绍，"过去，大峡谷开发使沐抚成为上访的'重灾区'。曾经恩施市公安局一年可能出动特警 10 余次。2012 年 3 月 19 日，沐抚办事处办公大楼被 200 余位农民围了 10 多个小时"。纪委书记周平补充说，"有一次农民聚集到办事处门前围堵，派出所民警上来维持秩序。双方发生争执，把民警都打翻在地了"。

二　法治探路：变革带来新机遇

党的十八大、十八届三中、十八届四中全会都强调法治建设，实现法治治理现代化，为实现我国社会平稳转轨提供良好法治环境。而恩施市沐抚办事处在大峡谷开发、加快经济发展的过程中，由于干部缺少法治意识和规范治理手段，法治建设还未形成体系，社会管理成本大。村组矛盾纠纷和重特大群体性事件频发，发展缺乏法治保障。面对法治现代化的战略要求和现实经济发展诉求，沐抚办事处借助恩施州"律师进村，法律便民"建设契机，通过整合人事、财力、制度三方面，加快基层法治建设步伐，将法律送下乡，入到户。但是法治建设并不只是律师资源的引入，更在于法治精神和法治力量的培育，乡土法治资源的内生为律师进村作了良好补充。通过倒逼自身改制，依托乡土内生资源，结合程序治理原则，形成一种乡土与法治相融合的治理模式。

（一）发展倒逼创新制

大峡谷景区开发建设为沐抚带来了经济上的"盼头"和"甜头"，经济有了新引擎。但是沐抚办事处恢复机构后，由于村组缺乏法治意识和治理手段，并未能实现有效管理，社会治安问题频仍，社会矛盾层出，群体性事件接连发生。农民上访、非访和越访事件成为沐抚办事处的"常态"，围堵政府、领导的事件成为"家常便饭"，沐抚办事处戴上了发展滞胀的"金箍"。

　　为此，沐抚办事处本着如下三项目的，探索法治治理新路：一是"农民不闹事"；二是"干部不出事"；三是"发展不误事"。首先，农民"信访不信法、信上不信下"，社会风气差。农民总是抱持找大官、找领导、找"青天"的心态对待自己遇到的矛盾纠纷，闹、缠、围、堵政府成为农民的"妙招"。但是，农民围堵政府和非法上访给沐抚办事处带来巨大接访压力和工作负担。沐抚办事处党委书记田贵周介绍："过去，我们乡里8名干部中必须有2—3名干部专门负责处理信访问题。每年到省里和市州接访，接访费用高达40万元。"其次，2013年以前，沐抚办事处面对农民上访和闹访问题，通常采用维稳和行政控制手段进行解决，但是这种管理模式既没有把问题化解在基层，又没有把问题引入法治轨道，同时干部也被卷进矛盾纠纷之中，常因越位行使权力"出事"。最后，大峡谷景区开发需要良好的社会环境和法治秩序。大峡谷开发以后，带来了巨大的经济机遇。但是，因为土地征用、商铺拍卖、竞拍使得土地价格在峡谷开发前后出现了较大波动，农民为获得更多土地补偿和拆迁安置费用对政府不满，政府采取强制手段"以暴制暴"，干群关系紧张，上访和群体性事件频发，破坏了大峡谷打造旅游品牌的稳定环境。

（二）购买法律送下乡

　　沐抚存在"信访不信法"的社会风气，整个地区"全武行"的群体性事件和不合法的越访、闹访频频。如何让法律下乡、进村、入户，打通"最后一公里"，成为沐抚办事处解决好发展与稳定问题的重要一环。

　　沐抚办事处经过调研分析，认为农民不信法的原因涉及三个方面，一是利益纷争协调不均，农民"宁吃亏不受气"，因此常常暴力抗法；二是农民不懂法，缺少基本法律常识，不知用法；三是部分农民无钱打官司，未能享受法律"普照阳光"。而这些问题导致农民遇到矛盾纠纷时缺少合理的诉求、找不到合适的解决渠道、没有足够的资金维权。

　　为此，沐抚办事处田贵周书记决定集中力量解决这三项问题，通过预算购买法律服务将法律送下乡、入户门、惠民心。首先，沐抚通过"普遍建立法律顾问制度"将"第三方"律师引进办事处或村（居），建立法律咨询室，让农民不出村门就能享受法律服务。其次，通过将法治程序注入调解员心中，实现了规范调解和依法调解；发放便民服务卡让农民随时随地能够通过法律途径维权，让便宜、方便、公正的法律惠及全办 3 万农民。最后，帮助农户打官司，保证每个农户都能享受公平的法律服务。同时，在矛盾纠纷涉及重大利益纠纷时，以司法为底线，律师主动参与调解，维护了社会和谐公正。

（三）乡土补充履职责

沐抚经济发展和机构变动，社会矛盾增多，但是解决社会矛盾的方法和渠道没有突破，出现了基层"信任危机"。随着基层法治建设的深入和"法律顾问制度"的铺开，外部法律资源出现不足，而乡土内生资源未被激活。因而，沐抚办事处大胆创制，将法律资源和乡土调解有效融合，使乡土力量成为基层法治社会建设中的"新力军"。

在基层法治社会建设中，沐抚办事处通过加强乡土程序调解实现与法治下乡的有效对接。沐抚办事处制定《沐抚办事处矛盾纠纷层级调处意见表》，让"组—片—村—综治办—主管领导"按责办事，分级管理，打造"层级调处，法治下乡"的治理模式。既让"耍滑"的上访户不能"翻烧饼"，又为不负责的乡村干部戴上了"镣铐"。

通过这种"双重约束"，沐抚办事处解决了三个难题。首先，上下之间算好"明白账"。组—片—村—综治办—分管领导都需要在意见表上写出处理意见，上级不能越级受理，下级不能不处理。从干部层面将责任分级，避免干部不作为。其次，问题解决避免"糊涂账"。《沐抚办事处矛盾纠纷层级调处意见表》并不要求每一级把问题解决彻底，但是必须给出处理意见。村组解决不了的，综治办出面解决，综治办仍然不能妥善处理的，再交给分管领导解决。这样，将矛盾分类、分流疏导，规避部门之间交叉"打架"和"多头"不负责。最后，防止矛盾双方"翻旧账"。过去，沐抚小组长和村委会处理纠纷之后，矛盾一方对结果不满意，出现不认账的情况。《沐抚办事处矛盾纠纷层级调处意见表》通过文字记录、手纹作证、存档入库的方式，使矛盾双方"规矩起来"。

三　法治拓展：多项并举引服务

在社会转型的大背景下，沐抚办事处长期站在经济发展和社会稳定如何"双轮同驱"的"十字路口"。在"普遍建立法律顾问制度"活动的带动下，沐抚办事处立足全办发展实际，深入考察全办治理基础，创制一条"层级调处，法治下乡"的法治建设路径。明晰村组权责，加强程序调解；利用群众听证，疏导维权渠道；辅以律师调解，实现司法引导；借助法治底线，净化社会环境。形成了"乡土分级分层调解、行政分类分流引导和法律司法疏导"的乡土法治融合新道路。"层级调处，法治下乡"实践探索成为可以向恩施州、湖北省乃至全国其他地区可推介、可复制的"沐抚样本"。

（一）小组固基，"自己人管自己人"

过去，沐抚在村庄管理中，村民小组组内治理缺少规范，管理不到位。社会矛盾不能在村组及时化解，矛盾堆积造成重大冲突。为此，沐抚办事处打破固有思路，大胆试行，通过重新规范小组与小组长，实现矛盾就地化解。

1. 探源：回溯小组困境

一方面，沐抚办事处合村并组后，将原来的小组变成地名组，44个小组单元规模过大，小组长顾不过来，也管不好。另一方面，造成小组内矛盾较多的重要因素在于，小组长并非村庄中选举产生的威信高、办事公道的贤能。而大多是村委会指定或委任的。组长唯上不对下，难以获得组员认可，没有说服力，一些愿意和有能力参与集体事务的贤能被排斥在外，组内事务开展困难。由于村委会指定代替村民选举，程序上不合法。村民自治原则要求的民主选举、民主决策、民主管理和民主监督流于形式，组员代表成为组员"被代表"，极大挫伤了村民参与组内事务的热情和积极性。更为严重的是，村民之间的矛盾无法得到公正、及时、合法的处理，村庄陷入"内耗"。

2. 破题：新建小组规范

2013年，沐抚办事处田贵周书记与全办有关领导召开研判会进行深入探讨，全办达成统一共识，决定恢复"生产队"，制定相关制度，使小组治理重新焕发作用。

一方面，回归"生产队"。沐抚办事处将原来的44个"地名组"全部分解为现在的177个"数字组"（恢复"生产队"建制），增加小组数量，减少管理的组员人数。以沐抚办事处高台村为例，过去，全村共有10个小组，每组管理100户以上的农户，人口在1000人以上。现在，将10个"地名组"拆分为24个小"数字组"（生产队），每个小组配备1名小组长。小组长兼任党员中心户长和法律宣传员，通过结合法律化解组内矛盾。高台村小李家湾组组长宋祥友介绍，"我们这里以前主要是归属统一的李家湾组管理，2013年田贵周书记要求恢复原来的小组，分成小李家湾、砚台溪、小湾组3个组，人数变少、管理区域减小后，我们管理起来更省力些"。

另一方面，培育小组长，小组长最熟悉组内事务，将小组矛盾纠纷化解在组内。首先，海选小组长，小组长在程序上更合法。村庄内有意愿参选组长的村民都可以参选，村民既可以投候选小组长的票，也可以投自己认为比较合适担任小组长的贤能。获得半数以上选票的村民当选小组长，没有任期的限制。同时，小组长选举活动每年举行一次，提高了村民参加集体活动的可能性。以高台村为例，通过海选为实现小组管理秩序注入了活力（过去，小组长多是60岁以上的老人，重新恢复小组后，增加了2个50岁左右的小组长）。小组长一般是大家认为责任心强、办事公正、敢说直话、经验丰富、有较高道德威望、办事得力的村庄"五老"以及村庄经济能人和族长等等。这些贤能对组内事务比较熟悉，经常参与小组内的红白喜事，充当红白喜事的执事或"总管"，大家都比较信得过。田贵周说："当选组长不仅是'官'，更多的是荣誉，也说明组长在当地有一定的能力和水平，有话语权。"大步垃组小组长向全庚谈及，"我在组内红白喜事时都去做'总管'，这个活计一般人是做不过来的。在帮助组员的过程中大家也熟悉了我"。小组长首先去解决纠纷，力图将矛盾化解在源头。

其次，培训小组长，小组长懂法理。乡村有小组长用情理习俗方式无法解决的问题。因此，小组长处理问题时也必须依照《村民委员会组织法》和《人民调解委员会组织条例》等法规规定。所以，将一些村庄能人进行法治培训，培育成"新乡贤"，用法治方式和法治程序解决纠纷。

沐抚办事处培训组长主要采取召开专题讲座或者参会宣讲的形式进行培训。第一，召开专题联席讲座。每月村委会邀请司法所和律师进行联席培训，将一些基本的法律知识和村组管理最需要的法律介绍给小组长。第二，利用会议进行宣传。每年村里会召开6—8次定期或不定期的会议，在会上也对小组长进行法律普及。第三，召开夜会、屋场会、"田间调解室"等形式向村民进行宣传。高台村河塘组小组长谭国生介绍，"利用夜会或者屋场会向村民宣传，既不耽误大家的时间，还能够增加大家的法律常识，村民参加会议的积极性都比较高"。

最后，激励小组长，小组长赋有荣誉。沐抚办事处采取三项措施，帮助组长树立威信，激励组长参与管理。其一，给予经济补助。沐抚办事处预算出专项资金，给予全办177名小组长每月100元的管理费用补贴。另外，小组长每调解成功1起纠纷，给予50元奖励。其二，召开表彰大会。沐抚办事处在每年6月和年终召开两次小组长表彰大会，对全办四分之一的优秀小组长给予500元的物质奖励，小组长之间形成了一种积极的竞争意识和责任意识。高台村退伍老兵宋祥友拿出一打"优秀党员"证书，兴致高昂地说，"我们优秀小组长在办事处受到表彰，戴上大红花，心里干劲儿更足了"。

3. 增效：小组步入正轨

缩小小组单元，减少管理人数，使村民小组在生活互助、生产建设和日常管理上步入正轨，在治理主体上更加多元，小组整体面貌焕然一新。

在生活互助上，过去，小组单元过大，村民遇到红白喜事时，互相之间有时不能帮助。另外，当前组内老年人较多，生活上不方便。小组恢复后，村民之间的联系更加频繁。通过高台村团井组老教师向修平了解到，"我们小组内一位七旬老人独自在家生活，由于生病死在家里，好几天都没人知道。现在小组内人数更少了，不过小组范围也不大，大家经常串门，有时也能互相搭把手"。在生产建设上，恢复小组建制后，沐抚村居在公共基础设施和生产发展上更容易打开局面。高台村村民在公共道路和吃水管道等基础设施建设上达成一致意见。由于地处高山峡谷地带，交通不便，"村村通"工程在上级拨款修建完成后，"组组通"只能靠村民自己筹钱筹劳自建。过去，村民小组区域大，大家众口难调，一段距离就能扯皮好几个月，最后成为"烂尾工程"。小组单元缩小后，公路就在每户的"房前屋后"，不修的话只能将自己"陷进去"。小组长通过把街坊邻居组织到一起，坐下来商量，容易形成共识。同样，高台村还面临吃水难题，经过上级拨款和新一届村委会的努力，目前正在建设管道，将月壁组的水源引到村庄里的农户。在农业种植上，小组长也发挥了重要作用。高台村村支委员向娟介绍，"2013 年起，沐抚办事处主导茶叶和富硒葡萄种植，起初村民都持观望态度，对打造'特色旅游项目'参与热情不高。沐抚办事处通过组织小组长到外地实地参观的方式，把经验带回来，给组内成员讲解，推动了特色农产品的种植进度。"截至 2015 年，万亩茶园已经形成规模，景观成效初现。2015 年 8 月，全办富硒葡萄已售出 7000 多斤，给当地百姓带来近 6 万元旅游收入。在日常管理上，一方面，有利于召开组内的"屋场会"和"夜会"，及时传达上级的最新文件；另一方面，组内历史矛盾得到合理处理。

30 年前，向全香、向全会、向全高三兄弟因分祖业产生积怨，而且这个积怨又在 2013 年 12 月底向全香硬化场坝而达到极致。硬化场坝虽然方便了老大向全香和老二向全会，但老三向全高却不乐意。为此，三兄弟发生口角，而后引发向全高之妻田来娣与向全会发生肢体冲突。2014 年 3 月，沐抚办事处对此纠纷启动层级调处方案，小中村组长向明祥前去化解。在向明祥耐心细致的调处下，三兄弟达成调处协议：向全香让出屋旁边的责任田与向全高置换场坝前的竹林；向全高同意向全香硬化场坝，让向全会入户公路通行；向全会赔偿向全高医药费万余元。

高台村小组及小组长（法律宣传员）情况一览表（2014）

小组名称	小组长姓名
高岩组	向玉春
小李家湾组	宋祥友
砚台溪组	宋方银
小湾组	刘杨礼
槽房组	向奉久
红口阡组	向宇中
石板沟组	谭国中
小高台阡组	方世敏
上方家院子组	方友成
下方家院子组	方孝元
西河塘组	谭锦炳

小组名称	小组长姓名
东河塘组	谭国生
上村组	向中怀
小中村组	向明祥
玉家包组	向修波
小岩迁组	凌福周
小田坝组	向桂梅
老村组	向仕章
大步垅组	向全庚
竹园坪组	方孝新
上月壁组	向绍学
下月壁组	辛国顺
陈家湾组	陈启培
团井组	向中合

（二）村组明责，"各家扫好门前雪"

沐抚办事处通过实地考察，创新出"层级调处，法治下乡"的治理新路，一个突出特色在于将重大矛盾推向"法律院内"之前，设置"五道关口"把矛盾逼到"村组院内"，纠纷得到就地化解。通过建立《沐抚办事处矛盾纠纷层级调处意见表》分级定序，分类调解，组—片—村—乡之间权责明晰，避免了互相打架的困局，实现了按程序办事。

1. 小组"理事"

沐抚办事处通过激活村庄乡贤，借助《沐抚办事处矛盾纠纷层级调处意见表》，制定相关规范程序，将矛盾息在小组。过去，小组长调解的矛盾纠纷，一方面，有些村民事后不认账，扯皮耍赖；另一方面，村干部对小组内解决不了的矛盾不理睬。对此，沐抚办事处对矛盾处理引入法定程序或赋予法律效力，保障组长处理矛盾纠纷富有实效。其一，配备小组长公务包，"当场拍板"，规避办事拖拉。公务包中装有小组长印章、印泥、手电等日常用具，小组长在处理完矛盾纠纷后，当事人要当场签字。通过这种形式，一者保证问题处理结果的效力；再者，"一些想耍滑的村民再无漏洞可钻"，沐抚办事处党委书记田贵周如是说。其二，借助《沐抚办事处矛盾纠纷层级调处意见表》，具备法定程序，便于事后参考。小组长在调解纠纷的时候，必须把自己的处理意见写到意见表上，并把自己的姓名、联系电话写在上面，按上手印。发生矛盾的双方把自己的要求也写在上面，同样需要将自己的联系方式和姓名备注。矛盾纠纷如果调解不成功，就上交给村委会进一步调解，组长处理意见被视作参考依据。高台村小李家湾组组长宋祥友对自己组发生的一起纠纷介绍说，"2014 年，组员谭宗申和宋云华两人因为山界发生口角，我在现场调解完后，就让他们在《意见调处表》上签了字，避免他们再扯皮"。其三，建立查询档案，赋予法律效力，防止翻案。村委会综治专干将《层级调处意见表》归类分档，交给司法所保存、评比，处理结果具有法律效力。"矛盾纠纷化解层级调处的实施，做到各种矛盾纠纷及时就地解决，实现了群众诉求'桩桩有人管、件件有着落、事事有回音'。最后，我们还把矛盾纠纷层级调处意见表放进档案，不仅有文字资料，有时还有视频资料，不仅仅图一时，还对历史负责"，综治办主任陈华平说。

2. 村庄"会诊"

沐抚办事处 6 个村（居）实行设片管组的模式，1 名村委成员担任若干小组组成片的片长，对所管理的若干小组专职负责。驻片干部要定期下到负责的小组，收集村民的意见和法律需要。同时，沐抚办事处借助"普遍建立法律顾问制度"，各村（居）委会建立法律顾问室，成立"法律诊所"，由村片干部、组长和律师共同调解组内尚未成功调解的纠纷。村干部和律师根据《人民调解委员会组织条例》，将"法律诊所"开到村民院子、田间地头。实地了解矛盾纠纷发生的原因和矛盾双方的诉求，及时对双方进行劝解。村委会需要在《层级调处意见表》上对处理意见予以说明，并采用律师的意见进行"背书"。村民也可以咨询村委会聘请的法律顾问，及时了解需要的法律，减少不必要的麻烦，提前将矛盾化解。高台村村委会副主任谭锦锡谈到他所调解的一起矛盾，"小李家湾组的宋彦红和向友国两家发生矛盾，经过组长宋祥友调解后，两家对结果都不太满意。就拿着《层级调处意见表》来找到村委会。最终，村里为他们妥善解决了，双方都比较满意。"营上村同样有一例在村片化解的矛盾纠纷，2013 年 7 月 30 日，营上村搬木组村民刘某与向某因土地征收款发生纠纷。20 世纪 90 年代，刘某把房屋卖给向某，土地交由向某代为管理。因大峡谷山水实景剧场建设，这块土地被征收，矛盾出现。向某认为，当初买房就是因为刘某送土地，刘某则表示当初只是要向某代为管理。问题反映到组长向明生那里，向明生建议双方协商平分补偿款。二人不服，继续向上反映到了驻村干部与村委会，村委会通过做双方工作，最终处理结果为："土地补偿款平分，土地附着物补偿归向某。对此结果，双方愉快地接受调处并签字认可"。

对于人民调解委员会无法调解的矛盾纠纷，需要将调解意见上交到办事处综治中心和主管领导，由综治办根据调解处理意见进行再次调解。

3. 乡镇"裁判"

沐抚办事处司法所、交管办、安监办、网格管理办等部门在综治办指导下连署处理村庄尚未解决的矛盾纠纷。首先根据村组调解意见进行预判；其次到相关村组进行实地走访调查；最后召开研判会给予调解处理意见。在此过程中，综治办会邀请办事处聘请的律师参会，向律师进行法律咨询，律师对综治办的处理意见进行把关。如果经过综治办还无法成功调解的矛盾纠纷，就会把《层级调处意见表》交给全办主管领导，做最后的调解。经过村组两级调解以后，到办事处解决的已寥寥无几。据不完全统计，只有 3%—4% 的矛盾需要综治办和分管领导解决。沐抚办事处党委书记田贵周说，"《沐抚办事处矛盾纠纷层级调处意见表》就像一条绳子一样，一端拴住上访户，一方拴住各级干部。农民不能再耍滑，干部不能再推责，真正使'小事不出组，大事不出村，矛盾不上访'"。

截至 2014 年 11 月 30 日，全办共发生各类矛盾纠纷 76 件，73 件得到成功调处，调解成功率为 96.05%。其中，组长直接独立调处矛盾纠纷 42 件，占 57.53%；驻片干部及村级调处成功 26 件，占 35.61%；仅有 4 件在综治维稳中心成功调处，占 5.5%。

（三）听证牵引，"现场评议出真言"

如果"组—片—村—综治办—主管领导"五级调处尚未解决的矛盾，沐抚办事处召开全办的听证会加以调解，力争通过行政调解渠道将矛盾化解在诉前。首先，主持中立，保证公正。沐抚办事处党委书记充当听证会的主持人，但只是形式上的主持，不发表针对任何一方的意见。整个听证会主要由双方当事人来辩诉，"农民评农民"。其次，选取证人，组团听证。沐抚办事处在全办选取村两委干部、党员、办事处各部门的负责人、小组长、村民代表、律师、教师和记者等组成500—600人的听证团。每次召开听证会的时候，从600名听证员中抽取10名听证员参加实质听证陪审。按照规则，双方当事人各从听证员库中随意抽取3名听证员，保证听证员的公平性。然后，允许双方当事人每方自带2人来做自己的"亲援团"。最后，全程监录，存档备案。沐抚办事处听证会全程录像，通过营造一种严肃庄重的"剧场"，避免过去的"广场"局面。

通过严格流程和实质听证，在乡镇主管领导那里无法调节的矛盾纠纷得到有效化解。同时，听证员在听取、研判中提高了自己的法律认识，重大矛盾纠纷得到良好妥善解决。2013—2014年，沐抚办事处通过召开现场听证会，成功化解了4起重大矛盾纠纷。沐抚办事处党委书记田贵周介绍了一起比较典型的听证会，"矛盾纠纷双方其中一方请来的2个亲戚结果站起来说，你在之前说你这有道理、那有道理，刚才这么一说你什么道理都没有，你这属于'不要脸'。你把我叫来，我都出丑了"。

（四）律师调解，"农民信法解危机"

基于部分农民没钱或不知如何"打官司"的现实，沐抚办事处在全市"普遍建立法律顾问制度"的倡导下，出台了《沐抚办事处引入法律渠道、实施法律援助解决矛盾纠纷实施办法》，每年预算出5万元聘请7名律师或基层法律工作者组成律师顾问团，为全办6个村（居）提供法律咨询、法律宣传、信访听证、法律诉讼等法律服务。2013年，沐抚司法所和律师顾问团结合沐抚景区建设的特性，编印了《集体土地使用审批程序》《治安处罚条例》《交通法规》以及与景区建设相关的法律法规宣传册，通过举办法律咨询、群众法制宣传会议等形式送法下乡，截至2013年5月，共召开群众法制宣传会议26场次，印发法制宣传资料2500余份。

对于律师资源不足和农民大量外出务工的现实，沐抚办事处继续推进改革。将7名律师的照片、姓名、擅长领域、联系方式等全部制成方便、便携的律师服务卡，发放到全办3万农户，贴在农户家门。沐抚办事处一位老农将便民服务卡亲切地称为"法律的家庭医生，农民的守护门神"。目前沐抚办事处已发放便民服务卡30000余张，极大方便了在村和外出农民的法律需求。高台村聘请的万珏律师坦言，"担任律师顾问团成员以来，每天都要接10多个咨询电话，有时半夜也要答复农民的法律咨询"。老司法所长吴先政也谈道："我基本上24小时开机，有一天最多接到27个咨询电话，每个大概都在半个小时以上"，打消了农民对律师的不信任观念。另外，沐抚办事处还将法律服务卡功能进行拓展延伸。沐抚办事处在外打工的农民工遇到法律需求的话，不仅可以咨询办事处聘请的7名律师，全国各地的律师都能够进行咨询。可以说，便民服务卡真正让有法律需要的老百姓"一卡在手，走遍神州"。

过去，沐抚地区农民不接触律师，甚至认为律师是政府的"帮手"，对律师采取敌视态度，对"打官司"避而远之。如今，办事处老百姓遇事首先咨询律师，找基层法律工作者参与调解。据了解，在律师顾问团建立初期，农民对律师保持怀疑态度。沐抚办事处板桥村村民张显兴说，"律师和办事处是'一伙儿'的，不太信任律师给予的法律意见。后来我根据发下去的宣传单挨个给7个律师打电话，结果发现7个律师给出的法律意见都八九不离十。最后，我认为律师还是可以信任的"。

（五）司法为盾，"免费官司护正义"

经过行政听证和律师参与调解仍无法解决的，沐抚办事处通过分流机制将其引入法律渠道，"打官司"解决。沐抚办事处加大法律援助力度，保护农民利益，维护社会公平正义。

首先，沐抚办事处每年为"三类人群"提供免费5万—10万元法律援助预算。根据《沐抚办事处引入法律渠道、实施法律援助解决矛盾纠纷实施办法》规定：凡是沐抚办事处公民，均可通过电话或面对面向法律顾问团成员进行法律咨询，费用由办事处支付；咨询后若需仲裁、诉讼，可请律师顾问团成员为其有偿代理，代理费用最大限度优惠；对家庭困难、集体性矛盾纠纷或者诉讼对象为行政机关，集体、企事业单位的，可按程序申请法律顾问团免费代理。立案费、代理费由办事处先行垫付，胜诉后偿还，败诉则由办事处承担。

一是对家庭困难户给予法律援助。沐抚办事处老司法所所长吴先政作为沐抚办事处的法律顾问向沐抚居民委员会村民向胜才提供了律师援助。"当时向胜才发生车祸撞死了邻村一位村民，面临 24 万元赔偿金和坐牢的判决，但是向胜才家经济条件差。吴先政律师说，我进行私下法律调解后，最终向胜才赔偿了 5 万元，也没有坐牢，双方和解。"二是集体官司有可能演变成非访或者越级上访事件。处于这种风险考虑，沐抚办事处给予免费援助。2013 年 8 月 19 日凌晨 5 点，来自沐抚办事处木贡村的 70 名村民因为一座两千多亩的山林权归属问题，乘车前往恩施市，准备在当天举行的恩施州建州 30 周年庆典上"闹一闹"。得知情况后，沐抚办事处党委书记田贵周等人在公路上拦停大巴车，于当天召开村民大会再次讨论此事，并邀请律师顾问团参加。湖北夷水律师事务所主任律师、沐抚办事处法律顾问团成员袁作禧认为，"他们争议的焦点是，此前共有协议上 7 组 9 户村民的签名是否真实。要确定此事，唯有仲裁或法院才能认定"。最终，在袁作禧的建议下，村民们不再上访，而是选择走司法途径解决。三是涉及行政诉讼的官司，只要要求有理合法，能够胜诉，沐抚办事处就会完全提供代理和诉讼费用（而不是调解费用）。对于无理且打输的官司，原告方还要交回办事处提供的援助费用。通过打"免费官司"，让农民不仅打得起，还能愿意"打官司"。2013 年 8 月 12 日，木贡村堰塘组原生产六组和七组多因山林补偿发生纠纷，双方冲突不断，甚至一度"围堵"村委会。鉴于现场调处无法解决双方的分歧，沐抚办事处启用法律援助办法，由办事处先行垫付诉讼费用，引导双方各自聘请律师搜集证据，通过诉讼程序解决双方纠纷。2014 年 1 月，法院已基本受理此案，双方均同意走法律渠道解决。

沐抚办事处对律师办案进行追踪量化考核。法律顾问团建设之初给予每位律师 5000 元的代理费。预先给律师代理案件费用 2000 元，判决书下来再给 3000 元。但是，后来发现存在问题。判决书下来后，矛盾一方还要上诉，但律师就不管了，涉法涉诉的案件继续"发酵"。沐抚办事处基于这种考虑进行改制，同样是 5000 元的代理费，案件判决之后只给 3000 元，余下的 2000 元双方彻底解决后再给。律师在把矛盾纠纷导入司法诉讼渠道的过程中全程跟踪，让法律真正避免"执行难"。

沐抚办事处还对律师办案给予一定的奖励。律师每成功解决 1 件涉法涉诉案件，办事处给予代理律师 2000 元的奖励。鼓励律师帮助政府排忧解难，促进矛盾纠纷解决的规范化、制度化。2014年沐抚办事处发生大小矛盾纠纷286起，仅有14起案件导入司法诉讼阶段。而起诉立案的14起矛盾纠纷之中，只有2起判决以后还要上访，其他12起得到合法解决。截至2015年7月底，沐抚办事处将矛盾纠纷导入法律渠道，成功调处32件，占3.6%。

四　以制止乱:变革唤来新气象

沐抚办事处"层级调处，法治下乡"创新制度，通过激活乡土资源，融合行政和司法力量维护了社会稳定，促进了经济发展。一方面减少社会矛盾，社会法治氛围得以提升；另一方面，转变干群观念，社会法治体系得到丰富；初步形成了处理矛盾纠纷的规范和机制，法治治理绩效更进一步。

(一)　社会矛盾递减，法治氛围提升

过去，沐抚办事处作为矛盾纠纷和信访"重灾区"。农民遇到矛盾纠纷，一般不通过合理合法途径表达利益诉求，而是采取非法和非制度化的渠道进行解决。全办每年发生矛盾纠纷几百件，几十件上访事件，需要专职人员专门负责，每年在信访问题上的花费高达40万元。同样，部分群体性事件困扰着沐抚正在提速的经济势头，"矛盾就像火山一样越积越高"。另外，村组干部由于权责不清，办事积极性不高，没有发挥出"调解人"和"稳定器"的作用，矛盾不仅得不到及时解决，还造成了"信任危机"。沐抚办事处农民"信大官不信小官、信上不信下""信闹不信理，信访不信法"，处理社会纠纷成为沐抚办事处的重要任务。

2013—2014年以来，沐抚办事处通过发现"老乡贤"，培育"新乡贤"，提升村组干部法律素养，打出"组合拳"，大大减少了矛盾纠纷的数量，社会治安水平得到明显提升。作为矛盾纠纷化解的"典型范本"，沐抚办事处2013年依法受理信访案件18件，相比2012年的38件纠纷，直接下降了52%。同时，沐抚办事处2013年化解村组矛盾纠纷228件，比2012年的72件高出156件，直线上升61%。沐抚办事处基本上实现了矛盾纠纷的及时就近解决，"农民没了怨气，干部有了底气，社会多了

和气"。

再者，通过将"第三方"的律师引入基层法治建设当中，沐抚地区逐渐培育起公平公正的法治理念。过去，农民对抗政府、轻视律师，"政府强势、农民弱势、无视律师"。现在，通过建立"律师诊所"、发放便民服务卡、打免费官司，农民信得过律师、打得起官司、敢于打官司，整个社会的公正公平意识得以加强。沐抚办事处通过建立《沐抚办事处矛盾纠纷层处调解意见表》，借助听证会，以司法为保障，把小矛盾"逼"到村组，将大事件"踢"到法院，实现矛盾的分层、分级、分流、分类化解，逐步树立走程序办事观念。

（二）治理方式转变，法治治理显现

2013 年以前，由于大峡谷风景区的开发，征地拆迁、移民安置和历史遗留问题复杂交织，矛盾集中"井喷"。作为基层管理机构，乡镇政府为了维护稳定，保证经济发展，常常采用行政稳控手段对待基层矛盾纠纷、涉法涉访问题。政府这种"摆平就是水平、搞定就是稳定"的管理方式是一种强制手段，而不是法治手段。在短期内实现了"平定"，但不能实现长远的"稳定"。

基于社会"越维稳越不稳"的现实，沐抚办事处集中精力、搞好稳定、促进发展。通过"层级调处、律师援助"制度建设，政府"花钱买了'绳子'、明白和制度"。过去，政府作为执法主体，通常直接"以暴制暴"，最终导致暴力升级。据了解，过去沐抚不断发生围堵办事处、开发商和上级调研领导的事件，派出所和特警出警率居高不下。同时，政府没有引进律师"第三方"主体参与基层矛盾化解，某些政府决策和制定出台的相关处理意见缺少事前合法审查和风险评估，因此，造成事前误判、事中执行风险，缺乏事后缓冲空间，行政力量成为社会管理的唯一"支柱"。

沐抚办事处通过激活乡村治理力量、引入律师主体，将行政力量、社会力量、乡土力量和司法力量结合起来，充实了社会治理主体，盘活了治理资源，为经济发展和社会治理注入了原动力。换言之，政府"单打独斗"的治理模式成为了过去时，而法治治理方式成为解决沐抚地区矛盾纠纷居高不下的现在进行时。通过乡土固基、行政疏导、听证分流、律师

调解、司法兜底，将矛盾纠纷化解在每一层级，从而使得政府减少了负担，增加了治理效益。政府治理方式的转变，以制度和法治约束，实现社会治理法治化，"法治建设的春天正在走来"。

（三）法治机制初备，治理能力提升

过去，农民不是没有法律诉求，但是有时没有钱或者没有认识到法律的益处，更为重要的是，缺少一种制度环境和制度机制去支持基层法律建设。沐抚办事处立足群众需求和现实发展需要，通过融合资金、律师等资源，建立起支持机制、咨询机制、程序机制等多种机制，推动长效制度建设，提升了基层社会治理能力。

首先，建立咨询制度。沐抚办事处每年预算 5 万元购买 7 名"律师顾问"，为农民提供法律咨询、法律宣讲、法律普及等基本法律服务。律师需要按时到乡司法所坐班，随时接受遇到法律问题的农民咨询，定期到村居"律师咨询室"调解纠纷。另外，律师还需要参与村组法律培训、乡镇听证会和重大决策的制定审核，给予法律咨询意见，加强律师把关。沐抚办事处借助政府财力支持和律师咨询，搭建起支持机制和咨询机制。

其次，形成程序机制。沐抚办事处通过发现老乡贤，培育新乡贤，充分发挥村组干部作用，加强行政疏导分流，创新农民听证会制度，采用法律渠道兜底，将乡土渠道、行政渠道和司法渠道贯通起来，实现了"三管齐下"。伴随着治理渠道的疏通，层级处理矛盾纠纷机制也逐渐成熟，组—片—村—综治办—分管领导、听证会调解和司法诉讼形成自我筛选机制，通过层层筛选，矛盾纠纷得以分散化处理，避免矛盾累积和集体性爆发。"自然村组长重置"和"层级调处"机制的实施，让沐抚 1 年内就从综治信访的"闹访"乡镇，变为"无越级信访的和平区"。

最后，法治建设和基层治理的融合。沐抚办事处并不是单一的将律师作为"主角"，而是让律师作为"政府的帮手、农民的助手"，起到杠杆撬动作用。因为，恩施州律师资源并不充足，聘请律师需要大量保障经费。基于历史考察和现实状况，沐抚办事处因需定制，因地制宜。将法治精神、法治力量融入到乡土土壤，通过培育乡土力量来实现基层社会治理现代化和基层法治建设现代化。法治作为现代性的治理要素和传统性乡土因子"中西合璧"，是基层治理能力提升的两大支撑力。

五　思考和讨论

本文以沐抚办事处为研究对象，考察了"政府—律师—乡土"三者共融破解山区法治建设难题。在机构变动频繁和经济发展提速的社会背景下，重点分析现代法治资源和传统乡土资源如何融合破题的内在机理。作为信访问题缠身的沐抚办事处，通过建立"层级调处，法治下乡"制度，实现从信访"重灾区"到无越级上访镇的转型。沐抚办事处成功探索出一条乡土融合型山区法治落地新路径，其创新模式值得我们思考与借鉴。

（一）模式总结：乡土融合推进山区法治落地

当前，整个社会处于大变革大调整的转轨时期，社会矛盾异常突出。而社会转轨时期的特点在于传统治理力量式微，难以有效应对高发的复杂矛盾。同时，新式治理力量尚未形成，社会治理存在一定的制度空白。过去，山区基层政府法治理念淡薄，常常采用行政强制和高压维稳的方式处理基层社会纠纷和信访事件，社会维稳成本大，社会风险高。而律师参与和司法诉讼也经常遭到山区农民的误解和轻视，法治发展空间狭小。作为山区传统的乡土力量，由于缺乏相关的物质激励、规范约束和制度保障，往往在社会治理中处于"闲置"状态。如何促进山区传统力量和现代力量的巧妙融合，激发传统力量和现代力量在社会转轨时期"共同发力"，成为实现山区法治落地的重大问题。

沐抚办事处依托恩施州"律师进村，法律便民"建设契机，因地制宜，因需而建。采用单列预算制度，由政府出资购买法律服务，组建律师顾问团。同时，将法治精神融入乡土自治，激活乡土力量，打造独具沐抚特色的"层级调处，法治下乡"建设新路径。通过法治深耕基层，成功化解基层矛盾纠纷，破解上访频发难题，推进了山区法治落地。一方面，通过将律师引入基层，营造法治政府，替政府分担；向农民普及法律知识，为社会息纷。过去，沐抚办事处纠纷不断，信访频频。而政府采取强制手段维稳，导致社会矛盾强力反弹，"越维越不稳"。政府束缚在社会维稳压力之中，难有精力发展经济。最终导致"农民常闹事、政府常出事、发展常误事"。沐抚办事处"层级调处，法治下乡"制度建设以来，发挥"律师援助"作用，律师作为政府"参谋"，为重大决策把关，审查会议议案、参与信访调解，为政府减负。同时，律师成为农民"助手"，农民遇事问律师，遇难找律师，转变了农民"信访不信法、信闹不信理"的观念，社会纠纷不断减少。另一方面，激活乡土社会力量，制定相关规范程序，实现"层级调处"。沐抚办事处律师与村组干部"共同会诊"，协同参与人民调解。另外，探索微治单元和微治机制，有效补充了现代法治资源不足难题，实现了乡土力量和现代力量的有效融合，成为山区法治落地的新范本。

（二）多元融合：山区法治落地的有利探索

通过研究发现，沐抚办事处在基层法治建设中，充分结合山区地域特色和现实需要，以政府公共支持为保障，将现代性的律师资源和传统性的乡土资源有效融合起来，是推动山区法治落地的有力探索。

1. 公共支持是山区法治落地的重要保障

当前，山区法治建设存在重大的资金缺口，山区法治建设程度很大层面上取决于政府公共财政支持和公共服务保障。沐抚办事处通过专项预算，外引律师，内牵乡贤，将外部"第三方"律师主体引入乡村，将内生的乡贤能人成功激活，为法治落地提供了重要保障。

沐抚办事处通过两项举措将律师和乡土力量融合起来。第一，发挥市场机制，组建律师顾问团，提供法律服务。在"层级调处，法治下乡"制度建设中，沐抚办事处每年预算 5 万元购买 7 名律师为政府机关、村居和农民提供法律宣传、法律咨询和法律诉讼等服务，农民遇事能够看得见律师、问得着律师。同时，沐抚办事处加大法律援助力度，为贫困农户、集体官司、行政官司进行免费立案、诉讼，使农民打得起官司、敢于打官司。另外，对律师办案进行物质奖励，通过法律诉讼渠道解决一起信访案件，沐抚办事处奖给予主办律师 2000 元的奖励。通过物质激励，使律师办案更负责，化解"审后执行难"问题。另一方面，沐抚办事处通过物质激励乡土能人，发挥乡土调解功能。沐抚办事处为全办 177 名小组长每月提供 100 元的管理费用补助，调解一起纠纷给予 50 元的奖励，每年对全办四分之一的优秀小组长给予奖金 500 元，乡贤能人不仅在村民之间有地位，更有物质保障，小组长解决纠纷"有甜头"、"有奔头"。

2. 律师参与是山区法治落地的有效杠杆

过去，山区法治建设都是司法所"单兵独干"，基层法治建设停在路上、写在纸上，无法落在地上、服务到农民身上。沐抚办事处将律师作为"第三方"主体引入基层社会治理当中，"合力共建"。建立法律咨询平台、打造学法用法制度，营造良善法治氛围，"以小杠杆撬动大治理"。

一方面，建立律师咨询平台。沐抚办事处通过购买"律师顾问团"，在办事处综治中心建立咨询平台，每天都有专职律师坐班，24 小时保持电话畅通，为农民提供法律咨询服务。在高台村、营上村等 6 个村（居）建设"律师咨询室"，负责每个村（居）的律师定期到村解决农民纠纷，接受农民法律咨询，进行法律宣讲。据了解，每年律师在专题会议和不定期会议上进行 7—8 次普法活动。通过固定或流动的法治平台，农民遇到纠纷可以"得一个明白"。另一方面，打造学法用法制度。沐抚办事处考虑到当地外出务工人口多、法律需求量大的现实，制定便民服务卡发放到全办 30000 余名农民手中。农民遇到问题，随时随地可以咨询某个或多个律师。农民在用法中，学到了更多法律知识，转变了对律师的态度，"农民少了怨气、社会多了和气"。

3. 微治机制是山区法治落地的强力补充

过去，基层法治建设从上到下"一刀切"，"眉毛胡子一把抓"，法律普及活动众多，但是法律建设成效堪忧。究其根本，在于缺少针对性和可操作性的制度选择。因此，沐抚办事处在基层社会法治建设中，因地制宜。通过发现"新乡贤"，使法治建设有人对接；打造微治单元，使法治建设有了承接。"地利、人和"优势促进山区法治落地。

一是，发现法治建设新主体。2015 年"中央一号"文件指出，"创新乡贤文化，弘扬善行义举，以乡情乡愁为纽带吸引和凝聚各方人士支持家乡建设，传承乡村文明"。长期以来，由于乡土缺乏内生法治诉求和建设主体，基层法治建设处于司法所"单干模式"，农民"空当观众"，难以形成乡土自动参与法治建设的预期效果。沐抚办事处创新制度，提出"层级调处，法治下乡"建设，发现"老乡贤"，培育"新乡贤"，有重点地引导村组干部学法用法，让法治下乡产生了强大的内动力，找到了"主人"。通过激活乡贤能人、村组干部，充分发挥基层内部力量的作用，使乡土能人在法治建设中"迎来了春天"。

　　二是，探索法治建设新单元。乡土社会是一个"熟人社会"或者是"半熟人社会"，只有在熟悉的地缘和血缘领域内，小组组长或头人才能具有权威并发挥一定影响力。超过一定的地域，治理能力会随着范围扩大呈"差序递减"的态势。沐抚办事处依据山区农民分散居住的特点，将法治建设单元划归小组，增加村民小组数量，减少组长管理人数，为小组长减轻管理负担。小组单元的重塑，使山区法治建设找到了落脚，真正走完并走好"最后一公里"。

（三）局限与不足

　　沐抚办事处"层级调处，法治下乡"制度建设，不仅有效化解了社会矛盾纠纷，社会管理成本降低，法治氛围加强，更有效探索出山区法治落地的新模式。对于基层法治建设来说，取得了重大突破。但是，沐抚办事处在法治建设中仍存在尚待提升的空间，需要进一步改善。首先，乡土资源参与仍然不够。沐抚办事处虽然通过恢复小组单元，配置小组长，规范了管理程序，形成了一定机制。但是，从对于这些机制和规范的熟识程度来看，只存在于村组干部一级，农民主体的法治建设参与热情仍需激发。由于农民主体对于法治建设认识不足，观望和冷漠态度亟须扭转。其次，制度的监督执行力度不够。一项公共政策的成功不仅在于"开了一个好头"，更在于能够长期执行、执行有力。沐抚办事处对于"层级调处"和"法律援助"考评监督都有一定的事前设计，如何真正将这些考评监督运转起来，让矛盾纠纷调解参与主体保持热情和活力，决定着沐抚办事处法治建设新模式的可信度、可靠度和可复制力。最后，法治观念仍需加强。沐抚办事处通过引入独立"第三方"的律师主体，使政府执法规范起来，农民维权规矩起来，营造了良好的法治氛围。但是，制度和观念具有惯性，观念转变和制度转轨不是一蹴而就的。沐抚办事处在处理矛盾纠纷和发展经济建设中，只有把法治理念"植下去"，法治程序"融进来"，才能实现法治行为"立起来"。

专业引领型山区法治的有效落地

——基于恩施州利川市东城区的个案研究

基层治理是国家治理体系和治理能力现代化的基础，基层治理法治化是现代化建设的必然要求。在快速的城镇化建设中，社会矛盾突出，利益分化程度加深、社会流动加快，这对基层干部的法治能力和群众的法律意识提出了更高的要求。然而，在基层社会，许多基层干部法治能力欠缺、农民的法律意识薄弱、基层治理机制尚不完善，无法回应城镇化带来的种种命题。

利川市东城街道办事处位于城市建设的主战场，经济社会发展非常迅速，征地拆迁规模很大，它面临着同样的城镇化难题。在这种背景下，2014年6月东城街道办事处在利川市政府的号召下，率先在全市建立了法律顾问制度。东城办事处将作为专业力量的律师引入到矛盾纠纷调解机制中，形成了律师"引导排查""引领调解""引头调查""引植小组"的调解模式，以此为基础，东城办事处创建了"有问题找律师""出方案问律师""化难题请律师""搞稳控邀律师"的联合机制。随后，东城办事处进一步发挥律师顾问团的专业作用，引导各村（居）制定了符合法律规范的村规民约，在律师的指导与参与下，东城办事处各村（居）完善了村务财务公开平台，以及村民大会、代表会议、小组长会议等会议制度。通过一系列的做法，东城办事处的社会治理得以有效、有序运行，农民和干部的法治意识得以提升，打造了"专业引领型山区法治落地"的有效范本。

一　专业引领的背景：发展背后困难重重

从20世纪90年代初，东城办事处就开始了城市化建设，当时已有小规模的征地拆迁。自 2005 年，利川市城镇化建设步伐加快，作为主城区和新城区的东城办事处，被卷入城镇化浪潮之中，经济发展非常迅速，高楼大厦拔地而起。伴随着城镇化的是，人口结构、职业结构的变迁，以及社会矛盾纠纷的"风生水起"。

（一）经济变迁带来社会难题

利川市坐落于湖北西南边陲，在恩施州境内西部，它的经济水平位居恩施州八县市的前列。东城街道办事处，位于利川城区东部，辖区面积 95 平方公里，辖有 14 个行政村，5 个社区，1 个林场，总人口为 5.6 万人。东城办事处有 30 平方公里的区域在主城区，其余区域为农村，因此，办事处主任陈建平说，"东城一半在城市，一半在农村；既有城市经济，也有农业经济"。城乡结合的特征使东城的经济发展良好而有活力，城市经济吸纳了大部分农村劳动力。2014 年东城办事处城乡居民人均纯收入为 6202 元。在当地流行着一句俗语，"恩施发展看利川，利川发展看东城"。东城的经济发展是利川市的一个缩影，也是利川城镇化建设的主力军。不过，快速发展的经济也给东城办事处带来了一些社会难题。

1. 居民与办事处起争执

东城办事处位于利川的新城区，人口流动性非常强，东城的常住人口近 6 万人，而户籍人口只有 3.3 万人左右，有将近一半的人口是外来人口，而外来务工人口达到了 7000 多人。新桥社区的居民郑道萍说，"十几年前，这里还是农村，现在盖起了小区，许多外地做小生意的住在这里"。东城办事处的人口聚集在城区，给城市建设和社区管理带来了一定挑战。同时，在占东城总人口 1/3 的农村人口中，又有 40% 左右的人口在城市务工生活。新桥社区十几年前还是农村，由于城市的发展，如今摇身一变为城市社区，但社区居民的行为观念还没有转变过来。新桥社区四组的道路进行了硬化整修，并对道路旁的房屋边界进行了规划，然而一些居民在修房时，仍越过道路边界，占用正常通行的道路，甚至有居民在自家门前放置一块大石头，禁止汽车从门前通行。因为此事，办事处和居民还起了争执，办事处派人到居民家里调解讲理，然而居民始终认为门前的路是自己的，如今那块石头仍在路边放着。

2. 农民对城镇化有意见

东城办事处的多数村庄是城郊村，而城郊村在城镇化建设中往往承担着土地补给的功能，土地征用给东城办事处下辖的城郊村农民的生产与生活带来了深刻的影响。如理智村，80%的农田被征用，只剩下 600 亩耕地。之前，理智村有 100 多户在制造米酒，利川市 90%的米酒由理智村供给。然而，土地被征用后，农民失去了原料生产地，需要从外地购买原料，制造米酒的只剩下了二三十户，大多数农民外出务工。理智村村支书陈利洪说，"村里有一些村民说我私自把土地卖给国家了，甚至有人认为我欺骗老百姓，到州里面去告我了"。村民吴承辅大爷说，"过去家里有 7亩地，能养活 5 口人，现在没有地了，老人靠养老补贴，儿子在外边开车，以后晚辈都没有地了，不太愿意征地"。后来，因为养老补贴没有按时发放，吴大爷一行人到办事处上访，吴大爷说，"如果还不处理，就到市里面上访"。

3. 利益冲淡传统规范

在快速的经济社会发展中，如何生存与发展成为了东城办事处居民、农民关心的主要问题。办事处陈建平主任这几年处理了近百件利益纠纷案件，他认为现在农民更加注重自己的利益了，邻里之间的纠纷特别多，不像以前那样互相帮助。理智村的冉贞实和刘志刚虽然是多年的邻居，经常往来，但两家人在建设宅基地时，刘志刚认为冉贞实多占了他的地，而冉贞实觉得自己没有多占，反而还留了一部分地，为此他们差一点大打出手，冉贞实觉得刘志刚这一家人"坏了良心，不讲情面"，多年的感情因为半米土地而走到尽头。东城办事处有近 1/7 的农民在外务工，而外出务工冲淡了村里的传统规范。同样是在理智村，陈元彬和邻居刘忠胜均在外地打工多年，后来回家后，两人同样因为宅基地边界问题，发生了纠纷，最后两家人虽然和解，但却"老死不相往来"。在岩洞寺社区、关东社区这些离城市较近的地方，有近一半的纠纷是邻里纠纷和家庭内部纠纷，利益已经超越了人们之间的伦理规范，在变迁的社会中传统的规范也无法解决这些现实问题。

（二）城镇化建设引发矛盾纠纷

近年来，利川市经济社会发展迅速，大规模的城镇化建设如火如荼地进行。而城乡交会的东城办事处，被列为城镇发展的重点区，承载着城市扩展、基础设施建设、房地产开发以及产业规划等重要任务。利川市南环大道、关东农贸城、中心客运站、滨江北路重点项目涉及东城大片区域，同时该市新兴楼盘大都集聚在此地，办事处主任陈建平说，"外面到利川买房子的，基本都买在东城，这里有很多小区"。从 2012 年以来，办事处辖区内共征了 6000 多亩地，拆除房屋 500 栋。在办事处的 19 个村居中，有 12 个村居被纳入城市规划区，可见，利川市的城镇化建设在东城办事处范围内涉及的土地面积广、房屋数量多、人口数量庞大。同时，在征地拆迁中，政府与农民并不都能达成共识，利益冲突使得基层治理和社会稳定陷入深不见底的矛盾纠纷的旋涡之中。

1. 矛盾纠纷频发

从 2008 年大规模征地以来，据李林海所长估计，大大小小的纠纷案件有上千件。2014 年 6 月，东城办事处根据市国土资源局和财政局的授权，将辖区内赵利珍家的房屋强制拆除，国土资源局认为赵家的房屋属非法建筑，而赵利珍认为政府拆除其房屋未经法定程序，侵犯了他的权利，因此将利川市人民政府和东城街道办事处告上了法庭，办事处和赵某因此陷入了打官司的"持久战"。2014 年 8 月，理智村 7 组的张士元将建筑垃圾倒在了与谭世学家的边界上，谭世学认为倒在了他家，两人因此发生争吵，甚至拳头相向，持续了几天的时间。在马桥村，七组的冉某和刘某同样是因为宅基地边界问题动了手，而且还差一点闹上法庭。在南环大道建设中，由于房屋产权问题，有十几户居民和办事处产生了分歧，多次到办事处上访。

2. 非访闹访涌现

东城办事处作为征地的执行单位，直接与农民打交道，因而也成为农民上访的聚集地。岩洞寺社区的村干部在征地中，为了完成工作，答应村民蒋继文预留出宅基地，而这种承诺是不符合规定的，后来蒋继文要求兑现预留的宅基地，并为此事前后四次到恩施州和北京上访。在林权改革中，原属于林业部门的农场被划给了东城办事处，由办事处管辖，农场涉及上千户，他们对改革中的资金问题并不满意，因此到市里面上访。李林海所长说，"过去农民来上访，直接抱着铺盖，在书记办公室里睡觉，领导不同意，他们就不走，甚至还辱骂领导"。在办事处食堂工作的一位阿姨也见证了当时农民的上访，她说，当时经常有上访的人在办事处食堂吃饭，赶也赶不走。这些年来，东城办事处群体性上访事件也层出不穷，在办事处附近的小区，18户居民因为房产证问题，联合起来到办事处上访。

3. 稳控压力增大

在城镇化建设中，东城办事处的维稳压力也极为沉重。2014年，东城发生了31起刑事案件，有7起群体性事件，进京赴省到州上访的总共有6人次，而到利川市上访的达到了100余人次，到办事处上访的更多，达到了200多人次，光矛盾纠纷就发生了182起。面对众多不稳定因素，东城办事处成立了30多人的大专班，投入了近百万的稳控经费，来进行专项治理，然而效果并不理想，稳控负担依然压在东城办事处的头上。2013年，东城办事处的覃志庆将父母留下来的房子卖给了他人，后来已经出嫁20多年的姐姐回来说房子是姐弟两人的，要求分割财产，而覃志庆并不同意，后来两人闹到了办事处。而当时办事处的调解人员对继承法、不动产等法律并不十分了解，只是让他们两个和睦相处、互相礼让，然而效果并不理想，这件事情没有调解成功。类似的案件，要么形成了积案，要么演变为非法上访。另外，东城办事处的领导干部向征地拆迁户讲明法律依据和上级的政策，但是农民对此并不相信，他们认为政府是为了自己的利益，和他们站在对立面。东城办事处的张东林家的土地几乎全部被征用，他表示，"政府搞建设让他们赚好多钱，而我们以后怎么生存"。

（三）传统治理方式不合时宜

随着稳控压力的与日俱增，办事处陈建平主任越来越感到手足无措，东城办事处有30名领导干部，其中2/3的领导干部是大学本科或大专的学历，整体的受教育水平并不低，但是领导和执法人员中，学法学专业出身的几乎没有，缺乏专业的法律知识，在处理矛盾纠纷时，无法用一些比较深入的法律来解决问题，过去行之有效的治理手段也无力回天。

1. 讲道理行不通

不管是村庄，还是办事处，过去它们的主要处理手段都是讲道理，将相关的法律法规、政策讲给当事人，或者和当事人拉家常、讲利弊，随着大规模的征地拆迁，这种方法如李林海所长所说，"少部分管用，大部分不行"，利益问题用道理是无法解决的。近几年的城镇化建设使得30年前的土地行政登记案复燃。位于东城办事处马桥村 7、8、9 组的 6000 多平方米土地在 30 年前是马桥乡政府的办公场所，也就是今天的马桥村，后来马桥乡并入东城办事处，这些土地成为东城的国有土地。2013 年，在对这些土地进行确认时，马桥村的 59 位村民对此予以否认，认为这是他们小组的地。办事处将过去的证明材料拿出来，并和他们讲相关的政策、道理，然而在高涨的土地价格面前，这些道理始终行不通。

在村庄层面，轰轰烈烈的征地拆迁以及此起彼伏的矛盾纠纷，也使得村干部面临着巨大的工作压力和治理难题。2000 年，东城办事处理智村 5 组村民刘国发"承包"了几亩农转非退出来的地，当时只通过村委会确认了一下，承包手续并不齐全，在法律上应算是租用。2013 年 7 月，刘国发的地被征用，他向村里要钱，但是他并没有土地使用证，土地经营权仍属于原承包人。村支书陈利洪像往常一样，对此事进行调解，和他摆龙门阵，讲道理，然而效果并不理想，甚至东城办事处还出动了 3 次进行调解，前后经历了半年，但都没有成功。刘国发认为"地是自己种的，那应该是属于我的"。羁绊刘国发的其实是一个法律问题，然而当时村干部并没有意识到这个问题，依然采用过去的办法，因此效果不尽如人意。

2. 用命令更不行

东城办事处过去在处理矛盾纠纷中存在着"简单粗暴"的现象，这种方法虽然能将问题暂时得到解决，但使社会面临着更大的隐患，尤其是在矛盾频发的城镇化建设中。陈建平主任说，"现在的群众权利意识比以前强多了，如果有一点不当的行为，就会引起群体上访"。而过去行政命令的方式也难以行得通。在南环大道建设中，东城办事处将张某家的房屋征收，并与张某签订了《拆迁协议》。然而《拆迁协议》签订之后，张家并未按协议搬走，办事处多次向他下达行政命令，可始终不起作用，这一拖就拖了 5 年。

另外，东城办事处下辖的 19 个村（居）中，有 17 个实行了书记主任"一肩挑"，这既加重了村支书的工作压力，也使得基层治理中失去了相互制约的力量。理智村村支书陈利洪说，"现在没有制约我的人了，什么事情都推到我的头上，过去两个人可以分工合作，互相监督"。在这种工作压力下，村干部很难再去寻求新的治理方式，只得依赖于传统的手段，而这与法治渐行渐远。

3. 靠权威也不灵

从 1989 年到 2005 年，东城办事处下辖的理智村，社会秩序非常混乱，打架、械斗的现象很普遍。村支书陈利洪说，"当时秩序混乱的，很多驻村领导在这都驻哭了"。到 2005 年，东城办事处任命兰明辉为理智村书记、陈利洪为理智村主任，二人到村后作风正派，当时村庄里有很多人赌博，陈利洪和兰明辉以身作则，不赌博、不吹捧，赢得了村民信任。后来，陈利洪书记又积极为村庄争取项目建设，更是获得了村民的认可。村民阳池祝说，"那时村里的大事小事一般都找陈书记处理，大家都信他"。然而，随着城镇化建设伸及理智村，这种魅力型的权威治理也失灵了。在征地过程中，理智村 5 组村民冉崇清组织村民反对，陈利洪书记像过去一样多次找冉崇清做工作，并没有成功。2012 年，冉崇清趁政府征地之机，再次组织村民到恩施州上访。这使陈利洪书记认识到过去的治理方式已经不合时宜了。

二　专业引领的开展：困境之下初步探索

快速的城镇化给东城办事处带来了诸多难题，而传统的治理手段也逐渐失去效力。无奈之下，东城办事处的领导们急于探索新的治理方式。

（一）专业引领的初步探索

面对着突如其来的城镇化难题，东城办事处左右为难，一方面，城镇化建设势不可当，必须要执行征地拆迁任务，达到发展的目标；另一方面，复杂的矛盾纠纷和信访问题使领导们没有心思搞发展，甚至不能正常上班工作。就在这时，从恩施州到利川市出台了普遍建立法律顾问制度的文件，这为东城办事处提供了基层治理的方向。

1. 率先建立法律顾问制度试点

2013 年，恩施州着手探索基层治理法治化的路径，并于当年 6 月在全州范围内逐步开展"律师进村，法律便民"工作，让律师参与涉法涉诉信访工作，将专业的法治力量引入到基层治理队伍中。2014 年 4 月，在上级的推动下，利川市政府组织全市的乡（镇）长，召开动员大会，对"律师进村"工作进行部署，要求各个乡镇建立法律顾问制度。东城办事处的陈建平主任也参加了这次会议，他说，"我们本来也在思考着找一个新的治理方式来解决城镇化难题，之前在处理大的案件时，也请过法律顾问，上边的要求刚好和我们想的不谋而合了"。

在此之前，东城办事处在征地过程中新老矛盾交织在一起，使领导和执法人员感到手足无措，同时过去简单的行政命令方式又无法适应居民权利意识增长的现状，因而办事处领导一直想探索新的治理方式，以解决城镇化带来的诸多问题。在上级下发文件之后，东城办事处积极作出回应，向市里面提出在东城先搞一个试点。东城办事处向市里面提出请求后，利川市政法委和司法局都很支持，并派工作人员到东城办事处进行指导，对法律顾问团的资金保障和运行提供了建议。就这样，东城办事处成了利川市第一个建立法律顾问制度的单位。

2. 创新法律顾问制度模式

作为试点单位，东城办事处在利川市内并没有经验可循。因此，2014 年 6 月 11 日，东城办事处部分领导前往恩施市沐抚办事处学习经验。沐抚办事处采用的是"层级调处"的工作模式，小组长、网格员等乡土力量发挥着重要作用，律师是调解的最后一道关口。

东城办事处在学习过沐抚模式后，认为沐抚的工作机制并不完全适用于办事处的实际情况。陈建平主任说，"沐抚那边是主要发挥小组长的作用，而我们办事处情况比较复杂，小组长本身就缺乏法律知识，所以必须让律师及早、严谨、科学地介入"。经过讨论，东城办事处确定了法律顾问制度的几个核心特征：

"律师要在第一关口介入。"重大矛盾纠纷、信访案件发生后，在第一时间就要律师参与，而不是等到领导干部调解不成功后，再请律师参与。李林海所长说："东城办事处是城市建设的主战场，许多矛盾纠纷涉及法律规定，如果律师不能在第一道关口上介入，那么基层干部调解并不能彻底地解决问题。"

"律师要主动排查防范。"律师在提供法律咨询时，如果发现重大社会隐患，必须主动去处理，避免矛盾纠纷扩大。司法所所长李林海说，"当时我们就在考虑如何让矛盾纠纷最小化，而不是等到群众来闹再去解决。"

"律师要融入治理机制。"律师不仅要提供咨询、调解矛盾纠纷，还要参与办事处以及村（居）委会的治理，提高领导干部的法律意识和法治能力。办事处陈建平主任说："既然要成立法律顾问团，就要充分利用他们的作用，最终使我们的治理也提升上去。"

3. 制定法律顾问制度框架

大致的方向确定之后，2014 年 6 月 15 日，东城办事处召开了关于建立法律顾问制度的讨论会，对法律顾问团的聘用条件、工作程序、职责和经费保障等问题进行了商讨。李林海所长在当时的会上对法律顾问提出了比较高的条件，"法律顾问必须要接受过法学教育，拥有基础的法学理论知识、拥有实际工作能力，并取得相应的职业资格。不能有处分、处罚和不良行为等记录。"律师的主要工作职责有以下几个方面：一是咨询，在办事处和村庄的法律顾问室坐班，为来访人提供法律咨询；二是调解，在第一时间参与信访化解、行政调解；三是把关，为重大决策提供风险评估以及合法性审查；四是引领治理，在第一关口全程参与办事处对信访案件的处理，参与村（居）委会治理。

随后，东城办事处成立了法律顾问工作领导小组，陈建平主任任组长，张志权副书记任副组长，处直各单位负责人以及各村（社区）支部书记为成员。同时，司法所统筹法律顾问工作，负责法律顾问的聘任、联络、协调和日常管理。

接到任务后，李林海所长开始着手组建法律顾问团。通过筛选，确定了利佳律师事务所、圣树律师事务所和东城法律服务所 3 家机构，然后又通过考察业务能力和职业操守等，从中聘用了 5 名法律顾问。人员选定后，办事处将原属于土管所的办公室作为法律顾问办公室，并筹资 8 万元，整修房屋、设置背景墙、购买办公设备。在办公经费方面，尽管当时办事处办公经费较为紧张，但仍然列支了 25 万元用于法律顾问团的工作经费。

（二）专业引领的实施

在人力、物力、财力都配备齐全后，2014 年 6 月 27 日，办事处召开了法律顾问制度启动工作会，法律顾问团正式成立，并与 19 个村居签订了顾问合同。

1. 律师引导排查

2014 年 7 月，法律顾问团正式运行，5 名律师在办事处轮流坐班，为来访者提供法律咨询和调解服务。东城办事处在与法律顾问签订合同时规定，律师每周一天在办事处法律顾问办公室值班接待。刚开始时，律师每天要接待几十件来访，来访的群众情绪大都比较激动，有的还带着一种上访的情绪来咨询，这就使律师的工作难度加大了。同时，来访者反映的问题大多已经演变为矛盾纠纷，而不是单纯的法律疑惑，这些问题必须要律师参与才能解决。在这种情况下，东城办事处要求律师在提供法律咨询时，必须要考虑访民反映的问题是否隐藏着矛盾、小的纠纷有没有可能引发大的冲突，如果有可能，律师必须要主动介入、提前防范。

东城办事处的一位法律顾问陈术升律师说，"有人向我们咨询问题时，如果我们觉得他们咨询的问题比较严重，会引发大矛盾，那么我们会亲自去处理"。2014 年 9 月，一位农民向陈术升律师咨询土地边界问题，鉴于征地过程中土地边界引发了大量纠纷，陈律师心想这位农民可能会与他人有土地纠纷。在陈律师了解情况后，发现这位农民确实是与邻居发生了边界纠纷。后来，陈律师进村与村干部一起将双方的纠纷解决了。

东城办事处通过激励的方式，保证律师在提供咨询时主动去排查防范。合同上规定，如果律师能够及时解决群众反映的问题，并将问题最小化，那么律师在合同期满时，可以获得 10000 元以内的酬金奖励。

2. 律师引领调解

律师顾问团运行起来后，其主要工作除了为来访者提供法律咨询，还有参与办事处及村（居）对重大案件的调解与处理。以前，东城办事处在处理南环大道建设中的矛盾纠纷时，也请过法律顾问，让律师到现场调解，不过，当时并不是在第一时间请律师参与，而是在领导干部束手无策后再请律师出山，因此，律师发挥的作用更像是"最后一根救命稻草"。结果可想而知，案件处理的效果并不尽如人意，矛盾纠纷复发的现象时而有之。有了正式的律师顾问团以后，律师参与的情况和过往大有不同。东城办事处根据过去的经验，决定让律师在案件发生的第一时间就介入，并且在对案件作出处理意见时，实行讨论制，充分听取律师的建议，避免决策失误。

2014 年 8 月，东城办事处下坝村牟沿九代表其母亲签订了房屋拆迁协议，而他的母亲对此并不知情，后来他母亲向办事处反映，说她并没有授权其儿子签订协议，所以拆迁协议并不能生效。拆迁马上就要动工，如果牟家的房屋不拆迁，就会影响整体建设，但是，房屋拆迁协议确实存在问题，拆迁工作不能强制进行。在处理过程中，办事处主任陈建平首先请法律顾问廖珉律师、张浩律师了解情况，并让他们提供解决方案。两位律师与办事处领导讨论后认为，虽然牟沿九的母亲当时没有授权，但是如果现在她同意该协议，可以通过调解来处理；如果不同意，那么牟沿九的行为就违法了，属于诈骗行为，应该交由公安机关处理。办事处领导在听取建议后，认为采取前者比较妥当，就听取了这个建议。最后，办事处顺利地将问题解决了。

3. 律师引头疏导

东城办事处和法律顾问签订的合同上规定，法律顾问每月至少一次进入村居委会进行调研并处理法律事务。然而，一开始律师进村并不顺利。一些村庄离城区较远，征地拆迁问题并不严重，这些村的干部认为法律顾问起不到什么作用。另外，也有一些村庄担心律师进村后会影响村庄治理。因此，他们的积极性并不高。鉴于此，东城办事处采取了"奖励"的方式，促使村庄积极地接受法律顾问。办事处将村庄的法律顾问工作纳入年度绩效考核，对实施较好的村庄予以经费奖励。对于没有集体经济收入的村庄来说，上级的经费奖励能够在很大程度上推动村庄开展工作。2014年，理智村的各项工作落实较好，收到了2万元的经费奖励。在理智村的示范带动作用下，其他村庄也陆续接受了法律顾问。

律师在进入到村庄后，并不是单纯地协助村干部调解矛盾纠纷、提供法律咨询，而且还利用自身的专业优势，在村干部进行调解前，全面深入地对案件进行调查，了解案件原委及当事人信息，从而为公正处理案件提供最有力的保障。

东城办事处岩洞寺社区二组村民蒋昌敏2002年嫁到了重庆，2007年利川市因建设工业园区将蒋昌敏家的承包地全部征用，当时其父亲因欲将0.4亩地作为预留地，未领取这0.4亩地的征地补偿费。蒋昌敏虽然已嫁到重庆，但其户口仍在东城，2013年蒋昌敏想要回这0.4亩预留地作为宅基地。因为此事，蒋氏父女四次到北京上访，两次到市里面上访。法律顾问团成立后，彭勇律师实地走访，前往重庆对蒋昌敏婆家的承包地事宜进行了调查。彭律师调查后发现，蒋昌敏虽然户口在东城，但二次延包时已经失去了承包资格，而且蒋昌敏在其婆家实际上已经有了承包地。在对此案件全面调查后，岩洞寺社区和东城办事处掌握了较充分的信息，并据此向当事人讲清相关法律问题。对于这种处理方式的变化，东城办事处组织委员邹晓恩总结为"从盲目信访退让变为客观主动处理"。之前盲目地息访，干部心里其实是没有底的，而让律师参与调查后，执法者充分了解了信息，正如一位干部所言"在作出决策时，有了底气"。

4. 律师引植小组

东城办事处下辖155个村民小组，而小组长在村庄治理中仅发挥了"上传下达"的作用。理智村7组组长葛坤珊说，"平时的工作，一般是村里面开完会后，把会议精神传达一下，然后需要登记时候再进行登记"。而小组长在调解矛盾纠纷中发挥的作用甚微，在村庄治理主体中，小组长的力量一直没有得以利用。在东城，为了排查安全隐患，每个村庄中还设置着院落中心户，不过，理智村的一位中心户谢世友表示，他在村庄治理方面并没有发挥什么作用。

律师进入到村庄之后，并没有停留在村委会层面，而是进一步向下延伸，与小组长、院落中心户联合起来，建立起来了律师与小组长、院落中心户的联动机制，通过联动机制，律师及时掌握村庄内部社会动态，进而防患于未然。理智村治保主任陈树春说，"小组长和院落中心户发现矛盾纠纷的苗头时可以和律师进行电话联系，然后我会协同律师一起下乡调解"。这样就直接在律师与小组长之间搭起了沟通的桥梁。法律顾问陈术升律师在村庄坐班时会进行走访，与小组长沟通交流，关注"叫鸡公"（指经常闹事的人）的动态，小组长也可向律师汇报情况。

理智村9组村民刘忠胜和邻居陈元彬都在外面打工，2014年陈元彬回家建新房，刘忠胜回家后认为陈元彬占了他家10平方的地，双方因此发生争执，并产生轻微的肢体冲突。9组组长得知此情况后，通知村庄的法律顾问和村委会。律师和村干部到场后，刘忠胜提出要对方赔偿5万元的要求，而陈元彬并不同意。后来，律师又调解了3次，双方终达成了6000元的协议。

5. 法治引入生活

律师在进入村庄之后，东城办事处陈建平主任仍在思考着一个问题。

"不管是律师参与调查、调解，还是律师与小组长联动治理，这些都是针对于矛盾纠纷的化解与防范，那么怎么把农民、居民发动起来，增强他们的法治观念呢？"经过一段时间的思索后，东城办事处决定从农民、居民的文化生活入手，以轻松娱乐的方式把法律送到农民身边，并促使农民参与其中。

从 2014 年开始，东城办事处举行了"文艺下乡"活动，将 19 个村居划分为六大片区，依次举行演出，演出内容围绕着法律主题，形式轻松幽默。2014 年东城办事处共举办了 6 次文艺下乡活动，在年底时办事处又组织了以法律为主题的晚会。与此同时，东城办事处还在各村（居）举行了"法治创建"和"文明创建"活动。一是法治创建，通过法治单位、法治社区和法治村庄，带动办事处整体的法治工作；二是文明创建，创建文明家庭、文明居民、十星级文明户等，办事处在政策要求的基础上将文明创建活动进一步延伸，不仅包括农民层面，还涵盖城市居民、家庭层面，实现了全方位覆盖。

三　专业引领的升级：律师激活治理机制

（一）律师引头，创"联合"机制

在处于城镇化建设中的东城，上访问题一时难以解决，而同时信访办工作人员力量不足、法律专业知识淡薄。因此，为了建立起信访工作的长效机制，使信访案件从发生到结束都能够平稳有效地解决，东城办事处于 2015 年 5 月提出了"四个联合"的工作机制，即对于信访案件，分管信访工作领导、信访办人员、法律顾问以及相关的村干部、处直各单位负责人联合进行接访、会诊、化解、稳控。

1. "有问题找律师"

东城办事处的法律顾问室直接设立在信访办内，法律顾问、司法所、信访办实行一体办公，当有人来信访时，律师可以直接参与。2015 年 7 月，杨丽华到司法所反映土地纠纷。杨丽华找到李林海所长后，李所长并没有直接接待，而是将其引到法律顾问室，与当天值班的陈术升律师一起询问其情况。陈律师查看杨女士带来的材料后，将信访案件录入系统里面。这个系统是东城办事处的阳光信访工作平台，通过此平台，杨女士随时可以查看信访事件的动态。陈术升律师与其他工作人员商讨后，认为杨女士反映的问题需要进一步调查后才能处理，并让杨女士准备其他所需的材料。

在更早些时候，2015年5月，东城办事处马桥村7组村民刘某到办事处法律顾问室反映，同村村民冉某占用了自家的宅基地，刘某多次找冉某交涉，冉某不予理会，并因此大打出手。在得知刘某想通过诉讼来解决问题后，法律顾问陈律师与司法所的工作人员共同和刘某进行交流，认为这件事通过律师来调解就可以解决。随后，陈律师和司法人员进行了实地勘察，并与冉某进行了交谈，在律师调解下，双方签订了和解协议。司法所李林海所长说，"现在农民来办事处，都是直接找法律顾问，找领导的人比以前少多了"。

2. "出方案问律师"

2014年5月，东城办事处与牟利满签订了《房屋征收安置补偿合同》，牟利满同意房屋征收，按照合同牟利满应该在2014年6月1日之前将房屋腾空，并交付被征收房屋。然而，协议签订之后，牟利满并未履行合同，一直住在房屋里，没有按期搬走，导致建设工作无法按期进行。东城办事处多次要求其履行合同义务及下达通知书，不过没有效果。就这样房屋拆迁工作一直拖着。东城办事处的法律顾问团成立后，办事处联合律师再次讨论这个问题。办事处陈术升律师、张浩律师了解情况后认为，牟利满做法属于违法行为，应该通过诉讼来解决。在律师建议下，东城办事处向利川市人民法院起诉了牟利满。而后，牟利满的态度有所缓和，有了履行合同的意向。此时律师建议进行撤诉，通过调解来解决。在东城办事处人民调解委员会的调解下，双方达成了协议，牟利满于2014年11月22日前自愿腾空并移交所涉及的被征收房屋，同时，东城办事处也放弃违约金的追偿。

3. "化难题请律师"

1994年，东城办事处新桥社区部分农户的土地被征用，当时土管所和这些农民签订了补偿协议，每亩地的征地费为8000元，并且每年向每户补偿300元的青苗费。青苗费按时补偿了几年后，小组没有按时给农民补偿青苗费。其中一位农民郑道萍说，"本来征地的时候，大家心里都不太服，后来又不按时补偿，我们就更不愿意了"。因此，当时一些农户联合起来上访，可是问题并没有得到解决。2014 年，新桥社区的 9 位农户趁东城征地之机，再次上访，先到东城办事处，后来又跑到利川市信访办。不过，与当年不同的是，此时的东城办事处已经成立了法律顾问团。上访事件发生后，东城司法所成立了包括法律顾问在内的工作组，对农民反映的问题进行调查。律师调查发现，这 9 位农户所在的小组确实没有按时补偿青苗费，并建议东城办事处要求小组长按合同进行补偿。最后，这 9 位农户所在的小组全额付清了农民的青苗补偿费。如今，郑道萍兴奋地表示，"如果没有法律顾问这个政策，我们的问题也许还得不到解决"。

4. "搞稳控邀律师"

在蒋昌敏父女上访事件中，两人多次到北京上访，其中一次还是在国庆期间，性质较为严重。东城法律顾问彭勇律师在跟踪调查中发现，蒋昌敏性格比较孤僻、容易冲动，喜欢钻牛角尖，极有可能作出极端的事情。彭律师将此情况反映给了办事处，办事处联合综治办、信访办和法律顾问在处理上访问题的同时，还对蒋昌敏做思想疏导工作，并定时观察其动态。据李林海所长介绍，之前来东城办事处缠访、闹访的现象非常多。为了稳定这些上访人的情绪，使信访案件得到彻底解决，办事处在对事件调解之后还须继续进行稳控。由分管信访工作的领导牵头，法律顾问中心、综治办、信访办、司法等共同参与，实行常态化稳控工作机制，做好情绪疏导和教育管理等稳控工作。

此外，法律顾问在入村调查时，也会关注农民的情绪，并做好稳控。理智村 6 组的刘占强因为占用了公田使得同组的村民对其不满，大家纷纷要求村里将他的地收回来。陈术升律师在调查时发现了这一情况，他了解到这位村民是位残疾人，并且地里正长着庄稼，因此陈律师告诉村民，"现在收回来是不可能的，等地里的庄稼收获后，再将土地收回来也不迟"。最终，村民认可了陈律师的建议，村民的不满情绪得以平复。

（二）律师引导，实村规民约

1. 从"治标"到"治本"的转变

"四个联合"机制确定以后，它成为东城办事处处理矛盾纠纷、信访案件的常规模式。在律师的参与下，各部门、上下级的联合工作下，东城办事处的矛盾纠纷问题得到了很大的改善。综治办副主任杨雪熙说，"法律顾问制度运行一年来，缠访、闹访的几乎没有了"。当初"四个联合"工作机制的提出是为了解决矛盾纠纷，用陈建平主任的话说是"治标之策"，目的是实现社会和谐，为城镇化建设保驾护航。办事处在探索着基层治理如何从"治标"转向"治本"，回归到依法治理层面来，借用律师的力量推动基层治理法治化。

东城办事处从村规民约入手。陈建平主任认为基层治理的理想类型是"有法依法，无法依规，无规自治"，在基层治理中村民自治是中坚力量，而自治需要与法治结合起来，而村规民约是自治与法治的依据。东城办事处各村（居）村规民约的落实情况并不好。陈建平主任坦言，"村规民约虽然有规定，但是官方并没有去引导建立，所以只是提了一个要求，并没有落实下去。之前的村规民约缺乏具体的标准，对违规的行为该怎么处置都没有规定清楚"。

2. 以村规民约树基层治理之本

2015 年 7 月，东城办事处确定了村规民约基本原则。一是参与性原则，发动村（居）民共同参与。之前的村规民约只是停留在文件上和墙上，而农民的知晓度和参与度非常低，东城办事处认为，只有让农民发动起来，大家都来搞，才会有效果。二是操作性原则，即必须要明确"哪些可为""哪些不可为""违规后怎么处理"。此外，法律顾问指导村（居）制定村规民约，以此保证村规民约的合法性。确定好基本原则后，东城办事处还对村规民约的内容范围、制定程序以及执行方法作了统一的规定。

在法律顾问的引导下，各村（居）陆续制定了村规民约。东城办事处下辖的白鹊山村的垃圾污染现象较为严重，白鹊山村胡昌辉书记原先想通过村干部的力量来整治垃圾污染，而办事处陈主任建议他通过制定村规民约的方式，让村民都参与进来，这样才能根治。在彭勇律师的指导下，白鹊山村制定了八条村规民约，虽然只有八条，但由于是通过民主程序制定出来的，而且具有可操作性，因此得到了村民认同。白鹊山村民付先明说："这个是村民代表大会讨论通过的，按照我们提的意见修改的，大家以后做什么就照这个规矩。"就这样，白鹊山村成为东城第一个制定村规民约的村庄。

（三）律师引领，活治理机制

村规民约建立起来后，东城仍有所顾虑，"村规民约虽然很重要，但它只是基层治理的一个行为标准，要把基层治理好，必须有一个施展的平台，同时还要有制度保障"。东城办事处还想利用法律顾问的力量，将基层治理的平台和制度保障完善起来。陈建平主任说，"最终要实现的目标是，如果有一天没有法律顾问了，那么办事处和村居都能够在平台上运作起来"。

在这个想法的推动下，东城办事处探索着基层治理的运作平台和制度保障。在基层社会，治理主要依赖于村民和居民自治，而村（居）委会是农民和居民自我管理和自我服务的主要平台，同时在法律上也规定着许多保障村民自治运行的渠道与平台。然而，陈建平主任说这些制度在现实中并不完善，许多流于形式。基于此，东城办事处决定从已有的平台和制度入手，把它们完善起来。

1. 融入监督机制

随着东城办事处经济社会的发展，以及征地拆迁工作进行，居民的权利意识日益提升，居民越来越关心与自己利益相关的公共事务。而此时，东城办事处各村（居）的公开机制和监督机制仍然停留在不透明的阶段，无法满足居民的知情需求，因而村民与村干部之间的分歧、冲突就油然而生。由于理智村是征地规模较大的村庄，利益较为复杂，因此这种现象在这里尤其突出。在过去的几年，理智村获得了 150 万元征地费用，当时，村干部和村民代表商议，将其中 30 万元用于补偿农民，剩下的 120 万元用于村庄道路、运动场等基础设施建设。分配方案决定后，村委会并没有及时将信息公布出去，引发村民对村干部的质疑，村民吴承辅一直以为是"政府少给了赔偿费"。还有一部分村民认为是村干部欺骗村民，将土地私自卖给了政府，他们一行人到恩施州上访。这些质疑和纠纷都源于村务公开机制与村民知情意识之间的隔膜。

东城办事处司法所所长李林海说："过去一些老百姓来上访，经常反应村务问题，其实就是在主张知情权。"面对着村务不透明引发的纠纷、上访问题，东城办事处试图借建立法律顾问制度的契机，利用法律顾问的专业力量，引导村（居）委会落实村务财务公开，建立起规范的监督机制。由于理智村的此项矛盾较为突出，因此监督机制的建设就从理智村开始。一开始，理智村的法律顾问陈术升律师建议村委会将办事大厅的受理事项、负责人、表达渠道公示出来，让村民有渠道来表达意见。信息公示出后，理智村将法律顾问室与村委会办公室合署办公，法律顾问指导村干部的工作，一有重大事务，法律顾问督促其及时公开，同时，当村民来办理业务时，法律顾问可为其讲解需要注意的法律事项。随后，法律顾问引导村委会落实村务财务公开平台，督促村干部及时更新村务公开栏。

2. 激活民主机制

监督机制建立起来后，东城办事处尝试着在法律顾问的帮助下进一步完善村（居）的民主机制，让农民居民参与到治理中，从而从根本上解决村民与村干部之间因不信任引发的问题。

村民大会和村民代表会议是村民参与公共事务的重要渠道，也是村级民主的主要平台。而在东城办事处各村（居），村民代表会议、党员代表会议、小组长会议制度虽然已经建立起来，但是平时很少召开会议，近一半的村庄到换届或年底的时候才会召开一次。因此，在基层治理中，农民的声音难以通过正式的渠道表达出来。法律顾问制度建立之后，法律顾问参与到村务会议中，一方面可以督促村庄召开民主会议；另一方面也可以指导村干部开展工作。法律顾问陈术升律师入驻理智村后，在陈律师的建议下，村干部多次组织村民代表、党员代表和小组长召开村务会议，对村庄内的矛盾纠纷进行排查、讨论处理办法，同时在会议上他向村干部普及了法律知识。理智村的小组长阳池祝、葛坤珊介绍，村民代表会议上法律顾问会对他们进行法律培训，会后他们再把法律知识讲给村民。2015 年 5 月，岩洞寺村的法律顾问彭勇律师也参与到村务会议中，向小组长、村民代表和党员代表宣传土地承包法。

四　思考与总结

（一）专业引领的成效

1. 引入调解主体，实现社会和谐

东城办事处在城镇化建设中一直为上访问题所困扰，社会秩序处于快速变迁的环境里，矛盾纠纷一触即发。面对着愤怒的访民和矛盾频发的环境，领导干部曾一度手足无措。而同时，群众对干部的不信任又增加了化解矛盾纠纷的难度。法律顾问制度建立起来后，将律师引入矛盾纠纷化解机制，让律师在第一关口介入到事件中，配合干部进行调解，通过这一做法，东城办事处的社会秩序得到了很大程度的改善，而群众与干部之间的紧张关系也得以缓和。

首先，社会矛盾冲突减少了，为东城经济社会发展制造了稳定的环境。东城司法所所长李林海说，过去群众来办事处缠访闹访，领导们根本没有时间和精力去搞发展，而闹访的群众也不能投入到自己的工作中。现在法律顾问制度建立后，群众一有矛盾就去找律师，直接找领导的访民大大减少了。同时，律师主动去排查防范，将一半的矛盾纠纷都"扼杀"在了萌芽时。因此，李林海所长说："现在搞经营的去搞经营，搞管理的去搞管理，发展经济的去发展经济，大家不会像以前那样整天为小矛盾小纠纷扯皮，社会管理比以前好搞了。"

其次，农民维权理性化。农民维权时之所以存在非理性的行为，通过非访闹访来表达诉求，很大程度上是因为根深蒂固的"信访不信法"观念，在与东城农民访谈中发现，大多数农民认为"向上边反映"才能解决问题。而法律武器和合法渠道在农民维权中的缺席，一方面是因为法律成本过高；另一方面是因为合法渠道的不畅通。东城办事处将法律顾问室设立在信访办，实行联合办公，在第一时间接触访民，法律顾问室每天有律师坐班，按照合同律师必须要为来访者提供咨询，能够处理的要当场处理，这样一来农民维权的渠道就畅通了，而且维权的程序也简化了，大事小事向律师一人反映就行。李林海所长说，律师们一天至少要接待十几次来访，农民找律师反映问题后，不会像以前大闹小闹，缠着领导不放。法律顾问成立一年来，东城办事处没有发生过缠访、闹访的事件。

2. 引入第三方，改善干群关系

之前，东城办事处在执法时存在着"简单粗暴"，甚至违法的行为，而作为执法对象的部分东城群众，对领导感到不满，组织委员邹晓恩用"仇官、仇政府"来形容当时的状态。而律师参与后，办事处在作出重大决策时，以及在处理牵涉群众权益的问题时，必须要和律师顾问团沟通，律师要进行合法性审查，这样就保证干部能够依法行政。同时，律师介入后，政府与群众之间也有了缓冲平台，政府花钱请律师，律师为农民提供服务、解决问题，律师对办事处的态度自然而然地发生了变化。东城一小区的18户居民因为房产证问题到办事处聚集上访，办事处的领导没有直接去处理，而是让律师去调解。律师调解后，东城办事处顺利将问题解决了，这18户居民对干部表示非常感谢。

3. 引入专业力量，规范基层治理

东城办事处将作为专业社会力量的律师，引入基层治理的程序中，规范了基层治理，使基层治理更加科学有序。首先，基层治理主体的多元化促进科学化。东城在城镇化建设中，既是征地拆迁工作的执行者，又是征地矛盾纠纷的调解员，发生矛盾纠纷时，办事处既要执行"发展"的任务，又要维持"稳定"的状态，因此就陷入了左右为难的境地，对两种角色都力不从心。面对这样的情况，东城办事处出现过强制执行的行为。而农民对既是执行者又是调解员的办事处也充满了不信任。在村庄层面，村干部，尤其是村书记，同样肩负着致富和稳控的双重使命，理智村村支书陈利洪曾提到，他处理矛盾纠纷的负担非常重。而法律顾问的成立改变了这样的局面。律师作为专业的社会力量，为基层治理提供了所需的法律知识和业务技能，同时也丰富了基层治理的主体，使基层治理更加科学有效。在办事处层面，陈主任说领导们有更多时间和精力来搞发展。在村庄层面，律师与村书记、治保主任一起调解矛盾纠纷，进行法律宣传，也减轻了他们的工作负担。村民谢静说："律师在处理矛盾纠纷时会更加公正。"这或许反映了群众的心声。

在东城，律师对基层治理的推动作用不只在于治理主体的多元化和效果的科学化，更在于促进了基层治理机制的完善。东城办事处以建立法律顾问为契机，将基层治理与村民自治的运作平台与制度保障完善了起来。东城的法律顾问指导各村居建立起了村规民约，使其符合宪法和法律的规定，同时又参与到村民代表会议和党员会议中，指导村干部开展工作。

（二）专业引领的关键做法

1. 引领"干部"：体制外力量的有效补给

我国的行政体制内长期存在着"官本位"思想、官僚主义作风，在这种思想意识下，以权代法的现象较为普遍，造成行政权力的膨胀，横向地看，在制度化的权力中，行政权力超过了甚至替代了司法权力；纵向地

看，在政府与社会之间，政府的管制权力过多，往往以行政命令或强制的手段来管理社会，这种管理方式的结果是社会的不公正，进而引发社会的不稳定。我国虽然大力推进行政体制改革，但是在传统观念浓厚、法治观念淡薄、权力缺乏监督的背景下，仅仅依靠体制内部力量，容易形成路径依赖，传统的管理方式依然会作为隐性的手段存在于干部队伍中。东城街道办事处的干部队伍中存在着同样的问题，强制的管理手段、行政代替司法的现象存在，而且快速的城镇化建设使这种现象更为普遍。发展引发的各种困境也使东城领导干部认识到了这个问题，但是他们自身缺乏专业的法律知识和治理思路，无法突破困境。在这种困境之下，东城办事处从体制外汲取养分，将体制外的力量引进到干部队伍中，规范领导干部的行为，引领其进行治理。法律顾问通过对领导干部进行培训，并参与到具体的治理过程中，为干部提供法律建议，及时解决问题，使干部的作风得到了极大的转变。东城办事处司法所所长李林海说："我们干部没有专业的法律知识，一些问题解决不了，但是律师肯定能解决，把问题交给他们，我们也非常安心。"

2. 引领"机制"：专业与行政的有效互动

在过去的治理中，治理主体较为单一，政府发挥着主导作用，社会组织、公民、专业人士等社会力量的参与程度不足，这就导致治理资源和要素单一化，治理主体的失衡，一方面政府不堪重负；另一方面社会活力不足。因此，有效的治理需要社会力量的全面参与，为政府提供多元的治理要素。在诸多治理要素中，专业力量是不可或缺的，它为行政力量提供了必要的知识资源和社会资本，为政治社会化和政治认同提供了充分条件。东城办事处正是在矛盾纠纷化解机制中引入了专业力量，形成了专业力量和行政力量的有效互动，从而实现了社会的稳定和谐。东城办事处采取的是律师及时参与的模式，即律师在矛盾纠纷处理的第一关口就要参与进去，并在此基础上创建"四个联合"机制，使律师深度参与到办事处对矛盾纠纷、信访事件的处理中。联合接访时，律师要提供法律咨询；联合会诊时，律师要对会诊方案提建议；联合化解时，律师要参与处理；联合稳控时，律师要协助疏导情绪、解释法律。通过这一系列的参与，东城办事处使专业力量与行政力量深度融合，不仅有效地解决了矛盾冲突，还使基层治理得以规范运行。

3. 引领"治理": 法治与自治的有效融合

党的十八届四中全会提出: "全面推进依法治国, 基础在基层, 工作重点在基层。" 我国基层社会实行群众自治, 因此, 村(居)民自治的运行关系到基层治理法治化进程。而在农村中, 村干部的法律知识普遍较为缺乏, 传统的治理手段盛行, 如讲人情、摆道理等, 这些手段虽然有一定的效果, 但是与法治的理念不完全相容。与此同时, 村级民主制度的落实情况并不理想, 选举制度、监督制度等易流于形式。这在一定程度上阻碍着基层治理法治化进程。而东城办事处通过将法律顾问引入到基层治理中, 帮助村(居)建立起完善的制度, 规范村干部的行为。在律师的指导下, 东城办事处大部分村居制定了村规民约, 同时也完善了监督制度和民主制度。基层治理工作机制的完善, 使农民参与到治理中, 并且按照村规民约办事, 减轻了领导干部的工作负担, 也使基层治理在法治的轨道上运行, 使得法治化建设更上一层楼。

(三) 专业引领的启示

1. 法治建设可借用专业力量

党的十八届三中全会明确提出"推进国家治理体系和治理能力现代化", 基层治理是国家治理体系的基础, 也反映着国家治理能力的强弱。而政治现代化, 既是国家权力在社会中的深入与控制, 也是社会对国家权力的参与与监督。在政治现代化过程中, 我国的基层治理是国家对基层社会的管理和基层社会的自我管理。这种行政与自治结合的治理体制在经济社会快速发展中面临着一些困境。在城市化进程中, 越来越多的村庄成了"空心村", 年轻人外出务工, 农村的中坚力量流失, 老人与小孩成为农村的主体。大家一心想着如何致富, 对村庄公共事务的参与较少。同时, 城镇化建设中, 社会矛盾纠纷数量增多, 而干部管理能力不足、农民的法律意识薄弱, 这使得基层治理陷入瓶颈。

经济社会快速变迁中的东城也面临这样的困境。不过, 东城通过在基层治理主体和程序中引入律师, 将专业的法治力量与体制内的行政力量、自治力量结合起来, 有效地解决了这一问题。城镇化带来了诸多社会问题, 这些问题依赖于政府力量难以解决, 必须借用社会力量。而律师拥有专业的法律知识和业务技能, 满足城镇化中基层治理的需求。东城办事处的实践说明，律师参与基层治理，不仅有利于解决矛盾纠纷，还可以推动基层治理体系的完善，提升干部的治理能力。

另外，在我国的基层治理中存在着诸多非制度化的行为。费孝通认为中国传统社会是一个礼治社会，梁漱溟认为中国社会是伦理本位的社会，家庭内的秩序与道德延伸到整个社会之中。在东城办事处，传统因素在基层治理中也有明显的存在。理智村的小组长年龄都在 60 岁左右，他们在村庄里德高望重，受到村民的信任。同时，老党员和老年人协会在调解村庄矛盾纠纷中也发挥重要作用，一些游手好闲的年轻人对老人仍有尊敬服从的观念。传统因素对乡村治理提供了很大的帮助。然而，我们也需要认识到，在复杂的城镇化和现代化进程中，传统因素也有其局限性。一些传统的治理手段与依法治理的理念不相符。而法治的理念，既是我国建立法治社会的要求，同时也顺应了现代化的价值取向。

2. 政社互动可引入第三方平台

自古以来，中国乡土社会与规范世界的联系，一直有中间力量作为桥梁，中间力量有通往上层社会的能力与资本，同时也有在基层社会生根发芽的先天条件。历史上，皇权不下县，中间力量在村庄内具有道德性的政治功能，他们在农民心中具有一定威望，维持着村庄的社会秩序。而律师进村，成为政府与农民之间互动的桥梁，这其实是中国历史上政府与农民之间的中间力量的延续，但是它作为现代社会的产物，又具有新的内涵与特征。

费正清认为中国传统社会是一个"士绅社会"，读过书并享有科举功名的知识分子群体作为社会精英，并没有进入国家的官僚体制，在基层社会凭借着自身的威名担任着公共管理职能。此时的中间力量是知识型的。民国时期，农村实行的是保甲制，保长虽然由政府选任，但是在村庄要有一定的社会地位，当时保长大多由村内有钱的人担任，因为保长担负着征税的责任，如果农民交不起税，那么就要摊在他身上。这时，保长作为一种中间力量，是财富型的。而基层党组织贯彻着党和国家的政策，同时也管理着村庄，其组织架构与职能和村委会有重合之处。此时的中间力量村支书是政治型的。而律师作为新形态的中间力量，是对历史的突破，它既不是内生于村庄，也不是体制内的力量，而是一种社会化的职业群体，具有专业的知识和业务能力，因此它是业务型的中间力量。

不同于以往的中间力量，律师是一种职业化群体，有着自身的职业精神，在参与基层治理的过程中，律师根据法律，按照公正的原则处理矛盾纠纷。同时市场化的运作也使得律师不能在参与治理中获利，因而其公正性很难受到侵蚀。

3. 维护稳定可转向社会力量

在经济社会快速变迁中，地方政府一方面肩负着发展经济、进行基础设施建设的迫切任务；另一方面也面临着社会秩序混乱、社会冲突涌现的现实难题。东城办事处在城镇化建设中也陷入了同样的困境之中。在2014年之前，东城办事处一年就要投入30多人的人力以及上百万的财力，来维护社会稳定。除此之外，东城办事处还开展了"平安东城"系列活动，领导干部参与打击"沙霸""车霸""路霸""村霸"，并参与接访和化解上访问题。虽然东城办事处"使了很大的劲"，然而维稳的效果并不理想，甚至陷入了"越维稳越不稳"的怪圈，上访的势头依旧很猛。而当东城办事处转换维稳的思路、将律师引入社会冲突的化解中之后，这一情况得到了很大的转变。自法律顾问制度建立以来，东城办事处再也没有了闹访的现象，农民、居民有矛盾纠纷时都直接找律师解决。东城办事处陈建平主任说："社会稳定只靠政府的力量，那永远都稳定不了，所以要让社会人士去稳定社会。"律师正是社会人士中的精英力量，他们的介入不仅减轻了政府的稳控压力，同时对于社会来说，他们本身来自于社会，农民、居民对他们也更加信任。因此，在维护社会稳定时，将作为专业社会力量的律师引进来是较为明智的选择。

（四）"东城模式"的不足

东城办事处在基层治理体系中引入专业力量，实现了专业力量和行政力量的融合，将权威性的社会资源和强制性的行政资源结合起来，推动了东城和谐社会的建设和法治建设。在"东城模式"中，专业力量和行政力量这一对关系尤其重要，即政府与律师如何互动、保持何种关系，是"专业引领"机制能够有效运行的关键因素。专业力量在引领基层治理中展现的独立性与公正性是东城模式的主要特征，然而，在实际运行中，专业力量与行政力量的关系产生了一定程度的变异，这与"专业引领"的核心是背道而驰的。

一是专业力量的行政化趋向。这主要体现在两个方面：一方面，行政力量过度干预专业力量，以及专业力量过分依赖行政力量。过去政府常常以行政命令式的手段管理社会，以强制的手段化解冲突，如今在基层治理中，虽然有专业力量来引导、规范，但是它需要花费一定的时间，这与政府推进建设所需要的效率是相悖的，因此，在这种情况下，政府往往越过法律顾问这道程序，重拾过去的管理方式，快刀斩乱麻。在对行政命令、强制执行的偏好下，形成了"路径依赖"。另一方面，熟人社会的关系往往非常复杂，人情、伦理掺杂其中，使矛盾冲突难以调解，有时法律也跨不过人情、关系这道坎，在这种情况下，专业力量对行政力量形成了一种依赖，由行政力量去做裁决。在理智村，法律顾问在解决冉贞实与邻居刘志刚的边界问题时，认为冉贞实并未占用刘志刚家的土地，而当村干部介入之后，判决意见发生了反转，顾及到村里面的人情关系，村委让冉贞实腾出一点地给刘家。最后，法律顾问遵从了村干部的意见。

二是专业力量的社会化问题。首先，专业力量在深入基层的过程中，面临着传统观念的阻碍。在东城办事处，虽然社会变迁非常迅速，但是大多数村庄依然是费孝通所描述的礼治社会和无讼社会，农民虽然认可法律，但却不愿主动请律师，认为这会破坏了人情。如新桥社区，郑道萍及其姐妹因为赡养老人问题与她们的嫂子长期不和，她们的家庭纠纷持续了近20年，一直没有得到解决。她表示，请律师或许会能解决问题，但是律师调解后她们之间的关系会变僵。在她眼里，律师是外人，法律虽然有效，但也许会破坏感情。类似郑道萍这样的农民需要法律，可是传统的观念阻碍着法律力量的介入。其次，东城办事处通过塑造基层治理机制，推动了农民的参与，不过这样的参与是有限的。发生过矛盾纠纷并通过法律顾问解决的农民，对这项工作的评价高，也更愿意参与建设。新桥社区的9户居民反映的青苗费补偿问题在法律顾问的帮助下得到解决后，对办事处表示非常感谢。而那些没有发生过矛盾纠纷的农民，对法律顾问的知晓程度并不高，一些居民甚至不知道法律顾问的存在。

官治合作型法治落地的有效实践

——基于恩施州恩施市屯堡乡的个案研究

　　屯堡乡位于鄂西南武陵山区内，恩施土家族苗族自治州西部，是一个典型的移民库区。山高路陡，居住分散，信息阻隔是其典型概括。长期以来，由于特殊的地理环境和浓厚的土司文化使得法治难以自主落地，"以规压法，以言代法，以理抗法"的现象较为普遍。仅靠单一政府的强力推动，法治供给与农民需求往往严重脱节，难以完全融入乡土；仅靠外来法治服务的进入，又苦于自然条件和经济基础的制约，法治资源被梗阻在大山之外，政府行政方式"下不来"，外来法治服务又"进不来"，使得山区法治建设面临两难困境。屯堡乡作为一个典型的山区移民库区，人口背景多元、居住环境复杂，邻里矛盾纠纷频发，使得法治观念和法治思维难以内化为人们的日常行为。虽然屯堡乡曾经也进行过一些法治建设的探索，但始终无法从根本上解决问题。

　　2013 年 8 月恩施市被确定为全省法治建设工作的试点，在全州广泛开展"律师进村，法律便民"活动。屯堡乡抓住试点契机，结合乡情实际，由政府牵头，借助律师资源，运用市场化的购买手段，让律师作为独立"第三方"参与涉法涉诉的化解，不仅使刚性的制度融入到了乡土社会，同时也使法治资源嵌入到了乡村治理中，从而形成了"行政力量＋律师资源"的双重合力，二者相互融合，实现了优势互补，破除了法治"悬在空中、阻在山外、止于墙上"的困境，让法治的空气弥漫在了每个村庄、每件纠纷、每个人的心中，以此实现法治在山区的落地生根。

一　内外驱动：官治合作的背景

屯堡乡作为恩施市的"后花园"，有"花园屯堡"之称，其资源丰富，产业发达，但社会管理长期跟不上。全乡陷入了"矛盾纠纷问题多"的困境，政府则存在着"法律问题难解决"的局限。对此，虽然乡政府花大力气处理，但成效不太理想，这一度成为屯堡乡政府的"心病"。2014年4月14日开始的"律师进村，法律便民"工作，为屯堡乡提供了难得的契机。在外部政策的驱动下，屯堡乡开始探索通过政府与法律顾问合作，以有效进行矛盾纠纷调解，进而促使法治落地。

（一）现实困境：矛盾纠纷问题多

1. 土地确权不到位，权属纠纷接踵而至

屯堡乡的土地权属纠纷问题突出，尤其是林权纠纷。屯堡乡的土地权属纠纷数量较多，且多数是历史遗留问题。查看乡司法所记录的近一年来的104件法律咨询事项，其中土地权属纠纷占了11件，占法律咨询事项总数的10.58%。下面便是两起比较典型的矛盾纠纷。

1982年土地下放到户落实生产责任制时，当时全组农户划分土地后剩余380斤产量的承包土地。经当时的群众认可，由袁恒友承包耕种小地名"高炉子"处土地，按300斤产量承包，另由董明春和刘定辉分别承包剩余30斤和50斤产量的土地。在1995年土地二轮承包时，"高炉子"这宗地承包给袁恒友，但袁恒友所持的承包合同中没有具体的田块数和四至界线。2003年，袁恒友将该宗地退耕还林了，并由林业部门核发了《林权证》。该证上的土地面积、四至界线及所植树种都清楚明白，并与刘定章所持的《林权证》上退耕还林的地块共界。在2005年土地二轮延包时，在袁恒友所签订的《恩施市农村土地承包合同书》中，该块地地名变更为"刘定辉门前"，其四界的东面包含了刘定章退耕还林了的地块。因为袁恒友的《土地承包合同书》中的土地界线与刘定章所持《林权证》的界线有交叉，所以两人一直争吵不休。

在上述袁恒友与刘定章的林权纠纷案例中，两家产生矛盾的根源是土地变更时的交接工作不到位。袁恒友与刘定章两人的土地以前都是耕地，

后面经过退耕还林变成了林地，并由林业部门颁发了《林权证》，两人《林权证》上的林地界线虽然共界但无纠纷。两家的矛盾产生在 2005 年土地二轮延包时，袁恒友与村委会签订的《恩施市农村土地承包合同书》中的土地四界与刘定章的林地四界有交叉，也就是说当时杨家山村村委会与林业部门在土地变更时的交接工作没做好，这才使得袁恒友与刘定章的土地界线交叉，进而引发纠纷。

从 1982 年落实农村生产责任制开始，杨家山村村民谭世洪便与其堂叔谭遵俊为一块名为大沙坡高坎的零星林地发生权属争议，互不相让。两方争议的原因如下：在 1953 年土地改革时，杨家山村大沙坡高坎的零星林地分给了谭世洪的祖父，与谭遵俊家的林地相邻，当时是以人行路为地界。到了 1982 年落实责任田时，杨家山村以各户 1953 年土改时分配的山林土地为基础，根据人口增减适当调整。但由于 1953 年的地界——人行路已经长满了荒草，不容易识别，且谭世洪之父谭遵余也没有证据证明大沙坡高坎的零星林地属于他，于是两家发生争议。因此，该林地没有填上谭世洪之父谭遵余的《自留山证》，2008 年林改时也因存在权属争议没有填入谭世洪的《林权证》。33 年来，两家人为了砍树砍柴，几乎每年发生争吵。

在上述案例中，林地权属纠纷的主要原因是林地确权工作比较粗糙。屯堡乡历史上有三次林地界线划分与《林权证》颁发，时间分别为 1953 年、1982 年与 2008 年，而谭世洪与谭遵俊两家纠纷的根源则是 1953 年的林地确权。当年在划分林地时只是简单地以人行路为界线，并未专门树立界线标志，导致 1982 年再次进行林地确权时界线模糊不清，从而引起纷争。另外，据屯堡乡杨家山村的综治专干黄远佐介绍，历史上的林地确权，部分地方的相关工作人员只是根据 GPS 卫星地图进行，并未亲自到现场勘查，因此导致了林地界线未划清，从而引发矛盾纠纷。当然，这也从侧面反映出当时农民对于林地产权的观念不强。

2. 工程开发接二连三，赔偿纠纷时常发生

屯堡乡的工程开发主要有水电站建造和大峡谷旅游公路改线，引发的矛盾纠纷主要是工程开发产生的补偿问题。现在屯堡乡共有 11 个电站，是历史上不同时期建造的，其中最新修建的水电站是清江河水电站。因为建水电站首先需要修建水库，所以大龙潭水库由此而落成了。水库建设工

程从 2005 年 8 月开始，至 2008 年 4 月结束，涉及移民 4000 多人。水库建造淹没了成片的耕地，迫使大量劳动力外出务工，导致地处大龙潭库区下游的鸭松溪村其基本情况是"一潭清水不能用，六百劳力靠打工"。水库移民带来的房屋拆迁、土地征收补偿等问题引发了不少的矛盾纠纷，"山地多平地少、党员数多年轻的少、移民多矛盾不少"曾是鸭松溪村的真实写照。

近几年，大龙潭水库的建造还带来了后续问题：水库的管理和运营引发了一些矛盾纠纷。首先，水库蓄水可能会淹没农民的土地等固定财产，从而引发赔偿纠纷。"2014 年 8 月，屯堡乡屯堡居委会居民邵来绪便向乡政府反映：大龙潭水库蓄水时将他家的酒厂、猪场淹没后，没有按照国有土地标准进行征收补偿。因此，邵来绪要求给他重建酒厂、猪场地基，并赔偿多年以来的经营损失。"其次，一些矛盾纠纷可能会因为水库的水上游乐设施出现安全问题而产生。2014 年 7 月 25 日，莫佳钰（女，6 岁）在父亲带领下与几个朋友一起到陶守轩经营的水上自行车上游玩。在游玩过程中，莫佳钰不慎落入大龙潭水库溺亡，于 7 月 27 日被打捞上岸。事情发生后，莫佳钰的家人要求陶守轩赔偿 23 万元的损失，双方情绪对立，形势严峻。

大峡谷旅游公路具体指恩施大峡谷的旅游公路，在屯堡乡境内的长度为 45 千米，公路改线从 2009 年 10 月开始，至 2013 年 5 月 1 日结束，其引发矛盾纠纷的主要原因为征地、还田补偿等。并且，大峡谷旅游公路还引发了一些后续问题，比如公路两旁植树占地引发的赔偿纠纷等。2015 年 3 月，"绿满荆楚"活动开展，在杨家山村段的大峡谷旅游公路两旁种了很多树。活动结束后，村民周明凯就打电话向村里综治专干黄远佐咨询："'绿满荆楚'活动期间在我家的耕地上种了树，为何没有给予补偿？"所幸这个问题并不严重，综治专干黄远佐成功调解了。

总之，屯堡乡最近的水电站建造和大峡谷旅游公路改线工程至少已经过去两年多，工程建设期间引发的赔偿矛盾纠纷基本上已解决，现在的矛盾纠纷主要是工程的管理和运营过程中产生的，但很可能是重大矛盾纠纷。屯堡乡司法所将近几年发生的 10 起典型矛盾纠纷案件装订成册，其中就有两件是由于水电站建造和大峡谷旅游公路改线工程引发的。

（二）政府局限：法律问题解决难

一方面，屯堡乡政府工作人员普遍存在"有法不用法"的现象。长期以来，对于处理矛盾纠纷，政府都是凭经验办事。即使某些问题如林权纠纷问题涉及法律知识，但由于政府官员不懂法，政府内部也没有相关法律人才，因此往往出现"有法不用法"的现象。"以前鸭松溪村的村规民约就规定：'如果村民做了违反村规民约的事，就不给该村民的小孩上户口，不给办理业务手续，或者对该村民进行罚款'，但是乡村干部不知道这些村规民约条款是违法的。"

另一方面，屯堡乡政府工作人员也存在着"有法用不好"的难处。就算政府工作人员在调解矛盾纠纷时，懂一些相关法律，但因为专业性不强，中立性不足，所以使用法律的效果也不好。"政府部门处理矛盾纠纷时都是'凭感觉'办事，对于法律问题我们也是'半桶水'，一知半解，因此明知有些矛盾纠纷涉及法律，我们也不用。再说了，就算我们使用相关法律来解决问题，老百姓也不相信我们对法律的解读呀！"也就是因为政府官员有法用不好，使得屯堡乡政府遇到的很多法律问题都难以解决。下面便是一起典型的案例。

恩施市伟峰高岭土有限公司现使用的屯堡乡车坝村二岩组公路总里程 0.8997 千米，系车坝村二岩组受益农户投工投劳调整土地、乡人民政府帮扶资金 121675.85 元修建而成。2011 年，恩施市伟峰高岭土有限公司对公路进行了改扩建，对新占地进行了补偿，但对原来的路面未予补偿，因此，谭世福等村民到政府上访。上访后，其他村民在政府的协调下，均按照当时的补偿政策领取了补偿款，但谭世福认为补偿标准过低，补偿方案不合理，拒绝签订补偿协议，并为此多次上访，与高岭土公司发生纠纷。

在上述案例中，村民上访以后，屯堡乡政府依据当时的补偿政策，让恩施市伟峰高岭土有限公司对村民进行了补偿。但后来村民却认为补偿标准低了，最后还是走向了司法渠道。这说明，在涉及法规的矛盾纠纷上，政府对法规的运用并不能让农民信服，很难解决这类案件。政府有法也用不好，导致了涉及法规的积案数量居高不下。

（三）合作契机："律师下乡"解围来

2013 年 9 月，恩施州的"律师进村，法律便民"工作率先在龙凤镇试点。试点期间，法律顾问团在调解矛盾纠纷、化解信访积案等方面取得了显著成效。为了巩固试点成果，2014 年 4 月 14 日，恩施州在全州推进"普遍建立法律顾问制度工作"，其主要做法是实行"四个一"的法律顾问服务工作模式，即乡镇有一个法律顾问团、村有一名法律顾问、网格有一名法律宣讲员、每个农户有一个法律明白人。在"四个一"工作模式中，对于乡镇法律顾问团的具体要求为：主要是为党委、政府依法履职当参谋，并对基层经济、文化、社会建设中的重大问题提出法律意见，具体工作内容延伸到村、延伸到网格、延伸到农户。

恰逢恩施州全面实施"普遍建立法律顾问制度工作"，这为解决屯堡乡"矛盾纠纷问题多"的现实困境和"法律问题解决难"的政府局限提供了契机。2014 年 4 月 30 日，恩施州召开"普遍建立法律顾问制度"动员大会，各县（区）、乡镇（街道）相关工作人员参会。会议要求各县（区）、乡镇（街道）、村（居）建立法律顾问制度，但未明确提出如何开展工作，相关工作需要在摸索中前进。对此，屯堡乡政府高度重视，将"律师下乡"视为解围的重要途径和有力帮手。于是，屯堡乡在"五一"劳动节过后的第一天（5 月 4 日），就开始启动"建立法律顾问制度工作"，由乡党委副书记袁铭方主抓，从夷水律师事务所聘请了 7 名法律顾问，与夷水律师事务所签订了合同（合同部分内容如下）。据司法所所长李美略介绍："屯堡乡之所以聘请夷水律师事务所的律师，主要原因是恩施州最早的'建立法律顾问制度工作'试点——龙凤镇聘请的法律顾问就是夷水律师事务所的，因此这些律师在'律师进村，法律便民'工作上富有经验。"随后，屯堡乡成立了法律顾问团。为了让政府官员与法律顾问能够更好地合作，相互学习，屯堡乡将乡党委副书记袁铭方（分管政法、综治、信访、维稳工作）、乡司法所所长李美略、乡司法所副所长邹兴菊纳入了法律顾问团。其中，乡党委副书记袁铭方任团长，乡司法所所长李美略任副团长；顾问团成员除 7 名法律顾问以外，还包括乡司法所副所长邹兴菊。屯堡乡法律顾问团成立以后，便开始在花枝山村就具体工作进行试点。

法律顾问合同（节选）

甲方：恩施市屯堡乡人民政府

乙方：湖北夷水律师事务所

二、法律顾问团的主要任务

（一）对甲方行政管理方面的重大决策进行分析论证，提供法律依据，出具法律意见；

（二）对甲方拟制定、发布的涉及法律事项的规范性文件、规章制度等从法律方面进行审查和论证；

（三）参与甲方的合同、经济项目谈判和签约活动，对甲方拟签订的合同进行审查；

（四）为甲方提供与行政管理有关的政策、法律信息；

（五）协助甲方对内部人员进行依法行政法律知识培训；

（六）为农村民主法治建设服务，有针对性地进行法制宣传，提高村民法律意识。帮助开展民主法治示范村创建活动，推动农村民主法制建设向更高层次发展。帮助甲方化解群体性、复杂性、易激化的矛盾纠纷，引导村民以合法方式和正常途径表达利益诉求，并对确有困难的村民提供必要的法律援助；

（七）代理甲方参加诉讼、仲裁、行政复议或调解、和解纠纷；

（八）承办甲方需要办理的其他法律事务；

（九）甲方将全乡 14 个村（居）委会纳入乙方的服务对象。

四、甲方的责任

（一）甲方每年向乙方支付顾问费人民币伍万元（小写：50000 元/年），在每年的 4 月 25 日以前付清当年的顾问费；

（二）乙方为甲方办理法律事务时，甲方应及时提供有关的资料、证据、手续及必要的人员协助。

在上述屯堡乡政府与夷水律师事务所签订的《法律顾问合同》（节选）中，对夷水律师事务所的工作内容进行了比较详细的规定，而屯堡乡政府的义务则只是提供法律顾问费用。并且，屯堡乡还根据这份《法律顾问合同》，将乡法律顾问的工作职责上墙（具体内容如下），为法律顾问工作开展制定了指南规范。"没有规矩不成方圆，通过与夷水律师事务所的法律顾问协商，将法律顾问的工作职责确定下来，这不但为法律顾问的工作开展指明了方向，也为制定法律顾问报酬的考核办法提供了依据"，在谈及界定法律顾问的工作职责时，屯堡乡党委副书记袁铭方说了上述这样一番话。

屯堡乡法律顾问工作职责：

1. 为乡政府制定规范性文件、乡政府及其所属部门的重大决策行为、具体行政行为、合同行为及其他非诉讼法律事务提供咨询或建议，对决策进行法律论证；

2. 为涉及乡政府的有关调解、仲裁、诉讼、执行等法律事务提供法律意见，参与涉及乡政府的重大案件、事件的研究讨论，并提供法律意见；

3. 受乡政府委派代理乡政府的仲裁、诉讼、执行和其他法律事务；

4. 协助乡政府草拟、修改、审查重大行政、民事合同，根据乡政府实际工作需要，参与涉及乡政府的重要合同的谈判；

5. 经乡政府指派，以乡政府法律顾问身份对特定事项进行调查、协调，反映民意和社会实情，并提出相关的法律意见；

6. 出席乡政府法律顾问室召集的法律顾问会议并提供相关法律意见；

7. 协助乡政府进行有关法治宣传教育工作。

这份上墙的法律顾问工作职责，是对《法律顾问合同》中法律顾问职责的具体化、拓展和深化。在《法律顾问合同》中，对法律顾问的工作职责还只是一个雏形，到了上墙的法律顾问工作职责，则已经比较成熟了。总之，从《法律顾问合同》的签订，到法律顾问工作职责的上墙，规范了屯堡乡法律顾问的职责范围，为屯堡乡官治合作的形成提供了依据。

二　政府助推：官治合作的形成

屯堡乡官治合作的形成，一开始是由政府主导推动的。在州委战略的领导下，屯堡乡聘请了法律顾问团，开始与法律顾问进行合作。但官治合作很快就陷入了困境，于是屯堡乡对合作进行了适当的调整。

（一）合作基础：细化律师职责

屯堡乡的法律顾问团除了给乡镇政府提供法律服务以外，其服务也进了村。当"律师进村，法律便民"工作在花枝山村试点比较成熟以后，就开始在全乡推广，屯堡乡主要做了如下三项工作：首先，将法律顾问分配到村。屯堡乡一共有 14 个村（居），因此便从夷水律师事务所聘请了 7 位法律顾问，这样刚好一位法律顾问负责两个村（居）的法律服务。其次，要求所辖各村（居）委会将"法律顾问制度"上墙。即在村（居）委会设立法律顾问室，开办"法律诊所"，并将负责本村的法律顾问名单及其工作职责挂上墙（法律顾问的工作职责内容如下）。最后，确定法律宣讲员，培养法律明白人。在全乡 68 个网格，每个网格的 3 名法律宣讲员，由对法律顾问工作积极热心且对本网格比较熟悉的人担任，这个人可能是村干部，也可能是普通村民。法律明白人则是一户人家一名，并对其开展不定期的法律培训。

屯堡乡各村（居）法律顾问工作职责：

1. 参与村（居）重大决策、重大合同的审查和讨论，提供法律咨询，进行释法解疑，提高村支两委依法决策水平；

2. 开展法制宣传教育；

3. 帮助修订完善村规民约、合同、协议等；

4. 帮助困难群众依法获得法律援助；

5. 协助处理其他涉法事务；

6. 为涉法涉诉信访案件提供法律意见；

7. 参与重大疑难民间纠纷的调解；

8. 引导村民依法维权、理性诉求。

屯堡乡将乡法律顾问团成员分配到村，这是一种比较有效的变通做法。因为村（居）的财力非常有限，无力单独聘请法律顾问，但又需要法律顾问提供服务，所以只能由屯堡乡集中聘请，然后对村（居）进行分散服务。同时，将各村（居）法律顾问的工作职责明文规定并上墙，既能够提醒村（居）"什么事情可以找法律顾问"，也可以使法律顾问有针对性地提供服务。通过比较《屯堡乡法律顾问工作职责》与《屯堡乡各村（居）法律顾问工作职责》，可以发现，后者显得更加具体、通俗、简单，让村干部和村民容易理解；并且，考虑农村矛盾纠纷多的特点，《屯堡乡各村（居）法律顾问工作职责》也更加注重法律顾问参与矛盾纠纷调解与涉法涉诉信访案件解决的工作。

（二）合作机制：市场化运作

法律顾问团不管是给屯堡乡政府还是其下辖的村（居）提供法律服务，都是由屯堡乡统一埋单，实行市场化运作。不过，虽然当初在屯堡乡政府与夷水律师事务所签订的《法律顾问合同》中，约定的工作报酬为五万元每年的固定报酬，但在实际工作过程中，屯堡乡政府发现固定报酬不太利于法律顾问工作的开展。因此，后来屯堡乡法律顾问的工作报酬实行基础工资和计件工资相结合的办法，即每位法律顾问每年的基础工资为6000元，法律咨询报酬为50元/人/次，法律培训报酬为500元/场，要求每年培训10次。这样，付出较多的法律顾问收入也高，激励机制便建立起来了。乡党委副书记袁铭方表示："将法律顾问的工资报酬进行量化考核，是屯堡乡'律师进村，法律便民'工作的一大探索；通过这种方式，政府知道了自己的钱是怎么花的，花得放心，法律顾问也知道自己在政府那儿挣的钱是怎么挣的，大家心里都有了一本'明白账'。"另外，因为屯堡乡聘请的法律顾问全部来自夷水律师事务所，因此屯堡乡政府与法律顾问团的工作联系是"对所不对人"，即乡政府有事就联系夷水律师事务所，至于律师事务所派哪位法律顾问去处理，由律师事务所决定。

（三）合作困境：律师作用有限

1. 律师资源分配不均

屯堡乡一共有14个村（居），聘请了7位法律顾问，也就是每位法律顾问负责两个村（居）。对于规模比较小和矛盾纠纷比较少的村（居）来说，由于对法律顾问的需求比较小，因此这种分配方法问题不大。但对于规模比较大和矛盾纠纷比较多的村庄来说，问题就来了——法律顾问根本不够用！据杨家山村综治专干黄远佐反映："村里的案件每年至少有50起，找律师的次数也比较多，因为律师有时候不一定有时间亲自参与，所以我更多的是通过电话向律师咨询一些法律问题。"杨家山村是屯堡乡下面的一个大村，由5个小村合并而来，人口众多，事务繁杂。与此形成对比的是小村鸭松溪村，最近几年每年只有10多起矛盾纠纷，大多数时候村干部都可以调解，用律师的时候很少。屯堡乡的律师资源分配不均，导致的结果是：在部分村庄，法律顾问资源基本处于"空置"状态，并未充分发挥作用。

2. 律师基层经验不足

通过与法律顾问的初步接触，屯堡乡政府便断定：虽然法律顾问掌握着专业的法律知识，且以矛盾纠纷调解为本职工作，但对于乡村的矛盾纠纷，有很多是法律顾问力不从心的，利用乡土力量和乡土手段（土办法）来处理这些矛盾纠纷往往效果更好。屯堡乡司法所所长李美略坦言："法律顾问在解决矛盾纠纷中确实有其不可替代的作用，但与基层负责矛盾纠纷调整的工作人员相比，法律顾问则显得经验不足。"另外，夷水律师事务所的邓乾平律师，也表达了他对法律顾问作用的看法："乡村矛盾纠纷调解不能全靠律师，这是由双重因素决定的：一方面，律师资源非常有限，我们没有那么多时间和精力去处理乡村繁多的矛盾纠纷，而且乡镇政府也不太可能愿意花那么多钱请我们去；另一方面，也不是所有的乡村矛盾都适合律师参与解决，乡村的很多小矛盾就应该利用小组长或者乡贤能人的权威进行调解，还有很多纠纷是可以通过村干部解决的。"通过上述话语可以看出，与基层干部相比，法律顾问在处理基层矛盾纠纷过程中，往往显得经验不足。但是，这种"律师作用有限"的认识，反而促进了屯堡乡官治合作的形成。

3. 村民有事不找律师

屯堡乡开展"律师进村，法律便民"工作以后，虽然每户农户家里面有了法律顾问团 10 位成员的联系方式，但是村民有法律需求时，一般还是先找村干部，如果解决不了，再找法律顾问解决。而且，村民一般通过村干部找法律顾问，很少直接联系法律顾问。

2011 年，孙选贾老师在自留地中种了一棵桂花树，但邻居孙庭久却说这块自留地是他的。孙选贾认为邻居在胡说八道，而孙庭久则在夜里将这棵桂花树砍了半截。对此，孙选贾也不甘示弱，将通往孙庭久家的必经之路挖了一个大坑，理由是那个坑下面的地是自己的。两家人为此还剑拔弩张，差点儿打了起来。在这种情况下，孙庭久找派出所报案，将孙选贾抓了起来。这起纠纷最后由村委会（主要是村主任唐木胜）进行调解，调解结果为：双方达成调解协议，孙选贾允许孙庭久家过路——路下面的地其所有权是孙选贾的，但使用权为孙庭久的。

2014 年 12 月，杨家山村的黄金枝与向金福两家的房屋先后实施了特色民居改造，向金福家的房屋实施改造时三楼部分建筑空中伸展到黄金枝家的房屋上。由于两家关系一直不好，因此黄金枝要求向金福整改房屋。此案发生后，负责综治工作的村副主任黄远佐赶往现场，一方面劝黄金枝要团结邻居，和睦相处，凡事不要斤斤计较；另一方面则告知向金福其空中建筑伸展部分应该整改，并安排施工专班执行。通过各打五十大板，此案调处成功。

通过上述两个案例可以看出，农村中的很多矛盾纠纷都是鸡毛蒜皮的小事。对于这些小事，农民都是习惯性地找村干部，认为村干部完全能够调解好这些矛盾纠纷，不需要法律顾问的参与，而且法律顾问参与调解的效果也不一定好。

三　模式创新：官治合作的深化

面对法律顾问作用有限的困境，屯堡乡将行政资源进行了整合，以便弥补法律顾问的不足。在屯堡乡对官治合作进行调整之前，已经将乡法律顾问和各村（居）法律顾问的主要职责用书面的形式确定下来，并挂在了墙上。从法律顾问的主要职责可以看出，屯堡乡将法律顾问定位为与政府平起平坐的治理主体，法律顾问与政府的关系为合作关系。因此，在屯堡乡整合了行政资源以后，便开展了官治共同普法、共同调解、共同研判等活动。总的来说，政府官员拥有丰富的地方资源，又熟悉民情。而法律顾问则富有专业知识和调解技巧，又具有独立的地位。因此，屯堡乡的政府官员与法律顾问合作，发挥出了"1+1>2"的功效。

（一）行政资源整合

当初屯堡乡引进法律顾问资源，其内生需求就是政府在处理乡村矛盾纠纷时有局限性，但引进法律顾问资源以后又发现，法律顾问的作用也是有限的。因此，屯堡乡对官治合作进行了调整，将行政资源整合起来，以便助力法治落地。

屯堡乡主要整合了两方面的行政资源：乡司法所和村（居）的资源。一方面，屯堡乡将乡司法所的力量整合了起来。屯堡乡将司法所的所长和副所长聘请为司法行政干警，协助村（居）的法律顾问提供法律服务，互相依托，资源共享，优势互补。其次，屯堡乡整合了村（居）的行政资源。屯堡乡将村干部、驻片干部、小组长、治安中心户长等资源整合起来，其中驻片干部都是村两委成员，而且还是网格员；治安中心户长由选举产生，主要负责村民、车辆、流动人口三方面的工作。一般200多人选一个中心户长，一般的小组有两个中心户长。

将行政资源整合起来以后，屯堡乡形成了"1＋2＋3＋X"法律顾问工作模式和矛盾纠纷层级调解工作办法。"1＋2＋3＋X"法律顾问工作模式即每个村（居）分配1名职业律师担任常年法律顾问，2名司法行政干警协助村（居）法律顾问开办"法律诊所"，每个农村网格选拔培训3名法律宣讲员，每个村（居）培养X名法律明白人；既注重发挥"1"（职业律师）的核心作用和专业权威，又注重"2"（司法行政干警）的主导和协助作用，再通过"3"（法律宣讲员）加强辐射带动作用，从而达到量的扩大，最终实现培训"X"（法律明白人）的目标。下面是部分法律宣讲员的名单。

村别	所属网格	序号	姓名	性别	政治面貌	备　注
车坝村	车坝	1	李仁华	男	党员	车坝村委会委员、综治专干
		2	李纯堂	男	党员	小河组组长、中心户长
		3	高昌权	男	党员	车坝小学校长、教师、村医村教两委班子成员
	军寨	4	向德炳	男	党员	车坝村委会委员
		5	向明林	男	农民	龙神堂组组长、中心户长
		6	徐廷财	男	党员	农民、致富带头人
	龙溪	7	向德举	男		车坝村委会委员
		8	梁丛远	男	党员	竹园坝组组长、中心户长原龙溪河村支部书记
		9	向兴文	男	农民	白果树组组长、中心户长
	选住	10	郭国英	女	党员	村支两委成员、计生专干兼文书
		11	郭家林	男	农民	天井组组长、中心户长
		12	谭绍禄	男	党员	原杨家山村书记

村别	所属网格	序号	姓名	性别	政治面貌	备　注
车坝村	林家湾	13	向明权	男	党员	村支两委成员、副书记、村委会主任
		14	郑永军	男	党员	中心户长、致富带头人
		15	郭家杰	女	党员	中心户长、致富带头人

矛盾纠纷层级调解工作办法是指在调解矛盾纠纷时比较严格地按照从低到高的层级进行，程序依次为：治安中心户长、小组长、驻片干部、人民调解委员会、乡镇有关部门。其中，中心户长调解矛盾纠纷工作有一点奖励——对本辖区内发生的民事纠纷，调解一起，有调解工作记录的奖励30元。小组长调解矛盾纠纷没有工资，但有话费补贴和交通补贴。人民调解委员会成员由所有的村干部组成，一般每次进行人民调解的时候都会有好几位调委会成员到场。

据了解，屯堡乡下辖村（居）的矛盾纠纷调解基本上都会记录在案，就算是村民直接咨询法律顾问的案件也会记录。其记录内容主要包括来访人、来访事由、接待答复意见、处理结果四部分。另外，矛盾纠纷如果经过人民调解委员会调解的，还会制作成卷宗，上交给屯堡乡司法所。一份卷宗（调解文书）有100元的奖励，而且制作比较好的还有额外奖励。值得一提的是，村里矛盾纠纷调解成功的必须要村民在调解协议书上签字，"以前就是吃了没签协议的亏，有时候经过村民口头承诺化解了矛盾纠纷，但后来又反悔了"，杨家山村负责综治工作的村副主任黄远佐表示。

（二）官治共同普法

屯堡乡的普法宣传工作采取"政府搭台，律师讲法"的方式，既发挥了法律顾问的专业优势，又体现了政府组织农民、提供平台的基础作用。截至目前，屯堡乡共举办了三次大型的普法宣传活动。

1. 新型农民科技暨法律明白人培训

因为大龙潭水库的修建，屯堡乡产生了一大批不会种地的水库移民。为了帮助这批移民组织生产，屯堡乡于2014年5月，在相关村庄的村委会开展了大龙潭库区新型农民科技暨法律明白人培训，将农民科技培训与普法宣传结合起来，为花枝山村、鸭松溪村、新街村培训新型农民和法律明白人 600 余人。

培训会上，恩施职业技术学院的专家对果茶种植、蔬菜种植与管理、油茶管理、葡萄种植等方面的技术进行专业讲解，引导库区移民合理、科学地栽培管理农作物，提高库区移民的农业生产技能。接着，屯堡乡法律顾问团成员、夷水律师事务所律师魏长群对库区移民进行了基础法律知识培训，内容涉及创业过程中的资金、场所及市场交易风险的规避，就业过程中劳动关系的确立、劳动待遇的保障、职业病的防护等方面的知识。同时，魏长群律师积极倡导库区新型农民在生产生活中强化法律和规矩意识，合理诉求，依法维权。与会村民纷纷表示：此次培训让我们了解了一些农业实用技术，懂得了一些基本法律知识，对自己的生产生活大有益处。

2. "小手牵大手，家校普法一起走"

屯堡乡在"12·4"全国法制宣传日，于屯堡中学开展了以"小手牵大手，家校普法一起走"为主题的普法活动，培训了学生、教师、家长2000 余人。在活动现场，工作人员首先散发了法律知识宣传单，上面印有法律顾问团的信息，以及各村（居）"律师诊所"法律顾问的联系方式。活动正式拉开序幕以后，家长、学生、教师坐在一起聆听乡司法所工作人员、法律顾问团成员的精彩普法知识辅导讲座。"真是活到老学到老，我今天才晓得法律的重要性，来这一趟真是值得!"贴近学生、老师、家长实际生活的鲜活普法事例，生动朴实的法律知识宣讲语言，让村民杨宗艳受益匪浅。讲座散场后，杨宗艳和同伴们又赶到田凤坪村委会，分享夷水律师事务所为该村捐赠 32 英寸液晶电视机建立普法宣传阵地的幸福时刻。

3. "做法律明白人，当安全驾驶员"

屯堡乡还针对不同的职业、群体进行了专门的普法培训，培训了驾驶员和法律明白人 2000 余名，取得了良好的效果。因为屯堡乡的车辆较多，交通安全成为薄弱环节，对此，屯堡乡还形成了"交通义务监督员"工作机制。交通义务监督员由村委会推选有正义感、有权威的家长或司机担任，主要监督那些租车送学生上学的司机。家长监督那些"校车"① 司

---

① 此处的"校车"大多数并非真正意义上的校车，其主要是送学生上学的私家车。

机，其主要途径是听取家里学生的情况反映，司机监督的主要途径则是在自己开车途中，如果遇到不遵守交通安全的"校车"，可以向村委会举报。

（三）官治共同调解

矛盾纠纷调解是官治合作的重点内容，也是难点所在。屯堡乡的官治合作调解矛盾纠纷主要有三种形式：即法律顾问通过提供法律咨询、参与综治例会、召开屋场会议与政府合作。

1. 提供法律咨询

由于夷水律师事务所地处恩施市城区，距离屯堡乡有一定的距离，而法律顾问平时也不在乡政府或村委会坐班。因此，为了方便，当乡政府官员或者村干部在调解矛盾纠纷时，遇到了不懂的法律问题，可以电话联系法律顾问直接咨询；如果有需要，法律顾问还可以出具《法律意见书》，随时为矛盾纠纷调解提供法律支持。

屯堡乡屯堡居委会居民邵来绪于 2014 年 8 月 10 日到屯堡乡政府，反映大龙潭水库在蓄水时，将他家的酒厂、猪场淹没后未按国有土地标准进行征收补偿；恩市政发〔1998〕63 号文件制定不合理，因为该文件没有涉及信访人的这种情况；要求给他重建酒厂、猪场地基，并赔偿多年以来的经营损失。乡政府受理此案后，将情况向乡法律顾问团进行交办。乡法律顾问团根据当事人反映的情况，结合法律和政策，向乡政府出具了《法律意见书》。乡政府根据该《法律意见书》作出了信访答复意见。当事人邵来绪明确表示，他虽然不服答复意见，但一定会按政策程序申请复查和复核，不会越级上访。

在上述案例中，法律顾问出具了《法律意见书》，并起到了一定的作用。对于法律顾问提供法律咨询的便利作用，杨家山村村支书肖玉军感慨："法律顾问团就是一个法律政策咨询平台，就像一本活字典一样，可以随时翻阅法规，而以前村干部要咨询法律政策时主要是问别的村干部或者乡司法所。"

2. 现场参与调解

当遇到情况紧急的突发案件，而乡镇干部又对案件调解没有把握时，往往会邀请法律顾问参与，共同调解，以期达到最佳的调解效果。在情况紧急之下，乡镇干部在调解时比较容易受到现场紧急形势的影响，但有了法律意见以后，矛盾纠纷的调解标准则客观了很多。下面便是两起相关的矛盾纠纷。

2014年7月25日晚8时许，受害人莫佳钰（女，6岁）在父亲带领下与几个朋友一起到屯堡乡鸭松溪村村民陶守轩经营的水上自行车上游玩。在游玩过程中，因操作不当，莫佳钰不慎落入大龙潭水库溺亡，于7月27日凌晨6时许被打捞上岸。事情发生后，莫佳钰的家人邀约了近200人到鸭松溪村聚集，要求陶守轩赔偿23万元的损失，双方对立情绪十分激烈，随时有可能引发群体性事件。乡政府了解情况后，迅速组织相关部门进行稳控，同时要求法律顾问团和乡调委会介入。最终，在法律顾问团和乡调委会的努力下，通过入情入理的解释说明以及对相关法律关系和各自责任的厘清，双方最终达成一致协议，案件得以顺利调解结案，从而成功避免了一起群体性事件的发生。

2014年10月29日，受害人谭之申（屯堡乡杨家山村人）在给本村村民谭遵超家进行粉刷的时候，不慎从楼上摔下，谭之申当即被送至恩施市中心医院住院治疗。2014年1月10日，谭之申被家属接回家。1月12日，谭之申因医治无效死亡。此后，以谭之申配偶向丙芝为代表的家属，为了谭之申生前的医疗费和死亡后的相关补偿多次找到谭遵超，并扬言"如果不解决就将谭之申的遗体放到谭遵超家里"。了解到相关情况后，屯堡乡乡政府和杨家山村十分重视，主动安排法律顾问对此案进行调解。该村的法律顾问从法律方面对双方进行了分析，并告知他们必须通过正当程序，不得进行打闹，否则有道理的都变成没道理的了。后来，双方均听取了法律顾问的建议，于2015年1月14日主动找到乡调委会进行调解。由于有了该村法律顾问的前期正面工作，调解工作比较顺利，当事人最终达成了调解协议。

另外，对于本文前面介绍过缘由的"谭世洪与谭遵俊的林权纠纷"，此案以前经过村干部多次调解，当时双方都没有证据，所以只能让双方私了。但当事人互不相让，因此此案一直悬而未决。不过，在最后一次调解时，一方当事人有了证据，且村干部请来了法律顾问帮忙调解。

屯堡乡法律顾问团成员陆明祥律师接到杨家山村村副主任黄远佐的邀请后，于2015年7月21日上午与屯堡林业站副站长方勘清、工程师黄朝银、村副主任黄远佐及驻片村干部、沙坝组组长谭遵贵以及华中师范大学"律师进村"课题调研组夏奇缘、林龙飞等一行十人前去调解。到达谭世洪家后，陆律师刚坐下，便要双方提交《林权证》等证书，并喊来证人当场作证以证明自己的主张。在等候过程中，律师向老组长谭遵贵询问了该组 1982 年山林土地承包方案。在纠纷调解过程中，名为树林中间土地承包人谭世顶之妻闻讯赶来，要求确认该争议林地属于其经营管理，理由是该宗责任田是有坎的，坎中的林地自然应归其所有。经比对各方提供的证据和查勘林地现场，在征询村乡干部意见的基础上，律师提出三分林地的调解方案，即以谭遵俊的《林权证》为依据，确定树林中人行老路下方（南方）林地属谭遵俊管理经营；依据村规民约和有利生产确定，距田边五尺林地属谭世顶管理经营；二者之间的林地属谭世洪管理经营。三户均接受这一方案，村调委会当即让他们签订了《人民调解协议书》，一起历时 33 年并经多次调解未果的纠纷得到圆满解决。

在上述案例中，法律顾问在化解矛盾纠纷发挥了主要作用，其方法是娴熟地运用律师思维和技巧。所谓律师思维就是规则思维、法律思维，法律和证据相结合的逻辑思维。追求公平正义，对事不对人；着力平息争议，依理依法不徇私。注重法律和证据，能够使矛盾纠纷的调解结果更加令人信服，让不服的当事人也无可辩驳。律师耐心听取村民说事，而后逐一明法析理。在一来一往的交流中，村民把事说清，律师把理说透，迅速突破矛盾症结。与经验法则和道德思维化解矛盾相比，法律顾问在矛盾纠纷化解中具有独特的作用。

3. 参与综治例会

屯堡乡的综治例会于每月 25 日召开（特殊时期、特殊任务灵活安排），乡镇综治办工作人员以及下辖村（居）的综治专干参会。每次综治例会都会有 1—2 名律师参会，集中解决重大疑难矛盾纠纷。以下两例在综治例会上法律顾问参与调解的矛盾纠纷，是屯堡乡自"律师进村，法律便民"工作开展以来的典型案例，其中"刘定章的林权纠纷案"在本文的前面已经介绍了基本情况。

2008 年，屯堡乡坎家村杜先才等 15 户村民成立了"绿波天然养殖农民专业合作社"。合作社成立后，进行了内部分工，杜先才负责养鱼，另外一个班子负责打鱼，工人工资先自行垫付，待有收益时按比例分红。从合作社成立至 2012 年，杜先才养鱼实际支出 10 余万元，合作社内部也开始产生纠纷。杜先才要求进行清算并支付工人工资，其他社员以合作社无收益为由，不同意支付养鱼工资，杜先才为此多次到有关部门上访。2013年 11 月 15 日，杜先才同时向恩施州委书记王海涛和恩施市委书记向前进邮寄上访材料。乡政府根据州、市主要领导的批示，及时组织合作社社员进行调处，村、乡先后进行了三次调解，均因当事人分歧太大没有结果。后来在综治例会上，法律顾问建议双方当事人通过诉讼解决问题。2014年 6 月 26 日，杜先才委托律师向恩施市人民法院提起民事诉讼，案子很快办结。

2014 年 3 月 13 日，屯堡乡坎家村回头线组村民刘定章等人写"请示报告"到坎家村委会，要求收回改组村民袁恒友承包的名为"高炉子"的 1.5 亩土地，称袁恒友无权承包，应收回原小组。后来，刘定章多次到乡人民政府信访。根据刘定章等人反映的情况，乡政府安排乡林业站和财政所进行了调查。经调查，屯堡乡林业站和财政所均认为该宗土地应由袁恒友继续承包经营，但刘定章等人对此结论不服。2015 年 1 月 28 日，乡法律顾问团在综治例会上，对刘定章等人进行了面对面的"集体会诊"，告知刘定章等人，袁恒友取得的《土地权证》，在职能部门和人民法院依法撤销前都是有效的，要求他们可以按照仲裁程序进行仲裁，并告知了相关的仲裁和诉讼风险。最终，刘定章等人接受了法律顾问团关于依法仲裁和诉讼的建议，不再进行信访。

在上述两个案例中，法律顾问提供的法律意见，促进了涉法涉诉案件成功处理。不过，需要说明的是，在综治例会上，法律顾问只是提供法律意见作为参考，并非调解矛盾纠纷的主力。除了法律顾问，参与屯堡乡综治例的还有分管领导袁铭方副书记、综治办工作人员、各村（居）综治专干、相关部门、当事人等。矛盾纠纷调解流程为：双方当事人先进行陈述，然后相关部门、法律顾问、综治办提供调解建议，最后主管领导综合各方意见发表调解结果，如果双方当事人对结果都满意，就可以签订调解协议了。

（四）官治共同研判

在政府或村（居）委会的决策过程中，通过政府与法律顾问共同研判，干部可以学到相关法律知识，尝到了法治的"甜头"。2011年，屯堡乡杨家山村的几千亩集体林地遭了冰灾，山里的树木都冻坏了。因此，杨家山村决定把树木卖掉，把林地承包给别人。通过咨询乡司法所，杨家山村的这项买卖采取公开拍卖的方式，起价21万元，但最后拍卖了42.6万元。

　　政府与法律顾问共同研判，让政府在决策时有了"智囊团"，提升了决策的科学性和合法性。2014年8月，屯堡乡杨家山村冬井湾小组的两个采石场，无证经营了几年，被勒令停产。后来，两个采石场要求办理正规手续并进行征地，其在村委会办理相关手续时，村委会咨询了法律顾问相关的法律政策以及征地需要经过的程序，对此事进行了很好的处理，也对法律顾问的解答很满意。

　　政府与法律顾问共同研判，避免了政府"拍脑袋决策"的现象，体现了法律顾问在政府决策中的"把关、审核"作用。2015年3月，有开发商打算在杨家山村的集体林地上开发旅游农家乐，规划在山上修建旅馆、道路、休闲设施等项目。杨家山村委会接到这个开发项目的申请以后，并没有像以前一样"拍脑袋"决定，而是先向村里的法律顾问咨询法律意见。法律顾问认为，按照林权法的相关规定，不允许改变集体土地的用途，并且在修建道路的过程中如果需要砍树，还得通过林业局的批准。对于这个旅游开发项目，法律顾问还出具了相应的书面意见书。在这种情况下，开发商自动放弃了原先的旅游农家乐开发。

四　合作成效：让法治落地生根

（一）实现法治能力优势互补

　　官治合作的建立与完善，不管是对屯堡乡政府还是对法律顾问来说，其法治能力都得到了提升。当然，这种法治能力集中体现在处理矛盾纠纷案件上面。就政府干部而言，其以前只知凭经验、用土办法办事，引进法律顾问以后，不但学到了很多法律知识，而且学会了依法办事。屯堡乡杨家山村副主任、综治专干黄远佐亲自参与调解了本文前面介绍过的"谭之申给村民家粉刷房屋摔倒死亡的案件"，并讲述了自己的经历和感受："去年10月29日，我们村里的村民谭之申在给另外一个村民谭遵超家刷墙的时候，不小心从脚手架上摔了下来，当时就送到医院抢救。我们接到这个案子以后，晓得案情比较严重，因为当时谭之申已经昏迷，医院医生说病人要么成植物人要么死亡。我感觉这个案子村里肯定是无法调处的，所以第一时间把事件经过作了记录，然后咨询法律顾问邓乾平。第二天一大早，邓乾平律师就来到村里，把当时人和现场证人叫过来作了一个调查笔录。在谭之申治疗的过程中，我对案件全程跟踪，随时跟邓乾平律师保持联系。在调解案件的过程中，虽然谭之申家的势力比较大，但一直没发生冲突。一直到谭之申死了以后，谈好了赔偿，人下葬了，也没发生大的纠纷。我觉得在整个案件调解的过程中，法律顾问还是起到了相当大的作用，自己也从法律顾问那儿学到了很多东西。"可以看出，在有法律顾问参与处理矛盾纠纷的过程中，乡村干部通过耳濡目染，能够从法律顾问那儿学到用法律知识和法律思维办事的本领。

就法律顾问而言，其以前的主要业务是代理诉讼，且业务范围主要在城镇，现在在乡村提供法律服务以后，从基层干部那儿吸收了大量处理乡村矛盾纠纷的经验技巧，使其在用法律调解矛盾纠纷时简直如虎添翼。屯堡乡的法律顾问何勇坦言："姜还是老的辣，基层干部长期处理乡村矛盾纠纷，他们的经验确实比我们丰富很多。"更重要的是，官治合作能够让政府与法律顾问在法治能力提升的同时，进行优势互补。政府干部运用矛盾纠纷调解经验，法律顾问则提供法律知识和法律手段，使得矛盾纠纷能够就地化解。

（二）实现法治水平相互提高

官治合作对政府的一个直接影响，就是政府的法治思维增强了，依法行政从无到有。屯堡乡杨家山村村支部副书记、大学生村官郑伟讲述了自己的一次亲身经历："前段时间一对夫妇来村委会办公楼咨询离婚的事，当时只有我一个人在值班，但我对离婚的相关法律政策不太了解。下意识地，我就上网查了一下相关法规，并为这对夫妇进行了解答。"这表明，法律意识和法律思维已经在干部心中有了萌芽，也从侧面反映了干部从传统的"按经验办事"到如今的"依法办事"的转变。"现在不能像以前一样，想说什么就说什么，想做什么就做什么，还是要多想想法律"，杨家山村的老干部感叹道。而对法律顾问来说，则更加坚定了其对法治方式的信念，更新了其已有的法治理念，提高了法治水平。农村法治是一个新兴领域，法律顾问作为这一领域的生力军，对其法治能力无疑是一种挑战和锻炼，也提升了其法治水平。

（三）实现法治落地共同发力

在我国，以往的法治进程推进，主要靠政府"单打独斗""一条腿走路"，但这样的法治缺乏外生动力和专业力量，显得后劲不足。而屯堡乡开展的"律师进村，法律便民"工作，则实现了法治落地的共同发力、"两条腿走路"，使得法治走进了千家万户，在农民心中落地生根发芽。屯堡乡民政办的张主任介绍了她亲身经历的一件事："我去年参加花枝山村的村委会选举，现场一位热心村民想替另外一位村民投票，但那位村民不让，坚持要自己投票。以前的村委会选举投票，代投的情况比较多。现在经历过这件事以后，我感觉村民的法治观念还是增强了。"并且，政府与法律顾问在推进法治落地上的共同发力，不是双方朝不同的方向使劲，而是目标一致，劲往一处使。政府发挥的是主力军作用，法律顾问起到的则是生力军作用。更重要的是，屯堡乡的官治合作，将法律顾问打造成与政府平等的主体和独立的第三方，在巩固政府作用的同时，将法律顾问的作用也充分调动起来，使法律顾问的可信度和权威大幅提升。屯堡乡鸭松溪村副主任、综治专干崔海艳感叹："对老百姓来说，法律顾问说一句话，相当于政府干部说一天话。"

五　总结思考

本文以屯堡乡为研究单位，运用过程——事件分析方法，考察了政府行政力量与律师资源合力破解山区法治悬空困境的过程，分析了政府与律师二者融合的内在动力与逻辑。作为典型的山区乡村，屯堡乡以律师进村，法律便民为抓手，结合本乡实际，实现了从以前农民信访不信法、维权不依规到现在的信访也信法、维权更依规的重大转变，丰富了农村法治建设的实践形式，为改善当前农村法治悬空的局面提供了有益经验。

（一）模式总结：政府与律师合力确保法治落地

随着社会经济的不断发展，传统单极化的公共权力资源配置模式已与现代治理需求不相匹配。原先大包大揽式的法治供给体制已经无法满足村民对法治的需求，更难以激发村民懂法、学法、用法的热情。政府工作人员由于缺乏相关专业的法律知识，在处理基层涉法涉诉的矛盾纠纷时，往往力不从心，面临着"有法不懂法、有法不用法、有法用不好"的困境。遇到涉法矛盾纠纷，往往采用强硬的行政方式"压"到下一级解决或者"逼"到法院打官司，致使矛盾纠纷不能就地化解，涉法涉诉难题急剧上升。仅仅依靠单一的政府无法真正满足村民的法治诉求，也无法充分调动村民参与法治建设的积极性，往往吃力不讨好。基层法治化的推进，需要借助律师资源，但由于特殊的地理条件和落后的经济基础，律师资源往往难以进村入户、深入人心，在时空上被梗阻在大山之外。同时，由于受到乡土力量的牵制，"法不外乎人情""法不外乎土办法"的事件时有发生，使得法治没有制度化的依托，没有经常性的途径和平台，村民诉求没渠道成为基层治理的一大难点。

屯堡乡抓住将"恩施市确立为全省法治建设试点工程"的契机，由政府牵头，拿出专项资金，运用市场化的购买手段，与律师事务所签订聘用合同，让律师作为独立第三方参与地方矛盾纠纷的化解。并在《恩施州普遍建立法律顾问制度实施意见》的基础上，结合本乡实际，进一步提出了"1＋2＋3＋X"的工作模式，实现了律师资源与行政力量的融合，确保了法治在山区落地开花。一方面行政力量助力律师资源进村入户，破解了法治梗阻在大山外面的难题。以前律师资源想要进村入户，往往没有一个制度化的途径，加之特殊的山区地形与薄弱的经济基础，使得律师进村入户，更是难上加难，致使大量农民游离于法治体系之外，难以享受到法治阳光的滋润。而现在政府不仅通过市场化的手段购买律师服务，而且还在政策上予以支持，给予各种优惠，切实解决了律师的后顾之忧，打通了法治进村入户的"最后一公里"。另一方面律师资源弥补政府法律知识的欠缺，扭转了工作人员不懂法、不用法、不依法的困局。传统政府办事的法律规范都写在墙上，而工作人员心中并没有法律意识，办起事来缺少法治"底气"，往往是好心办坏事。自屯堡乡普遍建立法律顾问制度以来，律师每月都会定期参加乡综治工作会议，不定时参加党委重大事项决策分析会，对政府工作人员进行法制培训，协同司法部门处理涉法涉诉的矛盾纠纷，对政府出具的行政文件、重大项目文书进行评议和审核，约束

了政府的行为，建立了农民法制信心。政府力量与律师资源的融合反映的
是社会法治实践的创新，律师主动参与提高了政府行政效率，政府为律师
提供制度平台和资金保证，两者优势互补，殷实了社会治理的内容，让法
治不再空转。

（二）运行条件：探索法治落地的有效路径

总结屯堡乡法治探索的实践可以发现，屯堡乡法治落地是在内外因素
的驱动下形成的，其中政府行政力量的牵引指导、律师资源的协同嵌入、
健全的运行机制，是确保屯堡乡法治"落地生根"的关键因素。

1. 政府政策的牵引是官治合作的有效前提

屯堡乡的法治探索是在政府领导下的法治新实践，在当前政府行政控
制过多的情况下，要想实现法治从"悬空"到"落地"的转变就必须依
托政府的引导和支持。这就需要政府摆正自身位置，转变传统唯权依规的
观念，运用好行政权力，为法治的建设提供资源、政策、制度层面的支
持。法治建设不会自发形成，需要有外力牵引，特别是山区农村法治建设
面临着法治精神薄弱、法治观念不强等问题，更是需要依托政府外力的牵
引，政府外力牵引并不等于政府绝对主导，更不是政府将法治建设全权由
自己包办，而是要积极调动自己的行政资源，通过创造条件，完善机制，
引导农民自发参与到法治建设中，使法治落地开花。

一方面，屯堡乡的法治实践是在政策的牵引下开展的。2013 年 8 月
恩施州以落实十八大报告中提出的"普遍建立法律顾问制度"为抓手，
将恩施市确定为全省法治建设工作的试点，广泛开展"律师进村，法律
便民"活动。屯堡乡结合乡情实际，依据《恩施州普遍建立法律顾问制
度实施意见》，由乡政府牵头，运用市场化的手段购买法律服务，让律师
作为独立第三方参与涉法涉诉的化解。另外，在律师具体的工作过程中，
屯堡乡政府会在资金、政策等方面给予支持。比如律师参与政府每个月一
次的综治例会都会有相应的资金报酬，每次成功调处一件涉法涉诉纠纷都
会有相应的资金奖励，针对工作出色的律师，政府还会为其颁发锦旗荣
誉，为了让律师能够有一个很好的工作环境，乡政府还专门在各村村委会
设置法律服务工作站，从而有效地调动了律师工作的积极性。

另一方面，屯堡乡的法治实践是在政府的指导下开展的。屯堡乡依据

州政府的指示，结合本乡实情，广泛听取村民的意见，聘请本地区信誉和口碑最好的夷水事务所担任法律顾问团，所选聘的 7 名律师都是要经过政府严格的挑选考核才可以担任。为了弥补律师资源的不足，屯堡乡政府还专门增加 2 名司法干警协助律师共同处理涉法涉诉纠纷。同时，乡政府运用行政力量，将各村（居）民调室、法律顾问室、法律诊所、法律图书室，确保功能相通、资源共享，有效地开展法律便民活动。为了让涉法涉诉的信访积案导入司法渠道，由乡政府牵头，律师参与，定期还开展集中研判和专班调处，有效地化解了信访积案。

2. 律师资源的嵌入是官治合作的重要基础

传统政府主导的社会治理模式是人们所熟悉的治理方式，人们习惯性地将政府看作是万能的政府，是社会法治资源绝对的支配主体，然而随着社会利益的多元化和人们思想观念的异质化，政府作为传统社会治理的主体地位开始弱化，人们越来越认识到良好的法治治理还需要其他主体的嵌入。同时，实践表明，在法治现代化的进程中，政府和其他主体应该更多地体现为相互合作、相互依存的统一体。法治的硕果为民所享需要政府引导、推动与助力，同时也需要律师资源的协同嵌入，律师资源作为法治现代化的主力军，是法治是否为全民所享、是否落地的关键。律师资源的嵌入是实现山区法治落地的有效路径。

律师资源助力山区法治建设，不仅提高了政府的行政效率，同时也实现了律师的社会价值，与政府在互动的过程中，形成合力，实现共赢。如律师列席乡镇的重大会议，对乡镇出具的文书进行把关，不仅约束了政府的行为，同时也让政府人员办事有法可依；在帮助村民处理涉法涉诉的纠纷时，律师还负责培训村庄法律联络员和法律宣讲员，让法治理念深入人心，实现法律知识与普通农民"面对面"的机会。"土法律""旧制度""老道理"是以前屯堡乡村民遵守的行为准则，遇事认死理，办事无章法是对其典型的概括。屯堡乡通过律师进村的方式，让每位驻片律师进村访户，充分发挥律师的辐射带动作用，实现精准普法，切实解决农民的矛盾纠纷，让农民树立了规则意识，找到了法治寄托，使法治不再浮于表面，而是深入到人心，内化为人们的日常行为。

3. 健全的互动机制是官治合作的有力保障

健全的机制是法治落地的有效载体和依托。随着人们法治观念和法治意识的不断提升，对法治的需求也是要求越来越高。但是由于各类运行机制的缺失，使得法治落地没有制度化的依托，没有经常性的制度和平台，机制的缺损成为法治落地的一大难题。通过引进组织机制，让法治运转更有效，以强化用运作机制为手段，使得法治有章可循，着力培育保障机制，确保法治落地生根。

首先，创新的组织机制为法治落地提供了必要的保障。屯堡乡在与夷水律师事务所签订合同的时候，明确规定了负责本片区的律师要有明确的组织服务计划，要依据合同里面的条约来执行，做到有章可循，有法可依。同时，结合乡土力量，成立法律宣讲员组织、治安中心会长协会、调委会等基层法治组织，这些组织，相互补充、相互合作，不仅化解了邻里之间的矛盾纠纷，也把山区法治建设带进了有序运转的轨道。其次，健全的运行机制让法治有章可循。针对涉法涉诉矛盾纠纷的处理，一般都需要经过逐级疏导，层层把关。最初是村里小组组长出面解决，小组长无法解决的交由法律明白人处理，如果法律明白人无法就地化解，一般会再转交到村级调委会处理，调委会会根据矛盾的大小决定是自己调解还是交给律师转入到司法途径。通过层级运行机制，屯堡乡已逐步形成了基本的法治规则与程序。最后，完善的保障机制让法治落到了实处。在州政府的支持下，屯堡乡运用市场化的手段购买法律服务，让法治进村入户有了资金和政策上的保障。通过市场招标，签订合同的方式，以律师提供服务的质量和数量为标准，进行"绩效评估"，不仅调动了律师的积极性同时也给法治的落地注入了活力。

（三）局限与不足

屯堡乡法治实践的探索不仅提高了村民的法治意识，提升了村民的法治信念，同时也破除了山区法治长期悬空的难题，成效值得肯定。但也存在一定的不足，尤其在法治建设的可持续上还亟须加强。首先，对政府的依赖性太强。虽然屯堡乡法治实践的开展强调政府与律师相互融合，优势互补，共同推进法治落地。但是从屯堡乡整个改革实践过程可以看出，每一步的法治探索都离不开政府的牵头支持，从恩施州委战略启动，到屯堡乡政府的牵头；从运用市场化的手段购买法律服务，到"1 + 2 + 3 + X"工作模式的创新；从"法律诊所"的开办，到村庄法律明白人的培育，都是在政府的领导下被动探索，缺乏内生性动力机制，如果恩施市没有被选为试点，那么改革的探索将缺乏连续性。其次，律师资源融入度不够。一方面，聘用的律师不仅要处理好律师事务所本职的工作，同时也要负责好所在片区的法律咨询业务，工作任务量大，往往两头无法顾及，致使律师参与村庄法治建设度不够；另一方面，由于律师介入村庄多是以政府为依托，办事的依据与规则都要符合政府的章程，使得律师在提供法律服务的时候缺乏一定的独立性和自主性。最后，农民的法治观念依旧不足。屯堡乡的法治实践扭转了农民信访不信法、唯权不依规的传统观念，但是总体上看，农民的法治观念依旧欠缺，遇到涉法涉诉的矛盾纠纷第一时间寻求法律援助的不多，同时法治参与热情还比较低，更多的是需要政府与律师的多次发动，而非主动参与，主动维权。

文化浸润型山区法治的有效实践

——以湖北省恩施州鹤峰县邬阳乡为个案

全面推进"依法治国",已成为中国国家治理领域中一场广泛而深刻的变革。法治是规则之治,无规则就无法治;法治更是落实之治,无落地则是空谈法治,法治的生命力在于落地、实施与执行。然而,长期以来,由于受地理环境、资源条件以及由此形成的传统文化的限制,导致山区农村法治难以自主落地生根。而政府外力推动的"法治下乡",缺乏对农民法治精神的培育,与农村传统和农民需求相脱嵌,使法治难以融入乡土。

2014年以来,为转变传统农民仅信权、信理、信力的彪悍民风,化解信访死结,鹤峰县邬阳乡利用恩施州"律师进村,法律便民"的政策契机,以转变干部思想理念为切入,以培育农民法治精神为重点,依据当地地方文化的实际,同时结合文娱下乡、法德培育和"最美鹤峰"评选工作,育法于趣、融法入俗、化法为制,着力推进山区农村法治文化建设,探索出了一条"文化浸润型"山区法治落地的新路子,成效显著。

一 山区法治建设的文化背景

恩施州鹤峰县邬阳乡位于"老、少、偏、穷"的鄂西南武陵山区,东与宜昌五峰县牛庄乡接壤,西北面与恩施州巴东县、建始县毗邻,俗称"一脚踏三县"。古代朝廷称此为蛮夷之地、遐荒绝域,为了怀柔远人,在此施行羁縻政策,后发展为土司制度。这种险峻的生存条件和独特的权威治理制度,形成了当地人信权威、讲死理、爱动武的"山民性格",并逐渐育化出特有的"土司文化"、"村寨文化"和"暴力文化",并深刻影响着大山深处的现代法治建设。

(一) 土司文化：信权力不信法

土司制度也称土官制度，是朝廷以夷制夷、在恩施山区实行的羁縻之制。土司由朝廷颁发印信，每年需向朝廷进贡，并有征调赋役的义务。朝廷虽规定了土司的承袭、升降和征调，但土司在其管辖范围内却享有至高无上的权力，建立了一整套类似于朝廷的制度体系，并掌握着军、政、经济、文化及诉讼、刑罚等民众的生杀大权。土司实际上就是本地的"土皇帝"，他们世袭罔替，独家统治。

在战国时期，秦灭巴后，"秦惠王并巴中，以巴氏为蛮夷君长，世尚秦女，其巴氏爵比不更"（《后汉书·南蛮西夷列传》）。至汉高祖时，"酉、辰、巫、武、沅等五溪之地"，巴氏五兄弟"各为一溪之长"（《十道志》）。到唐宋则行羁縻之策，"树其酋长，使自镇抚。""宋室既微，诸司擅治其土，遍设官吏，……威福自恣"（同治《来凤县志》）。元初，"施州卫所属覃田二姓，在宋元未分之前，其势甚盛，颇为边患"（道光《施南府志》）。遂广置土司。到明代，大小土司达到35个，其品级时有变动。1390年，朝廷改施州为施州卫军民指挥使司，让大小土司属隶管辖，以便控制。其中，当时的鹤峰容美土司为田氏世袭，在恩施各地土司中辖面积最广，实力最强。明洪武七年后，容美土司下辖6个长官司，永乐定制后下辖4个长官司，另私设长官司、指挥司、土知州、千户、百户、参将、洞长等多达27个，其疆域面积元末约为2000平方千米，明末清初鼎盛时达7000平方千米以上。清雍正改土归流，其疆域缩小在四关四口，其中北至邬阳关、金鸡口，面积亦在4000平方千米左右。

邬阳关是鹤峰县容美土司的北大门，前代皆为其世守。容美土司直接脱胎于原容米部落，在政治上依靠封建王朝册封世袭，划疆分治；军事上实行兵农合一、寓兵于农的土兵制度。土司王以种官田、服兵役的方式，把土民组织成土官武装，平时为民，战时为兵，土司制度下的土民皆为农奴，其生活仍依靠种植、渔猎和自然采集，没有土地，除了为土司提供繁重的无偿劳役和当土兵外，还要向土司缴纳或进贡实物。这种封建农奴制成为土司制的经济基础，并牢牢束缚着土民们的个人自主意识，加之部落式的严格的军事管理制度，诸如土司、长官、洞主、族长、组长等乡土权威"当家作主"，长期以来形成了人们相信权威、相信长官的思想，并深刻影响着农民的思维习惯和行为方式。

在山区农村，由于大山阻隔了国家统摄力量和公共服务的进入，乡土内生权威作用便由此凸显。封闭熟人社会强调人治而非法治，人们多凭关系生熟、感情深浅办事，在村务中讲论资排辈。乡贤权威由于知识面较广、交际圈大或经济相对富裕，灾年赈济乡里以维持农民的生存，因此在村民心中威信很高。以血缘为基础的家长、宗族长、宗亲会首，以地缘为基础的组长、村社长、乡约，以业缘为基础的干部、老教师、赤脚医生，以及以思想信仰为基础的老党员、寺院道观主事人、传统土家法师等，都被农民看作是"青天大老爷"，遇事便找他们"鸣冤求助"，因此形成了"畏权不畏法""信权不信法""信大官不信小官"的行为习惯。农民法治意识淡薄，对外来的法律不明白，也不会去相信它，就极容易"遇事就围、见官就堵"。邬阳乡曾有两舅子因不和而反目成仇，一吵架就找乡里领导解决问题，处理后不过几天又反复闹翻，乡政府工作人员都戏称他们已是"熟客"了。

（二）村寨文化：讲死理不讲法

在鹤峰县境内，至今仍无国道、无高速、无铁路、无航空、无水运，交通极为不便。连绵大山阻隔了村民与外界的联系，据村里的老年人说，他们走得最远的地方就是邬阳街上，逢年过节要到邬阳关买点东西，大家惯称"到关上去"。这种时空的阻隔，既限制了山内外资源的流动，也阻隔了现代法治思维的进入，山里人接触不到外边的世界，更谈不上学习现代科学技术和改进传统山民观念。斑竹村3组小组长张清平说："相较于城里人，山里人眼界要低，多黄浑人（指不明事理的人），没有别人看得远。"农民日出而作，日落而息，凿井而饮，耕田而食，天灾人祸完全由自家承受，缺乏必要的社会安全保障，而自我保护功能弱的穷人更会为了"一根柴、一寸土、一棵树或是一抱草"，极力维护自身面子。邬阳乡以前的矛盾纠纷，绝大部分都集中在山林、土地等经济纠纷和日常邻里生活纠纷。

在村庄相对封闭的邻里熟人圈里，大家最熟悉的，除了家人便是邻居。邬阳俗语常说"割的邻居好，只当捡个宝"，凸显了在熟人社会中邻里关系的重要性。这种基于共同地缘的熟人关系形成了相对稳定的熟人共同体，大家出门不见抬头见，总是那些熟面孔，人们在其中彼此知根知底，任何新鲜事物的进入或是村中某一个微小的变动，都能引起全村人的关注。也正因为如此，使这个小圈子里的人常会因为一点小事而极力维护自身面子，都很注重自己的形象。斑竹村村民感慨："农民最担心的事情，不是罚款，不是坐牢，也不是饿肚子，他们最怕的是无法在当地'为人'。"最常见的现象是，以前山里农村妇女爱"说是非"，邻里间经常为一句话而找对方"对是非"（找对方把话说清楚）。现代社会依赖的契约、制度和规则等，遇到农民的"面子观念"和"乡土道理"时，很难自主发育出来。

　　当前，诸如"欠债还钱""杀人偿命""以前是我的，现在也是我的"这些乡土的"礼""俗""约"，在农民观念中仍根深蒂固。2003 年，邬阳乡有两户农户因其中一户修新房子，便利起见两家换了地。后来，因为这块地的粮食产量和粮食直补问题，原农户反悔要收回此地，两家因此不和。在农民的观念中，"这块地原本是我的，以前不想种了可以换给你，现在这地有钱赚了，我理应收回"。农民自身的这些"土道理"，形成了山区"村寨文化"，这就让"土律师"有了可乘之机和"用武之地"。邬阳乡以前多"土律师"，人们称为"诉棍"，邬阳乡人大专职副主席黄家银说："有些村民只认钱不讲道理，而有些土律师，他们专门给政府挑刺，两个一合作就尽是麻烦。"斑竹村张成为书记也谈道："村民可以分为两种，一种是黄浑人，还有一种是明白人，你和黄浑人就讲不清楚道理，明白人你还可以慢慢教他学法、懂法。"

（三）生存文化：用蛮力不用法

　　邬阳原名"邬阳关"，因两山之夹的险峻而成名，境内地形险要、群山矗立、层峦叠嶂，原始森林更平添几分神秘。邬阳当地多土家族，为远古巴人后裔，巴人武艺超群、骁勇善战，曾以战立国。巴人早年生活在江汉平原一带，后因为楚人强大，巴楚相争，巴人战败。巴务相廪君率族人退入夷水（现清江），又沿夷水西进，势力到达川东，春秋时建立了巴人第一个奴隶制诸侯国——巴子国。公元前 361 年，巴国又为秦所灭，巴人退居湘鄂川黔山水毗连的武陵山区。到宋代，惯称生活在此的巴人为"土人"，他们称外来的汉人为"客家"，自称土家，由此形成土家族。

　　生活在险峻大山之中，当地人民倚山而居、靠天吃饭，以采猎为生，使得民风彪悍，土匪、山大王等势力猖獗，暴力抢掠时有发生，由此也多出"侠士英雄"。鸦片战争时，这里走出了著名抗英民族英雄陈连升及其子陈长鹏，父子武艺超群、性情豪爽，疾恶如仇，均在抗英战斗中壮烈殉国。同时，邬阳也曾是"土匪老窝""红色老区"。1924 年左右，土豪黄协臣、官匪曾飞武经常仗势欺人，霸占民女、寻衅抢劫，鱼肉乡里。1926年 12 月，陈宗瑜父子组织 100 多人的"神兵"自卫武装队，"抗捐抗税，抗夫抗兵"，劫富济贫，打抱不平，人们称其是"飞檐走壁、刀枪不入"。湘鄂西前委得知后，派贺龙率领红军到达邬阳斑竹园（今斑竹村），将100 多人的神兵收编为中国工农红军，并在此开展了近 6 年的土地革命，建立了湘鄂边革命根据地。

　　解放初期，邬阳一带仍然土匪猖獗。1950 年 1 月，孔琪、袁守财一行 4 人工作队，到邬阳一带开展安民和初步划阶级成分工作。29 日深夜，孔、袁二人在农会主席张开玉家汇总地主、富农、恶霸、反革命分子材料，60 多个土匪涌进堂屋将 20 岁的孔琪、28 岁的袁守财砍死。后来，经过清匪反霸、土地改革和镇压反革命等，才彻底将土匪势力清除。①

　　长期来的斗争思想，使得农民习惯用暴力解决问题。虽然通过法治下乡等普法宣传活动，人们的暴力思想得到了一定转变，农民自知"法律就是不敢违法，违法就要坐牢"。但是，农民脑海中的暴力思想还有浓厚的残余，口头解决不了的事情，自觉或不自觉地就动起"拳头"，认为打赢了才算"有面子"，才算"出了气"。2010 年以来，鹤峰县发生现行命案共 11 起，特别是 2012 年的邬阳"3·7"故意杀人案，作案者因婚姻家庭纠纷，报复杀死其岳父一家 4 口后自杀身亡。② 究其根源，还是由于涉案人员法律意识低，遇到矛盾纠纷就顿生杀机，以"拳"代法。而且，与过去"拳头加木棍"的伤害方式相比，现在很多人往往不择手段，不计后果，动用刀斧等暴力凶器来解决问题，造成人员死伤，到头来害人害己。

―――――――――――

　　①　资料来源：邬阳乡退休教师高文甫根据原农会主席张开玉口述整理，详见《高云甫回忆录》。

　　②　资料来源：鹤峰县公安局，《从"循环效应"分析小矛盾引发杀人案件》，详见 http：//www. hfjw. gov. cn/ShowArticle. asp？ArticleID＝90682。

二　"法律进村"新契机

　　党的十八届四中全会以"依法治国"为主题，对建设社会主义法治国家提出了明确要求。为此，恩施州结合山区农村实际，破除传统"送法下乡"的困局，开展了"律师进村，法律便民"活动，以此推进山区农村法治建设。邹阳乡则进一步克服环境限制和资源约束，着力转变传统民风，进行了建立三级人民调解网，逐级化解矛盾纠纷；构建四级法治网，针对性开展普法宣传教育；以法治文化建设为引领，重点培育农民法治思维等尝试。

（一）"法治悬空"的困局

　　从1986年起，我国便采用"送法下乡"模式，针对特定对象，每5年"有计划、有步骤地在一切有接受教育能力的公民中，普遍进行一次普及法律常识的教育，并且逐步做到制度化、经常化"。然而，普法近三十余载，农村仍是普法教育的薄弱环节，农民也成为普法教育最难"攻克"的对象。传统的送法下乡，仅注重对农民进行守法教育，或多是采取形式化的法制宣传，难以适应山区特殊的文化环境。长期以来，山区普法工作普遍面临着农民法治意识淡薄、农村法治资源匮乏、山区法治服务不畅等困局。

　　首先，农民法治意识淡薄。在邹阳乡基层传统治理过程中，"国法不下乡"，当地更多是因俗而治、因约而兴。一方面，农民知乡约而不知国法。在山区农村，老农民、老文盲、老法盲留守居多，教育受限让他们极度欠缺法律常识，法制观念普遍不强。老年人"大字不识一个"，而年轻人也是"挣钱糊口没时间学法律"。另一方面，讲死理而不讲法理，农民经常讲感情、认死理，却很少讲法律。再者，农民习惯了"向老爷鸣冤"，所以信上不信下、信访不信法，信大官而不信小官。

　　其次，农村法治资源匮乏。受山区滞后的经济条件影响，导致农村法治资源严重不足，法治资源本身的供给少。"新入行的律师还在啃老，无法取得合理收入，他们便选择到经济发达地区执业，这是县域经济条件限制而造成的"。但是，山区农村的法治服务需求却很强，特别是伴随山区扶贫开发，出现了诸如旅游纠纷、征地拆迁纠纷、土地和山林权属纠纷等诸多新问题，农民的利益诉求增多，企业的投资需求增加，对政府的治理方式和治理水平要求也在不断提高，法治需求得以"爆棚"。

再次，山区法治服务不畅。邬阳乡山高路险、村大人散的现实环境，进一步阻碍了法治进村。一是法治服务难以纵向到底。俗语说："喊话听得见，相见要一天。"在邬阳，眼看的两个山头，走完却要半天的情况很普遍。鹤峰县杜江律师讲："我们律师所离邬阳最近的村有49公里，下乡1天只能到乡，很难进村。"二是法治服务难以横向到边。由于邬阳本地大村多、小村少，造成法治服务单元面积过大，传统的公共服务很难延伸到最底层。三是法治服务难以组织。邬阳山区农村，山高路远，村民们多散居深山，出行联系不便。特别是随着外出务工普及，人口流动性进一步增强，更难以及时组织村民开展法治培训或法治服务活动。

2008年山林确权导致的山林纠纷，成为邬阳最棘手的难题。因为山区地理环境复杂，精确标记山林权属、地界本身难度就很大。再加上确权时"工作人员多指山为界、以图定界、以树为记，很少到实地考察，或进入实地后也没有确切划出界址，由此出现大量山林权属纠纷：有叙述不清、界址含糊的，有错登漏登、交叉重登的，有山无证，或是有证无山等。部分权属争议至今都无法处理。""农民因山林土地权属的事，经常找乡政府'说理'，有些子蛮浑人动不动就跑去上访"①，乡政府工作人员这样说道。2014年，斑竹村支部书记张成为因处理矛盾纠纷方法得当、成效显著而被专门邀请到鹤峰县全县信访工作会议上，作了题为《28本发不下去的林权证》的经验发言。他介绍说："这些历史遗留问题的处理，处理难度大，搞不好农民就要去上访、找领导讨说法，只有让村中说话算数的人、专业律师等多方力量参与进来，注意工作的方式方法，才能准确弄清当时情况，让矛盾双方心服口服。"②

（二）州委力推"律师进村"

2013年6月，恩施州委、州政府聘请中南财经政法大学校长吴汉东、

---

① 资料来源：邬阳乡斑竹村村支书张成为：《在全县信访工作会议上的发言材料——28本发不下去的林权证》。

② 同上。

中国政法大学校长黄进等 17 位知名专家组成了法治建设专家委员会，并由湖北中和信、湖北立丰律师事务所等 15 名律师组成律师顾问团，开展涉法涉诉信访积案化解试点工作。按照"上下联动、分级负责、律师参与、息诉罢访"的要求，律师人员分为 4 个工作组，对梳理出的 156 件涉法涉诉信访积案进行现场督办化解。法治建设专家委员会和律师顾问团共同参与恩施全州的发展战略研究、重大决策制定和重大问题处置工作，为引入律师参与化解农村矛盾，推动下一步工作提供了有益经验。

2013 年 9 月，州委书记王海涛指出，"以律师参与涉法涉诉信访问题处理为抓手，加快推进'法治恩施'建设工作进程"，并决定以恩施市龙凤镇为试点，率先开展"律师进村，法律便民"工作。当年年底，恩施州委、州政府出台了《关于全面深化改革加强法治恩施建设的意见》，为"普遍建立法律顾问制度"提供了有力的政策依据。2014 年 3 月 18 日，州委书记王海涛与律师代表座谈时进一步提道，要不断地加强律师的队伍建设，依法保障律师履职，充分发挥"律师进村"对法治恩施建设的推动作用。4 月 14 日，恩施州委、州政府又下发《恩施州普遍建立法律顾问制度的实施意见》，正式决定以"政府埋单"的方式聘请律师，并要求在全州农村全面铺开"律师进村，法律便民"工作，力争通过 2 至 3 年的努力，形成覆盖全州的村级基层组织法律顾问网络，让农民足不出户便能享受到免费的法律服务。

（三）乡政府的"疑惑"

普建文件下发后，在普建工作的推进过程初始，政府工作人员产生了诸多的疑虑。邬阳乡党委书记谭祖沧谈到当时的情况时说："最初得到'普建'的消息，我们是有畏难情绪的。主要考虑的问题是：第一，鹤峰县共 9 个乡镇 22 万多人，只有两个律师事务所，共 12 名执业律师，现有律师资源很难全面推行'律师进村，法律便民'工作。第二，与此相应，邬阳是鹤峰最小的乡镇，乡镇财政压力很大，律师的费用如何能长期保障。第三，律师也要养家糊口，他们得不到可观的经济收入，法律服务的效果可能就不好，也会影响到工作的持续性。第四，现在是不是一时兴起，如果换了领导，普建工作是否会长期走下去。第五，这项工作是一个新的探索，没有可供借鉴的经验，还需要慢慢来摸索。"另外，政府习惯以前的行政方式，律师进来之后，是否会影响到政府的工作，或是产生以前"土律师"那样专找政府麻烦的情况，也是很多政府工作人员所担心的问题。

农村基层法治建设是一个系统工程，政府思想观念不转变，处理信访问题的工作方式不改变，"律师进村，法律便民"工作就难以推进，农村基层法治建设也很难取得更大的突破。"以前政府普遍存在用行政手段解决法律问题的现象，本来群众反映的是一个法律问题，只需告知其通过诉讼途径解决即可。政府工作人员却因为害怕其越级上访，或引发群体事件，就花钱买平安。这样导致的结果就是让守法的人吃亏，不守法的人获利。"鹤峰百兴律师事务所杜江律师如是说。

（四）"摸着石头过河"

为打消干部疑虑，深化大家的思想认识，邬阳乡进行了一系列前期探索。首先，深化干部的法治认识。邬阳乡政府尝试探索出多种方法，进行法治宣传教育。如，党委组织集体学法、政府常务会会前学法；定期开展法律知识培训，进行专门的法律知识轮训和新法律法规专题培训等，要求公务员每年法律知识培训时间不少于40学时。同时，还要求领导班子成员身体力行，带头学习法律知识。邬阳乡民族中心学校还安装了无纸化学法、用法考试系统，分年组织"网学网考"，其他单位也通过普法考卷检测学法效果，形成考核机制，以此动员干部思想，助推依法行政。

其次，成立普法领导机构。邬阳乡党委政府建立了以党委副书记、乡长为组长，政法综治工作领导负专责，综治办、司法所、公安、共青团、妇联以及相关单位主要负责人为主要成员的"六五"普法工作领导小组，同时制定出《邬阳乡2011—2015年法制建设暨六个五年计划法制宣传教育工作规划》。此后，各乡直单位、行政村也相继建立普法领导小组，签订了"六五"普法依法治理工作责任状，并将其纳入到全年工作责任目标考核系统。普法领导小组不定期地召开会议，分析、检查、研究、交流普法工作，强化部门的法治意识，增强其法治观念。而针对近年来部门人员变动频繁的问题，邬阳乡注重及时地抓好领导小组的调整工作，做到机构常设、队伍常在、工作常抓，思想到位、认识到位、措施到位，为普法工作打造了健全的组织领导机制。

最后，依法规范矛盾纠纷调解。2012 年起，邬阳乡印发了《矛盾纠纷三级化解实施方案》，对人民调解组织领导、队伍建设、工作方式及要求、经费保障与奖励，和工作纪律及责任追究等内容予以界定，同时探索出了"三级纠纷调解网络"，即村民调解小组、村人民调解委员会、乡人民调解委员会。村民调解小组化解组主要针对简单纠纷，一周一排查、一周一上报；村人民调解委员会集中处理村内一般性矛盾纠纷，实行半月一排查、半月一上报；乡人民调解委员会则负责处理重大的矛盾纠纷，且半月一排查、一月一汇总，向县一级统一汇报。通过三级网联动，使农村的信访隐患得以从源头上进行排查，以此保障及时化解矛盾纠纷和规范信访秩序，打造良好的法治环境。

（五）法治文化"奠基"

邬阳乡依托全州"律师进村，便民服务"平台，结合山区地理环境、资源条件和历史文化传承的实际情况，并根据以往依法行政、依法治理及依法规范纠纷调解的初期实践，提出了"法律进村，便民服务"的法治建设目标，通过构筑"四级法治网"，为推进法治文化培根奠定了基础。

2014 年 9 月，邬阳乡以政府购买服务的方式与鹤峰县百兴律师事务所签约，组建了乡镇法律顾问团。合同约定，"律师为邬阳乡政府和辖区村委会提供法律服务，律师顾问费用包含诉讼案件的代理费共 3 万元/年"。律师的作用主要是，在乡党委、政府作出重大决策和处置重大突发事件时，先请法律顾问团"拿脉会诊"，进行风险评估，确保依法行政；在涉及与法律相关的工作培训时，请法律顾问团律师授课，力求精准专业；此外，律师还具体参与指导基层人民调解工作。在法律顾问团的指导下，"一年一度的人民调解政策法规及业务知识的培训，是各级干部和人民调解员必须参与的一堂必修课"，邬阳司法所司长罗才胜说道："2015 年，为了进一步规范和指导人民调解工作，在律师顾问的帮助下，我们编印了《人民调解工作手册》，此手册成为各级干部及人民调解员从事调解工作的必备工具书。"

此外，针对农民法律知识欠缺、法治观念不强的现实情况，乡政府又提出了"律师进村开展便民服务"的新任务，并制作了"便民服务卡"，向农民公布律师顾问团每位律师的法律专长和联系方式，农民只要拿着乡政府开具的"介绍信"，就能找到签约律师免费咨询法律问题。2014 年 12 月，邬阳乡政府下发了《致全乡居民的一封公开信》，进一步鼓励全乡人民在全面建设法治社会的大背景下，学法、懂法、用法、守法，充分发挥律师的专业优势，着力培育农民法治观念。

然而，工作伊始，由于律师精力有限而服务单元过大，出现了"律师根本不可能进村的难题"。邬阳乡司法所所长罗才胜谈道："结合本地实际，'律师进村，法律便民'应该改为'法律进村，便民服务'。关键的问题就是，通过法律进村培育农民的法治观念，真正为农民'授之以渔'。"为此，邬阳乡在普建工作深化探索，尤其注重挖掘乡土内生资源，发挥乡贤能人的现代作用，最终形成了"四级法治网"：即乡有一个法律顾问团，村有一个法务工作联络员，组有一个矛盾纠纷义务调解员，户有一名法律明白人模式。

依托网格化管理服务平台，邬阳乡在村一级设立了"法务工作联络员"。全乡的 16 位村级便民服务网格信息管理员，向法律层面拓展延伸，村一级的法律服务联络员在为群众提供一般便民服务事项的同时，也肩负简单的法律服务咨询服务。

此外，在全乡 148 个村民小组分别设立了一个"矛盾纠纷义务调解员"。义务调解员由各村民小组公开推选确定，基本要求是公道正派、文化法律素质较高，在村里德高望重、说话管用，并且善于调解一般民事纠纷。平时，他们主要参与普法宣传和平安建设工作任务，负责协助村委会与农户签订《平安家庭和谐公约》和《提升自身素质，争做社会新人承诺书》，监督并记录每个家庭的执行情况。

家庭是社会的基本单位，在法治文化建设中尤为重要。2014 年以来，邬阳乡采取集中培训和分散培训相结合的方式，以邬阳村、郭家村、斑竹村、石龙寨村为试点，深入开展"一户一个法律明白人"普法教育，邀请律师、司法所人员定期为各村农户、社区矫正对象、普法宣传员等进行法治教育培训，在全乡倡导让户主成为法律明白人，让家庭明白人参与矛盾纠纷的处理等。此外，全乡还计划于 2015 年度培训邬阳、石龙、斑竹、湾潭河、郭家、云雾、龚家垭、百鸟村 8 个村，2016 年度培训金鸡口、高峰、杉树、三园、栗子、凤凰、小园、高桥 8 个村，实现法治普及的全覆盖。

表一　　　　　邬阳乡"一户一个法律明白人"花名册

斑竹村一组	姓 名	性 别	年 龄	文化程度	联系方式
1	魏章尧	男	50	初中	18671878012
2	郭光胜	男	40	高中	15172812340
3	刘明贵	女	62	小学	13477910393
4	王云鹏	男	25	初中	13872713858
5	张运慧	女	52	高中	15971788008
……	……	……	……	……	……

三　"法治培根"巧突破

邬阳乡以法治文化建设为引领，以"弘扬法治文化、建设法治文明"为核心，以法律进机关、进乡村、进企业、进单位、进学校等"法律五进"活动为载体，不断推进国家法治文化与农民日常生活、基层法治治理和山区传统文化的互补融合。总的来看，主要是通过修规订约，转变整酒歪风，让农民树立规范意识；通过融法入戏，引导公众学法，让农民形成文化自觉；通过法德教育培训和"最美鹤峰"评选，激励模范先进，让农民增强对法治的认同感。可以说，邬阳乡以法治文化培根润民无声，让农民在学法和用法之中，实现情理法的融合。

（一）刹住"整无事酒"之风

2004 年以来，鹤峰县逐渐形成了相互攀比、整无事酒的风气。吃酒"误工时"、整酒"敛钱财"、餐馆"牟暴利"，使人情债成为农民最大的开支。据统计，在邬阳乡，平均一户农户每年用于吃酒的人情在 5000—8000 元不等，有的超过万元甚至几万元。有农民说："我一天最多的时候，要去吃 8 个酒席，一家 100 块，一天就要送出去 800 块。有些人他还只收不还，或者你去 100 块，他还你 50 块。整酒打牌赌博的人也多，经常引起打架扯皮，真让人恼火。"针对"乱整酒"风气，邬阳乡决心狠刹这种负面文化之风。

邬阳乡按照"属地监管"的原则，强化宣传并进行教育引导，乡党委、政府与每个干部都签下了《不违规整酒，不吃违规酒承诺书》，规定除婚丧嫁娶以外，其他一切整酒均视为违规整酒。对于违规整酒的干部，第一次要求写书面检讨，第二次则让单位主要牵头领导到电视上作公开检讨，第三次则直接就地免职，以实在的措施力转整酒风气。

同时，邬阳乡还充分发挥村规民约的自律作用，2012 年，全乡在各村的村规民约中增加了"严禁操办除婚嫁丧娶以外的一切酒席"的规定，要求对违规操办酒席者罚款 500—1000 元，对总管处罚 100—200 元，对酒席服务人员每人处以 50—100 元罚款。而村支两委、村组干部、党员和村民代表如果参与违规整酒，首次者主要通过办学习班对其进行教育学习，二次参与的将扣发部分工资，多次进行的则将给予纪律处分、停岗、停职等，普通群众也可通过拨打举报电话，实行有奖举报等。为此，不少村民都称赞"村规民约就是写满村民权利的'小宪法'"。

邬阳乡政府干部说："起初我们乡有个村的 72 户农户想摆酒，其中有 34 户发了请柬，通过村规民约进行限制后，最后还是有 6 户坚持摆酒。为了惩戒坚持摆酒的这几户，我们决定下狠手，带着村干部守在每个路口，把前去吃酒的村民拦回去。有户人家原本摆了 50 桌酒席，但最终只到了 6 桌客，损失将近万元。"邬阳通过严刹整无事酒，攀比风、浮夸风、赌博风等不良风气得到了极大控制，农村的法治风尚得以普进。

（二）"融法入戏"易风俗

邬阳乡创新传统"送法下乡"的形式，将普法教育宣传与"文艺下乡"活动相结合，使法律知识的政策宣讲融入到文艺节目的汇演中。目前，邬阳"普法文艺宣传队"已成雏形，"邬阳傩愿戏""撒也嗬邬阳组合"等民间演出，通过义演搭台、部门联合参与、咨询解答互动等形式，将普法内容融入节目，鼓励农民积极参与，让大家在观看表演的同时，学到相关法律知识。此外，还在汇演中穿插了宣读表彰文件，颁发优秀共产党员、先进基层党组织、"四新八无"示范户和"最美邬阳人"证书等环节；同时，组织新党员宣誓和新党员代表讲话，开展关爱女孩的倡议和捐款等活动，都使文艺汇演内容大为丰富，意义也更加深刻。邬阳乡通过寓教于乐、普法于乐，让农民在轻松娱乐中领会法治要义。

2014 年，邬阳乡特集中 4 天时间，联合鹤峰县当地文化艺术馆、邬阳民间艺人、乡村干部和农民代表等，在全乡轮流进行汇演，主要表演歌舞、小品、相声等农民喜闻乐见的节目。而在演出前，前后共用一个月进行策划、制作和彩排，还专门用 1 周时间进行前期的宣传发动。当地村民说："演出那天锣鼓喧天，气氛热烈，即使天上下着雨，也无法阻挡村民们的热情啊。"而在节目表演过程中，演员们献上的歌伴舞《走进新农村》、微小品《切实创优发展环境》和相声《党的惠农政策好》等节目深受村民的喜爱。悠扬的歌声、热情的欢呼声，响彻整个山区。演出结束后，一位年过不惑之年的老大哥激动地对演员说："平时啊，只能在电视上看到你们唱歌跳舞，今天见到活人了，你们要经常来啊。"

学校是邬阳乡开展法治活动的另一重要场域。结合青少年学生成长期的活跃性和可塑性特点，邬阳乡在学校广泛开展了法律知识竞赛、法律知识演讲比赛、法律知识大讲堂等活动，营造出健康向上的校园法治氛围。而为了实现法治传递，邬阳乡还特别开展了"大手牵小手，普法一起走"的活动。让学生在校学习法律知识后，回家后讲给家人，以此使校园普法与家庭普法有机结合。除此外，邬阳乡将好人好事、典型法治案例等提供给鹤峰县电视台的《行进乡村》栏目，以小切口呈现大主题，以小故事承载大内涵，让农民足不出户也能学到法。现在，每天傍晚的邬阳街上也变得热闹非凡，大家边跳广场舞，边唱"道德歌"，积极向上、健康有益的文娱活动和传统体育活动取代了传统陋习，淳朴民风得到了大力倡导。

（三）"法德教育"立品格

邬阳乡在着力开展法治文化活动的同时，还开拓创新，实施了"法德教育"培训。主要利用标语、漫画、笑话、名言等形式，精心打造法治文化宣传栏、法治文化墙、农民普法书屋、法律宣传橱窗与灯箱等。目前，邬阳乡集镇已建成了"普法灯箱"宣传字画一条街，所有电子显示屏均滚动宣传普法内容，使法治宣传标语深入走进乡村。这些标语一般都通俗易懂，易于农民记忆和内化，如，"树怕不发芽，人怕不懂法""学好法律明是非，依法维权不吃亏""法律心中装，遇事有良方""学法守法依法，利国利民利家""行法治之道，奔光明之路""让法律与我们相伴，让文明与我们相依""学法者智，守法者安"等。

为了将"法育"与"德育"有效结合，邬阳乡筹划创办了"法德教育学校"，经过近三年筹备，现在已经正式投入使用。2015 年 7 月 28 日，邬阳乡第一期法德培训班正式开课，参加第一批开班培训的学员有乡直单位职工、村主职干部和邬阳集镇的个体工商户代表，共 120 余人。曾捐资帮助新盖乡司法所的陶全清女士，还专门从千里之外赶回邬阳，用自己的经历现身说法，给学员们讲授法制课程。百兴律师事务所律师张厚军、邬阳乡副乡长武国涛、司法所所长罗才胜，分别就如何预防乡村干部犯罪、如何加强集镇环境卫生、如何开展一家一户法律明白人工作等主题进行了授课。

2015 年年初，为了营造普法氛围，有效推进依法治国与以德治国相结合，邬阳乡党委、政府还下发文件，在全乡发起了全民学唱"公民道德歌"的活动，以此传播社会正能量，弘扬法德精神。各村委会安排专人教村民学唱公民道德歌，各类学校、人民团体、民间艺术团队、共青团、妇联等组织也都相继开展了教唱活动，乡文体服务中心还牵头，在教跳广场舞的过程中教大家学唱道德歌。道德歌的内容以传播社会正能量为主要内涵，如：

"中国老百姓，炎黄好儿孙。重情重义重品行，立志先立人。爱国又守法，盛世享太平。明理讲诚信，不负天下人。团结友善一家亲，勤俭自强万事兴。"

"中国好传统，大家来继承。有爱有恨有责任，是非两分明。同唱道德歌，文明向前进。和谐社会中，争当好公民。敬业奉献勇创新，建设祖国为人民。"

"道德重如山，道德贵似金。人生道路上，看德才能行。"

（四）"最美评选"树榜样

在法治宣传教育中，邬阳乡出台了《全民素质提升工程培训工作方案》，组建法律宣讲团到各村进行巡回演讲，"学与百姓相关的法，讲与百姓相关的事"。主要由律师顾问团负责授课，对政府机关公务员、乡直单位职工、规模以上企业管理人员的培训内容作了明确规划，同时对一家一户的"法律明白人"提出了标准，即：

　　热爱党、热爱祖国、热爱人民；崇尚宪法和法律，有法律意识、大局意识；自觉遵守各项法规及《村规民约》，具有依法办事的法治思维；具有一定的文化程度，通过培训，能运用常用的法律知识处理社会事务；遇事不走极端、冷静处理，不参与非访、群访、非法聚会，不参与任何邪教组织；能带动和教育家庭成员学法、守法，能代表家庭成员参与社会各项活动。

　　而为夯实素质提升和法治文化建设的实践效果，邬阳乡进一步将普法教育与"四新八无"、文明创建、最美鹤峰评选、法治示范村创建等实际工作紧密结合，以多方面提高农民思想道德素质和法律素质。邬阳乡高桥村支部书记胡国军，带头在全村开展树科学新风、破封建迷信教育，大胆提出了要改变传统的殡葬观，"烧纸不如送几束鲜花、烧纸不如放几场教育电影"，他的倡导得到绝大部分村民们的认同。2014年7月中旬，高桥村已经利用殡葬场地专场放映科学教育片和革命传统教育故事片共18场，观众达千余人次，该村开展法治建设取得了明显成效。

　　郭家村坐落于邬阳乡"神兵"练兵的凤凰山脚，是与该乡石龙寨、高桥、斑竹等村毗邻的省级贫困村。为了提高村民法治素养，该村推进了以"四新八无"为载体的全民素质提升工程，即"倡导新风尚、发展新文化、培育新公民、建设新家园；无非法上访，无阻扰施工，无打牌赌博，无政策外生育，无违规整酒，无违规建房，无乱砍滥伐、乱捕乱猎，无邻里纠纷"，且"八无"的内容会根据每年实际动态进行调整。郭家村为此还专门召开了村民大会和屋场会，让每家每户都签订承诺书，并将内容写入了《郭家村村规民约》，成为全村人的法治规范。

　　2014年，邬阳乡共表彰了39户"四新八无"示范户，还评选授予了"十星级文明户"210户，评选出"好媳妇"38名，"好婆婆"35名，全乡"最美邬阳人"7人。斑竹村村民郭志轩，因为勤劳善良和尊老爱幼，而深受邻里好评。在村里，他们家是人人羡慕的幸福之家，全家四世同堂而家庭和睦、父慈子孝，遵纪守法，还在当地积极倡导社会正能量，被乡政府授予了"最美家庭"。这种"融法于德"的法治教育方式，将法律融进农民的伦理道德观念，极大地调动了农民学法、用法的积极性，潜移默化中提升了村民的素质，社会风气也随之好转。

四　"新风拂民"大转变

邬阳乡以法治润民，坚持守法与普法相结合、学法与用法相结合、现代法治文化与山区传统文化相结合，实现了寓法于治与落法生根的有机融合。随着律师进村和"六五"普法依法治理工作的全面推进，当地农民依法维权、干部依法行政意识和能力明显增强，社会法治化水平明显提高。邬阳乡"文化沁润型"法治的落地，使得现代法治成为山区农村发展之必然趋势。

（一）农民信法

邬阳乡通过律师进村活动，极大培育了农民讲规则、讲程序、讲权责的法治意识。一是增强了农民的规则意识。律师顾问参与监督村规民约的制定，对其中涉及违法、违规、侵权等内容进行重新核查，使农民有了合法、合规的行为参照。特别是通过律师的法治讲座，逐步改变了当地过去聚众进行暴力维权的陋俗。金鸡口村民在对政府移民搬迁补偿不满意的情况下，接受律师的合法性建议，按照搬迁补偿新规维权，最终多得近300万元的补偿金。二是培育了农民程序意识。邬阳乡不仅建立了村务公开的律师审议机制，及时公示村务工作进展情况；同时，为了让农民了解选举程序，在换届选举之前，律师就先行通过举办选举法律知识讲座等让农民预先掌握法律知识，也在一定程度上缓解了拉票贿选、胁迫恐吓等问题。三是培养了农民的权责意识。邬阳乡将公民的权利和义务统一做成"权责墙"，让农民时刻知晓自己享有的权利，也时刻记下了自己应该担负的责任。

斑竹村孙某夫妇，在当地常年与左邻右舍纠纷不断，关系不和，是出了名的老上访户和难缠户。早在1992年与村民林某发生山林纠纷，经多次调解、政府确权和法院裁定均未果，夫妇二人就此开始漫长的上访之路。2014年，全乡确立"一户培养一个法律明白人"的工作开展后，为孙某夫妇二人多次上法治教育课，村级普法宣讲员和义务调解员经常性"送法上门"，增强了夫妇二人学法、懂法、守法和依法维权的法律意识。当乡里再次组织调解时，孙某夫妇欣然接受了调解委员会的调解意见，使得一起长达 20 多年的山林纠纷圆满解决。自此以后，孙某夫妇逐渐开始自觉遵守法纪、团结邻里，并且改追求上访为勤劳致富，家庭日渐幸福美满。2015 年，在全村"十星级文明户"的评选中，村委会也为孙某夫妇补上了"遵纪守法"这颗红星。

陶全清女士是邬阳乡郭家村人，当初读书没有毕业的她经过二十多年的艰辛打拼，后被评为全国优秀企业家。20 世纪 90 年代中期，陶全清捐赠 20 万元为邬阳中学修建了一栋女生公寓。2012 年 3 月，她回乡处理自身的一宗山林纠纷，深感农村普法的重要性，于是又毅然捐赠 20 万元，支持邬阳乡建设"法德培训基地"。她谈道："邬阳现在的经济建设和社会发展，迫切需要通过法制培训打造出一个好的人文环境，尤其是需要一个好的法制环境。"为此，她还经常挤时间回家乡，用自己的亲身感受与乡亲们交流。她经常谈起自己的初衷，正是因为自己特殊的经历让她明白了法治的重要性，所以自己才要捐助司法所而非乡政府。陶全清本人也成为促进全乡普法教育和道德教育工作第一人。

（二）干部守法

通过律师进村活动，邬阳乡培养了干部的法治思维，促进了政府依法行政。过去，干部决策经常"闭门造车"，凭主观意志和经验办事，往往导致脱"纲"离"谱"。律师进村后，干部在处理关键问题或在重大项目决策前，都会直接请律师进行把关，减少了政府决策风险。此外，邬阳乡还聘请律师参与审核重大经济合同，对政府出具的行政文件与文书进行评议、审核，并请律师列席乡政府的常务会议以谏言，进一步减少了政府行政不作为或违法作为的损失。邬阳乡党委书记谭祖沧讲："以前乡镇干部直接就把问题处理了，如今作出《乡镇处理意见书》之前，还须请律师给予法律意见，避免不懂法律、常吃官司情况的发生，为政府解决了不少后顾之忧，也增强了政府的公信力。"

在处理信访问题时，政府的工作方式也发生了转变。过去，政府部门易于不惜消耗人力、财力压制信访事件，往往导致"案结事不了，止诉不息访"。现在，法律顾问团成立了，律师与政府部门一起参与信访接待、会诊、化解与稳控，乡综治办每季度负责召开一次律师顾问团例会，乡政府处理重大信访事项都有律师顾问参加并提供法律咨询，出具法律建

议书。干部都表示，"办事有了底气，过去怕群众闹事而盲目息访，现在
客观主动地运用法律处理"。此外，通过实行三级矛盾调处，使责任得以
层层落实，各级干部都明确了"该做什么"和"如何去做"，其行为也变
得有规可循。另外，邬阳乡还鼓励"民告官"，农民可通过司法程序状告
政府或干部，以此扭转农民非访、闹访行为，更对干部依法行政形成了有
力督促。

（三）社会效法

自开展"律师进村"工作之后，邬阳乡累计举办普法宣传共 6 次，
举行普法培训班 20 余次，受训人数达 700 余人；此外，举办了 41 场次
的各类法律讲座、受教育人数 8820 余人；同时印发相关普法资料近 1
万余份，书写张贴普法标语 120 余条，播放法治电教片 10 余次；开展
20 余场法律咨询。邬阳乡通过扎实推进法治文化建设，着力提升全民
法治素质，取得了显著成效，全乡的社会法治化水平明显提高。2011
年，邬阳全乡有社区矫正对象 7 名，刑释解教安置帮教对象 24 名；但
是，截至 2015 年，全乡社区矫正对象减少到 4 人，刑释解教对象 13
名，减少了近一半，社会犯罪率呈明显下降趋势，当地的法治文化建设
工作取得了明显成效。

过去，斑竹村是矛盾纠纷重灾村，通过近两年来的法治文化建设，
该村的林权纠纷化解工作获得了显著成效，同时受到周边各村的认可。
2014 年12 月，鹤峰县林权纠纷化解现场会在邬阳召开，据悉全县法制
乡村建设现场会也即将在此举行，这无形进一步助推了邬阳乡的法治建
设。

"以前村里扯皮拉经的多，动不动就上访，村里想搞个发展都不行。
现在不同了，老百姓的观念都转变了，非常支持村里的发展，为了大家的
利益从不计较个人得失。"龚家垭村党支部书记龚伦德介绍说："在龚家
垭村修建环形公路时，压占了多家农户的山田，但没有一户因为修公路扯
皮上访的。"石龙村村民现在也经常感慨："有去上访的时间，还不如多
种点橘子卖啊。"

此外，邬阳乡将法治宣传教育与村委会换届选举和村民自治有机结
合，组织村民学习《村民委员会组织法》，使当地依法治村工作也成效显

著。该乡郭家村和斑竹村分别是当地司法所和派出所的联系村,2014年选举大会的当天,在清票、计票的闲暇,参加选举的工作人员同时当起了法治宣讲员,现场讲解《宪法》《选举法》和《村民委员会组织法》,村民就不了解的法律知识均可现场提问,法律宣讲人员也会一一予以解答,使得选举工作得以顺利进行。

同时,邬阳乡通过法治制度的建设,村民自治发展起到了良好的引领作用。一是建立了村委会向村民代表报告工作制度、村干部述职制度、村民代表评议制度。现在,村干部因为改选或其他原因离任,均要接受离任审计,有过错责任的要依法进行责任追究。二是建立村情记录。规定了重大村务和涉及村民利益的事项,要经集体研究决定和村民广泛参与才可以通过,"大到选举、引资上项,小到普通工作计划,都在村情记录完整记载"。

五　延伸讨论与思考

山区法治建设需要以农村文化为牵引,促使"文化沁润型"法治治理成为恩施州山区农村的必然选择。恩施州山区特有的土司文化、村寨文化和土匪文化,使当地人具有侠义精神的特质,但农民也因此养成了信权威、讲死理、爱动武的行为习惯。山区法治建设的核心,是将现代法治精神巧妙融入山区传统文化特质之中,实现法治精神的内生。邬阳乡将"四级法治网"纳入乡土力量,培育了农民法治精神,实现了山区治理法治化,推进了"文化沁润型"法治的落地。

(一) 法治落地需要创新普法形式

当前,法治文化的培育重在创新形式与讲求实效。《中庸》有言,"致广大而尽精微"。在法治宣传教育中,更需要从农村的实际出发,根据农民的不同需求,选取不同的方式,使法治宣传更加贴近基层、贴近生活、贴近农民。在现实中,可把法治教育与法治实践紧密结合起来,利用小组会议、院落闲聊、文娱比赛等方式,同时借助于现代技术、网络平台、远程对接等,随时随地宣传法律知识、弘扬法治精神,树立法治权威。精微之处见真章,可以说,只有精益求精,多做"法治落地"工作,进行"亲民"、"过细"的普法，才能让农民从身边切实感受到法治的存在，使法治不失之于神、不流于形式。

恩施州鹤阳乡通过育法于趣、融法入俗，最终实现了化法为制。其根据不同对象和农民的不同需求，不断创新育法形式，通过"群众点菜、政府埋单"的方式，依需普法，育法于乐、育法于教和育法于情；同时利用村组乡贤权威，将法治融入农民"为人"的观念，通过村规民约和家庭伦理进行制度约束，让法治更易于被农民接受、理解、入心。此外，政府为务实普法效果，也将山区法治文化的培育与传统道德观念、面子观念相结合，利用评选"最美鹤峰""十星级文明户"等契机，将法治文化建设工作做活。鹤阳乡还积极发挥现代传媒的作用，充分利用广播、电视、报刊、网络等各类媒体，广泛弘扬法治文化，不断提高法治文化的覆盖面和渗透力。

（二）法治落地务求培育法治信仰

文化的深层因素是道德观念和伦理价值。法治文化主要解决法治运行的价值基础问题，换个角度看就是培育全社会对法治的信仰。法治社会的基础在于，社会对法治有信念、有敬畏，法治成为大家共同的价值和行为追求。鹤阳乡地处武陵山区，法治资源匮乏，如果仅靠单一的法律手段，无法有效处理山区纷繁复杂的社会问题。基于山区法治资源约束的现实情况，使得当地将法治核心定位为运用法治思维而非单纯的法治手段来治理，重在将法治落实为农民的自觉意识和信仰，让其学会用法治思维和话语去解决问题。

过去，信访制度之所以会由干群互动的渠道变为矛盾的集聚地和利益竞取的"赛马场"，很大程度在于干部和农民法治意识的缺失。鹤阳乡的律师进村实践，一开始就将探索重心定位在信访化解过程中的法治思维养成上，极力避免政府花钱息访、以权压访，以让农民守法、政府依法、社会信法，在山区社会形成法治信仰。因此，鹤阳乡以律师进村和免费法治服务为牵引，将法治精神和法治信仰的培育上升为"培根工程"，让农民、乡村干部和乡贤能人都运用法治理念和法治思维解决面临的问题。可见，法治社会建设，特别是山区法治社会建设的目标并非是人人找律师、事事打官司，而应是对法治理念、法治思维的运用，是培育现代法治精神，最终形成对法治的内心信仰。

（三）法治落地需要深耕乡土底蕴

寓法于治是基层治理现代化的必然要求。在传统"礼俗社会"向"行政社会"转变、"行政社会"向"利益社会"的转变过程中，基层治理的方式也需要从"礼治"、"力治"向"法治"转变。但法治不是否定礼治和力治，更不是简单地替代后两者，而是须将法治作为治理的基本底线和置于治理的最高层次。山区农村矛盾纷繁复杂，"公说公有理，婆说婆有理"，而且很多现实问题难以通过简单的行政和司法手段来解决，因此，借助传统的乡土自治力量，发挥乡贤能人的现代权威，对山区农村来说极其必要。

邬阳乡地处恩施州偏远山区，历史上曾长期实行土司制度，农民在自然征服中形成了很强的自治意识和自主行动能力。在推进山区法治建设的实践过程中，邬阳乡充分调动村民自治力量，充分挖掘村庄乡贤能人参与法治化建设，将法治治理与乡村自治有效结合。同时，特别注重发挥村委会、村民小组和家庭的作用，通过寓法于治、以治促法，解决了山区法治落地"最后一公里"的难题，使现代法治得以真正深耕于山区传统文化之中，并与山区自治相契合，进一步强化了法治落地的社会基础。

（四）法治落地亟待发展任重道远

邬阳乡立足山区实际，定位于"法治文化培根"，使普法教育宣传工作取得了显著成效，但同时也存在可进一步完善的地方。

其一，目前的法治文化培育，还缺乏全民的主动参与。文化培育是一项大工程，需要动员律师、基层法律服务工作者、人民调解员、社区网格员、大学生村官、离退休老干部等多方力量积极参与，组建法治宣传队伍，广泛开展法治宣传教育。从目前来看，邬阳乡当前阶段的普法教育宣传，基本上是乡政府和司法所大力推进，村委会一级积极配合，但很多法治下乡活动却止于行政村一级，村民小组和农民家庭接受的法治教育还比较有限。现在，邬阳乡的法治文化培育工程，还没有充分调动起农民的主动性和积极性，农民多是被动地听、被动地看、被动地接受，有兴趣的人仅看看法治节目、听听法治讲课，这些都尚处于较浅层面。因此，对邬阳来说，还需要进一步疏通农民参与渠道，努力形成各方面踊跃参与的格局，为法治建设提供持续的活力。

其二，仅靠司法所的力量单薄，无法形成部门协同联动力。现在，邬阳乡普法教育宣传工作、人民调解工作主要由司法所一个部门完成，乡镇其他各部门、各单位还没有把法治文化建设纳入内部工作计划，村委会也因为无资金、无人力，很难有充足的时间和精力进行村庄的法治文化建设。而且，多数村干部主要将其作为乡镇一级的工作指示，还并没有认识到律师的专业作用和法治文化培育的根本作用。因此，仍需把法治文化建设与其他部门的工作进行同规划、同部署、同推进、同落实，通过健全分工协作等机制，明确职责，形成包括各部门、村委会以及主要领导干部在内的协同联动局面，真正把法治文化融入每个环节。

法治是治国理政的基本方式，不仅是中国特色社会主义先进文化的重要组成部分，也是社会主义核心价值的内涵体现。要加快建设社会主义法治国家，必须要在执政、立法、行政、司法、社会组织乃至最小化的家庭单元的一切活动中，都坚持法律原则、深谙法治思维、精通法治方式。一方面促进领导干部法治思维的养成；另一方面帮助企业提高法治能力，同时还要丰富青少年的法律知识，最重要的是培育农民的学法用法观念，让每个人都成为法治的忠实崇尚者、自觉遵守者和坚定捍卫者。当尊法、信法、守法、用法、护法成为大家的共同追求，这项系统工作协同推进，全社会形成浓郁的法治文化氛围，法治建设才会根深叶茂、黛色参天。

法治文化，是一种生存方式和生活理念，是国家法律制度的实现程度和社会法治精神的信仰水平的总和。在法治成长中，法治文化如同"血液"，为法治建设提供了不可或缺的滋养，法律制度和法治实践则如同"骨骼"和"肌肉"。要让山区法治持久发挥功能作用，还应用制度规范为其铺路，以动态的系统化机制建设，保障法治文化建设从一项简单的政府工作变为可持续的"新常态"。

培育法治文化，凝聚法治精神，是融汇全民法治意识、法治观念和法治行为三者全面养成的过程，也是中国特色社会主义先进文化发展繁荣的活力源泉。对于具体特殊性的山区农村来讲，则更需立足山区自然和人文环境的实际，营造法治文化氛围，培育主体法治意识。但也需要明确的是，培育法治文化如同一场"隐形革命"，看不见、摸不着，更难以一蹴而就和毕其功于一役，唯有坚持不懈，才能久久为功。

实践经验篇

规政引民:让法治运转起来

——基于湖北省恩施州"法律下乡, 法治落地"的调查与研究

　　法治是政治文明的结晶,也是现代化国家治理体系的基石。党的十八届四中全会提出:"法律的生命力在于实施,法律的权威也在于实施。"然而,长期以来,由于政府无动力、干部无压力、农民无信念、社会无环境,导致法治"管不住官、管不到民",让法治止于纸上,难于施行。面对"居高不下"的上访难题和"日益凸显"的矛盾纠纷,湖北省恩施州通过引入"第三方"律师主体,促进"法律下乡,法治落地",探索出一条"规政引民"的法治实现新路径。

　　所谓"规政引民",是指以规范政府权力为起点,以规引农民行为为目标,以利益调节为机制,以此建立一个"人人守法""事事依法""时时用法"的法治新格局。具体而言,一是借引权力规制,给法治以体制空间,让政府形成依法、用法示范;二是借助利益调节,给法治以内在动力,让农民树立守法、尊法信仰;三是借力多元资源,给法治以系统支持,让社会营造学法、信法风尚。恩施州"规政引民"的探索,不仅让法治能"管住官""管住民",更让法治内化干部心中、浸入农民行中,让法治成为社会行为最根本准则,让法治真正运转起来。

一　法治悬空,困境丛生,倒逼"规政引民"新举措

　　一方面,在土司遗风、村寨观念和山民意识影响下,恩施农民往往"信权、信力、信访"但不"信法";另一方面,基层干部"慢作为、不作为、乱作为"现象日益突出,难以依法行政,导致矛盾纠纷不断恶化,

上访问题"居高不下"，这亟待通过法治来规范政府、引导民众。

（一）政府依法行政难，维稳陷困局，法治规制难跟上

面对日益凸显的社会矛盾，政府往往"不守法、不遵法、不讲法"，习惯于"花钱买稳定，强力促平安"，使矛盾冲突不断激化，社会"越维越不稳"。

1. 政府"拖拉揉绕"，法治难规范

恩施作为典型的山区，"大山不仅阻隔了道路，也拖慢了干部的速度"。面对基层矛盾和问题，政府习惯于"慢作为"，工作"能拖就拖、能绕就绕"，对排查上来的矛盾视而不见、久拖不决，导致矛盾越积越深，调处难度加大。对此，恩施市沐抚办事处书记田贵周表示："很多越级上访、'非访'问题80%在之初都是小纠纷，都是能够解决的，大多都是因为干部绕绕绕、拖拖拖、揉揉揉而造成的。"

2. 政府"上推下卸"，法治难规制

面对纷繁复杂的基层问题，"部门之间推诿扯皮，上下之间闪烁其词，利益面前都想插一脚，遇到麻烦绕开撇清"是一些政府机关的真实写照。由于干部"不作为"，造成许多矛盾纠纷久拖不决，群众有了事情"叫天天不应，叫地地不灵"。2011年12月，巴东县绿葱坡镇大山村村民易春周，因林权争议与同村村民谭顺才发生争议，易某多次向镇林业站申请解决，但始终没有结果，易某因此走上了四年的上访之路。

3. 政府"摆平搞定"，法治难规约

恩施州是湖北省综治维稳的重点区，也是湖北省信访的重灾区，全州信访总量从2010年起连续三年高居湖北省"前三"，信访事项中的受理率、办结率、参评率、满意率在湖北省也排名靠后。面对严重的信访问题，政府部门往往习惯于"摆平搞定"，要么"强力维稳"，要么"花钱买稳定"，反而造成"越维越不稳"。建始县业州镇陈克金的一起刑事案件，在经过法院判决之后，仍长期信访，政府为了"摆平"，给其解决生活费55000元，但签订息访协议后，陈克金又反悔，诉求变得越来越高。

（二）农民依法办事难，维权陷困境，法治引导难到位

长期以来，在土司遗风、山民观念、村寨意识的影响下，"遇事就

围、有事就闹、有求就访"成为恩施农民解决问题的常用手段，农民习惯于"闹、缠、访"，不愿意"按规则，走程序、讲法律"，导致矛盾纠纷愈演愈烈，上访问题"居高不下"。

1. 土司遗风，信权不信法

在历史上，恩施长期实行"土司制度"，在土司统治影响下，农民往往"信权不信法、信长官不信法官"，在解决问题时"遇事就围、见官就堵"。2012 年 5 月，沐抚办事处农民"听闻"办公大楼搬迁，200 多名群众围堵办公大楼长达十几小时；2013 年年初，恩施市领导陪同外地客商考察大峡谷景区，200 多名当地群众以山林征收过程中面积测量不准为由，将考察团围困在当地酒店。

2. 村寨观念，信力不信法

"村村寨寨"是恩施农村的典型特点，在村寨环境影响下，土匪、"山大王"等势力猖獗，暴力抢掠的情况时有发生，在此情况下，形成了农民的"暴力崇拜"，若"口头"解决不了就用"拳头"，打赢才"有面子""争了气"。鹤峰县斑竹村两村民因自来水管漏水便动起刀子，建始县村民李炎平骑车被大树砸伤身亡，家人便纠集 100 多人在镇政府闹事。在"暴力思维"的影响下，民众"堵门、堵路、堵工地，闹访、闹丧、闹医"的情况时有发生，使得矛盾冲突不断蔓延，这亟须法治对农民行为进行引导。

3. 山民意识，信访不信法

在山区闭塞的环境下，农民习惯向"青天大老爷鸣冤"，为了减少程序"信上不信下"，为降低成本"信访不信法"。同时，由于受"法不责众""民意难违"等惯性思维的影响，许多信访群众往往采取群体上访、越级上访、无理上访等方式给政府施加压力。2011 年恩施州涉法涉诉进京非访 178 人次，占湖北省进京非访的比例高达 61.59%。

（三）山区环境育法难，服务陷难题，法治下乡难落地

1. 山大人稀，服务成本高，法治挡在村外

恩施州地处鄂西武陵山区，是典型的"老、少、边、山、穷"地区。山高坡陡、地广人稀是其突出特点，平均每个村庄覆盖范围 9.5 平方公里，每平方公里平均只有 131 人。由于地理环境的制约，法治服务成本

高，使得服务机构"望山兴叹"，法律人才"望山却步"，法治建设的"最后一公里"问题始终难以解决。鹤峰县杜江律师说道："我们律所离邬阳乡最近的村49公里，距离中营乡最近的村30公里，下乡1天只能到乡镇，很难进村。"

2. 经济滞后，服务能力弱，法治悬在空中

恩施州地处贫困山区，经济落后，下辖8个国家级贫困县（市），是全国重点集中连片贫困地区之一。2012年，全州贫困人口153.7万人，约占湖北省贫困人口的1/5。有限的财力难以应对基层法治服务的要求，难以回应群众依法维权的诉求。为此，探索更为灵活的法律服务方式，成为摆在恩施州政府面前的一道现实难题。

3. 资源匮乏，服务质量低，法治停在城里

恩施州作为欠发达地区，法治服务的资源和人才非常缺乏。据统计，恩施州8县市约400万人口，仅有337名律师、157名基层法律工作者，法律人才资源非常匮乏。农村法治建设长期依靠乡镇司法系统，直接服务于农民的法治力量捉襟见肘。由于利益考量，专业律师往往偏爱"进城"，不愿"下乡"，导致农村法治服务的质量明显偏低。

二　以需求为导向，规制政府权力，破解法治落地"方法不灵"难题

在传统政府主导思维的影响下，地方政府往往采取大包大揽、行政命令的方式开展工作，难以符合农民的意愿和需求。为此，恩施州通过规制政府权力，激活现代市场和专业主体的力量，创新法治供给和服务方法，破除了法治建设的"梗阻"。

（一）放权于部门，让基层能自主，创新资源配置方法

为了打破传统上行政命令式的法治供给模式，避免政府"统得过死"的弊端，恩施州通过下放政府权力，充分发挥市场和基层的自主权，优化配置法治资源，提高服务效率，让基层法治建设"活起来"。

1. 单列预算，放权于市场，避免"命令式"服务

恩施以市场机制为导向，引入"第三方"律师，避免了"命令式"

服务。一是市场化运行。通过单列财政预算，由政府面向市场和社会统一购买法律服务。从 2013 年起，恩施州政府每年预算 5000 万元对法律服务工作予以保障。二是独立化协商。律师凭借专业优势，站在"第三方"的立场发表见解、协调沟通，保证处理问题的独立性和公平性。三是平等化服务。律师身份既不是"政府发言人"，也不是"农民代言人"，而是着眼于客观事实、提供不偏不倚的法律服务。宣恩县张祎律师表示："律师不是纠纷调解的一员，不是帮政府解决问题的，律师只能告诉你这样做合不合法。"

2. 按需选购，放权于部门，避免"保姆式"服务

为了保证法治服务的针对性和高效性，恩施州因需制宜，量财而行，促进法治服务的开展。一是部门购买。由律师顾问团的各聘用单位，以独立主体身份向市场购买法律服务，不同部门可根据自身需要采取灵活多样的方式与律师签订合同。二是双向选择。法律顾问聘任程序由聘任单位启动，采取定向邀请、公开选聘、从业机构推荐等方式，按照条件择优聘任，实行优胜劣汰。三是按需而购。各个乡镇和部门根据需要，量财而行，避免"保姆式"服务。例如恩施市龙凤镇由于法治服务需求量大，2015 年支付 25 万元聘请了 5 名法律顾问提供法治服务。而相对偏远的宣恩县万寨乡，2015 年仅投入 3 万元购买法律服务。

3. 绩效给酬，放权于地方，避免"关系式"服务

以往基层法治服务的提供存在"依关系分配"的弊端，"哪个律所或律师和政府官员的关系好，就将法律业务交给谁"。为了避免这一问题，恩施州以市场机制为原则，将权力下放给地方，通过建立基本费用与绩效经费互相补充的付酬方式，避免"关系式"服务。以恩施市屯堡乡为例，其法律顾问每年可获得每人次 6000 元的服务费用，并以每人次 50 元的法律咨询费和 500 元每次的培训费作为绩效经费。通过绩效给酬，有效提高了基层法治服务的效率和质量。

（二）放权于社会，让律师能为主，创新服务供给方法

以往政府常常将律师作为"对手"，"怕"律师"搅浑水"，导致法治服务的方式单一、形式单调。为此，恩施州通过协同律师这一现代专业主体，从制度上确立了律师的地位，激活了法治落地的载体。

1. 从"政府代办"到"律师承办"，法治立新门

恩施州一改过去"躲律师、怕律师"的消极态度，利用律师"讲明法理、讲清事理、讲通情理"的专业优势，为法治立新门。律师和政府签订"合同"获得合法性参与，在涉法涉诉案件的化解上，充分发挥专业优势，促使法律问题由律师"承办"，使律师从"对手"转变为"助手"。从 2013 年 9 月起，恩施州聘请律师顾问团参与对 100 件涉法涉诉疑难积案进行处理。截至目前，41 件积案全部化解，5 件进入了司法程序，6 件依法终结，依法打击处理 1 件，核销 2 件，45 件在落实化解意见。

2. 从"政府签办"到"律师把关"，法治开正门

为防止政府滥用权力，改变过去靠领导签字督办、"批条子"的传统办法，恩施充分发挥律师的专业特长和优势，为政府依法行政敞开"正门"。通过建立律师协同机制，定期邀请律师顾问团列席常委会，召开社情民意研判会，在重大问题解决过程中为政府行为把关。截至 2015 年 8 月，恩施市法律顾问列席受聘单位重要会议 965 次，提出法律意见 1561 条，指导矛盾纠纷化解 1364 件，引入诉讼渠道 104 件。通过"第三方"律师的介入，约束了政府的行政手段，理清了权力边界，避免政府"乱作为"。

3. 从"政府包揽"到"律师诊断"，法治堵偏门

恩施州通过让律师适时、适度参与基层矛盾和法律问题的"诊断"，为政府行政堵上了"偏门"。其一，事前干预，担当"疏导剂"。律师利用专业技能发挥前置疏导、协调作用，将矛盾消解在源头。2014 年建始县韩正镍驾驶摩托车时翻入桥下死亡，法律顾问了解情况后引导其家人将桥梁施工单位告上法庭。其二，事中参与，充当"缓冲剂"。万寨乡乡长认为："律师的作用就像一块海绵，吸收双方的法律误区，在二者间起到缓冲作用。"其三，事后调解，成为"融化剂"。在纠纷调解后期，由律师及时跟踪调处，让双方能够真正达到"心服口服"。业州镇村民黄启志在浙江温州阀门厂打工，由于未签劳动合同而导致双方"扯皮"，钟明森律师先后前往温州五次"跟踪"调解此事，最终以公司违法解除合同、赔付黄启志 12 万元为结。

（三）放权于公众，让农民能做主，创新法治实践方法

长期以来，农村法治服务大多由政府包办，往往采取"灌输式、填鸭式、运动式"的方法，使法治难以深入人心。恩施州在"法律下乡"的过程中，变政府"端菜"为农民"点菜"，将法治与农民生产生活相结合，让法治能够满足农民所需，能够为民所用。

1. 迎合农民需求，避免"替民做主"

以往的法治宣传和服务，政府习惯于当"父母官"，"不管农民需不需要，事事替农民拿主意"，导致法治服务无法适应农民需求。恩施州通过问卷调查、群发短信、微信等方式摸清农民最盼望了解的法律知识，再有针对性地开展法治宣传和培训课程，做到了有的放矢。针对目前农村"386199"人群较多的情况，恩施州专门结合农村留守老人、妇女儿童的现实需求，利用法律顾问，对这些群体开展针对性的法律服务。据统计，2014年恩施州借助法律顾问，针对"三留守"人群开展了1823场专项法律宣讲。

2. 契合农民职业，杜绝"千人一面"

恩施州通过采取农民"点菜"、法律顾问"做菜"的模式，为不同职业的人群量身定制法治培训，满足农民多样化的法治需求。2014年屯堡乡就专门为全乡5000多名驾驶员，开展了题为"交通安全"的法律讲课。通过结合不同职业农民的法治需要，不仅使农民"学法有兴趣"，而且也能"学以致用"，法治效用明显得以提升。

3. 融合社区发展，防止"千篇一律"

传统的法治服务往往采取"撒胡椒粉"的方式，将政府认为有必要的法律法规"打包下放"，忽视了不同村庄的差异性，使得法治服务"大打折扣"。恩施州在开展"法律下乡"的过程中，结合村庄发展中的热点、难点问题，借助律师顾问团进行针对性的法治服务。如利川市东城街道由于拆迁、征地纠纷较多，法律顾问重点围绕"土地管理""征收补偿"等主题，针对性地宣传《物权法》《土地管理法》《房屋征收与补偿条例》等法律法规，起到了良好的效果。

三　以利益为杠杆，引导农民选择，破解法治落地"途径不畅"难题

"法律的生命力在于实施，法律的权威也在于实施。"而法律的实施和落地需要畅通的渠道和途径。恩施州在实践中，通过运用技术助推和利益调节，让农民可以免费、方便、快捷地学法、用法，以此将农民的行为导入法治轨道。

（一）技术助推，"零距离"服务，畅通授法途径

恩施农村山大人稀、山高路远，客观上阻碍了法治服务的有效落地。为了打破空间阻隔，恩施州运用现代信息技术和"互联网＋"的思维，通过打造网络信息平台将法治服务送到千家万户，使"天堑"变"通途"，让农民在家门口就可以享受到多元便捷的法治服务。

1. 网络互联，变"农民下山"为"服务上山"

针对法治服务难以进村入户的情况，恩施州通过建立法治网络平台，开通 QQ 群、微信群等，用老百姓感兴趣、乐于接受的渠道，拉近了法律与农民之间的"距离"。鹤峰县邬阳乡建立"e 信通"平台，在线给村民群发短信、彩信，将常用的法律知识、法规政策及时送到农民手中。同时，该乡还针对外出务工人员较多的情况，专门设置了农民工法治网络社区，使其能够异地享受法治服务。信息技术的应用打破了空间阻隔，节约了用法成本。据估算，通过网络互联，恩施州一年就可以让农民少跑路 240 万公里，节约交通成本 470 万元。

2. 视频互动，变"进城问法"为"进村讲法"

以往农民要找律师咨询，必须"跋山涉水"进城去找。恩施州通过在村庄设置远程视频咨询系统，打造"视频问诊"平台，使农民足不出村就可以与律师"面对面"交流。借助该平台，农民可以提前预约律师，通过远程视频向律师进行法律咨询。矛盾纠纷的双方当事人也可直接通过视频远程请律师调解，全程录像也保证了有据可查。建始县长梁乡桂花村支部书记樊家佩介绍，"我们这个村离县城有 40 多里山路，现在有了网上视频系统，农民只要动动手，就可以'请来'律师，再也不用跑冤枉

路了"。

3. 案例共享，变"找人学法"为"循例学法"

恩施州与移动公司合作开发终端服务器，打造动态案例库，为矛盾化解提供参考，方便农民查询、参照。一是案例分类。鹤峰县邬阳乡16个村全部建立村级法律咨询平台，并配备16名信息管理员，管理员将调解成功的纠纷案件分流建档，以备查询、参阅。二是案例入库。即将律师调解成功的纠纷案例上传至网络数据库，方便了有同类纠纷的农民"依葫芦画瓢"去解决。三是案例联动。实现各部门和各地区资源共享，做到农民对案件实时追踪、查询和监督。受益农民纷纷表示，"以后再有了纠纷，我也能照着前例去解决了"。

（二）利益调节，"零价格"服务，疏通用法途径

以往农民要想获得专业的法律服务，不仅"找不到门、找不对路"，而且还"费时、费力、费钱"，用法成本很高。对此，恩施州通过政府统一购买律师服务，将律师服务延伸到村门、家门，使农民可以免费享受到法律服务，有效调动了农民的用法积极性。

1. "免费问律师"，让法律门好找

恩施州通过政府统一购买，让法律顾问进村入户，农民可以免费咨询律师。通过创制法律便民服务卡，将每个律师的照片、擅长领域、联系方式等信息印在卡片上，发给农户，贴在家门，使农民"一卡在手，问法无忧"。农民亲切地把律师称为"法律的家庭医生，权益的守护门神"。另一方面，单个律师的意见可能无法赢得农民的充分信任，恩施州通过建立律师顾问团制度，由多名律师向农民提供服务。恩施市沐抚办事处沐贡村村民张显兴在与邻居发生纠纷时，打电话向顾问团的7名律师咨询，发现给出的解决办法基本一致，这才丢掉办事处领导"忽悠"自己的疑虑。截至2015年5月，恩施州的法律顾问已经免费为村民提供咨询服务11.48万次。

2. "免费打官司"，让法院门易进

一直以来，农民"打不来、打不起"官司的困局严重制约了农民依法维权，导致农民"遇事找干部，有事找政府"，甚至因此走上"非访"之路。对此，恩施州积极探索"免费打官司"服务，引导农民通过司法途径维权。恩施市沐抚办事处每年设立 5 万元"免费打官司"专项资金，辖区内的农民可按照程序申请免费代理服务，2014 年法律顾问为辖区农民代理案件 14 起，办事处共花费 3.6 万元。"免费打官司"的开展，降低了法律使用门槛，将农民维权行为纳入到法治化轨道中来。2014 年，恩施州赴省进京非正常上访同比分别下降 52% 和 39.7%，涉法涉诉类进京非访同比下降 72%。2015 年 1—4 月，重复访、越级访同比下降了80%。

3. "免费请援助"，让政府门能进

为了使弱势群体和贫困家庭农民更好地享受到法律服务，恩施州健全法律援助与法律顾问的衔接机制，畅通了法律援助的"绿色通道"。通过政府统一购买的方式，成立法律援助律师团，符合法律援助要求的当事人可根据案件的性质，自由选择律师寻求法律援助。截至 2015 年 3 月，恩施州进村法律顾问共办理法律援助案件近 1000 件，法律援助事项 14000余件，有效维护了弱势群体的合法权益。建始县农民谭发连因房屋拆迁安置问题上访了 8 年，2015 年在律师顾问的协助下，申请法律援助，凭恩施州中级人民法院二审判决书，拿到了 200 多万元的房屋安置补偿合同款。

（三）乡土支持，"零障碍"服务，贯通学法途径

为进一步疏通法治服务的末梢，恩施州通过依托乡村微治单元和民间组织，将法治服务与乡土机制有机融合起来，实现了农民"零障碍"学法。

1. 重视微治单元，让学法有空间

恩施州通过把法治服务前移至小组、院落等农民熟悉的单元，将服务的"阵地"筑到了农民身边。一方面，回归小组单元，让法治有依托。恩施州把法治服务的关口下移到小组，让法治扎稳了根基，落到了实处。通过培训小组长为法律宣传员，让其在法律宣传、纠纷调解等方面释放"正能量"。仅 2014 年，恩施市就培训了法律宣传员 3 万人次。另一方面，依托院落单元，使法治能融入。基于地广人稀的特点，将法治活动的开展渗透到院落，方便村民出门就能学法。来凤县绿水镇村民田翠柳表示："现在串个门、纳个凉，房前屋后都能看到法律知识和法治案例，真

方便"。

2. 依托民间组织，让学法有纽带

恩施州通过利用民间组织对接法治，弥补了律师资源不足的缺陷，让法治在乡村焕发了生命力。恩施州许多村庄有农民自发成立的民间组织，组织成员利用传统习俗、道德权威来化解矛盾纠纷，涉及法律问题时，向律师咨询，或邀请律师参与，实现了传统力量与法治力量的融合。2014年9月，宣恩县椒园镇黄坪村农民自发成立了"帮理郎"组织，通过与律师顾问开展咨询、交流，自成立起，已成功化解12起矛盾纠纷。村委会也将其成员聘为人民调解委员会成员，使其调解结果从"民间默契"变为"法律凭据"。

3. 创新群众听证，让学法有平台

为了使农民拥有法治实践平台，让农民切实感受到法治的作用，恩施州创新机制，组织"群众听证会"，实现了农民"现场学法"。以沐抚办事处为例，通过组建由党员代表、村组干部、乡贤能人等500人构成的听证员库，当事双方从"听证员库"各随机抽取3名听证员，并自带2名亲友构成10人听证团，双方陈述事实后由听证员作出最后"裁决"，通过"现场说法"，让农民有"身临法院"的感觉，有效促进了农民学法、用法。2014年，沐抚办事处通过召开听证会成功调解了3起重大纠纷。

四　以体制为保障，构建系统支持，破解法治落地"机制不活"难题

法治建设必须要有相应的体制支持才能迸发生机。为此，恩施州通过构建支持机制，严格规则机制，强化激励机制，有效扭转了法治建设"有心无力""有劲难使""有计难成"的僵局。

（一）构建支持机制，让法治"可持续"

政府支持是法治落地的重要前提。恩施州通过加强财政扶持、人才引进和政策保障，为法治建设注入了持久动力。

1. 单列预算，开通财政支持

其一，为政府开财源。通过单列财政预算，避免了基层政府买不起服

务、不愿买服务难题。恩施州自 2013 年起，单列财政预算 1000 万元，让全州 88 个乡镇政府签订律师顾问团服务，覆盖率达 100%。其二，为律师开财源。传统法治，政府靠命令，律师靠奉献，导致不愿服务、不能服务。对此，恩施市屯堡乡法律顾问袁作禧表示，"往年提供法律服务，乡镇象征性给一两千元。如今每年可得基本服务费为 6000 元，且还有 50 元每次的咨询经费和 500 元每次的培训经费，每年顾问费用近万元，让付出得到有效回报"。

2. 内牵外引，拓展资源支持

一是向内"使劲"，扩充法治队伍。2014 年，恩施州将州内 337 名专职律师聘请为乡镇法律顾问，同时，将州 157 名法律服务人员、50 名法律援助律师纳入法律顾问。二是横向借力，扩充服务途径。恩施州与湖北省相关高校建立"法治建设专家委员会""大学生实习服务基地"，2014 年，多达 120 位高校专家、1000 余法律专业大学生前往恩施农村提供专业服务。三是向外借智，扩充专业资源。恩施州州委州政府牵头，引进省内 10 家知名律师事务所，结对帮扶恩施州矛盾纠纷集中、法务需求多或财政困难的重点村居开展"律师进村，法律便民"工作。

3. 体制开放，放活空间支持

长期以来，政府将律师"助手"当作"对手"，导致律师游离于体制之外。对此，恩施州开放体制，将律师从"对手"转为"助手"。一是开放政府管理，2014 年，恩施州律师顾问列席各级政府常务会达 1152 人次，参与政策文件审查 820 余份，参与重大项目审查 312 项。二是开放社会管理，2014 年，恩施州 330 余名律师协助有关部门开展社会矛盾化解 5500 余起，参与涉法涉诉案件处理达 412 起，改变了以往政府包办、独办的局限。三是开放政府监督，恩施州将 11 名律师顾问推选为"两代表一委员"，以此形成对政府的常态化监督。

（二）严格规则机制，让法治"有承接"

"按规则办事"是践行法治的关键之举。恩施州在依法处理基层矛盾的过程中，以事件分类、层级分解为具体抓手，严控法治程序，实现了"农民维权"与"政府维稳"的动态平衡。

1. "司法"与"行政"分离，事件分类处理

基层矛盾纷繁复杂，面对不同性质的矛盾，恩施州严格分类处理，避免农民"事事找政府"。其一，涉私矛盾问法律明白人。与邻里之间的小纠纷、小扯皮，由法律明白人出面解决，通过乡里乡亲，实现遇事礼让都欢心。其二，涉公纠纷寻司法行政人员。针对土地、财产、赡养类纠纷，由调解委员会出具调解建议书，引导农民合理调解。2014年，恩施州乡镇一级司法所调解矛盾纠纷6015件，较2013年少28.3%。其三，涉法诉求找律师顾问团。针对多次调解无果的涉法纠纷，律师全程参与，给事件当事人权威的解答和指导。恩施州2014年律师顾问团为农民解答法律咨询4.2万余人次，引入诉讼渠道1200余件。

2. "乡土"与"司法"结合，事件分级处理

恩施州将矛盾调处划分为村民小组长、村驻片干部、村干部、综治中心、分管领导五个层级，让矛盾纠纷自下而上按层级逐步调处。一是依托村落单元，让小事不出组。恩施州要求村内任何矛盾纠纷必须先经组长调解，"如果小组内未调解而村里直接参与纠纷调解的，就会被视为越位"。二是依托乡贤资源，让大事不出村。2014年，恩施州对全州3200余位乡土能人开展实用性法律知识培训，引导其用法治途径调解乡村矛盾。三是借力律师顾问，让矛盾不上交。针对村组干部无法调解或调解不好的纠纷，及时提交村庄律师顾问。高台村向柏菊形象地说道："过了厨子的汤都好喝些，过了律师的纠纷服气些。"

（三）强化激励机制，让法治"能长效"

法治主体的长效运转离不开有效的激励机制。恩施通过赋律师权利、给农民荣誉、重政府竞争，增强了法治主体之间的互动，也确保了法治建设走得远、走得好。

1. 给奖励，让律师有"盼头"

为调动法律顾问的工作积极性，恩施州采取了灵活的激励机制。一是给予政治倾斜。2014年，恩施州选派了11名积极参与涉法涉诉信访工作的律师当选恩施州"两代表一委员"。二是给予经济支持。恩施州将律师参与涉法涉诉信访工作经费纳入公共财政全额预算，让其经济有甜头。如恩施市对参与案件化解的律师，每个案件给予咨询费1000元，意见采纳

奖励3000元。三是给予精神鼓励，2014年，恩施州对13名参与法律服务工作突出的律师予以记三等功并予以嘉奖。

2. 赋荣誉，让农民尝"甜头"

"依法治国，需全社会形成守法光荣、违法可耻的氛围。"对此，恩施州以荣誉激励让守法农民尝到法治"甜头"。一方面，奖励用法典型。如恩施州对参与调解纠纷的村民小组长和乡贤能人，每成功调解一起纠纷奖励50—100元，并允许其在年终参与"优秀共产党员"和"优秀小组长"评选。另一方面，激励守法模范。如鹤峰县将农民"守法用法"纳入评选标准，经过农户申报、代表推荐、群众评议、村级海选等环节，选出10名"最美鹤峰人"和10户"最美家庭"，由政府向其颁发荣誉证书并发放1万元奖金，同时守法模范还可在农村信用社获取5万元信额贷款。

3. 重竞争，让政府增"劲头"

恩施州通过制定一系列考评与监督的制度性文件，增强了法治政府建设的积极性。一是以考评促激励。恩施州将"普遍建立法律顾问"工作纳入年度目标责任考核体系，州政府将此项工作列入年度五项重点工作之一。二是以督查促整改。恩施州定期组织督察组对各县（市）工作开展情况进行检查验收，以此推动普遍建立法律顾问制度工作不断改进和完善。三是以表彰促进步。恩施州每一月将考评结果在全州范围内进行通报，每一年对依法行政工作突出的10个先进单位、10名先进个人进行单项表彰。

五　以政府为示范，激发农民热情，破解　　法治落地"环境不适"难题

政府守法是法治落地的基础和前提。恩施州在推进基层法治建设的实践中，通过政府"先行一步"起到带头示范作用，以此激发农民守法、用法热情，让法治落地生根。

（一）政府带头，法治示范，营造"事事守法"环境

恩施州在"法律下乡，法治落地"的过程中，借助"第三方"律师

服务，为政府"把脉、把关"，促进政府依法行政，树立了良好的法治示范。

1. 邀请律师"审查"，政府守法树榜样

恩施州以促进律师自觉守法为起点，通过建立律师审查机制，将律师作为"座上宾"，主动邀请律师对政府部门的决策、文件、合同等进行合法性审查。在审查过程中，律师为政府提供独立的法律意见，将整个行政过程纳入法治轨道，为政府"划定红线、守住底线"。2012年至2014年，恩施州律师为各级政府相关部门提供咨询2000余次，出具法律意见书500多份，参与重大项目研究90多次、重点事件研究100多次和涉法涉诉信访处置4000多次。

2. 联合律师"坐诊"，政府用法立威信

政府依靠经验处理涉法问题，要么"触法不知法"，要么"违法不顾法"，导致法治威信难以树立。恩施州通过联合律师"会诊"，自觉用法树立了威信。一方面，联合律师共同研判，每季度召开一次"联席调处例会"，由律师顾问团与相关政府部门共同研判涉法涉诉疑难问题；另一方面，协同律师共同疏导，通过法律顾问和司法行政人员联合办公，在接访过程中开展具有针对性的疏导教育，形成了"共同疏导"的接访模式。截至2015年6月，恩施州337名律师协助相关部门开展社会矛盾集中排查536批次，参与化解矛盾纠纷5500余起，参与处理涉法涉诉信访案件412起。

3. 引导农民"告官"，政府护法增信心

以往对于干群矛盾和上访问题，政府要么"强力维稳"，要么"花钱摆平"。恩施州一改这一传统做法，通过提供免费律师咨询服务、垫付案件代理费的形式，引导农民通过法律途径将政府推上被告席，政府依据法院判决履行法定责任。宣恩县椒园镇水田坝村村民因镇政府建办公大楼征地补偿不到位而上访，在法律顾问张祎律师的建议下，当事农民与椒园镇镇政府对簿公堂，最终按法院判决对农民进行补偿。截至目前，恩施州通过法律顾问引导民众"告政府"的案件达82起。

（二）乡贤带动，法治承接，营造"人人学法"环境

乡贤能人作为乡村的重要力量，对于普通农民具有极强的带动作用。

恩施在"法律下乡"的过程中，通过法治宣传和培训，重塑乡贤内涵，发挥其带动作用，为法治落地内生了"桩脚"。

1. 衔接干部，让法治有"正规军"

法治下乡的有效实现离不开村组干部的带头。恩施州通过依托律师的专业培训来衔接村组干部，为山区法治建设培养了"正规军"。一方面，在行政村培训法律联络员，律师顾问结合乡村实际对乡村干部进行培训，将其培养成法律联络员，及时为矛盾双方提供法律方面的一般性知识。对此，马鞍山村支书肖儒朝表示："法治培训使干部头脑中装上了'警报器'，做任何事情之前都会在心里问一问是否合乎法律要求"。另一方面，在小组普及法律宣讲员，负责小组内矛盾的调解与法律知识的宣传。仅2014年，恩施州法律顾问共培训法律宣讲员13.5万人次。

2. 融合乡贤，让法治有"志愿军"

乡土内生力量熟悉村情民意，能补充法治能量，送法进村入户。一方面，融入老乡贤，培育"法治新人"。通过法律培训，将老干部、老党员、老教师、经济能人等乡贤能人培养成"法律明白人"，使其了解基本法律常识、会书写简单合同协议。高台村老干部向奉久激动地说，"以前调解矛盾纠纷大多用'土办法'，经过律师培训后，掌握了'新办法'，处理问题更有效了"。另一方面，引入新乡贤，建立"法治新军"。将乡村医生、农村教师等农村专业人才选进"两委"，通过法治培训将其培育成"法治新军"。2013年以来，恩施州村医村教共走访农户28000余户，开展政策宣讲62500余次，协助调解各类纠纷2100余起。

3. 对接户主，让法治有"后备军"

家庭是社会的基本细胞，也是农村法治的基本着力点。恩施通过律师进村，将户主培育成法治"后备军"。农户当家人经过组内法律培训成为一个个"明白人"，带动家庭成员学法用法，争创法治家庭，实现"法治接力"。截至目前，恩施州共培训法律明白人近12万人次。斑竹村3组刘爱国，家中四世同堂，通过接受法律培训成为法律明白人，将法律知识由1人接力给4代人。

（三）自治激活，法治训练，营造"时时用法"环境

村民自治是农民民主和法治实践的"训练场"，恩施州以自治夯实法治，通过把法治基因植入自治的全过程，使法治得以焕发生机，从而推进了法治在农村的落地。

1. 借力村规民约，让规则融入乡土

恩施州以村规民约为牵引，积极发挥乡俗的"正能量"，让规则理念融入农民行为。一是规范民约，注入法治理念。律师参与对村规民约的修订，使法律法规融合进乡土规则，让法律找到了落地的"凭借"。二是净化民约，融合法治思维。过去村规民约与国家法律常有抵触的现象，如利川市新桥村就曾有 7 位村民向村委会索要集体非法侵占的财产，而村委会却按村约规定以"民主"投票的方式加以否决。如今在律师顾问团的指导下，村规民约中越法、违规、侵权的内容被一一剔除。三是完善民约，践行法治行为。通过把法治要求输入村规民约，让农民自觉践行法治行为。如法律顾问建议将"禁止整无事酒"纳入村规，明确了整酒的范围、条件和程序，帮助农村社会刹住了不良风气，使农民践行了法律要求。

2. 再造自治流程，让程序浸入人心

为了让法治理念植入农村社会，恩施州以规范村民自治程序为抓手，让法治浸入农民心中。一是规范选举程序，让法治能预防。律师"零距离"监督换届选举机制，不仅宣传了《村组法》等相关法律知识，还及时预防了拉票贿选、胁迫恐吓、扰乱秩序等隐患。二是细化公开程序，让法治能审议。建立村务公开律师审议机制，同时打造网上监督平台，使村务公开由"上墙"扩展到"入网"，便于农民随时向律师问询。凭借律师监督和民主评议，恩施州 2015 年清理村干部亲属违规享受低保 565 户。三是健全决策程序，让法治能把关。通过建立村级重大决策的律师到场机制，让法治成为村级科学决策的重要保障。如建始县长梁镇桂花村 2014 年召开村民代表会议 6 次，其中律师全程参与的就有 4 次。

3. 规约自治活动，让责任融入行为

恩施州以规范自治行为为着力点，强化了法治责任，筑牢了村民自治的"法治根基"。一是干部依法，法治造环境。以往村干部更愿意使用"土办法"，如今做任何事情都需要依法办事。正如宣恩县黄坪村党支部书记姚元翔所说，"过去做工作就是大老粗，现在就是按规则办事"。二是农民讲法，法治营氛围。借助律师调解，利川市野猫水村村民刘孝禾以"和平"谈判的方式平息了与邻居的纠纷，对此，刘孝禾谈道，"这件事放到以前，我肯定就直接打人了"。三是社会守法，法治孕基础。通过法治引导，农民变"信奉暴力"为"信仰法律"。金鸡口村村民改变以往暴力维权的方式，根据移民搬迁补偿的新规，依法拿到近300万元的补偿金。

六　规政引民,法治落地,山区法治
"领跑一公里"的启迪

恩施州探索的"规政引民"法治实践，契合了当前依法治国的大背景，率先走出了一条法治落地的有效实现路径。其改革创新不仅解决了自身的法治困境，也为其他地区开展法治建设和服务工作提供了思路，具有重要的启示意义。

（一）政府守法是法治落地的首要前提

党的十八届四中全会提出："深入推进依法行政，加快建设法治政府。"法治社会的构建需要政府、社会、公众的共同参与。政府作为社会发展的引导性力量和法律的执行力量，是法治建设的重要主体。政府是否守法，是否用法，不仅关切到法治能否有效实施，更能对其他社会主体守法、用法起到示范和带动作用。恩施州在推进法治恩施建设过程中，将政府作为重要突破口，通过对政府权力的限制，让政府依法、守法，从而为法治的落地起到良好的示范与引领作用。恩施州的实践告诉我们，让法治落地，首要抓住政府的"牛鼻子"，将政府权力关进法治的"笼子"。

（二）利益调节是引民用法的核心环节

利益是人们行为的根本出发点，利益关系是社会的根本关系。长期以来，我国法治建设之所以处于悬空状态，很大程度上在于法治未能触动政府、公众的根本利益，未能成为维护自身利益的核心工具与手段，让公众信法有利可图。恩施州的重要实践就是通过利益杠杆，特别是免费的法律咨询、代理等服务，改变农民信法、信访之间的成本收益均衡，造成信法比信访更好的结果，以结果倒逼行为主体信法。恩施的实践启迪我们，在当前强化法治社会建设过程中，理应注重利益调解手段的运用。只有用法的收益高于信访的收益，农民才会真正自觉信法、用法。

（三）适应民众是法治有效落地的关键

法治的生命在于落地，在于施行，在于进入广大民众心中。长期以来，我国在法治宣传、法治建设方面缺乏针对性和精确性，不能将法律需求作为第一动力，导致法治难以契合个性化的农民需求，法律因此悬浮在空中，难以入脑、入耳、入心。对此，恩施州在法治建设过程中将权力下放，变政府"端菜"为农民"点菜"，将法治与乡村经济发展需求、农民职业需求、农民生活需求相结合，从而让法治能够满足农民所需，能够为民所用，能够切实解决农民生产生活的实际问题。可见，法治的有效落地关键在于法治能适应民众、为民所用。只有将公众需求作为法治的第一动力，人们才能有效接受、使用法律，法治才能发挥效力。

（四）律师参与是法治落地的重要途径

律师制度是一个国家法律制度的重要组成部分，律师队伍是一支党和人民可以信赖的队伍。但长期以来，律师主体被政府看作"死磕"，被农民看成"讼棍"，律师处于政府"看不起"、农民"请不起"的尴尬境地。对此，恩施州在开展"法律下乡，法治落地"过程中，将代表法律的律师引入治理过程，利用律师的专业性和独立性，使其成为政府治理的"推手"和农民维权的"助手"，以此让法治落地寻求到"第三方"这一有效载体。可见，当前加强法治社会建设，理应转变对律师群体的认识，将律师从管治"对手"转变为法治"助手"，共同促进法治的有效落地。

以法固基:依法治国有效实现的根本途径

——基于湖北省恩施州"律师进村，法律便民"的调查与研究

党的十八届三中全会明确指出："创新社会治理，要坚持依法治理，加强法治保障。"党的十八届四中全会进一步提出："全面推进依法治国，促进国家治理体系和治理能力现代化。"但是，长期以来"政府不用法、农民不守法、社会不信法"让法治难以规制政府权力，难以规引农民行为，导致基层治理面临"政府乱为、农民乱动、社会失序"难题。对此，偏居武陵山区深处的湖北省恩施州以山区最稀缺和最迫切的法治为突破口，率先探索出一条"以法固基"的治理新路。

所谓"以法固基"，就是将法治作为最根本准则，让政府、社会、农民在法治规则内行为，以此为基层治理构建稳固的制度支撑体系。具体有三：一是以法治规范治理程序和权力边界，将权力关进制度"笼子"，实现政府依法行政；二是以法治充实调解主体和调解路径，将矛盾导向制度"渠道"，实现社会依法维权；三是以法治指引农民行为和农民理念，为农民注入法治"基因"，培树公众"法治信仰"。恩施州"以法固基"的治理探索，让政府权力限小一步，但权威提升一大步；农民行为规小一步，但权利增进一大步；社会约束规紧一步，但规则明晰一大步，让社会以稳固之基应对大变革，极大提升了基层治理的现代化水平和能力。

一 问题倒逼，法治内生，山区治理寻求"治本之策"

社会治理是基于一定社会基础的治理。恩施州位于偏远山区和少数民族聚居区的特殊基础，形成了"以力而治"的特殊治理形式。农民以力

对力，政府以力压力，使其陷入"农民维权"与"政府维稳"的恶性循环。

（一）治理资源缺位，农民信"力"不信法

1. "土司遗风"，农民惧"力"不惧法

恩施位于偏远大山区，土家族、苗族等少数民族人口占总人口的52.76%。恩施长期历史上实行"土司制度"，国家法治难以有效进入，使农民缺乏法治的历史基因与行为习惯。在土司统治下，农民归土司所有，土司以暴力维持统治，导致农民惧威不惧法，法治意识淡薄。恩施市木贡村农民向勇在交通事故中受伤，医疗耗费近6万元。依据法律界定，肇事司机宋建明应承担全责。但宋建明却称："坐牢都行，赔偿费一分没有。"

2. "生存抗争"，农民崇"力"不崇法

恩施州境内沟壑纵横、山高坡陡，生存条件相对恶劣。由于生活相对贫穷，农民文化素质相对较低，农民依靠暴力手段寻求生存，形成暴力崇拜。据全国第六次人口普查显示，恩施州居民平均受教育程度不到初中二年级水平，远远低于全国、全省平均水平。在现实困境面前，农民往往遇事就骂，遇不公就打。鹤峰县斑竹村两位平日关系友好的邻居却因一次自来水管漏水而动起刀子。恩施州司法局党组成员、依法治州领导小组办公室专职副主任张峋形容："其他地方农民有一个从扯皮、吵架到打架过程，恩施农民往往跳过这一过程，一有事就打人甚至杀人。"

3. "刚性维稳"，政府用"力"不用法

恩施州作为贫困地区，政府管理难度相对更大，政府能力相对不足。据统计，恩施州境内乡镇平均管辖范围为273平方公里，平均每个行政村管理范围为9.5平方公里，管理幅度远远大于平原地区。在高压维稳背景下，政府习惯强力，用"警官"替代"法官"，形成维权靠暴力、维稳靠警力的困局。如在恩施市沐抚办事处，2013年前每年特警前往上十次，农民甚至将特警车辆称之为"黑壳壳车"。而2013年全年，恩施州群体性事件达305起，特警总计出动达百余次。

（二）治理导向错位，农民信"访"不信法

1. 信访"低成本"、信法"高成本"，利益导向错位

长期以来，高昂的律师咨询、诉讼代理费用成为农民走司法程序的"拦路虎"，农民不会打官司、打不起官司，甚至担心"赢了官司输了钱"。而农民上访往往靠自己一张嘴，无须专人代理，无须高昂费用。在地方政府"花钱买平安"的高压下，农民即使无理上访往往也能获得高额回报。如在恩施市，18 位农户因房屋裂口集体找政府而非找施工企业，政府明知是无理取闹，却为了平息事端而直接给钱解决。信访与信法的利益失衡使农民倾向于上访，甚至缠访、闹访。

2. 信访"无风险"、信法"有风险"，程序导向错位

由于基层干部"唯上不唯下"，习惯于"将领导的意思当作法律的意思"，因此，农民遇到不了解情况的领导，即使无理信访也能变成有理。建始县业州镇陈克金曾对法院的刑事判决不服，经三级法院复查均维持原判。但陈克金上访后县领导签批给予其解决生活费 5.5 万元。而司法程序严格按法办事，违法不可能变成合法，不具有信访的"意外"。恩施市沐抚办事处黄向前表示："信法有赢有输，信访最差是不花钱，稳赢不输，从而误导农民信访而不信法。"

3. 农民"围追堵"政府"拦截卡"，政绩导向错位

面对"天下第一难事"的信访，恩施州各级干部压力更为凸显。2013 年恩施州人均 GDP 排名湖北省倒数第一，但信访总量高居全省前三。在"一票否决"的压力下，面对农民的"围追堵"，政府更多选择立竿见影的"拦截卡"。据统计，2013 年恩施州赴京非正常上访 511 人次，赴省异常上访 174 人次。恩施市沐抚办事处田贵周表示："2013 年每天上班时办公室外至少有十几位农民围着，办事处八位班子成员至少三人在北京或省里接人。"

（三）治理主体失位，农民信"权"不信法

1. 政府"兼职运动员"，法治权威难树立

近年来，政府越来越多地参与经济发展过程之中，甚至成为征地拆迁、公共工程建设的主角。因而在矛盾纠纷中，政府既是利益相关方，又是利益调解方，难以获得农民信任。据恩施州委政法委的统计，2011年以来，涉法涉诉信访连续两年在全州各类信访中排名第2位，在赴省进京越级访、重复访、非法访中，涉法涉诉信访占60%以上。这一困境也触发了恩施州州委书记王海涛的改革想法："政府单一主体进行利益分配，使农民难以感受到公平正义。法治的引入，就是要解决办事公不公、农民信不信的问题。"

2. 干部"小事无心管"，法治效力难发挥

恩施州代州长刘芳震感慨："农村的小事往往因小组长无法管，村干部无心管，乡镇无力管，最终都拖成大事。"建始县长梁乡罗浩33年前与邻居因房屋修建发生土地纠纷，但由于村组干部不愿调解，法院不予立案，乡镇因取证难而未调解，导致该农民上访30余年。农民之事本无小事，但在基层干部看来，农民之事都小事，政府之事才大事。基层牌子多、任务多、考核多的现实让干部只能"顾上难顾下"。在恩施州，农村户籍人口达352万人，村干部仅为1.2万人，人均管理幅度达292人。

3. 农民"服上不服下"，法治地位难保障

长期以来地方政府与农民的"二元"对立，加剧了农民"信上不信下"的观念。在恩施市征收土地过程中，一位老人因邻居家2口人4亩地而推测自己家6口人应该有10多亩地，而非政府丈量的8亩，并因此上访至最高人民检察院。值得注意的是，近年来由于矛盾层次越来越高，大量矛盾纠纷缘于国家政策法规的变动，农民对基层政府的调解甚至基层法院判决往往不服。据统计，截至2014年，恩施州全州有82件经过法院终审的案件仍然在不断上访中。

二　以法治立规矩，为依法行政树立规范，破解政府"一权独大"难题

法治的要旨是限制权力、政府守法。对此，恩施州在推进基层法治建设过程中，以扩大律师参与为载体，通过制度机制创新，为政府"树红线""划底线"，将权力关进法治的"笼子"。

（一）法治严程序，固牢决策底线，避免"拍脑袋决定"

1. 律师审查，把好决策"入口关"

传统的政府决策习惯于"暗箱决策"，决策什么、谁来决策、如何决策，由政府说了算。近年来，恩施州主动为法治"开正门"。首先，将合法性审查列入决策必经程序，明确重大决策前必须对决策文件、重大项目内容等进行合法性审查。其次，明确律师顾问审查主体资格，2014年恩施州律师顾问参与合法性审查达820人次，改变了法院单一主体被动审查的局限。再次，明确合法审查效力，未通过或与法律相抵触不提交政府决策讨论程序。2013年，恩施市龙凤镇一位矿主因不服政府关停其采矿场的处理决定而上访，镇政府凭经验以信访方式予以答复。在律师顾问合法性审查下，龙凤镇信访答复矿场关停问题的决定被律师依法叫停，转而采取行政诉讼方式执行。

2. 律师评估，把好决策"过程关"

由于政府干部对法律知识掌握有限，政府决策往往于无意中"触雷"，形成违法决策。对此，恩施州建立风险评估机制，为政府决策建立"安全带"。一是明确涉民决策政府须进行风险评估。二是将律师顾问列席政府常务会作为风险评估主要形式。2014年，恩施州律师顾问列席各级政府常务会达1152人次。三是律师顾问参议不决议，即由政府提出咨询并作出决策，律师顾问进行解释并提供建议。律师顾问鲁诚在列席恩施市政府常务会时指出，"公务员离岗创业政策与《公务员法》规定相违背，应予废止"。在鲁诚律师建议下，该政策于2014年正式取消。

3. 法律补救，把好决策"责任关"

一是"谁决策、谁负责"。通过责任追查，倒逼决策者重视律师顾问。2014年，恩施州律师顾问团参与政策文件审查820余份，参与重大项目审查312项。二是"依法履责"，对于决策失误引发的"后遗症"，政府根据法律要求或法院判决履行政府责任。鹤峰县邬阳乡在对库区移民进行补偿时根据律师顾问"政府补偿依据不合法，库区移民的要求为正当合理"建议，对库区移民追加补偿800万元。恩施州通过法律途径弥补决策过失也有效减少了行政纠纷。2013年，恩施州因政府程序不合法而引发的农民上访达431起，而2014年类似上访仅198起。

（二）法治明边界，固牢行政防线，避免"拍胸脯蛮干"

1. 从"花钱摆平"到"依法办事"，让权力有"为"

政府惯常"花钱摆平"，但往往越摆越不平。自2010年至2013年，恩施州每年维稳经费每年都在大幅增长，但农民上访却不降反升。对此，恩施州面对重大经济合同、重点工程项目、重要法律文书以及重大涉民纠纷，要求由律师顾问出具"处理建议书"，让政府行政有法可依。2013年，利川市团堡镇安置小区内一农户因房屋破漏找政府上访，在律师顾问的建议下，镇政府引导其通过司法途径与开发商达成补偿协议。

2. 从"领导批条"到"律师研讨"，让权力有"度"

恩施州积极改变以往"领导外行充内行"的做法，改由律师给意见，政府依法办。其一，让领导带头不"批条"。为防止政府滥用权力，恩施州改变传统的领导签字督办的方式，转而通过律师出具意见书的形式依法执行。2014年，恩施州政府律师顾问团为相关部门出具1400余份法律意见书。其二，建立重大上访案件讨论制，由"法律专家委员会"和"律师顾问团"对历史遗留案件、积案、大案进行研讨，并出具法律建议书。2014年，恩施州律师顾问团共化解信访积案968起，相当于以往3年的信访积案化解成绩。

3. 从"闭门单干"到"开门合干"，让权力有"方"

"权力在阳光下运行"是法治政府的重要要求。对此，恩施州将律师顾问请进会堂，列席政府常务会议等，让权力在专业监督和阳光透明下运行。自2013年10月以来，恩施州律师顾问团共列席各级政府常务会议达1152次。特别是，恩施州将11名律师顾问推选为"两代表一委员"，以此形成常态化监督。恩施州司法局副局长李邦和感慨，"过去是司法机关'搞单干'，往往'山重水复疑无路'。现在是与律师顾问'合干'，往往能'柳暗花明又一村'"。

（三）法治理责任，固牢维权底线，避免"拍屁股走人"

其一，"引官告民"，让权力让位法律。对于政府涉民纠纷，恩施州改由"律师代理"，通过司法诉讼等途径解决，避免政府既当运动员又当裁判员。2013年12月，来凤县城市管理局制止了来凤百姓网在来凤县步行街举办的慈善义卖活动。由于当事人不满，来凤百姓网在其网站对来凤县城市管理局侮辱、诽谤，并引起普通公众的强烈反响。对此，来凤县城市管理局并未对来凤百姓网行为进行压制，而是通过司法诉讼形式，将来凤百姓网告上法庭，有效引导了舆论。

其二，"引民告官"，让权力服从法律。首先，政府向农民提供免费律师咨询服务，付案件代理费用，让农民免费告政府。20 世纪 90 年代，宣恩县椒园镇水田坝村村民因镇政府征地补偿不到位而持续上访。在顾问张祎律师的建议下，椒园镇为村民聘请两位律师将镇政府告上法庭，最终由椒园镇镇政府依据法院判决进行补偿。其次，建立行政首长出庭应诉制，严格落实 2015 年 5 月 1 日正式实施的新《行政诉讼法》。

三　以法治定规则，为矛盾调解疏通渠道，破解社会"维而不稳"难题

山区特殊的社会治理基础与治理方式，让政府强力与农民暴力相互对立，社会矛盾极为突出。对此，恩施州打破以往政府强力压制、农民以力抗力的二元循环困局，将法治引入社会矛盾纠纷化解过程，将"力治"转化为"法治"，使社会冲突在法治规则下协调化解。

（一）专业主体引入，为矛盾调解配好"资源"

1. 从"找干部"到"找律师"，让诉求能表达

一是功能拓展，让矛盾有专人可问。恩施州将以往局限于"诉讼代理"的律师功能扩展为咨询、调解和引导等功能，变农民有事找干部为农民有事问律师。据不完全统计，2014 年，恩施州律师顾问团为农民解答法律咨询 4.2 万余人次，按每次 100 元的律师咨询价格标准计算，为农民省去咨询成本达 420 万元。二是服务延伸，让矛盾有专人可调。恩施州通过政府购买服务形式，为全州 2460 个村（居）配备律师 337 名，发放"律师便民服务卡"10 万余张，建立村级"法律诊所"2400 余所，将律师服务从城市引入农村。

2. 从"一把抓"到"分类型"，让矛盾有回应

为避免矛盾纠纷"一把抓"，恩施州将矛盾纠纷分类型、分主体调

解。其一，涉私类矛盾"逼"到村组。把家庭纠纷、邻里矛盾等绝大多数农村地区多发、频发私人纠纷"逼"到村组去解决，使全州60%的纠纷在村组内得以调解。其二，涉公类纠纷"交"给上级。针对征地拆迁等带来的"官民纠纷"，由司法行政机关与律师顾问共同调解。其三，涉法涉讼纠纷"踢"到法院。矛盾纠纷触碰到法律底线而必须导入司法程序的，通过"免费打官司"方式引导当事人寻求司法途径解决。截至2015年7月底，恩施州将矛盾纠纷引入法律渠道调处成功的达到462件，占比3.6%。

3. 从"单兵化"到"一体化"，让调解有资源

传统矛盾纠纷调解过程中的律师与政府单独行动，导致律师调解缺资源，政府调解缺法律。对此，恩施州为有效发挥干部熟悉情况的优势，并有机融合律师顾问的专业优势，打造律师顾问和司法行政人员联合办公模式，实现接访与咨询一体化。如建始县桂花村10组、11组村民到乡政府群体上访并计划进京上访，在联合接访中，律师向其讲解法律，使其放弃了进京上访的念头。2014年，恩施州330余名律师协助有关部门开展社会矛盾化解5500余起，参与涉法涉诉案件处理达412起。

（二）乡土机制融合，为矛盾调解疏通"渠道"

其一，构建"微治"机制，让村组矛盾村组调。一是单位下沉到组，让村组能作为。恩施州将法治直接送到村民小组，为小组长提供实用、常用的法律知识培训，使其成为法律"宣讲员"。高台村李家湾组组长宋祥友介绍说："接受法治培训后，有了调解依据也就有了参与的底气。"二是权力下放到组，让村组有作为。恩施州要求村内任何矛盾纠纷必须先经组长调解，"如果小组内未调解而村里直接参与纠纷调解的，就会被视为越位"。三是激励落实到组，让村组愿作为。村民小组长成功调处一件矛盾纠纷给予50元的奖励，并实行年终考核。高台村团井组组长向中合谈道："办事处每年对优秀小组长的表彰不仅有奖金，还要戴上大红花上台，有了这种荣誉感，更有干劲儿了！"

其二，构建"层级"机制，让乡土矛盾乡土调。首先，恩施州将矛盾调处划分为村民小组长、村驻片干部、村干部、综治中心、分管领导五个层级，让矛盾纠纷自下而上按层级逐步调处。其次，制定《矛盾纠纷

层级调处意见表》，让各层级在参与调解后签订意见并盖章，以此明确各级调解主体责任。再次，建立律师顾问机制，乡土层级无法调解成功的矛盾纠纷，由律师顾问给予免费咨询，让矛盾纠纷有效调处在基层。2014年，恩施州全州进京非访、赴省上访、赴省异常访较2013年同比分别下降了39.7%、26.3%、35.4%。

其三，构建"听证"机制，让社会矛盾社会调。一是组建"乡贤听证库"。为保障听证员权威性，听证员库以乡镇为单位，由乡贤能人、乡村教师、村组干部等300至500人组成。二是"随机抽取听证员"。即由当事双方从"听证员库"各随机抽取3名听证员，并自带2名亲友构成10人听证团。三是由"农民评农民"，实现社会调解。听证会采取乡镇干部主持，当事农民陈述、听证员评理方式进行。政府全程当配角，农民当主角，政府成功从"台前"走向"幕后"。让农民评农民的好处就在于"以往有些农民明知无理还要上访，政府无法解释清。但通过亲友乡贤评议，能使其自知理亏不好意思"。

（三）法治过程渗透，为矛盾调解找对"方法"

1. 律师坐诊，为矛盾上门"把脉"

为化解山区"矛盾在基层、政府在天边"的困境，恩施州将"法律诊所"设到村，由律师顾问定期到村内坐班，及时为农民提供法治帮扶。在恩施市，政府律师顾问至少一个月参加1次村支两委会议，参与2件民事纠纷调解和解答3人次的法律问题，一年需办理4件法律援助事项。建始县司法所所长罗宇表示："过去都是群众找律师，现在律师主动跑到家门口，省去了群众来回奔波的麻烦，老百姓从心底感到高兴。"

2. 律师会诊，为矛盾精准"抓药"

由于当前法律体系相对复杂，基层干部往往难以适从。如对水利执法而言，"国家涉及农村水利的政策法律多达数十部，但执法干部大都是大学不到的文化水平，遇到矛盾难以完全依法"。为破解这一难题，恩施州在涉法涉诉纠纷处理上，聘请律师顾问联合介入，以此扭转政府矛盾调解的盲目性。如宣恩县组建起由职业律师、公职律师、退休检察官等十人组成的调解专家库，采取模拟"开庭"方式进行联合调处，对症下药。

　　3. 律师复诊，为矛盾弥合"民心"

　　在传统矛盾纠纷调解过程中，乡政府给出调解结果往往意味着调解的结束。但类似调解结果的执行、接受情况缺乏跟踪反馈。2014年，长梁乡李来炎开车意外将邻居撞死，经乡政府协调由肇事者赔偿死者家属48万元。但由于赔偿金额庞大，导致肇事者难以履行，双方互不买账。对此，恩施州设置"执行情况回执表"，由律师顾问跟踪矛盾调处结果，让矛盾双方心服口服。长梁乡李来炎案经律师顾问向爱民回访，最终同意将赔偿金额从48万元降至34万元，让双方都能接受。

四　以法治树理念，为农民守法注入基因，破解农民"法无信仰"难题

　　全面推进依法治国，要使全体人民都成为社会主义法治的忠实崇尚者、自觉遵守者、坚定捍卫者。恩施州在推进基层法治过程中，不仅将"法治恩施"作为一项核心工作来抓，更将"法治恩施"作为一项"培基工程"，通过法治服务的进村和律师的引导，塑造人人学法、人人守法、人人用法的善治氛围。

（一）法治服务送进村，让农民"时时学法"

　　一是将"课堂"搬到组院，让法治"摸得着"。以往，政府普法宣传设置在口号标语里，停留在街头路边，农民看得见但"摸不着"，与农民生活挂不上钩。对此，恩施州以地域相近农户的院落、屋场为单位，将法治宣传引向农民家门口。如恩施州来凤县绿水镇在农民院落内张贴法治案例、法治漫画，让农民在串门纳凉之时就能见到法治宣传。农民直言"赚了"："平时干农活很忙，没时间看电视里的普法宣传节目。现在好了，白天出门干活或者晚上出门串户的路上还能顺便学习法律知识。"

　　二是将"菜单"交给农民，让法治"对胃口"。传统"一刀切""撒胡椒粉"式的法治宣传，往往让农民看不懂、听不会，对不上农民"口味"。对此，恩施州改变传统政府"端菜"的方式，采取农民"点菜"、律师顾问"做菜"。其一，对接农民生活需求。如鹤峰县邬阳乡通过e信通沟通平台，采取短信投票形式决定律师顾问培训选题。其二，对接农民

职业需求。如恩施市屯堡乡基于农民职业特点，为全乡 5000 多名驾驶员开展"交通安全"专题培训。其三，对接社区发展需要。如利川市东城区由于征地拆迁多，量身定制了以宣传《房屋征收与补偿条例》和《土地管理法》为主的法治培训。

三是将"网络"送进家户，让法治"能传播"。恩施州通过建立网络化普法机制，打造出"传递式"普法的"乘数"效应。其一，借力亲情网络。2014 年，恩施市普法巡讲团先后 45 次"进校门"，为 21000 多名中小学生巡回宣讲，形成"学生带家长，家庭带社会"的扩散效果。其二，借力邻里网络。恩施州以屋场为单位，每 10 户左右培训 1 名法律明白人，通过邻里纠纷调解进行法治宣传。其三，借力信息网络。如来凤县将农民的矛盾纠纷调解进行分类并建立案例数据库，通过网络传递，实现了案例调解的资源共享，方便了有同类纠纷的农民"依葫芦画瓢"去解决。

（二）法治途径融进村，让农民"事事用法"

1. 政府埋单，让农民免费问法

为转变传统信法"有成本"、信访"无成本"的困境，恩施州积极降低农民用法费用，通过利益调解倒逼农民用法。一是通过单列财政预算，由乡镇政府或村委会统一付费，为农民提供免费法律咨询服务。截至 2015 年 5 月，恩施州 98.64% 的村（居）聘请有律师顾问。二是扩大法律援助范围，由政府聘请律师对家庭困难、集体纠纷、诉讼对象为党政机关和群团组织的诉讼当事人进行免费代理。2014 年，恩施州为农民免费提供法律援助 6557 件，较 2013 年增长 40%。

2. 技术助推，让农民免费找法

恩施州改变过去单一依靠司法人员下乡送法模式，充分发挥现代信息技术的助推作用，利用 QQ 群、微信群、e 信通平台以及"面对面"的视频交流系统等，将"互联网＋"打造为联结农民与现代法治之间的"纽带"，让农民可以随时免费找到法律。宣恩县万寨乡马鞍山村支部书记肖儒朝说道，"现在只要在家动手，就可以'请来'律师协助调解，省下我们不少的跑路费"。

3. 司法后盾，让农民免费用法

为破解农民有法不用、有法用不起的难题，避免农民遇事找政府，政府设立了专项司法诉讼资金，为农民垫付律师代理等费用，让农民"免费打官司"。恩施州农民上访最为突出的沐抚办事处每年投入 5 万元用于农民"免费打官司"，让政府维稳经费从 2012 年的 50 余万元迅速降低到 2014 年的 10 万元。恩施州政法委书记沙玉山表示："'免费打官司'让农民不再天天围着办公室，干部不用天天维稳，政府能更专注于谋发展。"

（三）法治桩脚扎进村，让农民"处处守法"

其一，培育"新干部"，为守法引理念。长期以来，农民遇事找干部，但又不信任干部。对此，恩施州通过法治进村，将村组干部培育成为具有现代法治意识的新型干部。一是村庄培育法律联络员。法律联络员配合村委会负责本村矛盾的调解，及时为矛盾双方提供法律方面的一般性知识，对可能出现的涉法纠纷，提前向本村律师顾问汇报。二是将村民小组长培养成法律宣讲员，负责小组内矛盾的调解与法律知识的宣传。2014 年，仅恩施市就培训了法律宣传员 3 万余人次。三是将乡村医生、农村教师选进"两委"，使其通过行医、走访成为法治活动"宣传车"。2013 年以来，恩施州村医村教共走访农户 28000 余户，开展政策宣讲 62500 余次。

其二，塑造"新乡贤"，为守法树风尚。恩施州将村庄内的村医村教、退休老干部和老党员、经济能人等乡土能人重新组织起来，将其打造成为农村法治的"桩脚"。同时，通过法治专题培训，使乡贤能人能够了解常用法律知识、书写简单合同协议、主持一般民事纠纷调解，将其塑造为懂法用法的"新乡贤"。鹤峰县邬阳乡斑竹村 78 岁的老党员高运书谈及"律师进村"时称："律师进村是个新鲜事，在老办法行不通时及时送予新办法，不仅自己开始懂法、守法，还能在村内纠纷矛盾的调处中通过讲法让当事人听得进去。"

其三，衔接"新组织"，为守法筑平台。一是将社会组织与律师顾问衔接，让社会组织在矛盾调解过程中遇到法律难题能及时咨询律师，助推农民从"说理"向"讲法"过渡。如宣恩县椒园镇黄坪村矛盾纠纷化解组织"帮理郎"，2014 年为村民调解矛盾 12 起，其中律师顾问参与调解的有 3 起。二是与"人民调解委员会"衔接。如黄坪村"帮理郎"组织成员通过受聘为"人民调解委员会顾问"，使其调解结果纳入人民调解范畴，具有法律效力。三是与司法行政衔接，如坪村"帮理郎"组织通过与椒园镇司法所对接帮扶，由司法所定期为组织成员提供法治培训服务。

五　法治引领,治理转型,山区现代化治理"领先一步"的启迪

恩施州在推进山区治理现代化方面之所以"率先一步"，在于寻求到了"法治"这一有效实现形式。其改革探索不仅解决了自身的治理困境难题，也为国家治理现代化和法治化提供了丰富经验。

(一) 推进依法治国首要政府法治化

党的十八届四中全会将"深入推进依法行政，加快建设法治政府"作为全面推进依法治国的重大任务之一。政府是依法治国的重要主体和重要推动者，其行为具有强烈的示范效应。政府的法治化不仅关系到依法治国战略部署的落实，更关系到其他社会主体是否信法、用法。恩施州在推进依法治州过程中，主动将政府关进法治的"笼子"，避免政府大包大揽的"乱作为"和庸贪懒散的"不作为"，实现了"法无授权不为，法定职责必为"。正是政府的法治化，才让法治权威得以维护；正是政府的带头示范，才让农民、社会相信法能所用、法能管用。恩施的探索实践告诉我们，实现依法治国需要政府率先一步，以此维护法治权威，引领社会用法、信法。

(二) 落实依法治国需寻求合适渠道

党的十八届四中全会指出："法律的生命力在于实施，法律的权威也在于实施。"依法治国的有效施行需要寻求有效的平台、渠道，让法治落得了地、起得了作用。恩施州成功推进"依法治州"，其关键就在于搭建了"律师进村，法律便民"这一平台。通过律师这一载体，将抽象的法治具体化，使法治能够落实到具体的治理行为中。通过法律服务的便民进村，将法治从文本引向实践，让法治能够为农民、社会所接受运用。恩施州的探索实践表明，推进依法治国，需要为法治打造合适的平台与渠道，让法治能够施展功能、发挥作用。

（三）实现依法治国需探索有效形式

法治是治国理政的基本方式、基本理念。但作为地方的具体治理，需要结合地方不同治理基础，因地制宜，寻求有效的实现形式。恩施州作为贫困山区，自然条件的限制和历史文化局限，使其法治基础薄弱，法治资源贫乏。但恩施州成功实现"依法治州"，其核心就在于寻求到"以法固基"这一有效实现形式。即将法治融入社会，与社会治理相结合，而非另行一套。恩施州的实践不仅成功破解了基层治理的诸多难题，也借助基层治理资源促进了法治的实施和落地。由此可见，推进依法治国，并非"一刀切"，而需因地制宜，发挥地方的主动性、能动性，寻求有效的实现形式。

（四）践行依法治国需长期艰苦努力

依法治国是一项宏大系统工程，是国家治理领域一场广泛而深刻的革命。依法治国涉及社会治理各个领域、各个环节和各种要素，牵一发而动全身，需要实践者统筹不同主体利益，让法治为社会所接受、应用。恩施州践行依法治州，既有中央的精神指引，也有地方的顶层设计，更关键在于基层的长期探索实践。恩施州全面推行"律师进村，法律便民"仅两年时间，但其以"律师顾问"为载体的法治探索却已持续近十年。十年的探索和坚持让其在实践中不断完善、不断考验，并最终形成适合恩施的法治路径。可见，践行依法治国，绝非一项短期工程，需要改革实践者付出长期艰苦努力。

领跑一公里:山区法治何以"润民无声"

——基于湖北省恩施州"律师进村,法律便民"的调查与思考

  党的十八届四中全会的《决议》明确提出建设社会主义法治国家的战略目标。但长期以来,我国法治管城而不管农村,管干部而不管农民,山区法治处于"政府无服务、农民无意识、社会无信念"的"三无"状态,使农民游离与法治体系之外,难以享受到法治阳光的滋润。对此,地处武陵山山区深处的湖北省恩施州以"律师进村,法律便民"为契机,探索出了一条"化法无形润民无声"的新路径,取得了良好的成效。其主要做法为:以法治覆盖为牵引,纵向到底,以矛盾分类为导向,横向触边,以文化培育为重心,基础重塑,使法治的空气弥漫在每个村庄、每件纠纷、每个人的心中,以此实现法治在山区的全面落地。

一 山区法治何以"领跑一公里"

  恩施州在推进"律师进村,法律便民"的过程中,针对当地法治服务悬浮,法治意识淡薄等问题,探索出了一条"化法无形润民无声"的新路径。

(一)"满覆盖":法治无处不在

  针对涉法涉诉信访居高不下的现状,恩施州通过层级分解的方式让法治在山区全面落地。一是乡镇聘请法律顾问团。政府单列财政预算,各个乡镇结合自己的实情,采取灵活多样的方式与律师签订合同,让律师作为独立"第三方"。截至 2015 年 6 月,恩施州 88 个乡镇均已聘请了法律顾

问。二是村庄培育法律联络员。法律联络员配合村委会负责本村矛盾的调解，及时为矛盾双方提供法律方面的一般性知识，对可能出现的涉法纠纷，提前向本村法律顾问汇报。三是小组普及法律宣讲员。每个村民小组培育一名法律宣讲员，负责小组内矛盾的调解与法律知识的宣传。对此，该州邬阳乡乡长汪娟表示："组是我们接近群众的最基本单位，管好了每一个组就管好了每一个家庭，我们的法治也就找到了根基，落到了实处。"

（二）"分类别"：法治无微不至

对于不同的矛盾采取不同的调解方式，层层化解、逐级分类，让法治的理念在不同矛盾的调解中落地开花。其一，涉私矛盾问法律明白人。与邻里之间的小纠纷、小扯皮，由法律明白人出面解决，通过乡里乡亲，实现遇事礼让都欢心。其二，涉公纠纷寻法律调解员。针对土地、财产、赡养类纠纷，由调解委员会出具调解建议书，引导农民合理调解。以恩施市屯堡镇为例，仅2015年上半年法律调解员就成功调解矛盾纠纷40余件。其三，涉法诉求找律师顾问团。针对多次调解无果的涉法纠纷，律师全程参与，给事件当事人权威的解答和指导，通过司法、诉讼、人民调解等方式，将事件引入法制化的轨道。截至2015年6月，恩施市律师化解矛盾纠纷400余件，引入诉讼渠道的有52件。

（三）"全流程"：法治无时不有

恩施州将法治的思维与意识嵌入到事件的始终，做到无处不用法，无处不显法。一是法治把关，事前化解矛盾源头。各村在村委会都设有专门的律师办事处，以定时进村、电话便民等方式为村民提供法律援助。利川市东城办事处设有律师固定的"坐诊"排班表，规定每名律师每月至少2次为村民"把脉会诊"，提前"对症下药"，从"情""理""法"上予以开方。二是法治调解，事中削解矛盾势头。针对已经发生的矛盾纠纷，律师会配合村委会进行联合调解，为村委会"出谋划策"，防止了矛盾纠纷"火势"的蔓延，做到"适时控制"。三是法治追踪，事后熄灭矛盾苗头。为了避免矛盾纠纷调解后出现二次"反弹""耍赖"等现象，律师和村委会专门设置了"执行情况回执表"，对双方当事人权利和义务的执行情况进行"把关"。屯堡乡杨家山村紫竹园组村民谭明全说："要不是律师和村委会对这调解结果进行把关，我这官司也不知道要打到什么时候才是个头。"

（四）"重文化"：法治无所不育

律师进村不仅是一种普法送法的行为，而实际上也是一种寓法于心的过程，是一项长久的"培根工程"。其一，教民习法。法律知识以小组或院落为单位，通过宣传栏和宣传板等形式，切实让农民"看得见""听得到""用得上"。"如果遇到法律上面的难题，我们一般都会来法律宣传板下转转，看看该怎么做"，建始县红土坪村村民向顺智说。其二，让民观法。矛盾调解的地点直接设置在农户家中，让围观旁听的农民潜移默化地接受法治的熏陶。业州镇二道桥社区村民郭孝燕说："虽然我没有请过律师，也没有打过官司，但律师院落说法让我们对法律有了一个更为直观的感受"。其三，引民用法。以前农民有矛盾纠纷，通常都是用"拳头"摆平，而现在通过法律便民卡的发放，农民便可通过电话、QQ、微信等方式向律师咨询，解决问题的方式由以暴易暴转向了依法认规。对此，马鞍山村支书肖儒朝表示："以前村民们的矛盾纠纷基本靠锄头解决，而现在更多的是依赖法律武器。"

二　山区法治何以"润民无声"

"律师进村，法律便民"的实施，不仅仅带来了整个山区社会风气的变革，更取得了法治润民细无声的成效。

（一）服务下沉，农民有"信念"

法治信念，内化于心，外化于行，农民以前办事的逻辑往往是唯权不靠法，依暴不信法，而现在随着律师进村，农民逐渐树立起了法制信念。一是政府购买，服务下移。政府通过购买法律服务的方式，将法治服务延伸到了最基层，让农民有机会真正接触"公正的代言人"。"以前我们有事先找政府，现在我们有事先问律师，这样做我们心里更有谱"万寨乡伍家台村村民叶朝敦说。二是律师组团，多点反馈。村民有问题可以与多名专业律师取得联系，综合听取各个律师给出的建议，最终作出合适的行为选择。对此，高岩坝村民卢显晓表示："遇到法律难题，我们都会向不同的律师咨询，汇总他们的意见，然后再做决定。"三是免费帮扶，分流疏导。恩施市律师成立"爱心工程"，对家庭困难的农民给予免费帮扶，让农民没钱也能请得起律师。

（二）权力约束，农民有"信心"

一是律师把关，让政府行为有依据。对政府出具的行政文件、重大项目文书进行评议和审核，列席政府的常务会议，约束了政府的行为，使农民对政府更加有信心。以团堡镇为例，仅 2015 年前三个月律师就参与政府重大决策 8 次，出具法律意见书 5 份。二是程序办事，让政府行为有规则。所有矛盾纠纷都必须经过网格员，驻村片干部，村主任，综治中心，分管领导这五级逐级进行调处。突出的典型是沐抚办事处，下级未调处的，上级不予以受理，打回重调，通过层级调解，让农民办事有法可循。三是法治监督，让政府行为有责任。农民可以依照相关程序申请免费法律服务，让律师全程参与，切实解决农民打不起官司的后顾之忧。以龙凤镇为例，自 2013 年 11 月以来，律师已协助调解矛盾纠纷 25 件，办理免费法律官司 8 起，受理免费法律援助事项 30 件。

（三）规则重塑，农民有"信托"

"土法律""旧制度""老道理"是以前村民遵守的行为准则，遇事认死理，办事无章法是对其典型的概括。恩施州通过律师进村的方式，让农民树立了规则意识，找到了法治寄托。一是替民维权，给农民"实惠"。驻片的律师每个月下村"会诊"的次数不少于 4 次，每年为村民调解的纠纷不低于合同规定的数量。椒园镇黄坪村村民陈晓云与邻居因土地征收发生纠纷，双方多次调解无果，最后在律师的介入下，陈晓云获得了赔偿，事件得到解决。二是为民解忧，让农民"乐意"。以前村干部调解纠纷往往都不彻底，"二次反弹"时有发生，现在在律师的全程参与下，矛盾可以得到有效化改。鹤峰县容美村村民李文杰和邻居李文源因为修建房子闹腾了好几年，2014 年 3 月在律师的帮助下，两家最终达成了和解。三是给农民规范，使农民"守规"。律师进村入户，普法便民，使得农民更加守法认规。对此，长梁乡桂花村村民朱怀玲说："该做啥，不该做啥，法律便民宣传册上都明确写着。"

三　山区法治"领跑一公里"的启迪

恩施州以"律师进村，法律便民"为契机，探索出了一条"化法无形润民无声"的创新路径，具有重大的现实意义，值得我们做进一步思考。

（一）服务进村是山区法治社会构建的关键

农民享受公共服务是国家治理现代化的重要内容。农村法治长期成为短板的重要原因就在于法治长期难以真正进入农村，使农民难以接触到法治服务、享用不到法治服务，难以对法治建立起兴趣、信心和信任。恩施州通过政府购买服务的方式，聘请州内知名律师担任法律顾问，让律师覆盖州、县（市）、乡、村四个层级，实现法治服务的全覆盖。正是这种法治服务的渗透，才使得山区农民在学法、用法中培养起对法治的信心、信念和信托。可见，当前建立法治中国，理应将法治公共服务纳入均等城乡公共服务的重要范畴，实现法治服务的进村、入户。

（二）山区法治社会构建需借力传统乡土资源

党的十八届三中全会明确提出，要推进国家治理体系和治理能力现代化。法治是现代社会的重要方式，也是推进治理体系和治理能力现代化的重要途径。但法治并非唯一的治理方式。山区传统的治理资源作为传统治理大厦的基本底色，对现代治理能力的提升起着关键性的作用。恩施州以"律师进村，法律便民"为抓手，通过小组培育法律明白人，村庄遍布法律联络员等做法，使得传统乡土资源在法治过程中得以重塑并重新发挥重要作用。可见，法治并不是否定、更不是简单替代传统的礼治和力治，而是要将法治置于治理大厦的最高层次，统领和促进传统治理资源的现代化。

（三）山区法治建设核心是培育农民法治信念

党的十八届四中全会指出，要运用法治思维和法治方式推进改革。构建法治社会，核心是运用法治的思维而非法治手段处理社会问题。恩施州地处武陵山区，法治资源匮乏，仅靠单一的法律手段无法有效处理山区纷繁复杂的社会矛盾和问题。为此恩施州以律师进村和免费法治服务为牵引，将法治思维的培育上升为"培根工程"，让农民、乡村干部、乡贤能人能运用法治理念和法治思维去解决面临的问题。可见，法治社会建设，特别是山区法治社会建设的目标并非是人人找律师、事事打官司，而关键是对法治理念、法治思维的运用，形成对法治的信念。

（四）法治领跑需解决好"最后一公里"问题

法治的生命力在于落地开花，硕果为民所享。长期以来，农村成为"法治的孤岛"，处于法治的盲区，农民游离于法治之外。恩施州以"律师进村，法律便民"为杠杆，撬动了法治的大变革，让法治不再浮于农村外围，而是进村入户，深入到人心，破除了法治悬空的困境，让法治在山区不仅"落了地"，更"生了根"。可见，山区法治在农村最紧迫的难题是如何打通进村入户"最后一公里"，让法治进村入户，让农民在法治氛围的熏育下学法、懂法、用法。

法治下乡：深耕"最后一公里"

——基于恩施州"律师进村，法律便民"探索实践的调查与思考

全面推进依法治国，基础在基层，工作重点在基层。然而，长期以来农村基层法治社会建设面临"无人普法、无处学法、无章用法"的困境，法治建设始终跑在路上，不能落在农民身上，梗阻在"最后一公里"，形成了"法治孤岛"。对此，湖北省恩施州以"律师进村，法律便民"建设为契机，盘活对接主体，打造承接单元，创新衔接机制，使普法"有人可依、学法有处可寻、用法有规可择"使法律触角延伸到底，法律服务覆盖到边，真正把方便、便宜、公正的法律送下乡，破解了法治建设停摆在"最后一公里"的难题。

一 主体对接，化解"无人普法"难题

长期以来，基层法治建设往往是政府单方面的推动，法治服务的主体非常单一。恩施州通过引进专业律师、激活乡土力量、培育基层管理者，化解了"最后一公里"无人普法难题。

（一）专业"领路"，让普法"走得稳"

恩施州统筹内外律师资源，使基层普法工作有成效。一是整合内部资源，形成内动力。2013 年，恩施州以乡镇为单位，通过政府采购法律服务，建立起律师顾问团。截至 2015 年 3 月，恩施州已建成律师顾问团 93 个，2400 余个村居成立了"法律诊所"。参与法制宣传 1718 场，提供法律咨询 3.48 万人次，调处纠纷 5300 余起，412 件信访积案得到有效化

解，为相关部门提供 1200 份法律意见书。二是聚合外来资源，铸成外推力。2015 年 7 月，湖北中和信等 10 家省内知名律所与恩施州夷水、领汇等 9 个律所结成帮扶对子，将免费为结对帮扶的 10 个村居提供为期 1 年的法律咨询、法律宣传、涉法涉诉等服务。三是融合淘汰规则，逼出倒挂力。专业律师进村，逼迫原来"潜伏"在农村的"土律师"离场，"真律师"到场。恩施州司法局副局长李邦和表示："过去，大量信访案件背后都有'土律师'在支招，'律师进村，法律便民'的推进，将农村'土律师'的市场挤没了。"

（二）乡土"找路"，让普法"走得实"

激活乡土力量是普法取得实效的重要手段。一是培育"新乡贤"，为普法添力。通过律师开展培训，将农村地区的老党员、老干部、乡村教师和医生等乡贤能人培养成"法治新人"，为农村法治服务增添新力量。恩施市 208 个村（居）利用律师资源，每村培训 20—30 名退伍老兵、老干部等乡贤能人。高台村老干部向奉久激动地说，"以前调解矛盾纠纷大多用的'土办法'，经过律师培训后，掌握了'新办法'，处理问题更有效了"。二是培训"新学员"，使普法增效。过去，学校普法宣传往往由司法所"大包大揽"。2014 年，恩施市成立由律师、司法所干警、派出所民警等组成的普法宣讲团，开展"普法巡讲进校园"活动。采取趣味问答、有奖竞猜等形式与学生、家长现场互动，学生成为家长的法律"教练"。截至 2014 年 11 月，恩施市普法巡讲团在各中小学巡回宣讲 45 次，21000 人得到培训。三是培训"新农民"，让普法提质。律师顾问团根据农民的不同职业、身份、年龄等，结合不同农民的利益和需求，有针对性地开展普法宣传。2014 年，屯堡乡将法治建设和"平安建设"结合起来，一次性培训 5000 名司机。

（三）村组"拓路"，让普法"走得远"

恩施州贯通村组干部，使基层法治普及更具长效。首先，打牢"楔子"，使普法更到位。以村组干部为重点，抓住农村普法的"牛鼻子"，让乡村干部学法、知法、依法办事。2013 年以来，鹤峰县邬阳乡培训 148 名小组长为法律宣传员。其次，编织"纽带"，使普法更精准。恩施州山大地广，农民多分散居住，不便组织。各村居通过以 3—4 名驻片干部的方式定期走访分管农户，将农民最现实的法律需求"收上来"，把最需要的法律知识"送下去"。再次，构筑"网络"，使法律更便民。通过在村（居）建立法律顾问室，村干部、律师和司法所成立"法律诊所"，共同"会诊"。2014 年，三坝村通过"法律会诊"，成功解决了向德会、向德秀及相邻 8 家农户占地赔偿问题，最终，邻里和睦如初。

二　单元承接，打破"无处学法"瓶颈

过去，法律宣传大多"写在纸上、停在嘴上、贴在墙上"，农民难以见法。恩施州通过把法律"落在场院""扎在小组""嵌在农户"，使学法单元下沉到底，农民学法有处可寻。

（一）"落"到场院，乐于学法

通过创新法治服务单元，让流动场所和居住院落成为农民学法的有利单元。其一，以流动场所为单元，形成集聚效应。利川市汪营镇利用广场上演法治"话剧"，每次吸引约 5000 名群众参与其中。沿渡河镇界河村利用赶集日开展"普法惠农赶集"活动，向前来赶集的村民发放法治宣传资料 300 余份，200 余张便民联系卡，现场解答咨询 120 余人次。其二，以院落长廊为基地，提高知法程度。在来凤县绿水镇的一处农家小院，包括家庭婚姻和道路安全法等的法律知识"七巧板"嵌在庭院走廊两旁。一位居住在此的老农饶有兴致地说，"每天经过长廊都会停下来看一看，学一学"。

（二）"扎"在小组，便于学法

恩施州将村民小组建设为农民学法的有力"支撑脚"。一是夜会讲法。恩施州通过召开小组夜会，在宣讲法律的同时，提升了农民参与集体活动的热情。来凤县绿水镇律师向启仲积极参加小组夜会，围绕农民关心的法律问题，面对面地向农民宣传法律知识，有针对性地开展法制宣讲。二是现场教法。利用小组长与驻片干部在田间地头、农家屋巷召开"人民调解室"，以现场说教方式调解纠纷，普及法律知识。"2014 年，小组

成员宋彦红和向友国发生山林界址纠纷，我和驻片干部谭锦锡在地头就展开调解，依据《林权法》和《农村土地承包法》使双方矛盾化解，他们也懂得了一些有关林权的法规"，李家湾组小组长宋祥友说道。三是屋场学法。以适当的规模和相近的邻里为单元，召开屋场会向农民普及法律。截至 2014 年 9 月，恩施市召开屋场会 2334 场次，153400 位农民受到法律培训。

（三）"嵌"入家户，易于学法

恩施州通过建立"三明白"，使农户成为学法的有效单元。一是培养家庭"明白人"。农户当家人经过组内法律培训成为一个个"明白人"，法律明白人带动家庭成员学法用法。据统计，恩施州已培育法律明白人 5.2 万人。二是粘贴法律"明白纸"。鹤峰县石龙村村民孙家清指着屋墙上的《致邬阳乡全体居民的一封公开信》说，"我们遇到法律困惑时都可以按照公开信上的说明咨询律师"。三是发放服务"明白卡"。恩施州创制便民服务卡，将每个律师的照片、擅长领域、联系方式等信息印在卡片上，发给农户，贴在家门，农民可以根据需求联系一个或多个律师咨询求助。据统计，仅恩施市就发放便民服务卡 50000 张。沐抚办事处法律顾问吴先政说，"自从发了联系卡后，我接到咨询电话最多时一天达 27 次"。

三　制度衔接，推倒"无章用法"壁垒

激活普法主体和创制学法单元需要相关制度的完善，形成长效机制，进而推倒"最后一公里"无章用法壁垒。

（一）聚合协调机制，将服务送下去

恩施州深入挖掘人事、财力、技术资源潜能，"三驾马车"把法律服务送下去。一是部门协同，形成联动力。恩施州搭建由政法委主抓、司法局协同、各部门单位具体落实的横向联动机制，前期推进、中期激励、后期监督，全流程把法律服务"输导起来"。二是资金保障，产生驱动力。各乡镇根据辖区内经济状况和矛盾情况，每年以 2 万—20 万元不等的资金投入聘请 5—7 名律师，以此驱动法律服务"流转起来"。三是平台搭

建，汇成互动力。恩施州通过利用 QQ 群、微信群和法律"面对面"系统等现代信息技术，将"互联网＋"引入到法律服务中来，推动法律服务"快跑起来"。据邬阳乡司法所长罗才胜介绍，"邬阳乡 16 个村全部建成了法律咨询平台，农民不出村就能享受到免费的法律服务"。

（二）对接调解机制，将程序引下去

恩施州以乡土调解和律师诉讼结合的方式把法治程序引下去。首先，"归队"树威，组长变"正心人"。沐抚办事处把合村并组后的"地名组"重新划小为生产队时期的"数字组"。通过海选方式选举小组长，让大家都熟悉小组长，树立小组长权威。2014 年沐抚办事处利用小组长直接调处矛盾纠纷的有 194 件，占纠纷总量的 68%。其次，"听证"息访，农民成"规矩人"。村组干部和主管领导不能有效调解的纠纷，召开包括律师、乡镇书记和双方亲友在内的听证会进行调解。2014 年沐抚办事处通过召开听证会成功调解 3 起重大纠纷。最后，"诉讼"跟进，干部当"守夜人"。听证调解仍未成功的通过律师直接导入司法诉讼程序。沐抚办事处仅 2014 年就引导 14 起矛盾纠纷通过司法程序加以解决。

（三）拓展咨询机制，将理念植下去

遇事咨询是使法治理念深入基层干群内心的牵引力量。一方面，律师"替群众说话"，促成"新式农民"。屯堡乡鸭松溪村综治专干强调，"'律师进村，法律便民'活动开展以来，农民遇到林权纠纷、征地补偿等问题一般主动咨询律师，'庄稼人'逐渐成了'法律人'"。另一方面，律师"帮决策把关"，培育"法治干部"。邬阳乡党委书记谭祖伦讲道，"如今，基层干部在作出《乡镇处理意见书》前，一般会请律师给予法律意见，避免'不懂法律、常吃官司'情况的再生"。

四　深耕基层：让"法治社会"有根基

湖北省恩施州依托"律师进村，法律便民"活动，破解了基层法治建设"最后一公里"僵局，其创新实践的核心在于深耕基层，使法治落地有需求、有承接、有根基。

（一）盘活内生资源，让法治下乡有支撑

长期以来，由于乡土缺乏内生法治诉求和建设主体，基层法治建设处于政府推动模式，难以形成乡土自动模式。恩施州推行"律师进村，法律便民"活动，有选择性地培育"新乡贤"，有针对性地培训"新学员"，有重点地引导村组干部学法用法，让法治下乡产生了强大的内动力。可见，法治作为一种现代要素注入农村，并非完全取代传统的治理要素。而是需要激活乡土内生资源，充分发挥基层内部力量的作用，使其在法治建设的新时期扮演新的角色、发挥新的作用、焕发新的活力。

（二）寻求合理单元，让法治落地有承接

基层法治建设的有效落地需要合理的承接单元。恩施州依据山区农民分散居住的特点，将法治建设单元划归小组，充分挖掘村民小组"地域相近、利益相关、规模适度"的治理优势，探索出了一条"户—组—院—片—村"五级体系为主线的建设链条，使基层法治建设找到了落脚"地"，真正走完并走好"最后一公里"。因此，为进一步推进基层法治建设进程，需要根据因地制宜原则，充分重视行政村以下治理单元和细胞组织，继续探索多种有效实现形式的法治落地单元。

（三）强化制度建设，让法治生根有保障

基层法治建设持续、长效发展的根本保障在于制度体系的完善和落实，而过去基层法治建设"悬空"的重要原因就在于缺乏一个完备的制度体系。恩施州开展"律师进村，法律便民"，创新支持机制、程序机制和激励机制等，使基层法治建设更加程序化、规范化和制度化，加快了"最后一公里"制度化建设步伐。为此，在探索基层法治建设进程中，只有推进机制体制创新，才能为基层法治建设制定可依据的规则，为法治落地提供强有力的制度保障，使基层法治建设走得稳、走得实、走得远。

要素重塑:山区法治落地新探索

——基于湖北省恩施州"法律进村,便民服务"的调查与研究

法治的生命力在于落地、在于实施、在于执行。长期以来,山区地理环境、资源条件等局限,使法治难以自主落地。政府推动的法治与农民需求脱嵌,难以融入乡土。山区法治"服务难进入、制度难融合、落地难生根"的困境,使法治在山区处于"悬在空中、阻在山外、止于墙上"的状态。对此,湖北省恩施州大胆创新,通过植入现代治理要素,借力专业社会力量,助推法治服务畅达山区"神经末梢";通过再造传统治理资源,让乡土元素融入基层法治,促进法治能量流遍农村"全身上下";通过激活内生自治因子,以自治夯实法治,让法治意识浸入农民"灵魂深处",从而实现山区治理要素的重塑,推进了基层法治的全面落地。

一 "资源阻隔"——法治外生的落地难题

恩施土家族苗族自治州地处鄂西南武陵山区,时空阻隔以致法治服务悬在空中,经济骤起以致法治资源挡在山外,礼法冲突以致法治规则止于墙上,使法治面临"悬浮"的困境。

(一)时空阻隔,服务悬在空中

山区地形复杂,山高、路险、村大、人散,法治服务难以进村。一是服务难以纵向到底。山区路面险、路程远,眼看着相望的两个山头,走完却要花几个小时。鹤峰县杜江律师说道:"我们所离邬阳乡最近的村49公里,距离中营乡最近的村30公里,下乡1天只能到乡镇,很难进村。"

二是服务难以横向到边。恩施州山地面积广，地势复杂，且"大村多、小村少"，平均每村近 10 个左右村小组，法治服务单元面积大。如万寨乡 1 个律师要负责全乡 24 村 244 个小组的业务。三是服务难以及时组织。村民多散居深山，出行联系不便。加之劳动力外出寻生，流动性强，2014年恩施州外出务工人员达 90 万人，很难及时组织村民开展活动。

（二）经济滞后，资源阻在山外

受农村经济发展影响，法律服务市场出现"供小于求"的矛盾。一方面，法治资源供给少。受山区经济条件限制，律师"外流"普遍。目前，恩施州 8 县市约 400 万人口，仅有 337 名律师。另一方面，法治服务需求强。伴随武陵山扶贫攻坚战略的实施，经济骤然崛起，带来了新矛盾。2014 年恩施州旅游纠纷、征地拆迁纠纷、农村土地纠纷等共 5491起。农民利益诉求增多，企业投资需求增加，政府治理追求更高，导致法治需求"爆棚"。

（三）法礼冲突，规则止于墙上

山区的传统治理，多是"国法不下乡"，因俗而治，因约而理。一是知"乡约"不知"国法"。山区多是老农民、老文盲、老法盲，农民国法观念稀缺。加之受教育有限，老年人多"大字不识一个"，年轻人"挣钱糊口没时间学法律"。二是讲"情理"不讲"法理"。农民讲感情、讲道理，但法律知识欠缺，很少讲法律，口头解决不了就用拳头，习惯以力对力。鹤峰县斑竹村两邻居因自来水漏水问题动刀，建始县一村民车祸身亡家人纠集 100 多人在镇政府上访。三是信"长官"不信"法官"。农民习惯性向"青天老爷鸣冤"，"信上不信下"，"信访不信法"。如 2011年恩施州涉法涉诉进京非访 178 人次，占非访的比例高达 61.59%。

二　"寓法于治"——法治内生的社会根基

恩施州自 2013 年开始探索解决法治"悬空"难题，开展"法律进村，服务便民"活动，从专业力量、乡土资源和自治融合三个方面推进法治落地生根，破解了法治难以进村、入户、育心的困局。

（一）植入现代要素，法治服务畅达山区"神经末梢"

恩施州通过政府埋单，免费为农民请律师，以技术助推法治落地。

其一，多样普法，农民"学得活"。律师用农民语言、针对农民需求、根据农时安排多样普法，农民学在其中、乐在其中。一是形式多样，如律师用实例、歌声、笑话、谚语普法，增添了学法乐趣；二是主题多样，恩施市舞阳坝针对司机、妇女、学生不同群体分专题培训；三是地点多样，律师通过巡诊、屋场会、院落会等方式在不同的场合"随地普法"。

其二，便捷服务，农民"用得顺"。一方面"线上"服务。通过发放"便民服务卡"让农民用电话咨询律师；而建立 QQ 群、微信群等现代通讯平台让大家能在线交流法律问题，如邬阳的 e 信通平台实现了政府与农民的短信沟通。另一方面，"线下"服务。律师通过入户"问诊"、定点"义诊"、定期"巡诊"、集体"会诊"等方式，免费上门服务，最大限度方便农民用法。

其三，公正化解，农民"信得过"。律师以"第三方"身份参与矛盾纠纷调解，让农民感到公平公正。律师又通过事前疏导预防、事中介入缓冲、事后调解融化，全程都参与维权，让农民认为可信可靠。如岩洞寺村30名村民因征地问题集体上访，律师李方敏全程陪同调解，最后村民同意息访，改用诉讼维权。

（二）融入乡土元素，法治能量流遍农村"全身上下"

乡土内生力量熟悉村情民意，能补充法治能量，让法治进村入户。

一是巧用户主。恩施以家庭为单位，在每个家庭培养一名法律明白人，不仅把普法"阵地"筑到了农民身边，更能就近就地化解邻里纠纷。截至目前，恩施州全州已培训法律明白人近12万人次，让大量矛盾纠纷消解在萌芽状态。

二是借力乡贤。村内的老干部、老党员、老医生、老教师等乡贤，是潜在的法治力量。恩施通过各组村民推选，确定其为纠纷义务调解员，职责是免费法律宣传，调解一般民事纠纷。如高台村退伍老兵宋祥友自豪地说，"我们这个组发生林权界址纠纷时，我一说他们就不再争闹了"。

三是依托组长。依靠小组长进行法律宣传，将其培育成为"法律宣传员"，通过小组会议、屋场会议等，宣传法律知识。同时小组长也是小组矛盾调解员，实现"小事不出组"。如2014年沐抚办事处依托小组长成功调解了约68%的纠纷。

（三）激活内生要素，法治意识浸入农民"灵魂深处"

在自治中融入讲规则、讲程序、讲权责的法治意识，浸润民心。

一是培育农民规则意识。律师顾问参与并监督村规民约的制定，对其中越法、违规、侵权内容进行核查，以保证其不逾越法律底线。同时，律师培育农民依法依规办事的意识。如通过律师的法治讲座，金鸡口村村民便改变以往聚众暴力维权的方式，根据2014年湖北省移民搬迁补偿的新规，依法多拿到近300万元补偿金。

二是培育农民程序意识。开展村庄自治活动时，严格依程序进行。如建立村务公开律师审议机制，及时公示村务工作的进展情况。又如，换届选举期间，律师先行介入，通过举办选举法律知识的讲座等，预防拉票贿选、胁迫恐吓等问题，规范选举程序。选举程序规范后，宣恩县椒园镇黄坪村2014年参与选举人数达1162人，较上届高出200多人。

三是培养农民权责意识。通过法治宣传培训，让农民既知晓自己享有的权利，也要担当起应负的责任。如来凤县绿水镇施行"院落自治"，将公民的权利和义务做成"权责墙"，让农民时刻都看得见。再如宣恩县黄坪村村民为更好地维护邻里和谐，自发成立了"帮理郎"组织，在2014年至2015年上半年共调处矛盾11起。

三　"要素重塑"——山区法治落地的建议

（一）山区有效治理需植入现代要素

现代社会的流动性、异质性、复杂性，加大了山区治理难度。因此，需在法治治理中植入现代的高效治理元素，并循序渐进地加以优化，促进山区有效治理。恩施经验的核心在于，通过财政埋单和市场机制引入执业律师，引导农民学法、用法、信法，为政府治理"减负"。同时，运用现代信息技术助推法治落地，方便农民足不出户用法，有效破解了"法治悬空"难题。可见，推进山区有效治理，需要注入法治等"专业化"的现代元素，利用其独立性、便捷性等优势，激活山区治理活力。

（二）山区法治落地需融入乡土要素

"律师进村"着眼于现代化取向，但不是对传统的全盘否定。山区法治建设，仅靠外力推动势必供给不足，甚至"水土不服"而难以持续，无法真正落地。因此还需融入乡土要素，充实法治主体。依血缘、地缘关系形成的乡土权威，熟悉村情民意。恩施州法治建设虽面临资源约束，但通过融入户长、乡贤、组长等乡土力量，培育一批熟民情、知民意的"法治新人"，并借此建设法治家庭、法治村落进而落实法治治理，实现了内外融合，让"小人物"发挥出"大作用"，取得了事半功倍的效果。

（三）山区法治内生需培育法治精神

山区法治资源的约束，使山区法治的核心定位是运用法治思维，而非法治手段进行治理，即将法治落实为人们的自觉意识和自觉行为，让人们学会用法治思维、法治理念、法治话语去解决问题。唯有如此，才能使法治落地生根，实现基层依法治理的常态化。恩施州落实基层法治的核心是将规则意识、程序意识和权责意识融入到农民社会生活之中，使农民运用法治思维和理念处理社会难题。可见，山区法治建设，应避免将法治局限于法治手段培育，仅仅依靠司法、执法资源处理社会矛盾和问题。

服务牵引:山区法治便民新路径

——基于湖北省恩施州"律师进村, 法律便民"的调查与思考

党的十八届三中全会明确提出要推进覆盖城乡居民的公共法律服务体系建设。但在山区农村,长期以来的法治服务只是"发发单子、摆摆桌子、做做样子",农民面临着"法律看不懂、律师请不起、官司打不来"的难题,导致农民"有法不愿用、有法不会用、有法用不起",使法治服务在山区"进不来,用不上"。对此,湖北省恩施州以"律师进村,法律便民"作为创新法律服务的重要举措,通过市场化购买法律服务,网络化助推法治共享,实现了法治下乡、进村、入户,探索出一条"法治便民、法治育民、法治护民"的新路径,切实解决了法律服务群众"最后一公里"难题。

一 律师为引,服务进村,为法治领方向

恩施州通过市场化购买律师服务,为村村寨寨引来免费律师这只"金凤凰",使"野山村"也有了"春天",破解了法治服务游离偏远山村的困境。

(一)进村门

多途径保障法律服务进村是实现便民的第一步。其一,关口前移至村。恩施州通过市场化购买法律服务,为全州 2460 个村(居)配备 337 名律师,使村(居)律师覆盖率达 98.64%,真正将法律服务的关口由乡镇前移至农村,让法律从"庙堂"走向了"灶膛"。其二,服务下沉至

村。律师进村不仅为农民提供法律咨询服务，而且对乡村干部和乡贤能人进行法治培训，使得法治服务下沉至村。据统计，恩施州目前已培训乡村干部和乡贤能人达 17600 余名。其三，制度配套进村。通过在村（居）委会设立"法律诊所"，律师定期到"法律诊所"为来访群众解疑答惑，把法送到农民家门口，让农民真正感受到"法在身边"。正如建始县司法所所长罗宇说："过去都是群众奔波找律师，现在律师主动送法上门，农民打心底里乐开了花。"

（二）入户门

恩施州不仅将法治引入村庄，更将服务深入农户。一是服务延伸至户。恩施市沐抚办事处通过发放印有律师姓名、电话、擅长专业等信息的便民服务卡，使 5049 户，30088 人人手一张便民卡，保证了"一卡在手，问法无忧"。农民亲切地把律师称为"法律的家庭医生，权益的守护门神"。二是功能扩展进户。每户培育一名法律明白人，实现农民从"当家人"向"法律人"的角色转变。2014 年恩施州共培训法律明白人近 6 万人次，有效避免了农民"病急乱投医"。三是绩效考核入户。利川市东城街道办事处将考核权部分下放给各村（居）群众，多维考核促进了律师尽职工作。太平村 2 组农民向蓉说道，"对律师满不满意由我们农民说了算，律师服务起来更认真了"。

（三）上心门

律师进村帮农民维权，重新唤起农民对法律的信仰，成了农民心中的"香饽饽"。其一，为农民伸张权益。红石村村民李力在某建筑工地打工时不慎受伤，老板只给了一点医药费就将其打发了。律师得知情况后，主动为其提供法律援助，法院最终判决李力得到了更多的经济补偿。其二，代农民依法维权。律师引导农民依法维权，纠正了农民心中"法律无能"的认知偏差。2013 年 11 月，宣恩县发生交通事故，造成 7 死 1 伤，死者家属多次到县、州上访。李先军律师接受 20 多名原告的委托，最终为原告方赢得赔偿款 200 万元。其三，助农民行使权利。通过法治引入，规范自治程序，丰富自治形式，保障农民依法行使选举、决策、监督等权利。律师参与后，宣恩县椒园镇黄坪村 2014 年参与选举人数达 1162 人，较上届高出 200 多人。

二　政府埋单，服务融合，为法治构保障

恩施州政府通过市场化购买，将法律服务打包引入农村，为农民提供多重服务，切实做到法律便民。

（一）多维咨询，法治便民

恩施州探索出不同模式，为农民提供多样化咨询服务。一是宣传分时，咨询有门。律师利用村庄开会或农民赶场的机会，向农民宣传法律知识，为农民广开咨询之门。宣恩县黄坪村就利用每年 2 次的村民大会、每月 1 次的村民代表会议和不定期的党员代表会议进行普法宣传。二是律师分组，咨询有别。顾问团成员由擅长不同业务的律师组成，遇到矛盾纠纷，农民可向多位律师咨询。如沐抚办事处农民向胜才曾针对一件纠纷，先后向 7 位律师咨询，经多方印证，最终放弃自己的不合理诉求。三是事件分类，咨询有章。以是否涉法涉诉为依据，将事件分成涉法涉诉和非涉法涉诉两类；再将非涉法涉诉事件细化为行政类和司法类，事件分流后由固定责任人予以解决。沐抚办事处党委书记田贵周认为，"事件分流形成一种机制，让干部和农民都知道怎么做，像一根绳子，既拴住了农民，又拴住了干部"。

（二）定向培训，法治育民

构建法治社会，基础之一是培育法治农民。其一，需求导向，实现精准培训。通过提前发放问卷，群发短信或微信等方式摸清农民最盼望了解的法律知识，再有针对性地开设培训课程，做到了有的放矢。其二，创新方式，追求有效培训。创新多样化的培训方式，采用"送戏下乡"的方式为农民送去法制专题节目 17 场次；屯堡镇则分别对学生、司机、农民工进行专题培训，既"换了新瓶"又"装了新酒"，实现了"有教有类"。其三，经费保障，促进长效培训。屯堡镇除每年安排专项经费 6 万元外，还专门预算一定经费用于法律服务中心的建设以及律师顾问团工作的开展，为律师开展法律培训提供了保障。

（三）梯度维权，法治护民

法治的重要目的是维护民众的切身利益，恩施州律师进村在为农民维权方面作出了新探索。一方面，免费维权，消解民忧。针对农民打不起官司，沐抚办事处规定立案费可由办事处先行垫付，律师代理费也由办事处支付。另外，每年从财政预算5万元设定为法律援助专项基金，为农民打官司提供便利。另一方面，追踪维权，温暖民心。对于息访罢诉的当事人，律师对其回访复查，政府根据律师建议对其帮扶支持。杉木坝村村民喻先林息访后，律师介入对其进行追踪回访，并建议政府帮助其修建房屋，村委会帮助其发展产业，喻某从此安心生活。三是制度维权，安定民心。为避免"靠山山倒，靠人人倒"的尴尬，使法律援助逐步扩大化、优质化，最终迈向制度化。通过梯度维权，2013年沐抚办事处未出现一例越级上访案件，受理信访案件与2012年相比下降52%，纠纷解决数量比2012年上升61%。

三　技术助推，服务拓展，为法治筑平台

为使法治服务更加方便快捷的惠及农户，恩施州通过运用现代信息技术和"互联网+"的思维，将法治服务送到千家万户。

（一）网络互动，交流"点对点"

通过构建虚拟社区，让农民在学法、问法和用法过程中深化法治思维。一是畅通电话微互动。沐抚办事处法律顾问吴先政说，便民联系卡发放后，他接到咨询电话最多时一天达27次；龙凤镇顾问律师袁祚禧也表示，受聘后他的手机经常被打爆，团队为此还专门为他配置了大容量充电宝。二是建立网络微平台。开通QQ群、微信群，用老百姓感兴趣、乐于接受的咨询渠道，拉近了律师和农民之间的"距离"。如鹤峰县邬阳乡通过建立"e信通"平台，实现了农民与律师的对接，方便了农民讨论交流，让农民"身边有法一身轻"。三是创新跨域微机制。针对外出务工人员较多的情况，专门设置了外出农民工法治网络社区，使外出农民工能够异地咨询劳务合同和工资疑虑等问题。

（二）视频互联，咨询"面对面"

通过开发视频系统，让农民"零距离"用法。一方面，互联咨询。建始县长梁乡桂花村支部书记樊家佩介绍，该村律师可以通过互联网技术实现与村民视频通话，及时解答村民的咨询。"我们这个村离县城有40多里山路，现在有了网上咨询系统，农民再也不用跑冤枉路了"。另一方面，互动咨询。宣恩县与移动公司合作，打造"视频问诊"平台，双方当事人可直接通过视频远程请律师调解，全程录像也保证了有据可查。"偏远山村过去是'千军易找，律师难求'"，宣恩县万寨乡马鞍山村支部书记肖儒朝说道，"现在只要在家动动手，就可以'请来'律师协助调解，省下我们不少的跑路费"。

（三）案例互通，服务"一对一"

恩施州与移动公司合作开发终端服务器，致力于打造动态案例库，为矛盾化解提供参考，方便农民查询、参照。一是案例分类。鹤峰县邬阳乡16个村已全部建立村级法律网格咨询平台，并配备了16名网格化信息管理员。网格员将调解成功的纠纷案件分流建档，以备查询、参阅。二是案例入库。把律师调解成功的纠纷案例上传至网络数据库，方便了有同类纠纷的农民"依葫芦画瓢"去解决。如来凤县建立了案例数据库，通过法律联络员调出类似的案例，为化解农民矛盾纠纷提供了借鉴。三是案例联动。实现各部门和各地区资源共享，做到农民对案件实时追踪、查询和监督。受益农民纷纷表示，"以后再有了纠纷，我也能照着前例去解决了"。

恩施州通过现代信息技术的应用，打破了空间阻隔，使"天堑"变"通途"使农民足不出户就可以"问诊千里外"，据估算，仅恩施市一年就可以让农民少跑40多万公里路，节约交通成本120余万元。

四 "服务牵引法治下乡"的经验借鉴

恩施州服务牵引型法治便民活动的开展，打破了长期以来山区法治服务"政府下不去、农民出不来"的困局，通过将法治服务变为政府提供的基本公共服务，让法治惠及山区的家家户户。

（一）信息技术是实现法治便民的有效手段

技术治理是实现山区法治建设的有效途径。针对法治服务链条大多只延伸到乡镇的困境，恩施州通过 QQ 群、微信群、视频"面对面"等现代信息技术的应用，打造了县、乡、村三级法治服务平台，延伸了服务链条，拓展了服务内容，使农民在家门口就可以享受到多元便捷的法治服务，扭转了过去农民用法成本高、费时长的难题，让"小技术"形成"大串联"，真正把服务延伸到群众家门口，实现了法治服务的华丽转身。恩施州以信息技术为载体提供便捷法治服务的做法，具有重要的借鉴意义。

（二）专业主体引入是法治便民的重要途径

长期以来，农村的法治服务往往只是依靠政府自上而下的推动，仅仅凭借政府"发发传单、贴贴标语、放放广播"，律师等专业主体都被排除在法治服务之外，这使得农村的法治服务难以实现便民、惠民，也使得农民对法治缺乏兴趣、缺乏信心。恩施州通过引入律师等专业主体的力量，发挥这些群体的专业知识、专业能力和专业手段，通过开展多层次、多类型、多样化的法治服务，将服务的网络延伸到山区的千家万户，真正实现了法治便民的目标。因此，为了有效开展法治服务，需要充分发挥律师等专业主体的力量，通过服务的专业化促进法治的便民化。

（三）政府体制支持是实现法治便民的关键

在公共服务的提供上，政府往往侧重于"硬件"的建设，忽视"软件"的供给和培育。尤其是对于农村法治服务而言，许多地方政府仅仅把其作为一个工作、一项任务，单纯依靠开展形式化的普法宣传来推进，这使得农村法治服务发展既无动力，又没有生命力。恩施州通过开展"律师进村，法律便民"，将农村法治服务纳入政府公共服务的范围，由公共政策和公共财政作为支撑；通过政府市场化购买服务，满足了农民的法治需求，回应了律师和司法工作者的法治追求，从而形成一种可持续的发展动力。因此，各地在推进基层法治建设的过程中，需要将农村法治服务纳入到政府基本公共服务的范畴，通过公共财政的均等化促进法治服务的均等化。

机制转换:将法治引入人心深处

——基于恩施州"律师进村,法律便民"的调查与思考

党的十八届四中全会通过的《决定》明确提出要"深入开展法治宣传教育,引导全民自觉守法、遇事找法、解决问题靠法"。但是,长期以来,我国农村普法工作缺乏有效机制,导致普法靠运动、宣传靠活动、学法靠宣讲,农村法治始终停留在街边、漂浮在口号里,与农民生产生活相脱离,难以深入人心。对此,湖北省恩施州以创新普法工作机制为重点,通过创建需求机制、探索支持机制、打造利益机制、深化公平机制,使得法治深入农民的生活、习惯、行为和思维中,让法治在山区农民心中"落了地、生了根、发了芽"。

一 微措施,让法治零距离

恩施州主要从法治服务的单元、方式、主体三个方面进行了探索创新,将法治服务工作做实、做活、做好,主动拉近了法治与农民之间的距离。

(一) 创立"微空间",让法治"进门"

恩施州通过把法治服务的单元前移至小组、院落甚至家庭,将服务"阵地"筑到了农民身边。一是小组普法。即把普法单元由行政村下沉至小组,将小组长培训成法律宣讲员,利用小组长内生的权威进行法律宣讲。仅2014年,恩施市就培训了法律宣传员4.5万人次。二是院落普法。基于地广人稀的瓶颈,将普法活动的开展渗透到院落,方便村民出门就能学法。绿水镇村民田翠柳表示:"现在串个门、纳个凉,房前屋后都能看

到法律知识和法治案例，真方便。"三是家庭普法。以家庭为单位，在每个家庭培养一名法律明白人，让农民在与亲人的闲暇交谈中也能学法。截至目前，恩施州共培训法律明白人近 12 万人次。恩施州通过创立"微空间"普法，将法治送入千家万户，有效化解了普法宣传"最后一公里"难题。

（二）创新"微融合"，让法治"入场"

恩施州将法治服务工作融合在农民的政治、经济、生活等场合中，拓展了普法方式，也让法治贴近了农民的方方面面。其一，融入会场。利用村务会议的契机进行法律讲课，既达到了普法宣传的效果，又为农民省时省力。例如，黄坪村就利用每年 2 次的村民大会、每月 1 次的村民代表会议和不定期的党员代表会议进行普法宣传。其二，融入市场。利用农民赶集的时机，发放免费的法治宣传对联和灯笼等，创新普法宣传形式，让农民在进行市场交易的同时轻松学法，如椒园镇就在每逢一、四、七农民赶集的日子进行普法活动。其三，融入屋场。屋场是农民社会交往的重要场所。杨家山村的村干部和法律宣讲员利用村民在屋场乘凉、闲谈之际，给农民讲解法律知识；需要时还会召开屋场会议，通过法律顾问现场处理矛盾纠纷案件，以案说法进行普法宣传。

（三）构建"微传递"，让法治"亲民"

"传递式"普法是让被普法者普法，即通过将普法对象培养成普法主体，激活了普法机制，形成了普法"乘数"效应。一是"亲情传递"。即通过亲情在家庭内部进行"传递式"普法。湖北百兴律师事务所的法律顾问在对学生、孩子进行普法培训时，鼓励其对家长讲述培训内容，形成了"学生带家长，家庭带社会"的良好局面。二是"帮带传递"。邬阳乡为下辖的每个村选配了一名法律联络员，在村民与法律顾问之间搭起了一座法治"桥梁"，把上级政府关于普法宣传工作的要求传达给本村法律宣讲员和法律明白人，起到了上传下达的作用。三是"网络传递"。即以网络为载体，传递法律顾问和矛盾纠纷案例的影响。来凤县将农民的矛盾纠纷调解进行分类以后，建立了案例数据库，通过网络传递，实现了各部门和各地区的资源共享。恩施州的"传递式"

普法，打破了传统的"普法对象远远多于普法主体"的困境，让法治与农民更加亲近了。

二　重机制，让法治入人心

恩施州通过开展深度的普法宣传工作，创设、激活内在机制，逐渐使法治深入了山区农民心中。

（一）需求引导，将法治嵌入农民习惯

基于对农民法律需求的掌握，恩施州将法治建设工作与农民的习惯结合了起来。首先，探索"点菜式普法"。恩施州一改往日"百姓用法，政府点菜"的弊病，实现了普法宣传"谁用法，谁点菜"。龙凤镇聘请的法律顾问通过问卷调查的方式了解农民的法律需求；邬阳乡则建立了 e 信通沟通平台，通过短信调查了解农民需要学习的法律知识。其次，打造"偏好式普法"。基于农民不同的职业、身份等，法律顾问团为不同的人群量身定制了普法培训。屯堡乡就专门为全乡 5000 多名驾驶员，开展了题为"交通安全"的法律讲课。最后，创建"结合式普法"。法律顾问团结合村庄发展中的热点、难点问题，进行具有针对性的普法宣传。如利川市东城区由于拆迁征地纠纷较多，法律顾问进行普法培训时就以宣传《房屋征收与补偿条例》和《土地管理法》为主。

（二）体制支持，使法治浸入农民生活

其一，解决农民"学法难"问题。法律顾问团由乡镇政府或村委会统一付费聘用，为农民提供免费的普法培训和法律咨询服务，使农民有法可学、学法免费。截至 2015 年 6 月 10 日，恩施州共 2460 个村（居）拥有了自己的法律顾问或法律顾问团，占全州村（居）总数的 98.64%。其二，解决农民"用法难"问题。法律顾问在需要时亲自免费对农民矛盾纠纷进行调解，在解决实际问题的同时进行普法。例如，杨家山村的一起林地权属纠纷，由于农民难以获得法律服务，历时 33 年得不到解决，而 2015 年 7 月被本村法律顾问陆明祥主动免费化解了。其三，解决农民"信法难"问题。对于一些疑难矛盾纠纷，召开听证会利用群众手段进行

调解。沐抚办事处的听证会由政府"搭台"，让双方当事人抽签决定的群众"唱戏"，通过群众监督化解矛盾纠纷，使当事人对听证结果心服口服。

（三）利益调节，助法治融入农民行为

恩施州通过建立利益机制，强化了法治服务对农民行为的影响。一方面，助农民依法争取利益。法律顾问主动为案件受害人提供法律咨询或者法律援助，为农民争取到应有的合法利益。木贡村的村民向春周在驾驶途中被撞以后，根据经验只找保险公司赔付，却不知肇事者更应该赔偿。律师得知后主动介入，帮其索赔了合法的补偿。另一方面，助农民依法维护利益。法律顾问在为农民调解矛盾纠纷的过程中，可以起到维护当事人正当利益的作用。经过法律顾问介入，新桥社区的9户农户依法追回了20年前被村集体私吞的征地补偿款。此外，助农民依法行使权利。恩施州将法治与自治相结合，通过法治引入规范自治程序，保障农民依法行使选举、决策、监督等权利。律师参与后，宣恩县椒园镇黄坪村2014年参与选举人数达1162人，较上届高出200多人。

（四）公平重树，让法治深入农民思维

恩施州以深入开展普法宣传工作为契机，将农民的法治思维培育与社会的公平正义树立融为一体。一是分配公正。在诸如确定低保户等公共资源分配中，恩施州通过让法律顾问参与其中，避免干部独揽分配，使分配结果公平公正。例如，金鸡口村的法律顾问根据2014年湖北省关于移民搬迁补偿的新规，帮助村民多拿到近300万元补偿金。二是程序公正。通过法律顾问规范村民选举、行政决策等过程行为，保障政府、村委会等主体按程序办事。如邬阳乡政府在处理矛盾纠纷的程序上，将以前的"直接向农民出具处理决定书"，变为现在的"先把决定书给法律顾问审核再下达"。

三　树信念，让法治成习惯

恩施州"律师进村，法律便民"经验的核心要素就是通过一系列机

制将法治要素植入基层治理和日常生活之中，将法治观念和制度转换成人们自觉行为，从而使法治深入人心。

（一）对接农民需求是法治为民所享的前提

以往的普法宣传，重在普遍性，缺乏针对性和精确性，不能将法律需求作为第一动力，使得普法活动悬浮在空中，难以入脑、入耳、入心。恩施州的"律师进村，法律便民"将农民对法律的需求作为提供法律服务的第一动力，优先提供农民日常生活中最紧迫、最需要的法律，使得农民掌握这些法律很快就能够使用，并发挥效力，由此增强农民遇事找法律而不是"找关系"的意识。因此，在推进法治宣传和法治服务的过程中，需从农民的实际需求出发，以农民需求为导向，避免政府拍脑袋，替民做主，让法治建设真正走入农民心中。

（二）便利法治服务是法治为民所用的基础

党的十八届三中全会明确提出要建设完备的法律服务体系，推进覆盖城乡居民的公共法律服务体系建设。但是，对于"老、少、边、穷"的山区而言，法治服务难以进村入户，容易使农民陷入"学法难、用法难"的困境。对此，恩施州通过政府购买法律服务，普遍借助基层法律服务工作者和网络技术，让法治"春风"吹到了山区农户门口，使法治成为山区农民的"家庭医生"。可知，要让法治为民所用，便利的法治服务是基础，政府应将法治服务纳入均等城乡基本公共服务范畴，让法治融入农民生活。

（三）强化利益调节是法治为民所信的关键

利益是人们行为的根本出发点。长期以来，农民之所以不用法、不信法，重要原因在于法治难以维护农民利益，信法带来的利益低于信访带来的利益。恩施州在实践中运用利益杠杆将人们的行为导入法治轨道，通过政府为农民聘请法律顾问团、免费打官司等形式，降低信法成本，造成信法比信访更好的结果，以结果倒逼行为主体信法，使得法治深入人心。这启迪我们，在开展基层法治建设的过程中，需要从农民的内在利益诉求出发，通过利益驱动促进法治入心。

（四）坚持公平正义是法治为民所爱的核心

公平正义是法治的核心价值，也是中国人民心中一直以来的诉求。但是，长期历史上，能够将公平正义原则植入人们日常生活之中的机制却非常缺乏，农民心中的"公平正义"大厦受到侵蚀。对此，恩施州将法律顾问打造成独立于政府与农民之外的"第三方"，让法律顾问能够为公平正义"代言"；同时，借助法律顾问，将公平正义贯穿于公共资源分配与政府办事程序之中，让农民从内心拥护和爱戴法治。可见，要让民众从内心深处相信法治、热爱法治，就必须让法治的"正义"在人们触手可及的身边，让法律成为公平正义的象征。

免费打官司：为社会治理增添"安全阀"

——基于湖北省恩施州沐抚办事处的经验启示

　　长期以来，我国农民普遍"不愿打官司，打不起官司，打不来官司"，导致农民"遇事找干部，有事找政府"，政府"忙于接访，疲于应付"，使农民无力维权、政府无心发展、法治无从树威。为了破解这一难题，恩施州沐抚办事处整合乡土、行政与司法力量，以乡土为基，进行源头疏导；通过政府引路，促成事件分流；借力律师调解，拓展传统渠道；最终利用司法诉讼化解矛盾，在全国率先实现让农民"免费打官司"，为基层政府化解矛盾纠纷提供了新思路。

一　正本肃源，让"免费打官司"可以为

　　沐抚办事处创新性地将源头治理与政府治理相结合，发挥律师调解和司法诉讼的优势，在工作中层层推进，探寻化解基层矛盾的新路径。

（一）源头疏导，为"官司"肃源

　　沐抚办事处将矛盾纠纷从源头进行疏导，把大多数问题"逼"到基层解决，为"免费打官司"减负。首先，乡土为基，源头上息纷争。通过多样化、针对性的法律培训，将知民情、熟民意的乡土干部、乡贤能人培养为"法治新人"，使其成为矛盾调解的"先行军"。2014年，沐抚培养了177位"法治新人"，当年发生的纠纷事件中，"法治新人"成功调解的占比68%，让"小人物"释放出了"大能量"，做到"小事不出组，大事不出村"。其次，法律为轴，过程中解疑惑。沐抚办事处通过政府购买服务，聘请7位律师免费为乡村提供法律服务，干部和农民可随时咨询

律师，使矛盾纠纷在第一时间得到缓解。高台村 8 组村民向全高与大哥发生争执，通过顾问团成员刘采伟的及时调解，双方免除了一场"血雨腥风"。最后，司法为辅，事发时促和谐。矛盾调解后由律师出具"法律意见书"，通过具有法律效力的书面文件为事件"定调"。河塘村 5 组林艳霞和林书霞因建房纠纷多年，小组长谭国生从中成功调解，双方在法律意见书上签字后使双方在心里都有了底。

（二）政府引导，为"官司"分流

沐抚办事处对乡土力量无法解决的纠纷进行政府引导，在"减压"的基础上清理"路障"。一是事件分类，干部点对点作为。办事处以是否涉法涉诉为依据，将事件分成两类；再将非涉法涉诉事件细化为行政类和司法类，事件分流后由固定责任人予以解决。沐抚办事处田贵周书记认为，"事件分流形成一种机制，让干部和农民都知道怎么做，像一根绳子，既拴住了农民，又拴住了干部"。二是组织听证，群众面对面说理。双方从由退休干部、乡村教师等 500 人构成的听证员库中各抽取三人，再分别邀请两位亲友，组成听证团队。双方陈述事实后由听证员作出最后裁决，实现"农民评农民"。2013 年 2 月，营上村村民胡胜魁帮助邻居砍树时意外死亡，两家因此发生矛盾，村委会协同律师通过听证会化解了两家多年的积怨。三是层级调解。恩施州将矛盾调处划分为村民小组长、村驻片干部、村干部、综治中心、分管领导五个层级，让矛盾纠纷自下而上按层级逐步调处。

（三）律师调解，为"官司"引路

在源头疏导和政府引导陷入困境时，沐抚办事处利用律师解决纠纷，"中医治不好的再用西医"，让律师给农民"支梯子下楼"。一方面，提供法律咨询，让农民"问得着"。办事处统一支付律师咨询费用并将其信息下发到户，使律师以"法律代言人"的身份融入矛盾调解中。顾问团成员刘采伟律师反映，"两年来老百姓咨询的都是常见的法律困惑，律师的及时回应已经让他们逐渐开始有意识地用法律维护自身权益了"。另一方面，创新多点调解，让群众"信得过"。单个律师的意见可能无法赢得农民的充分信任，律师组团后通过多点调解实现意见综合，解除农民的

"信任危机"，间接促成事件和解。板桥村村民张显兴在与邻居发生纠纷时打电话向顾问团的7名律师咨询，在7位律师同时指出他的错误后便默改了想法，此事得到和平解决。

（四）司法后盾，为"官司"正本

沐抚办事处将乡土力量和行政手段无法解决的纠纷导入司法程序，"中医治不好的再用西医"，引导农民通过司法途径维权，让诉讼手段成为"免费打官司"的"最后一道屏障"。一是聘律师，让农民"打得来"。沐抚办事处聘请律师组成顾问团，为辖区农民提供全天候的咨询服务。2013年沐抚在恩施州全州范围内聘请7位著名律师，这些律师分别擅长处理劳务纠纷、责任田界纠纷、家庭纠纷等；如不满意，农民还可以根据个人偏好在国内自由选择任何律师。二是免费用，让农民"打得起"。办事处每年设立5万元"免费打官司"专项资金，辖区内农民可按照程序申请免费代理服务。2014年营上村村民帅定祝与帅太金因工资结算发生冲突，双方向办事处申请免费代理，顾问团律师何勇介入促成了事件的解决。三是清责任，让农民"愿意打"。案件判决后，若农民胜诉则要求其偿还立案费和代理费，若农民败诉则由办事处承担所有费用。沐抚办事处在2014年的实践中共代理案件14起，花费仅3.6万元。

二　理性客观，让"免费打官司"有所为

沐抚办事处通过制度化措施搭建起了一道群众与法律的桥梁，解决了长期以来农民"信上不信下，信访不信法"等问题，将"免费打官司"打造成解纷息争、维护稳定的制度典范。

（一）让农民说"法"，农民维权理性化

沐抚办事处以"免费打官司"为切入点，将农民维权纳入法治化轨道，实现法治要求和群众诉求的"同频共振"。一是拓宽维权渠道，让农民知法。通过律师下乡，免费打官司的带动，丰富了农民了解法律、使用法律的渠道，让农民知道"法"亦可以成为维权的有效手段；二是树立法律权威，使农民守法。通过引导农民依法维权，改变以往农民"为上

访而上访"的局面，逐步树立起法律权威。2014 年成功将 14 起重大纠纷导入司法诉讼，实现了全年零上访。三是降低法律门槛，促农民用法。"免费打官司"的延伸发展，让法律逐渐成为农民眼中"接地气、消怨气、添和气"的重要工具，成为农民能用、会用、善用的可靠维权保障。前山村村民潘孝桂的女儿与儿子因安置补偿发生争执，潘某认为"手心手背都是肉，这件事的解决只能靠法庭"，鼓励儿女"对簿公堂"。

（二）让法治"消化"，政府维稳法治化

过去政府部门不惜消耗人力、财力压制信访事件，但往往导致"案结事不了，止诉不息访"的局面。沐抚办事处通过"免费打官司"，将政府的行政行为约束在法律的框架内，一是用法律规范日常行政工作，减少了由于行政不作为或违法作为引发的干群冲突。律师何勇在处理潘孝桂事件时发现三河村的征地补偿协议的签订程序没有做到公开透明，遂通过制定法律意见书建议村委会通知所有利益相关方参与协议的签订，并逐一在协议上签字确认，避免农民再因互不知情而产生矛盾。二是用法律调解重大维稳事件，将矛盾和问题的解决导入法治轨道，在"消化"了大量信访事件的同时满足了法治要求和群众诉求。2013 年沐抚未出现一例市以上上访案件，受理信访案件与 2012 年相比下降 52%，纠纷解决数量比 2012 上升 61%。三是用法律思维解决日常问题，增强政府公信力。宣恩县水田坝村村民因椒园镇政府建办公大楼征地补偿不到位而上访，椒园镇政府原本以补偿差价形式予以息访。但张祎律师建议虽然政府有错，但应引向诉讼程序，按法院判决进行补偿，以此降低政府政策多变的负面影响，提高政府公信力。

（三）让矛盾"对簿"，社会认知客观化

"政府强势，农民弱势"的传统观念往往导致社会戴着"有色眼镜"看待政府，对于涉及政府的纠纷总是先入为主地判定其"有错在先"。而"免费打官司"将司法引入纠纷评判中，政府行为的对错由法律定夺，司法以其公正、中立的态度为政府立证，一方面使"非访""闹访"的农民失去了社会舆论的沃土；另一方面也矫正了政府的社会定位，避免既当"运动员"又当"裁判员"，促使政府以平等的身份参与社会活动。

2013 年 8 月，三龙坝村村民黄之荣因承包地问题举报干部，袁作禧律师的解释使其明白问题根源在于协议而非政府，最终黄某放弃上访。

三　公平有效，让"免费打官司"大有为

恩施州"免费打官司"的核心价值就是借助免费司法服务，让农民便捷地运用法律维护合法权益。可见，让"免费打官司"有效实施，还需政府、律师等积极作为，并借助机制化手段使保障"免费打官司"持续运行。

（一）政府引导，用活利益杠杆，实现法治治理

以往，由于"信法有成本而信访无成本"，农民担心"赢了官司输了钱"，因而不愿打官司，大事小事改找政府。农民遇到法律问题，见到律师每小时不少于 500 元的咨询费就"望而却步"。对此，恩施州通过政府购买律师服务的方式，为农民提供免费咨询甚至代理服务，使农民"用得起法"，打破了农民与法律之间的"高价"壁垒。可见，政府借助利益杠杆，改变"信法有成本而信访无成本"的格局，是实现法治治理的有效途径。

（二）律师参与，导入公平理念，实现源头治理

党的十八届三中全会把"促进社会公平正义、增进人民福祉"当作全面深化改革的"出发点和落脚点"。但公平正义如何落地还需要有效的载体。在现阶段基层治理中，政府与民众作为利益相关方，存在着难以突破的"信任危机"。律师作为独立"第三方"，被认为是"公平正义"的重要履行力量，在矛盾纠纷调解中具有先天优势。恩施州正是通过用好律师这一专业、独立的"第三方"，使象征公平正义的法律进入农民生活，为农民维护正当利益提供规范平台。

（三）分类处理，注入程序理念，实现规范治理

明确参与程序是实现公民有序参与、有效参与的重要保障。恩施州"免费打官司"的实现，充分利用了法治的程序性，逐级把关、层层推

进，一方面明确各个环节调解人员的责任与义务；另一方面在农民中树立起走程序、守规则的法律意识。"免费打官司"的价值不仅在于借助法治手段有效解决了农村社会矛盾，更在于借助法治规则将人们的行为规范化、程序化，让人们养成走程序、守规则的意识。为实现基层规范化治理奠定了基础。

（四）多元调节，输入成本意识，实现高效治理

长期以来，农村依靠政府行政手段处理农村矛盾纠纷，不仅使农村矛盾纠纷复杂化，也付出了高昂的经济成本和社会成本。恩施州"免费打官司"的重要创新就在于借用了政府、社会、乡土、司法等多元治理手段，让合适的资源、合适的手段解决合适的问题，实现了高效治理。据统计，恩施州沐抚办事处每年用于"免费打官司"的费用不足 5 万元，但政府维稳经费从 2012 年的 50 余万元迅速降低到 2014 年的 10 万元。沐抚办事处主任黄向前表示，"'免费打官司'让农民不再天天围着办公室，干部不用天天维稳，政府能更专注于谋发展"。

独立"第三方":化解干群冲突的有益尝试

——基于湖北省恩施州"律师下乡"的调查与研究

长期以来,由于政府"既当裁判员又当运动员",导致农民不信任政府、政府不信任农民。同时,作为"第三方"的律师主体长期被政府看作"死磕",被农民看成"讼棍",律师处于政府"看不起"、农民"请不起"的尴尬境地。农民与政府之间的二元博弈容易引发干群直接冲突。由此,如何有效发挥律师的"第三方"作用,破解政府与农民的二元对立困局,成为社会治理的重要课题。鉴于此,湖北省恩施州以普遍建立法律顾问制度为契机,率先在山区充分发挥律师"第三方"作用,政府通过单列财政预算购买法律服务,在政府与农民之间引进律师作为独立的"第三方",并充分运用其所掌握的法律知识和实践经验,为政府提供规范和咨询服务,为百姓提供引导和维权服务,最终实现干群关系的良性互动。

一 "第三方"参与:律师有为有不为

恩施州通过政府购买服务的方式让律师以"第三方"的独立身份积极介入基层社会治理工作,努力化解干群冲突。

(一)独立参与,构筑"绿色通道"

政府通过购买服务,开辟了基层治理的新路径,使律师参与治理从义务变成了一项服务责任。首先,推进市场化运行。恩施州一改传统行政命令方式,采取单列财政预算,由各级部门单独向律师购买法律服务,保障了律师的独立地位。以恩施市屯堡乡为例,法律顾问每年可得基本服务费为 6000 元/人，绩效经费由各自提供的法律咨询（50 元/次）和培训次数（500 元/次）等加以累计。其次，提供平等化服务。律师成为独立"第三方"，其身份并不是"政府发言人"，更不是"农民代言人"，律师着力于客观事实、运用法律思维，提供不偏不倚的法律服务。宣恩县张祎律师说："律师不是中立的纠纷调解的一员，不是帮政府解决问题的，律师只能告诉你这样做合不合法。"最后，实现独立化协商。律师介入调解政府——农民之间的矛盾纠纷，凭借着专业优势和亲民优势，站在"第三方"的立场听取意见、发表见解、协调沟通，从而最大程度消解干群之间的摩擦。宣恩县伍家台村 1 组村民于 1985 年与乡政府签订合同承包村集体林场，当时约定承包期是 30 至 50 年，由于承包期的模糊规定，引发了干群矛盾，钟律师对合同的有效性进行了认定，最后提议进行司法确认。

（二）关键参与，促成"慎始善终"

化解干群纠纷要以层级矛盾调解为基础，关键参与机制要求律师并非"事事参与"，也无须"时时参与"。第一，当管则管，避免事事参与。律师作为独立"第三方"，主要职能在于为政府和农民提供咨询服务，进而规范干部权力运行、引导百姓理性维权。超出职能范围的，譬如行政内部事宜、农民私人矛盾等，律师无须主动介入。恩施市屯堡乡昌律师认为："律师只能是配菜，干部才是主菜，不能乱了套。"第二，要管才管，避免时时参与。处理纠纷以乡土和行政力量调解为基础，乡土调解无策，则由律师登场。沐抚办事处党委书记田贵周表示："沐抚所有矛盾纠纷，都必须从小组长、村长、驻村干部等开始，干部解决不了才把问题'踢'给律师，下一级未进行调处的，上一级一律不予受理。"

（三）中立参与，实现"多方共赢"

实践证明，律师作为"第三方"的中立参与在干群纠纷发生的事前、事中以及事后都发挥了关键作用。其一，事前干预，担当"疏导剂"。律师利用自身的专业技能发挥调解前置疏导、协调作用，避免干群矛盾"由小变大"，将矛盾消解在源头。2014 年建始县韩正镍驾驶摩托车时翻入桥下死亡，其家人准备聚集县政府上访，法律顾问了解情况后引导其家人将桥梁施工单位告上法庭并获赔三十余万元。其二，事中参与，充当

"缓冲剂"。当干群纠纷发生时,律师作为独立"第三方"的介入,避免政府跟农民的直接对立冲突。万寨乡乡长认为:"律师的作用就像一块海绵,吸收双方的法律误区,在二者间起到缓冲作用。"其三,事后调解,成为"融化剂"。在纠纷调解后期,由律师及时跟踪调处,让双方能够真正达到"心服口服"。业州镇村民黄启志在浙江温州阀门厂打工,由于未签劳动合同而导致双方"扯皮",钟明森律师于2014年8月—2015年3月先后前往温州5次"跟踪"调解此事,最终以公司违法解除合同、赔付黄启志12万元为结。

二　"第三方"互动:构建冲突缓冲带

律师作为"第三方"介入干群纠纷的调解,在治理结构、沟通方式和治理手段方面体现了恩施做法的创新和亮点。

(一) 结构重塑,为互动构互信

恩施州通过引入律师这一主体,改变了传统的以"政府—农民"的二元治理结构,从制度上建立健全了"政府—律师—农民"的三元治理结构,实现二元治理到三元治理的转型升级。第一,充分发挥约束作用。借助律师的力量,可以规制政府的行政行为,限制其肆意行为,使其在合法性的框架内行使职权。如建始县长梁乡规定政府出台等文件需律师顾问予以把关签字,否则文件无法生效。第二,重点发挥疏导作用。通过律师这一专业主体的引入,让其适时、适度参与到基层的矛盾纠纷调解中去,利用法治的手段和方式,对政府与农民之间的矛盾纠纷进行疏导,避免纠纷的恶化和升级。第三,有效发挥保障作用。律师通过"电联式"、"坐班式"或者"走访式"来帮助解答农民的法律困惑,引导当事人依法理性表达利益诉求。2014年5月团堡镇野猫水村五组村民与振辉无土栽培专业合作社签订土地租赁合同,村民要求明确后续复耕责任,后经法律顾问按照相关的法律进行责任明确,切实维护了农民的利益。

(二) 沟通搭台,为冲突留缓冲

律师作为独立的第三方,在干群矛盾调解的过程中充当"桥梁"作用。其一，引导农民理性思考。律师通过法律宣传、提供咨询、代理诉讼，对可能造成集体上访的事件进行事前干预与疏导，引导农民理性表达利益诉求。2014 年长梁乡李来炎开车意外将邻居撞死，死者家属要求赔偿 48 万元，对方拒绝后上访，后经向爱民律师依据相关交通法规的引导性调解，最终双方同意赔偿 34 万元。其二，规避干部法律风险。基层干部的法律知识储备缺失，在对矛盾纠纷进行调解的过程中存在法律风险，律师的介入有效弥补不足。马兰溪村村支部书记陈光国说："律师进村解决了我们村干部'棘手'的实际问题，改变了村干部无法了解和模棱两可的事情。"其三，建立对话平台。通过让律师发挥中间组织的作用，在政府和农民之间建立对话的平台和载体，避免了政府与农民之间的直接对立和冲突。邬阳乡在对金鸡口库区移民进行补偿时，因双方在补贴标准上无法达成一致而导致矛盾不断。之后，律师顾问团介入，引导移民与政府对话，最终政府对移民追加了 800 万元补偿款，使事件得以和平解决。

（三）机制纠偏，为风险筑保险

在传统的乡土手段和行政手段之外，增加法制手段介入基层治理，对于缓解干群纠纷起到了关键性作用。其一，约束行政手段。通过"第三方"律师的介入，约束了政府的行政手段，理清了权力边界，避免政府"乱作为"。2015 年宣恩县万寨乡乡政府计划将便民服务大厅建设工程承包给一个没有建筑资质的建筑公司，律师审议后发现建筑公司没有建设的资质，提出需公开招标重新发包。其二，规范维权手段。在干群矛盾爆发时，引入"第三方"律师的专业引导，使农民从"信访"转化为"信法"，更好地利用法律武器保护自身合法权益。2014 年利川市法律顾问（团）办理法律援助案件 600 余件，参与调解纠纷 260 件，接待信访案件 130 人次，调解成功率高达 100%。

三　深化律师"第三方"的几点认识

律师成为社会管理的第三方力量，是维护社会稳定的重要社会资源，其身份转换、角色定位及功能拓展等方面值得进一步深化讨论。

（一）身份转换：从幕后走到台前，由对手变为助手

以往政府将律师作为对手，将其置于对立面，遇到各种矛盾纠纷总是想着避开律师，“怕”律师“搅浑水”。恩施州开展“法律下乡”，引进律师作为独立“第三方”，利用律师的专业性和独立性，成为政府治理的助手。律师和政府签订“合同”获得合法性参与，通过审核重大经济合同，谏言行政决策，接待群众信访等方式积极助力政府，给其解决了不少“后顾之忧”。可见，政府需转变传统对律师等专业群体的认识，改变政府大包大揽的做法，将律师等专业群体从“对手”转变为合作共治的“助手”，分工协作，共同促进社会有效治理。

（二）服务转型：从市场走向基层，由私利过渡公益

“律师进村，法律便民”让法律和代表法律的律师进入治理过程，承担着重要公平正义责任。市场经济条件强化了律师的利益驱动，使律师想进城而不愿下乡，难以实现私立与公利的兼顾。恩施州通过购买律师服务形式，将律师从利润高的城市引入农村，为农民和基层政府提供免费咨询、调解服务，实现了律师服务的转型。可见，强化律师服务转型，还需强化政府责任，为律师参与社会治理提供平台与保障，以此处理好律师的公益性与私利性的关系，保障“律师进村，法律便民”的长效性。

（三）功能扩展：从单一走向多元，从代理延伸至服务

律师是现代法治社会中为各种社会主体提供全面法律服务的专门职业。但在传统的认识中，律师是以代理官司为主要职责的“讼棍”，其职能被单一化、片面化。恩施州普遍建立法律顾问制度的创新之一就是将律师功能由代理扩展为咨询、调解和引导等服务功能。正是通过律师的咨询、疏导、调解服务，矛盾化解的关口得以前移，社会矛盾得以及时有效化解。可见，构建法治社会，需要转变传统将律师局限于司法诉讼功能的观念，拓展律师群体在法治社会中的功能与作用，让律师群体更全面更有效地参与到社会治理过程中去。

"法治信访"：化解信访难题的新出路

——基于湖北省恩施州"律师进村，法律便民"的调查与研究

党的十八届四中全会提出，要"将信访纳入法治化轨道"。然而，当前我国基层信访工作面临着"农民不守法、政府不用法、社会不信法"的困局，使农民"信访不信法、信上不信下"，政府"花钱息访、以权压访"，基层信访陷入"稳定就是搞定"的不维稳怪圈。鉴于此，恩施州大力探索以法律为支撑的信访化解机制，具体来说，就是将法律观念融入农民生活，在信访流程中嵌入法治理念，在调解主体中引入法治力量，在信访调处中融入法治资源，以此将信访纳入法治化轨道，实现基层和谐稳定。

一　法治融入信访

"信访不信法"观念、"官本位"思想以及信访调解机制中法治力量的缺失，是造成信访难题的重要原因，基于此，恩施州从多方面将法治融入信访之中。

（一）塑观念，将法治融入农民生活

长期以来，我国农民有着"信访不信法"的观念。恩施州从源头出发，通过多种措施激励农民去"信法"。其一，零距离学法。恩施州的首个顾问单位夷水律师事务所，按照"一村（居）一特色"的思路，针对村（居）的不同情况提供法律服务，把法律送到家门口，贴合农民的实际需求。截至目前，夷水律师事务所已经在恩施市龙凤镇开展了700余人

次的法律培训。其二，低成本用法。恩施州为了解决"信法有成本、信访无成本"问题，采取各级政府采购法律服务，使农民可以免费地向律师咨询、申请律师介入。截至 2015 年 5 月，恩施州的法律顾问已经覆盖了 2460 个村（居），免费提供咨询服务 3.48 万次。其三，无障碍司法。当调解难以起效时，恩施州各地鼓励当事人通过诉讼来解决。恩施市沐抚办事处聘请了 7 名擅长农村官司的律师，当事人可自行从中选择自己的代理人，且代理费和诉讼费由政府支付，以此鼓励当事人通过打官司来解决疑难问题。

（二）树理念，将法治嵌入信访流程

农民在信访过程中容易作出违法的行为，恩施州通过树立法治理念，使农民知法而后访。一是源头输法。通过律师主动走访的形式，对矛盾纠纷主动排查，由律师进行针对性法律教育。在宣恩县椒园镇，法律顾问入村排查时，发现老上访户张松清仍有上访苗头，对其进行思想疏导和法律讲解后使其理清了道理。二是过程授法。恩施州各地让法律顾问和司法行政人员联合办公，在接访过程中开展具有针对性的法律宣传，形成了"过程授法"的接访模式。如，建始县桂花村 10 组、11 组的农民到乡政府群体上访并计划进京上访，在接访中，律师向其讲解法律，使其放弃了进京上访的念头。三是结果引法。在利川市东城办，上访人对调解结果不满时，政府鼓励上访人"告"政府。2014 年 6 月，东城办居民赵利珍不满政府的拆迁，双方在调解不成的情况下，政府主动建议赵利珍通过起诉解决。

（三）引主体，将法治领入调解过程

在解决信访问题时一些干部有着违规操作，恩施州通过将专业力量引入调解主体，来推动干部用法。其一，引入专业主体。恩施州以行政力量为调解主体，同时引入律师等专业支撑力量，行政人员可随时向律师咨询、申请律师介入。截至 2015 年 5 月，恩施州聘请的律师共参与调处信访案件 5300 起。其二，规范政府主体。恩施州要求各党群机关、市政部门聘请法律顾问团，重大信访回复须由律师把关，规范政府行为。2013年律师顾问团给恩施市政府提交了 24 件信访疑难案件的法律建议书，24

件案件均得以成功解决。其三，重塑乡土主体。法律顾问以参加村务会议的形式，向村干部、村代表宣讲法律知识，并指导其工作。在龙凤镇，法律顾问 2014 年一年协助指导村干部调解矛盾纠纷 25 件。

（四）引资源，将法治深入社会深处

恩施州通过引导、合作的方式，将社会中的法治资源整合起来，补充干部队伍。一方面，专家引领。恩施州宣恩县成立了由公职律师、专职律师、退休法官检察官等共 10 人组成的"第三方联合调处委员会"，有重大信访案件时，以"开庭"的形式，对双方进行调解，并对调处结果进行司法确认。另一方面，组织撬动。通过引导律师顾问团对接社会组织，实现了社会力量与法治力量的有效融合。2014 年，宣恩县黄坪村自发成立了"帮理郎"组织，一年之内该组织为村民调解矛盾 12 起，其中律师顾问参与调解 3 起。

二　信访回归法治

恩施州通过"法治信访"，使信访回归法治化轨道——信访诉求理性化、信访化解制度化、信访秩序和谐化。

（一）农民依法，信访诉求理性化

在"法治信访"的作用下，农民在表达诉求时趋于理性、依法进行维权。一是服务上门，让农民"知法后访"。"律师进村"在农民与律师之间搭起了沟通桥梁，让农民随时联系律师，使农民"知法而后访"。恩施市沐抚办事处书记田贵周表示，多数农民在咨询过律师后就放弃了上访。二是联合接访，让农民"有法可询"。建始县业州镇通过将法律顾问室设立在信访办，实现了接访、咨询一体化，当上访人有需求时，律师向其提供法律咨询，让农民"知法慎访"。如马栏溪村王某因道路建设与黄某发生纠纷，上访 10 年无果，法律顾问成立后，律师为其提供咨询，以案讲法，双方终达成了和解协议。三是律师回访，让农民"心中信法"。利川市东城街道办对重大信访疑难问题进行跟踪回访，由律师进行法律讲解，使民众信法。司法所长李林海表示，通过跟踪回访，再访的现象大大降低。

（二）政府守法，信访化解制度化

在处理信访问题时，政府的工作方式发生了转变。其一，行为转型，主动用法。利川东城街道办组织委员邹晓恩表示，法律顾问成立后，基层干部有了底气，过去盲目地息访，现在客观主动地运用法律处理，不像过去那样怕群众闹事。其二，并联调处，过程依法。利川市东城街道办探索出"四个联合"的信访化解机制，律师与各部门一起参与信访的接待、会诊、化解与稳控。2014 年下半年，法律顾问团联合接访 87 起，629 人次。其三，律师参与，结果合法。重大案件实行讨论制，法律顾问必须要参加，并出具法律建议书。2013 年以来，恩施州政府律师顾问团共出具 100 多份法律意见书，其中 97 份被采纳。

（三）社会信法，信访秩序和谐化

运用法治方式化解信访问题，促使整个社会相信法律，信访秩序得以改善。第一，从对立到信任。律师以第三方力量介入，保证了中立与公正，处理结果更具有说服力，群众更加信服干部。在利川市东城街道办事处，18 户居民因为房产问题到办事处群体上访，办事处请律师参与处理后居民心服口服，避免了闹访的发生。第二，从信访到信法。建始县长梁乡过去 1 年花 50 万元左右用于信访维稳，而现在对非访依法处置，"只走法律一条路"，1 年的工作经费降到了 15 万元。第三，从管制到协商。恩施市沐抚办事处通过召开信访听证会，与当事人进行平等的协商沟通，并召集社会人士对案件进行讨论，实现了信访处理公开、公平、公正。

三　信访法治化的路径选择

恩施州运用法治方式化解信访难题的实践，为我国其他地方化解信访难题、基层治理提供了样本。

（一）化解信访难题的基础是树立法治信念

法治社会构建的基础在于社会对法治有信念、有敬畏，法治成为社会主体共同的价值和行为追求。长期信访之所以从干群互动的渠道变为矛盾纠纷的集聚地、利益竞取的赛马场，很大程度上是因为在干部和群众中法治意识的缺失。恩施州探索实践的核心就是在信访化解过程中将法治摆在第一位，避免政府花钱息访、以权压访，从而让农民守法、政府依法、社会信法。可见，当前破解基层信访难题，需要从根本上转变权力主导的行政维稳理念，树立起法治治理信念。

（二）运用法治思维是化解信访难题的关键

党的十八届四中全会提出，"把信访纳入法治化轨道"。在经济落后的山区，仅仅依靠法治手段难以有效应对和调解纷繁复杂的信访难题，而法治信访的关键在于将法治观念和制度转化为人们的自觉行为，进而形成法治思维。恩施州在处理信访难题中，通过律师引导农民守法用法，并对政府的处理意见严格把关，参与信访案件的调查、处理、复查，使信访在法治思维主导下运行。恩施州的实践说明，化解信访难题需要强化法治思维、法治理念的运用。

（三）政府守法是化解信访难题的重要要求

政府依法办事是从源头上预防和减少信访问题发生的必要条件。现实中，政府依靠行政手段违法处理信访问题不仅不能有效化解矛盾，更是激发了矛盾。因此，中央提出，解决信访问题，各级干部要带头守法，提高依法办事能力。恩施州在信访实践过程中，以市场化模式购买法律顾问，并让律师顾问团为政府行为把关，最大限度地规范了政府行为。可见，如何通过体制机制手段，让政府依法守法、用法，是化解信访难题的重要途径。

（四）化解信访难题应与基层自治相结合

在基层社会，信访矛盾纷繁复杂，既有涉私信访，也有涉公、涉法信访。而大量的社会矛盾既难以通过法律条文来判定，也难以通过政府行政手段来调处，反而借助传统乡土手段更能有效调解。恩施州在信访实践中，并没有抛弃村民自治的力量，而是充分利用村庄内自发的社会组织、乡贤能人等，将专业治理与自治结合起来。如 2014 年恩施州沐抚办事处发生的 286 件矛盾纠纷中，通过村民小组成功调处的占到 68%，通过村组调处成功的接近 90%。由此可见，信访法治化不能排斥村民自治、传统乡土等资源和手段，而应借助法治疏导，充分发挥村民自治、乡土资源的积极作用。

"枫桥经验"再升级：
让法治为基层矛盾把关

——基于湖北省恩施州"律师下乡,法律便民"的调查

2013 年，习近平总书记指出，要"把'枫桥经验'坚持好、发展好"。"枫桥经验"的核心是实现矛盾就地化解。但在当前，由于村民小组的虚化和村两委的行政化，村级组织功能缺位，加之农村法治的相对缺失，使农民"信访不信法，信上不信下"，农村矛盾面临"小组无法管、村内管不好，乡镇管不来"的困境。可见，新时期如何发展好"枫桥经验"，还需创新方式，寻求新的实现形式。对此，湖北省恩施州以法治引领为突破口，通过整合乡土资源，激活小组活力，引入律师参与，形成了横向联调、上下联动的互动格局，实现了"小事不出村、大事不出镇、矛盾不上访"，让"枫桥经验"在新时期提档再升级。

一 法治引领,将"枫桥经验"坚持好

恩施市沐抚办事处从回归村民小组着手，积极培育乡土资源，以法治为准绳推动矛盾就地化解。

（一）依托村落单元，小事不出组

恩施州沐抚办事处按照"地域相近，文化相连，利益相关"的原则，重新划分村民小组，将矛盾化解关口从村内下移组内，实现了小事不出组。一是法治输导，让小组能作为。包村律师和基层司法干部为小组长提供实用、常用的法律知识培训，提升小组长法律知识水平，使其参与纠纷调解有了统一、通用的参考标准，避免了"看人情、看人势"。高台村李

家湾组组长宋祥友介绍说："接受纠纷调解培训后，有了调解依据也就有了参与的底气。"二是权力下放，让小组有作为。沐抚办事处把村民海选产生的小组长纳入村组干部统一管理，将以前村内统筹包揽的管理工作分解下放，同时要求村内任何矛盾纠纷必须先经组长调解，即使调处不成功也要给出意见。办事处党委书记田贵周强调，"如果小组内未调解而村里直接参与纠纷调解的，就会被视为越位"。三是实效激励，让小组愿作为。除组长基本工资外，对调处成功的每件纠纷给予 50 元的奖励。此外还实行规范性的年终考核，优秀小组长将获得 500 元的"年终奖"。高台村团井组组长向中合谈道："办事处每年对优秀小组长的表彰不仅有奖金，还要戴上大红花上台，有了这种荣誉感，更有干劲儿了！"由于充分发挥小组的优势，2014 年沐抚办事处发生的 286 起纠纷案件中，68% 的都在组内得以妥善化解。

（二）激活乡土资源，大事不出村

恩施州山大人稀，过去主要依靠政府行政力量和村委会调解纠纷，往往使纠纷积压，每年信访数量 6000 余起，民众怨气重。为此，恩施州通过整合乡土资源，实现了"组长组员零距离，矛盾纠纷零过夜"。一方面，重塑"老乡贤"。对在村的权威人物进行实用性法律知识培训，引导他们率先懂法用法，以此将传统乡土资源纳入到矛盾化解体系，鼓励其积极参与到纠纷调解中。另一方面，引入"新乡贤"。在村民自治导向下，恩施州将乡村医生、农村教师选进"两委"，培育村医村教作为新乡贤能人参与村组管理，提升了村级组织服务水平。2013年以来，恩施州村医村教共走访农户 28000 余户，开展政策宣讲 62500余次，收集整理群众意见 27500 条；同时协助调解各类纠纷 2100 余起和处理历史积案 20 余件。

（三）强化法治后盾，矛盾不上访

恩施州的"律师下乡，法律便民"改革既"慎始"又"善终"，使法治贯穿全程。其一，法律咨询，将矛盾输向法治渠道。通过市场手段采购律师服务，以定时进村、电话便民等方式让律师服务覆盖村居，保证村民时时可咨询、事事能咨询，使当事人有了可以依靠的后盾。"一部分当事人在听取律师意见后自觉理亏，纠纷往往就会迎刃而解"，沐抚办事处综治办主任陈华平如是说。其二，律师调解，让法治落地生根。针对村组干部无法调解或调解不好的纠纷，及时提交包村律师，律师作为"第三方"独立于当事人，且其专业水平容易获得村民认可，增加了调处的成功率。高台村村民向柏菊形象地说道："过了厨子的汤都好喝些。"其三，司法"兜底"，树立法治权威。经过听证会调解的案件，如当事人仍对结果不满意，就将其导入司法诉讼渠道，避免当事人挤上信访"独木桥"。之后，当事人胜诉，无须支付律师费用，败诉则支付全部费用。沐抚办事处每年从财政预算 5 万至 10 万元作为法律援助基金，用免费司法引导农民相信法律，树立了法治权威。

二 创新思路，将"枫桥经验"发展好

（一）分流分类，资源有的放矢

在利益日益多元化的农村地区，对复杂纠纷分流疏导、分类处理是提升基层矛盾化解能力的务实之举。恩施市沐抚办事处对病症"望闻问切，多方会诊，对症下药"。一是涉私类矛盾"逼"到村组。把家庭纠纷、邻里矛盾等绝大多数农村地区多发频发私人纠纷"逼"到村组去解决，使94%的纠纷在村组内得以调解。二是涉公类纠纷"交"给上级。针对征地拆迁、集体经济等带来的村民与村两委的纠纷，办事处会同律师顾问参与调解，解决了2.4%的纠纷。三是涉法涉讼纠纷"踢"到法院。矛盾纠纷触碰到法律底线而必须导入司法程序的，办事处主动引导当事人寻求司法途径予以解决，避免纠纷扩大与矛盾升级。截至2015年7月底，沐抚办事处将矛盾纠纷引入法律渠道调处成功的达到32件，占3.6%，让涉法涉诉矛盾纠纷得到了合法解决。

（二）土洋结合，机制上下联动

恩施州在"律师进村，法律便民"的改革中，通过激活乡土手段，规范行政参与，引入律师服务，构筑了"土洋结合、上下联动"的调解手段。首先，回归乡土手段。一方面，通过权力下放与实效激励，倒逼村组作为；另一方面以小组、院落、家户为单位，层级递进，将乡贤能人的

权威治理纳入法治框架，化解熟人社会的矛盾纠纷。高台村第一书记周甲芳直言："小组长比我们更熟悉小组内成员，一句直话可能就把问题解决了。"其次，规范行政手段。各级政府的决策决议、政策文件出台前咨询法律顾问进行风险评估，确保政府自身不违法不违规；此外，政府参与基层矛盾调解在给出结论前先由律师出具法律意见书，确保政府依法作为。沐抚办事处党委副书记周平讲道："律师的顾问作用，可以有效避免基层政府'拍脑袋'的传统做法。"最后，重视法律手段。村组自身难以调解或调解不好的纠纷由包村律师介入，往往能让看似"走投无路"的矛盾出现"一线转机"。沐抚办事处司法所老所长吴先政作为律师顾问团的法律顾问，每天解答近 10 个电话咨询。他说："我作为办事处的老司法工作者，2015 年 6 月成功协商调解了一起发生在乡邻之间的交通肇事案件，最终双方都比较满意。"

（三）专业治理，理念转型升级

恩施州通过引入律师资源，革新传统调处办法，推动了矛盾调解思路的转型升级。其一，专业培训，提升治理水平。过去，干部决策大多是"闭门造车"，因此走了很多弯路。律师进村后，干部处理关键问题或在重大决策前，会直接请律师进行把关，减少了决策风险。沐抚办事处利用会议形式对干部进行培训，一年至少进行 6 次定期或不定期法律培训，提升了法治治理能力。其二，专人引进，充实治理主体。律师作为专业性人才，独立于熟人社会之外，容易获得当事双方认可，尤其是农民纠纷矛盾往往是"公说公有理，婆说婆有理"，只有律师给出法律意见方才使人信服。高台村村民向学军介绍："去年李家湾组一起历史遗留的林权纠纷就是由律师出面的，组、村、乡都未调解成功。"三是专项制度，完善治理机制。一方面，建立"追踪回访"机制，让村组干部、包村律师及时跟进，确保调解结果落地，避免纠纷反弹；另一方面，组建由乡贤能人、村组干部等 500 人广泛参加的听证员库，对重大纠纷采取听证调解，当事双方各抽取 3 名听证员，与各方 2 名亲友构成 10 人旁听团，同时采取干部主持、农民主导式的农民陈述、旁听人评理方式理顺事由，"评"出结果，有效弥补了过去行政手段参与调解的不足。

三　法治引领"枫桥经验"的新思考

恩施州重拾乡土资源，积极培育社会自我消解能力，同时将基层矛盾化解引入法治化渠道，成为"枫桥经验"在新时期的升级模式，为基层治理转型提供了有益参考。

（一）发展好枫桥经验需转变政府行政理念

习近平同志指出，发展好"枫桥经验"，需要适应时代要求，善于运用法治思维和法治方式解决涉及群众切身利益的矛盾和问题。"枫桥经验"是特殊时代的产物，当前创新何发展"枫桥经验"，需要与时俱进以新的理念和方法为引领。恩施州在践行"枫桥经验"过程中，并未固守传统治理理念与方式，而是借助"律师进村，法律便民"的方式，将基层矛盾化解导入法治化渠道，改变了过去"政府不守法、领导不讲法、办事不依法、群众不循法"的老做法，实现了从惯用行政手段到注重法治引导的升级转型，有效提升了基层治理成效。

（二）激活乡土资源是实践枫桥经验的关键

社会矛盾集中在基层，社会管理难点也在基层，基层社会自我消解能力的强弱直接关系到基层治理成效。恩施市沐抚办事处将熟人社会的权威培育为法律明白人，纳入法治框架，有效参与纠纷调解，解决了基层治理资源短缺难题。同时，通过充分调动村组干部资源并赋予权限，坚持层级调处原则，恩施有效地将矛盾纠纷化解在村组内。这些做法有效夯实了基层自治组织，成为基层矛盾化解的关键所在。可见，当前基层矛盾化解，不仅要往上看，更要往下看，不仅要注重外部资源，更要挖掘内生资源。

（三）引入现代主体是创新枫桥经验的重要途径

过去，地方政府在基层社会管理中过度依赖行政手段，使村级组织功能弱化。农民则抱持"遇事找领导、找青天"的心态，干部也普遍存在"摆平就是水平，搞定就是稳定"的工作思维。恩施州促进矛盾就地化解的治理改革的重要经验就在于与时俱进引入律师,补充现代治理主体,建立法律准绳,让法治为基层矛盾化解把关。可见,新时期创新"枫桥经验",需要坚持多元共治的理念,积极引入现代治理主体,避免政府一权独揽。

以法立规:让法治敢于管,管得住政府

——基于湖北省恩施州"律师进村, 法律便民"的调查与思考

党的十八届三中全会明确提出要建设法治政府。然而,长期以来,我国政府一权独大,习惯于"拍脑袋决策、拍胸脯保证、拍屁股走人",且往往"躲法不用法、触法不知法、违法不顾法",导致法治不愿管、不敢管、管不住政府,政府行为难以得到有效规制。为此,湖北省恩施州以"法治恩施建设"为契机,通过以法治建设为引领、以法治规范为约束,为政府"建章立制",护航政府科学决策、规范管理、严格过程与依法维权,实现了向专业化、制度化、法治化政府的大转型。

一 法治为纲,为政府立规矩

(一)以法治为导向,把好决策关,为政府引"参谋"

恩施州通过普遍建立法律顾问制度,为法治政府建设出谋划策。一是为科学决策配备"智囊团"。在内容纷繁的法律体系面前,政府往往难以把握住、用得好。对此,恩施州将律师专业主体引入行政决策过程,通过提供法律解释、出具决策建议书等,为政策提供了智力支撑。在恩施州龙凤镇,其律师顾问 2014 年就参与了政府重大决策 12 次,共制定相关规范性文件 17 项,打造了基层政府科学决策的智囊库。二是为依法行政安装"助推器"。政府行政管理涉及大量法律法规问题,恩施州通过让律师参与政府重大会议并提供专业法律意见,为政府严把了依法行政关口。2014年,来凤县绿水镇以律师为决策助手,参与重大立项会议 11 场次,同时参加了 5 次涉法涉诉会议,提供咨询意见 125 条。三是为有效决策系上

"安全带"。为限制政府的盲目决策与随意决策，律师对政府执法过程中发现的违法行为及时提出建议并督促其纠正，以此避免政府的违法行政。2013年年底，恩施市政府律师顾问鲁诚就对政府的一项违规政策进行了及时纠偏，建议废止了与国家《公务员法》相违背的市公务员离岗创业政策决议。

（二）以法治为约束，把好管理关，为政府建"机制"

一方面，打造法治手段约束。为防止政府滥用权力，恩施州常委班子带头，改变了传统的领导签字督办、花钱买平安等息事宁人的办法，转而采用律师接访、出具意见书等形式，将信访引入法治渠道。截至目前，利川市法律顾问团已将8个信访积案导入司法程序解决。另一方面，建立律师协同机制。即通过定期请律师顾问团列席常委会，并定期联合召开社情民意研判会等，在重大问题解决过程中为政府行为进行把关。如恩施市屯堡乡政府每月安排2名律师参加乡综治工作例会，集中为疑难矛盾纠纷调处提供法律意见。

（三）以法治为规范，把好过程关，为政府划"红线"

法律顾问全面介入决策和行政过程，减少了政府行政决策的盲目性与随意性，同时避免了结果失误。一是事前防范，帮政府"守"底线。政府在进行重大决策前，均由法律顾问团对其文件、决策、重大项目的内容等进行合法性审查，从源头上降低了政府行政决策失误的风险。2011年，因来凤镇一位矿主不服政府关停其采矿场的处理决定，镇政府决定以信访方式进行答复。律师参与后，建议须以行政诉讼方式进行解决，以此保证政府依法行政。二是事中控制，为政府"筑"防线。充分发挥法律顾问在行政决策过程中的参谋作用，如恩施市政府常务会在修改审查龙凤新区闸口安置小区项目的建设合同时，顾问律师针对合同里涉及的法律问题，提供专业的法律意见，并协助政府严格规范了合同订立程序。三是事后补救，让政府"避"红线。对于决策失误引发的"后遗症"，恩施州要求各级政府改变过去依靠行政权力与资源"摆平"矛盾的方式，转而通过法律补救。如邬阳乡在对金鸡口库区移民进行补偿时，因双方在补贴标准上无法达成一致而导致矛盾不断。之后，乡政府采纳律师团给出的"库区移民的要求为正当合理"建议，最终对移民追加了 800 万元补偿款，使纠纷得以扫尾。

（四）以法治为保障，把好维权关，为政府清"责任"

其一，为政府当帮手，维护合法权益。政府在依法进行投资、采购等活动时，由专业律师参与市场合同的谈判、起草、审查等非诉讼事务，可有效保障政府的合法权益。屯堡乡政府在修建政府办公大楼时，法律顾问审查建筑合同发现，建筑施工单位的资质不够，及时建议废止了合同从而重新招标。其二，引政府当推手，履行法定责任。恩施各级政府转变行政思维与理念，积极引导群众依靠法律途径将政府推上被告席，对规范政府行为起到了极大促进作用。2015 年 6 月，巴东县野三关镇上里坪村村民黄某，因不服镇政府作出的山林确权处理决定，依法向法院提起诉讼。野三关镇镇长朱宏代表政府部门出庭应诉，并依据法院判定履行法定职责。

二　法治为引，助政府大转型

（一）"权威"转向"专业"，政府有"为"

恩施州普遍建立的法律顾问制度，实现了政府由"权威型治理"到"专业型治理"的转型。其一，政府有限度。传统的治理往往由政府大包大揽，现在，恩施州通过把律师吸纳为治理主体，晒出了"权力清单"，厘清了法律手段与行政手段的边界。如沐抚办事处就结合自身情况，把多数矛盾纠纷"逼"到村组解决，将少量疑难纠纷"踢"到法院化解，既将矛盾化解为零，又避免了政府"乱作为"。其二，办事有制度。通过加强政府行政执法制度建设，改变了过去"简单粗暴"的执法方式，实现了用制度督权、按制度办事、靠制度管人。如东城街道办事处依法制定的《东城办事处依法行政工作制度》，就使政府职权、职责法定化，确保了政府人员依法办事。其三，行政有威信。鼓励农民通过司法程序状告政府，借助法院判决的权威性避免政府调解的随意性。在鹤峰县中营镇的一起林权纠纷中，法律顾问依法引导当事人李依林将镇政府告上法庭，法院最终判定镇政府败诉。对此，镇党委书记谭祖伦认为："政府虽输了官司，但赢得了农民信任。"

（二）"经验"转向"制度"，办事有"方"

过去，政府行政人员凭主观意志和经验办事，往往导致脱"纲"离"谱"、"自立章法"。在普遍建立法律顾问制度后，恩施州各级政府实现了从"按经验办事"到"按制度办事"的转型。一是重程序。为政府设定严格的办事程序，依靠法治处理农民信访等事项。在沐抚办事处，其将农民矛盾处理设置为组、村、乡、律师、法院五道程序，并明确规定了只有经过前一道程序才能将问题处理主体下移。二是重责任。沐抚街道办事处规定，村委会一级没有提供意见就直接转交街道办处理的信访案件，对村委会取消相应的调解奖励，并通报批评，从而避免了对信访农民敷衍了事。三是重机制。沐抚街道办事处打造的"层级调处"机制，通过层层落实责任，让各级干部明确"该做什么"和"如何去做"，将大量的矛盾纠纷化解在基层。据统计，在2014年发生的286起矛盾纠纷中，有273起是通过"层级调处"解决的，成功率达95%以上。

（三）"全能"转向"法治"，行政有"度"

以往，"一发生社会矛盾，人们更倾向于找政府而不是法院来解决"，政府成为"全能政府"。恩施州以建设"法治型政府"为契机，让政府有"为"也有"度"。有"为"，即"法定职责必须为"。律师的参与，增加了一种新的渠道监督政府行为，督促政府完成"分内之事"。恩施市芭蕉乡邀请律师参与制定《村级规范管理意见》，"以前部分村干部长期以当干部为'副业'，现在全乡严格执行村干部请假制度。老百姓到村委会办事，随时都有干部第一时间解决问题，彻底改变了以前找人难、办事难的问题"。有"度"，即"法无授权不可为"。以往，政府为了平息事端，避免百姓上访而选择"花钱买平静"。如今，恩施州政府运用法治方式解决实际问题，不再纵容老百姓的"无理要求"，如利川市团堡镇安置小区内一个农户因房屋破漏找政府上访，在法律顾问的建议下，镇政府坚决予以驳回，避免了"花钱买平安"的传统做法。

三 法治引领政府转型的思考

恩施州通过"律师进村，法律便民"的实践探索，运用法治思维和法治方式有效实现政府转型，具有重要的启示意义和推广价值。

（一）法治社会构建要求强化政府约束

党的十八届四中全会将"深入推进依法行政，加快建设法治政府"作为全面推进依法治国的重大任务之一。然而，长期以来，我国政府一权独大，"以言代法""以权压法""徇私枉法"现象依然存在，不利于法治政府、法治社会建设。鉴于此，恩施州坚持"法定职责必须为、法无授权不可为"原则，给政府行政权力打造了制度"笼子"，让政府不触动法律底线，不逾越法律红线，以此约束政府权力，厘清了政府的责任。可见，当前构建法治社会最紧迫的问题之一就是如何将政府关进法治的笼子，形成对政府的有效约束。

（二）法治政府是政府改革的重要方向

我国政府改革经历了"服务型政府""阳光型政府""责任型政府"等不同阶段，然而，这些改革往往是围绕政府自身的职能调整进行。在当前建设法治中国的背景下，政府改革应着眼于治理理念、治理行为的重大转型。恩施州通过建立法律顾问制度，将法治融入到政府决策、管理、执行、维权等过程之中，不仅重塑了政府的治理理念，更有效规制了政府行为。在当前全面深化改革的号召下，政府改革应在理念和制度上进行重大提升，以法治制度为规范的法治政府理应成为政府改革的重要方向。

（三）法治政府构建需要专业力量参与

习近平总书记提出，要确保在法治轨道上推进改革。政府改革与转型也不例外。然而，政府在日常管理过程中，难免遇到各种纷繁复杂的法律问题，政府工作人员往往难于应付，此时便需要有专业力量的引导和介入，协助政府向专业化转型。湖北省恩施州在推行法律顾问制度以来，政府的重要会议、重大决策、各部门的重要行政行为等都会邀请法律顾问进行审核把关，为政府"守"底线、"筑"防线、"避"红线。可见，专业力量的参与，在推进政府依法决策和管理，建设法治政府中发挥的作用不容小觑。

（四）法治政府建设需自上而下的体制配合

法治政府构建是一项宏大复杂的社会工程，单纯依靠某个部门、某个组织，难以有效推进。湖北省恩施州普遍建立法律顾问制度后，建立起了党委统一领导，人大、政府、政协、司法机关各司其职、各负其责，律师群体、人民群众广泛参与的法治建设推进机制，使"法治恩施建设"得以有序推进。同时，通过体制机制创新，法治建设的财政支持、社会参与得以有效保障。可见，只有通过顶层设计以及体制机制的创新，借助政府、社会的广泛参与和协调合作，法治政府建设才能真正落地。

法治引领:让自治注入"健康"理念

——基于湖北省恩施州"律师进村，法律便民"的调查与研究

  村民自治是一种既富有生命力又行之有效的基层治理方式。但由于农村法治不落地，导致村民自治过程中"法治难参与、法律难规制、规则难树立"，村民自治往往陷入"治理靠权威、组织靠能人、民主靠刺激"的困境，处于"亚健康"状态，难以持续、有效进行。基于此，恩施州借助"律师进村，法律便民"，走出了一条"法治引领自治"的实践新路。恩施州通过法治引航，规范自治公约，强化自治程序，创新自治形式，培植自治基因；通过法治衔接，使自治得到规约、激活与保障；从而推进了法治与自治的互补共生及自治的健康运行。

一 法治领航:拓展自治内涵

  恩施州通过将自治引入到法治轨道，让自治重释内在价值，解决了现存制度、程序、形式、能力等方面的不足和缺陷。

(一)规民约，让自治更具"约束"

  恩施州积极发挥村规民约"正能量"，实现法治建设与群体契约的无缝对接。一是以律师为向导，引入法治理念。恩施州聘请律师全程参与并监督民约制定，推进了村规民约的发展与完善。二是以法律为准绳，融合法治思维。过去村规民约与国家法律常有抵触的现象，如利川市新桥村就曾有 7 位村民向村委会索要集体非法侵占的财产，而村委会却按村约规定以"民主"投票的方式加以否决。如今在律师顾问团的指导下，村规民

约中违法、违规、侵权的内容被一一剔除，使农民权益得到保障。三是以民意为依归，践行法治方式。村规民约的制定中做到了前期讨论与协商、中期宣传与反馈、后期表决与公布，让民约真正反映群众心声。如针对群众意愿，恩施州将清理"无事酒"纳入民约，明确了整酒的范围、条件和程序，刹住了不良风气。

（二）创程序，让自治更有"公信"

为了保障自治程序公平、公正与公开，恩施州通过法治介入，重建自治程序，让"认理不认规"成为"过去时"。首先，规范选举程序，让农民"放心"。建立法律顾问团"零距离"监督换届选举机制，不仅宣传了《村组法》等相关法律知识，还及时预防了拉票贿选、胁迫恐吓、扰乱秩序等隐患。宣恩县黄坪村 2014 年参选人数达 1162 人，较上届高出 200 多人。其次，细化公开程序，让农民"安心"。恩施州积极引入"互联网+"思维，打造网上监督平台，使村务公开由"上墙"扩展到"入网"，从此不再流于形式。再次，健全决策程序，让农民"舒心"。律师作为第三方独立参与决策，成为村级决策的"监控器"。建始县长梁镇桂花村 2014 年召开村民代表会议 6 次，其中律师参与 4 次。

（三）实组织，让自治更富"生命"

恩施州以法治牵引自治，强化组织建设，令自治组织"欣欣向荣"。其一，因地制宜，重划单元。依据地域相近、文化相连、利益相关等原则，重塑自治单元，推动乡土资源与法治建设的有机结合。如恩施市沐抚办事处就将村民小组变成了矛盾化解的"桥头堡"，建始县业州镇则以几户村民所共同使用的屋场为单位，搭建起了以案说法的"前沿阵地"。其二，因事制宜，充实层级。恩施州丰富矛盾调处层级，使村民小组长、驻片干部、村干部、综治中心、分管领导层层参与调解，各司其职。通过层级调解，2014 年沐抚办事处发生的 286 件矛盾纠纷中，通过村民小组长成功调处的占到 68%。其三，因人制宜，设立组织。恩施州充分利用"草根精英"的纽带作用，让其运用法律知识和法治原则协调农民纠纷，使矛盾得到有效化解。如宣恩县黄坪村村民自发成

立的民间组织"帮理郎"，仅 2014 年至 2015 年上半年便成功调处矛盾
11 起，让农民心服口服。

（四）育能力，让自治更显"动力"

恩施州以培育法治文化为抓手，着力提升农民的自治能力，使自治的
"制度基因"深入社会肌理。一是促使干部依法办事。以往村干部更愿意
使用"土办法"，办事主要依靠权威。宣恩县伍家台村叶主任表示，"过
去群众不听话，就不给他办事"。如今，法治培训和律师监督使干部头脑
中装上了"警报器"，做任何事情之前都会在心里问一问是否合乎法律要
求。二是促进能人依法说事。恩施州着力将村庄精英培育成"法律宣传
员"，并成为辐射周边的"矛盾调解员"，使他们成为预防和调处矛盾的
"第一道防线"。沐抚办事处高台村小组长向明祥，通过细心调解，使因
分祖业而积怨已久的向氏三兄弟达成和解。三是促成群众依法议事。通过
宣传培训、以案说法、沟通咨询等方式，使农民变"信奉暴力"为"信
仰法律"，以法治思维理解和参与自治。借助律师调解，利川市野猫水村
村民刘孝禾以"和平"谈判的方式平息了与邻居的纠纷。刘孝禾谈道，
"这件事放到以前，我肯定就直接打人了"。

二　法治衔接：重塑自治形式

恩施州以法治建设为突破口，激发了农村社会内部活力，促进了自治
的变革与转型，为自治注入了长久动力。

（一）法治规约自治，让自治"立起来"

让自治在法治下运行，不仅能规范自治，也能规范权力，从而创造更
多的"制度空间"。其一，从"随意"到"机制"，树立自治规则。法治
文化培育和律师监督机制使程序意识深入"骨髓"，使农民在选举、决
策、管理、监督过程中都会更加重视是否符合程序。宣恩县黄坪村姚书记
表示，"过去做工作就是大老粗，现在就是按程序办事"。其二，从"依
权"到"依法"，创立自治空间。建立"权力清单"，划清行政与村民自
治的边界。建始县业州镇政府本想撤换侵犯农民利益的黑鱼泉村村干部，

过去可能就是一句话的事，现在却要看看和《村组法》有没有抵触。其三，从"分割"到"融合"，凝立共治之风。恩施州强化法治的整合功能，让行政资源、乡土资源、司法资源得以合理调配与综合运用，实现了自治与他治在法治轨道下的良性对接与互动。如将矛盾调处单元由组到乡分为五级并依次介入调解的层级调处机制，推进了"村治"与"乡政"的合理分工与合作。

（二）法治激活自治，让自治"动起来"

恩施州以法治建设为"催化剂"，充分发挥农民主体性，从而让自治充满能量。一方面，权威塑造，让能人"主动"。开展"法律进村"项目以来，恩施州培训法律宣传员13.5万人次，使一大批老干部、老党员、老教师、经济能人成功转型为知法懂法的"新乡贤"。这不仅建立了乡贤能人在农民心中的威信与威望，也增添了乡贤能人参与公共事务的信念与信心。另一方面，理念引领，让群众"自动"。"讲演式""说案式""咨询式"等形象生动的普法宣传，使权利意识和参与理念逐步内化于心，培养了农民自主运用法律管理自身事务的思维和能力。利川市白鹊山村过去整治垃圾都是干部的事，而现在通过制定民约的方式加以自我拘束，群众自主承担清理义务，使其成为"美丽乡村"中当之无愧的"主角"。

（三）法治保障自治，让自治"转起来"

恩施州以法治权威营造自治"大保障"，实现了自治"真运转"。一是"保鲜"公约，让制度持久运转。在法律顾问指导下，村规民约更能体现法治精神中公平正义的原则。基于对公平正义的信仰使村规民约在日常生活中除具有道德约束力之外又增添了法治约束力。二是"保真"村委，让班子透明运转。律师作为中立的第三方监督换届选举与日常工作，促进了村委管理制度的完善和发展，让村务"在阳光下运行"，使村民对村委会更加信服。凭借律师监督和民主评议，恩施州2015年首次实现低保的"应保尽保"，并清理村干部亲属违规享受低保565户。三是"保质"决策，让计划流畅运转。建立村级重大决策的律师到场机制，让律师成为村级科学决策、合理决策、严谨决策的重要保障。利川市杨家山村以律师意见为基准，制订和完善征地方案，增强了方案的说服力，使原本"老大难"的问题得以顺利解决。

三　法治融入：实现自治提升

法治引领促进了恩施州村民自治的飞跃式发展，同时，也为村民自治与法治建设的有机结合提供了启迪与借鉴。

（一）村民自治的有效实现需要法治保障

长期以来，"法治缺位"让村民自治难以规范高效运行。甚至在权力的引诱下村民自治还走向"村官自治"。基于此，恩施州一方面重申《村组法》，有效区分他治和自治的界限，将自主权"还给"农民，变"政府独唱"为"政府搭台，农民唱戏"；另一方面通过律师的引导和参与，将村民自治的民主选举、民主决策、民主管理、民主监督纳入法治的轨道。可见，村民自治与国家法治并不矛盾，村民自治需要法治的规范与约束，只有这样才能促进农民的有效参与，真正落实村民自治。

（二）村民自治的持续需要引入健康理念

健康的自治是有规则、有民主、有活力的自治。然而，以往农村法治化建设相对滞后，村民自治的法治化程度相对较低，导致贿选、侵犯少数人的利益、暴力滋生等问题层出不穷。恩施州通过基层法治化建设，让法治观念渗透乡村，在完善自治制度的同时使规则意识、权责意识、参与意识深入人心。这些举措使自治章程更具有权威性，自治活动更能体现民主精神，自治主体更富有能动力，从而实现了自治的持续和有效。可见，村民自治需要引入"健康"理念，让村民自治在程序民主，规则明晰，权利有保障的环境中成长发育。

（三）法治与礼治的结合需寻求合理单元

以法治引领自治需要率先将法治植入民心。然而，以往以行政主导的法治，使法治能"上报""上墙""上课堂"，却难以"入耳""入脑""入心"。为此，恩施州基于利益相关、文化相连、地域相近等原则，让普法重归小组、院落及屋场，运用传统乡土资源促进法律进村入户。这些举措在便于宣传的同时也激活了自治的内动力，在行政村之下找到了联系更为紧密的自治单元。由此可见，只有将法治建设与探索自治的基本单元相结合，才能让法治找到落地的"根"。

社会反响篇

社会反响

湖北恩施：律师进村　法律便民

央视《新闻联播》　2014 年 11 月 2 日

　　2014 年 11 月 2 日消息：在湖北恩施，由财政出资，购买法律服务，"律师进村，法律便民"活动已经开展了 1 年多时间。目前，有 1886 个村设立了"法律诊所"，这些"法律诊所"为两万五千多人次解答了各类法律咨询。

　　邓乾平是恩施龙凤镇店子槽村的法律顾问，每半个月，他就会到村里的"法律诊所"为村民提供法律咨询等服务。

虽然因为双方各执己见，邓乾平的调解暂时没有成功。不过，村干部说，现在调解双方至少能坐下来好好谈谈。

2013 年，恩施州开始建立法律顾问制度，"律师进村"将"法律直通车"开进村里，让村民和村干部达成了"有困难找律师"的共识。

20 年前，龙凤镇三龙坝村的 3 户村民在村里修了一条小路，占用了山上几户人家的耕地，但经过协商，这几户人家并没提出异议。可是，今年 4 月，村里另外 5 户人家也想将自家门口的路接到这条小路上。这时，山上的几户人家就不乐意了，说其他人想要过，必须给他们 1 万块"买路财"，不给钱，就把路给堵上。

钱掏了，路也通了。可是，掏钱的几家村民心里一直不舒服。后来，通过咨询律师，他们才发现原来村委会的决定并不正确。

可是，收钱容易，退钱难。经过律师团多次登门，这一万块钱终于物归原主。双方也达成协议，不得再因此发生纠纷。

湖北恩施：律师介入解矛盾　政府花钱买服务

央视《朝闻天下》　2015 年 11 月 10 日

2001 年 1 月恩施某公司改制拍卖房产，公司职工张恩山用 61100 元的价格，拍得门面房一间，食堂车库等房间 6 间，但没想到事后却惹来了一场官司。在买房过程中，张恩山向母亲借了 5 万块钱，没想到母亲却说房屋的所有权是她的，并说要让女儿女婿来继承，还一纸诉状把儿子告上了法庭。法院一审判决张恩山败诉。随后张恩山提出上诉，但二审维持原判。亲人对簿公堂、家庭支离破碎，张恩山的妻子儿子被赶出了家门，母子反目兄妹成仇，对判决一直不满的张恩山踏上了上访之路。这是一件长达 14 年的信访案。

近年来随着经济的快速发展，恩施州围绕土地财产等产生的权益纠纷诉讼接踵而来，形成积案，越级上访闹访等愈演愈烈。一边是像张恩山这样的老上访户积怨难消，一边是涉法涉诉案件不断积压。如何才能解开这其中的死结呢？

2013 年，州委州政府改变工作思路，决定聘请律师作为第三方，介入信访工作，化解矛盾。他们从武汉请来 15 名知名律师，组建律师顾问团，从众多的涉法涉诉案件中梳理出 100 起典型案件，开展百案攻坚行动。

律师曹一龙和谢景斌的联系对象正是已经上访了 14 年的张恩山，通过查阅案卷，两个律师发现张恩山的案子在判决上存在明显瑕疵。在两位律师耐心的调解下，双方最终达成法律协议：房屋所有权归张恩山所有，但母亲依然可以居住此屋。最后张恩山在医院里见到了十几年没见过面的母亲，并在病房里写下了赡养母亲的保证书。结怨十几年的母子终于冰释前嫌，拖延了 14 年的积案终于画上了句号。

恩施州中级人民法院院长武星表示，诉讼当事人的诉求是否合法，我们法院的裁决是否公正，律师在客观上也起到了监督的作用。

目前恩施州已经将律师介入涉法涉诉信访案件作为一种常态，州县两级政府每年拿出专项资金给律师团，由政府花钱来购买法律服务。同时建立责任制，对涉法涉诉案件中有瑕疵或裁判错误的，要依法纠正，并倒查承办人责任；没有瑕疵的由律师释法析理，疏导情绪，让上访群众明法明理，心服口服。

湖北恩施：推行"律师进村　法律便民"服务

央视《新闻直播间》　2015 年 11 月 20 日

　　在很多农村地区，由于法律知识相对缺乏，或者是出于怕麻烦的心态，一些村民遇到矛盾纠纷的时候往往不懂得如何依法来维权，而湖北恩施市这两年推行的一项"律师进村，法律便民"的服务，为农村居民通过法律解决矛盾纠纷提供了一条更为顺畅的途径。

从上访到上诉

央视《新闻调查》　2016 年 1 月 16 日

　　"到北京去了六次。""上面一级搞这个问题，他们不公平。"这是上访户邓孝国与村民田祚诚曾经的心声。

　　"我给你做了很多的工作，你怎么就不服呢？""信访不信法，信上不信下。"这是当地干部谢景斌、田贵周工作中遇到的困惑。

　　……

　　一个个陈年积案，一道道上访难题。如何摆脱基层治理的焦虑？

　　恩施州委书记、州人大常委会主任王海涛在接受中央电视台记者采访时用一句话概括：法无授权不可为！

然而，如何疏通法治的"最后一公里"？恩施州作了积极探索。在恩施，呈现了从上访到上诉的变化。

"那我硬是打得赢。"村民税明颇的妻子的这句话侧面反映着法治深入人心的变化。

一

恩施和全国其他地方一样，由于征地拆迁、土地流转、林权划分等原因会造成纠纷，面对纠纷一些农民会选择上访，上访也叫信访。这种法律以外表达诉求的方式，在 20 世纪 50 年代初就已经出现了。当时叫作人民来信，人民来访。与司法程序相比，它会显得更加的直接、快捷、成本低。上访过程当中，一些农民的问题没有得到解决。为了引起社会关注，他会选择集体上访、越级上访，变得更加信权不信法、信上不信法。而地方政府面对压力，或者选择所谓的强力维稳，或者是干脆花钱买平安，以至于出现了越维越不稳的情况。那么信访制度下的这种变异，现实当中又是如何产生的呢？

"我儿子开张证明他不开，他们凭什么让我找上面；我们一大家人要生活，你们不管我就上访……"2015 年 11 月 5 日，湖北恩施州恩施市小渡船办事处的平静被楼道的骂声打破。一位张姓居民因为所在辖区的派出所不给自己的儿子开具"无犯罪记录"的证明大闹办事处。

这位张姓居民因为长期上访被当地人调侃为上访"五朵金花"之一。

本来开不开"无犯罪记录"和办事处没有丝毫关系，也许是习惯成自然，这就是她解决问题的方式。40 分钟后，因扰乱公共秩序，这位张姓居民被警察带离办事处。

在同一幢楼里，小渡船办事处的书记田贵周一连几天都在处理刚从北京上访回来不久的彭某某的问题。

另一个上访户彭贤英说："你们把钱用了，为什么在我的头上，要我给你顶罪，给你垫背啊。"田贵周说："不管用了好多钱，他们举报的是十几万元，我相信没那么多钱。"

彭贤英说："管他怎么搞，我还要到北京残联去，我这个事情要搞清楚，一口气不来了，我也不想活了。"田贵周对她说："大概这两天联合调查组来了后，你就跟他们把情况说清楚。"

彭某某和之前被带走的张某某一样，是这个办事处辖区内长期上访的"五朵金花"之一。无论之前因为什么原因上访，但现在因为有人举报她非法占用低保金将被调查。

当时，记者问："你还想去北京啊？"田贵周在一旁说："她应该不会去啦。"而彭贤英说："这些事摆起了，我肯定要去。"记者又问："去北京管用吗？"彭贤英说："我管它管用不管用，我死了也死到北京，也不死在恩施。"

上访人彭某某话里话外要到北京上访，是基层干部最为担心的事情。因为一旦发生，各级干部的业绩考核将是最为负面的结果。作为干部考核的硬性指标，它是基层干部的软肋。

在接受采访时，田贵周说："去接人是纵容所有上访当中最狠的一招。因为他们了解到我们的软肋就是怕接人，我们越怕，他们越是往北京跑。"记者问："因为这一招最有效？"田贵周说："他们经常说手里没有钱了，回不去了，要派专车来接他们。"记者又问："像彭某某这个情况，过去肯定是派专车从北京接过她？"田贵周回答道："无数次，记不清多少次，十几年了。"

对刚刚担任小渡船办事处书记两个多月时间的田贵周来说，面对这样的情况不是第一次，也不会是最后一次。

这就是湖北恩施一个普通办事处最平常的一天。

田贵周说，以前计划生育是天下第一难，现在在城市里拆迁是天下第一难，但是两个共同的还有一难就是综治维稳，如何解决上访的事是基层干部最头疼的事。

国家设立信访制度的本意是提供一个基层群众向上积极反映情况、提建议、出谋划策的渠道。信访工作机构从来都不是解决问题的责任主体，也从来不负责直接解决实质性问题。但是，一段时间以来，在当地，上访成了一些人解决纠纷的首选方式。

田贵周说："假设我是老百姓，遇到事情的时候说不定也走上访的路，而不走司法的路。"记者问："这个判断是怎么来的？"

田贵周分析，第一，打官司是要交立案费用的，而上访几乎是免费的；第二，打官司有风险，上访不管他的上访理由多么荒谬、多么无理，他最坏的打算、最坏的结果就是上访问题没得到解决，几乎没有风险。

记者说，他不会失去什么，最多只会回到原点而已。田贵周说："不会失去什么，只会得到什么，他可以每天去碰运气，比方说我们市里他会签（请办事处田贵周书记妥处），信访人拿着这个东西他就认为是尚方宝剑——市领导市长要你妥处的，你就必须给我妥处，你不妥处，我就到州里去。"

据湖北省恩施州 2013 年的数据，全州赴京接访超过了 500 人次，在整个湖北省排名前三。

"信上不信下，信访不信法。"这还不是基层所面临的信访难题的全部，但却是基层干部必须面对的工作前提。

二

2015 年 11 月 14 日，恩施州建始县高坪镇的邓孝国带着妻子和儿子坐在恩施州中级人民法院的信访大厅里。在输掉了官司后的 3 年多时间里，他一直上访。两审败诉后对他来说法律途径几乎用尽。

记者问邓孝国："二审是终审，你拿到判决书的时候，当时想下一步该怎么办？"邓孝国说："我按照法律程序申请再审，所以再走高院。""当时的说法是什么？""驳回再审申请。""拿到高院结论的时候，准备下一步怎么办呢？""找最高人民法院。""那就去上访了？""对，这个时候就开始上访了。""去过几回北京？"邓孝国说："我和我爱人去了 6 次，我一个人去了 1 次。"

像邓孝国这样的情况，被信访部门叫作"涉法涉诉信访案件"，它的实质就是"案结事未了"。这类案件又是信访案件中最难化解的一类。在恩施州，这类案件曾在 2013 年超过 1000 件。

谢景斌是武汉一家律师事务所的主任律师，也是恩施州专家律师顾问团的成员之一。专家律师顾问团成立于 2013 年，专门针对的就是涉法涉诉上访案件的调解。专家律师顾问团的成立促使恩施州基层治理发生了一项关键的制度变革。

谢景斌说："信访人主张的这块地，他有一定的来源依据，还有一定事实依据。这个案子处理的时候，你的主张不成立，但案子问题还是没解决，从这个角度来说，我们觉得是不是要探讨一下，有没有其他的救济渠道。"法官说："在法院程序上有一个障碍了，如果省院也驳回来了，检察院也驳回来了，法院就没有途径了，法院就不能启动了。"谢景斌说："这并不是就确定这个合同是有效的，也没有确定这个权属到底是谁的。他没有解决这个问题。"

2015 年 11 月 14 日当天，谢景斌专门接待邓孝国一家。已经终审的案件，作为专家律师顾问团的成员，在司法途径已经穷尽后又会如何化解这类信访难题？

记者问："你们这种政府聘用的律师团顾问，跟已有的各级政府的法律顾问比起来，不同之处是什么，你们怎么定位自己的角色？"

律师谢景斌说："我们作为一个律师顾问团专项处理信访积案，就范围上来说是确定的。"记者又问："那我能这么理解吗？因为你们之间是有合同关系的，那我可以说你们是替政府说话的，给政府出主意的。"

谢景斌说："这个理解是错误的。他委托我是通过法律的方法来审查这个案件，来了解这个案件到底是怎么一个问题，为什么这个人久访不决，这个案子到底是不是出现了问题，或者还有没有其他的解决方案。"

除此之外，专家律师顾问团还有一项具体的职能，那就是在了解具体案情之后，要提出具体的法律意见，并由恩施州政法委提交给法院审判委员会参考，必要时启动纠错机制。

建始县高坪镇的邓孝国说："依靠法律保护我们公民的合法权利这个基础，实事求是，证据确凿。"邓孝国的诉求很简单，他想要回在他看来属于自己的地，可这块地被他隔壁的信用社卖给本镇同组的一户姓向的人家。

在记者与邓孝国谈话的过程中，记者问："你跟我指指发生争议的那片地方在哪？"邓孝国指着面前一块地说："发生争议的地方就是这一块。""这些你认为都是你们家的？""嗯。""这个证据是什么呢？""这个证据就是责任承包土地权证上的四邻界限。"

仔细追查，这件事又十分复杂。以 1994 年的"宗地草图"为基础，信用社出售的 322.26 平方米的面积中，信用社有清晰的合法来源的只有 200 平方米，还有 122 平方米没有来源依据。邓孝国没有充分的证据证明这 122 平方米属于自己，但他也在这块空地上先后盖起了楼梯间、卫生间、理发室和车库，几乎将不大空地蚕食殆尽。

记者接着问他："我看了这些卷宗，'宗地草图'是有你的签名是怎么回事呢?"邓孝国回答:"他伪造的证据,明明白白我在服刑啊,你写我的名字起什么作用。"

"是谁写的这个名字呢?""不知道。""别说不知道,因为我看了那个判决书,判决书写是邓洪波代替您签的名字,后来你问你的儿子他怎么说的?""没有这回事。"即便有儿子代签确认的印章,邓孝国也不认可唯一能作为依据的"宗地草图"。他坚持自己原来的承包地与信用社卖出的322.26平方米土地有一部分重合,并且属于自己。

2010年,同组的向家人按照"宗地草图"在买下了信用社的房子,并按草图拆掉了322.26平方米范围内邓孝国的理发室和车库。这样引发了历时两年的官司。

律师谢景斌说:"最终到底是谁的,还得去查。"邓孝国说:"我唯愿你们把事情查清楚,不查清楚,子子孙孙闹矛盾。"

律师谢景斌的参与,加快了邓孝国信访案件的处理速度。州市法院、检察院、国土资源等多个部门的负责人终于能坐在一起,共同研究邓孝国的信访案件如何解决。

在高坪镇的讨论会上,一干部说:"土地登记有一个特点就是公告制度,相邻之间认可了就作数。"谢景斌说:"这个图本身是一个争议的对象,我们如果拿争议的对象作为一个依据,来说具体的权是怎么样的,那这个就是鸡同鸭讲,永远讲不到一起去了。"

另一个干部说:"他说他去坐牢了,怎么还会签字呢?是邓洪波的章子。"谢景斌说:"即使是他儿子在那里盖了章,但并不等于这个争议就不存在了。"

一名干部说:"信用社修好以后已经成了场坝,不是种农作物的地方,已经得到公认,这个'未婚妻'就等于信用社的'未婚妻',不是邓孝国的'未婚妻'。"谢景斌发言:"就像这边解释说我历史上使用了这个场坝,但是这个使用是否是他享有所有权的依据,也是存疑的。"

原本邓孝国告的是信用社的交易合同无效,实质上是权属之争。但是在谢景斌看来,邓孝国之所以输掉官司是因为他自己起诉的方向不当,就像找医院看病,本来应该看内科却挂了个外科的号,医生只能告诉他这病医生治不了。

记者就这个案子问律师谢景斌:"您要给他下一个方子,你会怎么帮他指导，你觉得怎么做才能追到最核心的地方，有助于问题解决？"

谢景斌说："这个案子很清晰了，它是一个双方的权属发生了界限不明的争议，那就向国土部门反映，把当初的原始的土地承包、调换的资料，摆在一起一对照，就知道到底是你占了我的，还是我占了你的，到底我们的界限在哪，这些就很清晰了。"

"这不是一开始做的最基本的事吗？"谢景斌说："但在本案中很遗憾的是，一开始他们就没人做这个事。"

记者问："你认为这个问题最核心处到底在哪？"谢景斌说："现状是什么呢？甚至政府部门很多的工作人员都不是很清楚，这些纠纷怎么解决，工作人员认为自己很尽力了，在自己的职权范围做了很多的工作，他们怎么就不服呢？"

打了2年的官司，上访了3年，徒劳无功的邓孝国的土地纠纷又回到了原点，因为有了谢景斌的法律建议，高坪镇镇政府和建始县的土管部门开始重新确认土地的权属。

负责现场丈量的是县国土局的总工程师陈孝万，21年前的有争议"宗地草图"就是由他绘制，对他而言，21年过去同样也回到原点。虽然结果依然未知，但毕竟走在了正确的路上。

从2013年开始，恩施州从1000件涉法涉诉信访案件中挑选出100件交给专家律师顾问团处理。在100件中一半以上得到化解之后，他们发现，很多基层干部不懂得利用法律手段化解矛盾，也有很多村民不知道如何利用法律维护自己的利益，致使一些小纠纷变成陈年的信访积案。于是，"律师下乡、法律便民"的举措开始在恩施的一些乡村慢慢得到实践。

三

2013年，一笔近3万元的公益林补偿款的下发，引发了恩施市沐抚办事处木贡村六七组村民恶语相向，甚至差点儿动起手来。

在争吵的现场，一位村民说："你把人喊过来我们对着干嘛！"另一位村民说："国家给我的，我就要，我也不争哪个的。"第三位村民说："拿几把砍刀我们去对砍嘛！你敢不敢！"

六七组的你争我夺导致应该分到村民手中的钱分不下去。

恩施市沐抚办事处司法所所长向延奎说："没有兑现，没过几天时间六组邀约外面打工的全部回来了，就整个把村里围起来了，后来过了两天以后，这一帮人，用大卡拖了4车人往恩施上访。"

就在这次纠纷爆发的3个月前，也就是2013年5月18日沐抚办事处的一项专门用于调解矛盾纠纷的机制刚刚建立，作为当时沐抚办事处书记的田贵周是制度的设计者之一。

"为什么呢？每天早晨，总是看到三五个，上十个人把办公室的门围着的，有时候都进不了办公室。"田贵周回忆说。

"2008年的2400多亩，河那边多少口人，我们这边多少口人，你就按人头给我们分下来。"一群人在办事处争吵着。

在田贵周看来，六七组的纠纷一开始就走向大规模的上访可以说是一种惯性选择，但如何让纠纷和矛盾走上正常的路径还需要一种制度安排。

田贵周说："如果我们建立一个机制，让他又信下又信上，或者是先信上再信下，把问题逼到基层去解决就好了。"

记者说："信访一开始本身也是这么强调的啊。"田贵周说："问题在于没有一个机制，没有一个东西能够从正面把它拴住。"

2013年沐抚办事处建立的制度核心就在于能把乡土力量、行政力量、法治力量拴在一起，他们把制度归纳为"一表、一卡、一办法"，一表指的是矛盾纠纷调处表，一卡指的是法律援助律师团服务卡，以购买公共服务的方式，沐府办事处聘请了7位专业律师供农户挑选，免费咨询。而关键则在于"一办法"。任何矛盾纠纷都必须经过组、驻村干部、村干部、综合治理办公室、乡镇等五级调解处理，并在调处表上记录在案，经过五级调处后还是不行那么就进入听证会，由当地的退休教师和公务员等乡贤组成的听证员参与，如果依然不能解决，就请律师介入，将矛盾纠纷引入司法程序。

田贵周说："小小的一张纸，实际上它像一根无形的绳子，一头拴住信访当事人，拴住他必须要求一级一级地解决问题；另一头就拴着基层干部，你一定要给他解决。"

记者问："用了这种方式以后，有没有做过统计，能够把这种基层的问题纠纷解决多少？"

田贵周说："自2013年实施以后，有68%的矛盾纠纷在组长那里就得到了解决，还有 21% 的矛盾纠纷在村里或村干部那里得到了解决。真正到乡里的只占百分之几，只有 4 起找我和乡镇，以前是每天都有三五起。"

准备上访的木贡村六组的四车人被拦回来之后，拿到了一张《湖北省恩施市沐抚办事处矛盾纠纷层级调处表》，"五级调处的制度"又能将两个组的矛盾调处到什么程度，是否真的能化解这个关系每个村民切身利益的纠纷呢？

向学清是木贡村六组的组长，在他家门前就可以看到那块引起矛盾的山林。峡谷的绝壁下是木贡村七组，过了绝壁下的小渡河之后便是六组。这两组共有林地面积 2582 亩。原本绝壁下的山林没有什么经济价值，当地人称之为烟火山。河这头是六组，河那头是七组，七组离山近占的山地面积就大一些。

1981 年以前六七组是同一个生产队，共有这片山林。之后六七组分开，分组时这片当时看着没什么价值的 2485 亩林地划给了七组。1984 年，2582 亩山林中发有《自留山证》的林地两组加起来有 544 亩。2008 年林权制度改革重新确权，两组的山林合并颁发了一个《林权证》。也正是这次合并办证在公益林补偿金下发后引发了矛盾。

恩施市沐抚办事处书记黄向前说："一个大组、一个小组，山界林权就是分开的。按照当时的规矩，也不能把它整合在一起。"

按照 2008 年的林权改革的要求，应该把各家各户持有《自留山证》的 544 亩山林单独办理《林权证》，但是，当时负责山林确权的驻村干部在没有得到七组大多数农户的认可的情况下，将两组所有的山林合办了一个新的《林权证》。

黄向前说："又要过河，又要爬山，又是热天，还没有路，当时肯定是图省事。但实际上造成的麻烦更大了，现在很多矛盾都是这样形成的。"

的确如黄向前所言，当时工作人员一味地图省事，造成了后来延续两年，涉及 63 户人家的群体事件。

向延奎说："就七组而言，属于 1984 年的，按照现有确权林地，他们每年大概在两万六千多块钱，两万六千块钱如果说一户户平分的话，一户将近几千块钱。如果说按照 2008 年的确权证分的话，他们也就只有几百块钱。悬殊几十倍的差距，所以这是矛盾，利益是最大的一个焦点。"

这几十倍的差距让六七组的几百口人淡定不了，况且，公益林补偿不是一年两年，纠纷也随之愈演愈烈。

经过组长、驻村干部、村干部、综治办和乡级的五级多次调解之后，六七组的矛盾依然无法化解，提出的补偿金分配方案也没人愿意接受。办事处建议，按照"调处办法"由办事处出钱，让僵持不下的两组人去打官司，让法官判一判到底谁有理。

记者问："有没有这种情况，就是存心不想打官司，有打官司的钱，但就是要上访，这个时候该怎么办呢？"

向延奎说："他们如果打不来官司，行，我给你请律师，律师给你解决问题，他们不相信这个律师，还可以在全州范围内，全国的范围内，只要有律师资质的人都可以请，老百姓他会说，打官司要钱，他们没有钱。"

记者问："那怎么办呢？"向延奎："行，你打不起官司行，我们给你给予法律援助。"记者说："政府会贴钱给他们打官司吗？"向延奎说："政府会出钱让他们打官司。"

除了日常的咨询之外，这个律师顾问团从根本上解决了农户"打不起官司和打不了官司的问题"。就这样，六七组的纠纷顺利地沿着分级调处的机制一步步走到了法院，在打官司前，作为六组代表的向学清专门咨询了办事处律师顾问团的律师童军。

记者采访向学清问："为什么只给这个人打呢？"向学清说："就觉得他这个人比较年轻，可能很有文采。"

"就是看照片、看长相？""对。""当时他什么建议？""他就说根据那个情况，主要是鉴定协议合同是不是真的。""当时有没有想过，雇他来当你们的代理律师？""没有，我们村民觉得我们自己找一个，心里踏实一些。"

向延奎说："在打官司的头一天，问律师是哪个我们好打款，他都不说，保密。""跟你们保密，你理解六组他们这种心理吗？""理解，而且我们也支持他，并不反对。"

经过两级法院的审理作出判决，判决结果人数多的六组败诉，人数少的七组赢了官司。即便输了官司向学清也觉得服气。

记者问向学清说："口服心也服吗？"向学清说："口服心也服，因为根据这个协议下来应该这样判，这个协议一看就不是村民签的字。"

2009年的两组合并办理《林权证》的基础是村民代表大会后共同签署的协议，恰恰是这份协议的所有村民的签字都是一个人的笔迹，法院没有采信。

两审法院虽然都给出了一个六七组都服气的判决结果，但山林权属依然没有确定，矛盾依然还在，如何解决这一纠纷又一次回到了办事处。记者问："这个事最终是怎么解决的？分配方案怎么定的？"

向学清说："五百三十四亩仍然归他。""有山林证的，七组的山林证的还是七组？""六组的十亩三分五的归六组。""你们有山林证的归你们？""嗯。""那剩下的呢？""两笔加起来289个人（两组）平分，都是那么处理的。"记者最后问："双方接受吗？"向学清说："双方接受！"

对于最后的分配结果，作为七组的代表宋昌明就不像六组的向学清那么乐观，毕竟被分走的是实实在在的"真金白银"，还有大家都很看重的面子。

村民宋昌明说："本身我们已经闹了矛盾，为什么要跟你分？""您的意思，官司都打了，撕破脸了，最后还得跟你分。""官司打赢了，还要跟他分一坨钱。"

记者问："那你理解吗？其实你拿了钱走，本身就说明你已经认可这个分配方案了，这点你同意吗？"宋昌明说："当场我是同意的，同意以后是鼓起按的，忍起牙巴骨按的一下，按是按了的。"

从整个过程来看，是一张调处表加上组、驻村干部、村干部、综治办以及乡镇的不断调解和沟通，一步步将六七组引入司法程序，每一步都是在规范的尺度内最终将问题化解。但是，这其中的成本到底有多大？又由谁来承担？

田贵周分析，相对上访来说，综合成本应该小得多。比方说我们的成本，请了七个律师，每一个律师五千块钱，五七三万五，老百姓如果打官司的话他的立案费一个五十块钱，一个律师的代理费是两千、三千、五千不等。2014年一共是四起案子，总数不到十万块钱，比以往要节约二三十万块钱。沐抚，2013年以前每年大概要四五十万块钱的综治维稳信访接人费用。

记者问:"如果政府花钱替他们打官司,他们会不会养成一种习惯,有什么事还是继续靠政府?"

田贵周说:"如果政府不出的话,他不打官司就会去上访,上访我们去接人的话会花费会更多。"

实际上六组和七组公益林补偿金的分配方案在他们打官司之前就被提出来了,但是当时双方并没有达成一致,一场官司之后同样的方案再次拿到桌面上来的时候,双方就接受了,虽然七组的组长宋昌民说,它是代表本组村民咬着后槽牙按的手印,显然心有不甘。但是我在跟他们聊的时候能够明显地感觉到,经历了司法程序这样一个释法析理的过程之后,他们对于彼此让步、相对公平等等这样一些观念更加能够接受了,你会发现在他们那里,尊重法律的意识正在生长,很显然这种意识只有在依法行政、司法公正的环境之下才能够持续生长。

四

"律师下乡,法律便民"的措施在恩施州推行一年多之后,恩施州巴东县茶店子镇校场坝村的税明颜和郭国政两家人刚刚打赢了一场行政官司,茶店子镇败诉。虽然赢了官司,但在校场坝村,这两家人却被村民孤立。

在听取一段争吵的录音时,记者说:"你先停一下,我听出他一句话,他说他不是自己随便种的,是政府同意才种的,种了20多年,你觉得他说的话有没有道理?"

税明颜妻子刘书聪说:"她说的话有道理,我也是说的找政府,我又没有找他这个种主(承包人),他为什么要嚓我(骂我)。"记者说:"其实冲突还挺激烈的。"刘书聪说:"当然是激烈。"记者又说:"你当时预想到了,你如果真打这个官司,其实跟其他村民会产生矛盾的。"税明颜说:"肯定的,打官司肯定要产生矛盾,他种着地,他也不含糊啊。"

矛盾源于1992年,当时的巴东县出台了一个一号文件,要求各村利用荒山荒坡壮大村级经济,在这个文件的带动下,校场坝村将花岩坡的25亩林地改成田地,种植烟叶。

刘书聪回忆说:"当时在我们家开的会。"记者问:"当时你和其他的人有没有商量一下，同时有这个地的人，你们这个证收回了，你们这证到底还管用不管用，议论过这个事吗？"刘书聪说："谭书记当时说的，这是运动要收，硬是要收，把你的收完，你能怎么办？"

林改地之后，原来村民持有的自留山证并没有收回注销。不到一年，运动式的"壮大村级经济"收效甚微，校场坝村只好把这些"林改地"重新发包给13户人家种植，并且办理了土地承包经营权证。在这个过程中，税明颇和郭国政两家虽然拿出自留山却没有承包到林改地。

记者问："出租的时候，当时你们自己家有没有想过，把这个地租下来种庄稼？"税明颇妻子刘书聪说："他们没有开会，当时就我们不知道这个事。"

记者问："租给谁是怎么定下来的？"税明颇妻子刘书聪说："我们就是不知道。"

据村民回忆，1992年到2005年第二轮土地延包，花岩坡的林改地一直都没有纠纷。直到2009年林权制度改革换发新的林权证，税明颇再次找到村里，要求返还原本属于自己的花岩坡1.5亩林地并确权，结果被拒绝。

税明颇说："村长书记说那不行，变成土地了，我们才扯皮。"记者说："你给我讲讲后来怎么扯皮的？"刘书聪说："我们找政府，上访找镇政府三四年。"

其实，村里和镇里拖着不处理也有他们的道理，类似的事情在全乡不止税明颇一家，巴东县像这样的情况就更多，在这些基层干部看来这是牵一发动全身的关系到稳定的问题。至少校场坝的村主任江书红就是这样的想法。

记者问："结果当时都按什么原则处理的呢？"村主任江书红说："当时只能说尊重历史，维持现状、保持稳定。"

自从2009年税明颇提出收回林地的要求后，他与13户承包地的农户关系越来越紧张，最后这些村民连门前的公路都不让税明颇走过。在咨询了镇里的法律顾问之后，他们决定跟镇政府打一场官司要回林地。

"你看当时你打官司的时候，被告是茶店子镇人民政府，你当时心里有没有担心？对这个案子的前景心里有没有数？有没有想过你能不能打得赢？"记者问。

刘书聪说："我能打得赢，林权证写的，说我们单位和单位的个人、集体都不能侵犯我的权利。政府下的一号文件，谁有权力侵犯我的。"

不管过程如何，最终税明颇还是赢了官司，这就意味着他拿在手里的1984年的自留山证依然有效。但是，他赢了官司并没有赢回林地，13户农户"善意取得"的承包地同样受到法律的保护。他要收回1.5亩山林可能性十分渺茫。

一场关于税明颇林地官司的讨论会正在激烈地进行，恩施州的4个律师在这个案件的后续处理问题上分歧同样难以弥合。

湖北夷水律师事务所律师袁作禧说："我个人认为这个案子现在处理起来，还很麻烦很纠结。"湖北雄视律师事务所律师严奉祥说："从现实上讲，返还所产生的后果比不返还的后果还大。和税明颇一样，还有八九个没有退回来的，有三个打官司的，还有六个没有打官司的。别人没起诉，但同样有山林证，这个情况怎么办？"湖北施南律师事务所谭平说："我们认为这个所争议地的确权和处理应该考虑双方。其他人取得这个土地承包经营权证是善意的，也是合法取得。"湖北省震邦华广律师事务所冉启安说："你不能按现在的法律去套当时的情况，不尊重当时情况是不合适的，这不利于事情的最终解决。"恩施州司法局副局长张峋说："我们应该赔到什么时候为止？是不是70年？还是要从1994年算起？按照70年算，这个账又不得了，哪一个损失更大？全乡甚至全县都有可能受影响，这么搞甚至可能波及全州，这种情况比较普遍，它就是政府没有依法行政的代价。"

在校场坝村，13户农户在得知税明颇赢了官司的那一刻起，就开始担心自己的承包地是否还能继续种下去。一场官司牵动了全村人的神经。

记者问："对这样一个判定结果你们现在怎么看呢？"村民田祚诚说："我们种这个田不是说以他们判决来定的，上面一级这么操作是不公平的。我们要按（新证），杨局长改田的时候说了的，老的山林证无效，但是村干部马虎了，他们为什么不把（老证）收回去？现在搞出这些遗留问题，是他们的问题。"

记者问："你们希望将来怎么解决这个问题，毕竟法院已经有了一个判决。"田祚诚说："法院这个判决我认为也不公正。"

想不通的不仅仅是这几户村民，连村主任江书红也没想清楚该如何安抚这些村民。

江书红说："他没有行文。"张峋说："这个问题里，村里现在种地的农民肯定是善意取得，依法取得，他手里是有证的。"江书红说："权利和义务他都尽到了。"张峋说："权利和义务他也尽到了，那么这块地应不应该拿回来，按照民事法律原则，如果他是善意取得的就没有过错，那么现在种地的农民也就没有过错。"

恩施州的4个律师来到两百多公里外的茶店子镇，直接与税明颇夫妇见面，并带来他们的法律建议。

律师说："我们建议你们采取侵权之诉。"刘书聪说："你们认为是侵权，那他们就认为是村委会侵犯我的经营管理权。侵犯我这个权，我就告你，怎么不行？如果侵权官司打赢了，这块地收不收得回来，怎么收回来，那就要村委会想办法了。""除开村委会之外，他都是善意取得的，如果把这些村民牵扯进去，他们很无辜，很对立，这样不利于问题解决。"刘书聪又说："不管村里最后落不落实得了，我反正还是要回自己的林地的。要一步步走，慢慢来，想一次解决完，不现实。"

既然是行政疏漏就必须由施政者承担后果。律师们建议税明颇他们继续对校场坝村委会提起侵权起诉。等待村委会的还将有两起官司，虽然这不是最终的结果，但是，茶店子镇已经开始为30多年前的行政漏洞埋单，这一点确信无疑。

记者问："后来这个判决结果出来的时候，对镇政府来说这个结果是意外呢？还是意料之中呢？"

茶店子镇镇长郑爱华说："政府败诉也不是一件什么耻辱的事情，要正确地面对，我是这样看的。"

记者又问："结果下来以后你们在内部是否很快就接受这个结果了呢？"郑爱华说："这个结果，法院判决，必须服从。"

学会了服从判决也是一种对法律的敬畏，只有这样才会遵从于法律。同样也只有这样，今天的茶店子镇才不会为以后的30年或者更长的时间埋下相似的隐患，被装进法律笼子的权力才是最安全的权力。

在采访州委书记、州人大常委会主任王海涛时，记者说："我们在采访当中发现，现在很多的纠纷实际上是多年前甚至20多年前埋下的种子，这种情况会不会对如今的官员是一种提醒？"

王海涛说："是，在处理这些事情的时候，实际上就是一个很好的教育过程，可以让大家很自觉地来运用法律的手段。这些事之所以现在推行很顺利，也有你说的这个因素在，就是大家觉得这个法律还真管用。"

记者说："但其实也是一种倒逼过来的压力，现在的官员是否有足够的准备面对这种压力呢？"

王海涛说："对！我们现在运用法律，相当一部分是用来约束我们自己的权力。比如现在招商引资时，需要签订重要的项目，重要的协议，必须要法制办看，有的更重要的必须请律师看，就是为了尽量地减少决策或工作中的失误。我觉得这里面有一个重要的意识是一种敬畏心。"

记者问："敬畏什么呢？"

王海涛说："敬畏法律，真正做到法无授权不可为！"

华中师大推介基层治理新方式

——湖北恩施州"律师进村"化解矛盾

《人民日报》 2015 年 10 月 21 日 作者：董洪亮 余孝东

本报北京 10 月 20 日电（董洪亮、余孝东）10 月 20 日，华中师范大学中国农村研究院在京举办"寓法于治，法治落地——恩施州'律师进村，法律便民'改革创新经验新闻发布会"，推介基层法治的典型经验。

湖北恩施土家族苗族自治州推动各级党政部门实现法律顾问全覆盖，引入律师参与行政行为合法性审查；以"律师进村"为载体，吸引社会组织广泛参与，增强群众走程序、守规则的意识。自活动开展以来，全州法律顾问共解答法律咨询12.5万余人次，参与调处纠纷7900余起，为相关部门提供法律意见书1400余份。专家认为，恩施州探索构建现代基层治理的制度基础，强化了法治意识，丰富了方式方法，促进了矛盾的有效化解。

"法律诊所"进村入户促"法治恩施"新常态

新华网　　2014年10月22日　　作者：刘紫凌　梁建强

"以前，群众'信访不信法'；如今，有麻烦先找法律顾问渐成常态。"在山岭纵横的湖北恩施土家族苗族自治州龙凤镇，说起近年来的变化，镇司法所所长曹道恒连声感慨，"'法律诊所'进村入户后，懂法、信法的多了，难事、烦事少了"。

龙凤镇的"新常态"，正是恩施推广法律顾问制度后社情变化的缩影。

地处鄂西边陲的恩施州，是典型的"老、少、边、山、穷"地区，涉法涉诉问题曾一度位居湖北省前列。自党的十八届三中全会提出"普遍建立法律顾问制度"要求之后，恩施州创新开展了"法律诊所"进村入户、法律顾问全面参与社会治理等探索，着力建立州、县、乡三级法律顾问服务网络。

"恩施市被确定为全州先行试点地区。"恩施市政法委书记黄波介绍，具体实践中，恩施市探索建立了"四个一"法律顾问工作模式。即各级政府有一个法律顾问团，村、社区有一名法律顾问，网格有一名法律宣讲员，每户有一个法律明白人。

龙凤镇法律顾问团团长袁作禧律师告诉记者，村级的法律顾问会在"法律诊所"定期"坐诊"，免费接受群众咨询，以及组织开展面向法律宣讲员、法律明白人的培训活动。

"在总结试点经验的基础上，2014年4月，恩施州委、州政府召开了普遍建立法律顾问制度工作会议。"恩施州政法委副书记胡平江说,秉承"政府示范、全域覆盖、政府出钱、惠及全民"的理念,法律顾问制度得到全面推广。

"以往办事处常常挤满反映问题的群众,干部哪还有精力抓发展。"恩施市沐抚办事处党委书记田贵周说:"法律顾问制度建立后,群众足不出村就能获得高效的法律服务,更多群众开始通过法律渠道解决纠纷。沐抚办事处也从信访'重灾区'变成了'无越级上访乡镇'。"

鹤峰县年逾八旬的鹤峰县"资深上访户"刘建明,因不服60多年前的一次法院判决而持续上访。尽管具体案情已经难以复查,但为了化解这一信访积案,恩施州政法委涉法涉诉信访积案集中化解律师顾问团律师进行了接访,并出具了《刘建明涉法涉诉信访案件律师意见书》。在《意见书》的指导下,经多方努力,这一积案终于得到妥善解决。

一些矛盾多发单位更是因为这一制度受益。利川市卫计局局长刘德胜介绍,医疗事故、医疗纠纷容易引发群众聚集。法律顾问制度建立之后,医患双方的责任更多通过法律判定,有效减少"医闹"问题。

恩施州政法委书记沙玉山说,通过"法律便民、法务进网、决策问法",不仅百姓能够更方便地获得法律服务,各级政府部门也通过咨询增强了决策的科学性、合法性。得益于此,恩施州成功化解了一批涉法涉诉积案,并在减少基层矛盾、维护群众合法权益等方面取得了显著成效。

据恩施州司法局律公科统计,制度建立以来,法律顾问接受咨询逾2.58万人次,办理法律援助案件5541件、法律援助事项6557件,化解了一批"老大难"问题。恩施州赴省进京上访人数同比下降32.4%和52%。

目前,恩施州建立法律顾问制度、开设"法律诊所"的村(居)、乡镇、县(市)直单位及国有企业等已达2363个。

"和谐恩施"新路径
——恩施土家族苗族自治州以法治引领破解信访难题

新华网　2015年6月18日　作者:向筱

新华网湖北频道(向筱)近期恩施州信访局组织文艺宣传队,先后乡镇、社区巡回开展《信访条例》宣传月暨律师送法下乡活动，为当地群众送上丰盛的法治文化大餐。

"法律是各项工作的底线，法治环境是一个地方重要的投资、旅游、人居环境，我们必须充分认识法律、法治的重要性，在全州上下弘扬法治思维、法治意识、法治方式。"在州委书记王海涛对法治理念的推崇下，恩施州坚持以法治为引领，着力破解信访工作源头治理难、问题化解难、秩序规范难，有效预防和减少了群众信访上行。

统计显示，2014年，全州进京非访、赴省上访、赴省异常访同比分别下降39.7%、26.3%、35.4%。

落实法律顾问制度，破解源头治理难

一份信任，一份责任。

为做好这项"送上门来"的群众工作，回应群众诉求，恩施州借助全国综合扶贫改革试点机遇，率先开展"律师进村、法律便民"活动，组建涉法涉诉律师顾问团，引入第三方力量参与涉法涉诉信访积案化解，寻求难中破题。

决策先行，依法行政。州委、州政府聘请中南财经政法大学校长吴汉东、中国政法大学校长黄进等17名知名专家，组建法治建设专家委员会，为决策提供法律咨询。制定出台《恩施州行政执法条例》，将现行有效的政策、行之有效的做法、约定俗成的习惯上升为法律规范，并结合州情实际对行政许可、确认、裁决事项的办理期限作出规定，推进综合执法、文明执法。

各村依托农村网格服务中心，由律师、乡镇司法所工作人员组成"法律诊所"，每月集中两次到村里为群众提供面对面咨询服务，解答法律诉求。驻村律师还应需"出诊"，为留守老人、妇女儿童等特殊群体提供法律上门服务，对调解协议反悔或不自动履行协议的当事人进行"巡诊"回访；对疑难复杂案件，邀请专家、知名律师"会诊"，力求客观公正权威。

"要不是律师调解，我们可能还在扯皮哟"，恩施市龙凤镇农民康忠金说。

2014年8月，康忠金请包工头拆除旧房时，因挖机师傅操作不当，

"铁臂"挥去，把邻居的房子"抓"了个大洞。居委会干部出面，调解了两个星期，但因涉及一些法律层面的问题，处理起来仍有"解不开的结"。进村律师陈嘉睿"坐诊"后，一日之内，一纸调解书让房主、施工方、受损方三方满意。

如今，各级政府及部门组建法律顾问团 126 个，393 个县（市）直单位、2435 个村（居）委会聘请了法律顾问，共培训法律明白人近 6 万人次，解答法律咨询 4.2 万余人次，办理法律援助案件 1200 余件、法律援助事项 1.5 万余件。引导和支持群众理性表达诉求、依法维护权益的州、县、乡三级法律顾问服务网络建成。

推行法定途径优先，破解问题化解难

"以前，群众'信访不信法'。如今好了，大家有麻烦都知道先找法律顾问"，谈及律师进村的变化，恩施市信访局负责人感叹。

与此同时，全州各级信访部门深入贯彻落实《信访条例》等法律法规，进一步完善接谈、受理、交（转）办、解决、回复群众信访事项工作规则，对群众诉求及时规范受理，按期办理答复，确保群众合理合法诉求依照法律规定和程序就能得到合理合法的结果。

为增强案件处理的公信力，恩施州信访部门还在全州选聘优秀律师，参与领导接待日、重大集体上访、疑难信访协调处理、信访案件复查复核等全过程，接待群众来访 1125 批 2635 人次，促进了一大批信访问题得以依法处理。

"张祖碌与宋某因格子河煤矿财产之争、不服法院判决，10 多年来不断赴省进京上访。通过法律顾问团多次调解，张祖碌与宋某之间的民事、刑事纠纷得到彻底解决"，一参与办案的律师说。

张祖碌案件只是一个缩影。为破解疑难问题，恩施州将 100 件重点涉法涉诉信访积案提交州政府律师顾问团督办化解，成功消除了 51 起"骨头案"。

"联席会议制度"是恩施州破解难题的又一力举。由州委政法委分管领导担任召集人，州委政法委、州中级人民法院、州人民检察院、州公安局、州司法局、州信访局分管信访工作的领导和信访部门负责人参加，每季度召开一次，研究解决工作中遇到的困难和问题，最大限度通过法律途

径处理矛盾纠纷，提高解决疑难复杂信访问题的质量和效率。

2014年，全州受理复查复核件452件，办理上级转交网上信访件326件，办理全国人大交办信访件15件、省督处交办件3件，结案率均为100%。

加大依法治访力度，破解秩序规范难

随着经济社会的快速发展，社会矛盾问题、群众利益纠葛更趋多样化、复杂化，如何更好地解决群众合理诉求，准确界定信访违法问题，依法打击破坏和谐稳定行为，是信访工作面临的重大课题。恩施州坚持"跳出信访看信访""用群众工作的视野去看信访"，在全州努力营造"办事依法、遇事找法、解决问题靠法"的良好环境。

"我院推进涉诉信访体制改革，整合内部职能，调整充实人员，设立诉访局，加大诉访案件办理力度。2014年以来，共处理涉诉信访701件次"，州中级人民法院相关负责人介绍。

长期以来，人们并没有对"诉"与"访"的内涵与外延进行严格的区分，而是统称之为涉诉信访。2014年以来，恩施州以建立健全诉访分离工作机制着力点，厘清"诉"与"访"的概念。州委政法委、州法院、州检察院、州司法局、州公安局、州信访局等6家单位联合发布《公告》，将涉及民商事、行政、刑事等诉讼救济渠道的信访事项从普通信访事项中分离出来，引导信访人通过诉讼、仲裁、行政复议等法定途径，解决涉法涉诉信访问题。

此外，恩施州制定出台《关于进一步规范信访事项受理办理程序引导来访人依法逐级走访的办法》，在各县市、各乡镇（办事处）在接访场所予以张贴，大力推进依法逐级走访，引导群众合理、依法、有序表达诉求，有效缓解了越级上访。

"用真心去劝导，诚心去化解，耐心去引领，解决信访人的诉求，这是信访干部的责任"，州信访局负责人表示。

在规范信访工作同时，恩施州加大法制宣传力度，出台《关于进一步完善赴省进京非正常上访化解工作机制的意见》《关于进京非正常上访依法打击实施意见》《关于依法处理信访活动中实施的违法犯罪行为的通知》，建立完善矛盾纠纷化解、包保责任、分工合作、联席会议、信息共享、督办通报、督查问责等工作机制，明确界定扰乱单位秩序类、扰乱公共场所秩序类、危害公共安全类、敲诈勒索类、寻衅滋事类、反复非访类等信访活动中的六类违法犯罪行为，依法规范信访秩序。

2014 年，全州化解进京非访、赴省异常上访 170 件，约谈、实施责任追究 3 人，依法打击处理 49 起违法上访行为。

湖北恩施"律师进村 法律便民"
探索山区基层治理新路径

新华网　　2015 年 10 月 20 日　　作者：韩建平

新华网北京 10 月 20 日电（韩建平）党的十八届四中全会提出坚持法治国家、法治政府、法治社会一体建设，做到系统治理、依法治理、综合治理、源头治理"四个治理"。中央命题，地方作答，近年来，湖北省恩施州以"律师进村，法律便民"为载体，引领山区治理转型，推进基层治理法治化，建立重心下移、力量下沉的法治工作机制，契合了依法治国的主题，也为基层法治建设和社会治理开辟和探索出了一条新路。

10 月 20 日，在前期调研总结的基础上，华中师范大学中国农村研究院在北京举行"'寓法于治，法治落地'——湖北·恩施'律师进村，法律便民'改革创新经验理论研讨会"，以此推介恩施州基层法治的典型经验，为共同促进全面依法治国的深化落实提供了可供参考的范例。

让专业的法律工作者为群众提供专业的法律服务

一句话概括"律师进村，法律便民"工作，就是"让专业的法律工作者为群众提供专业的法律服务"。围绕这句话，恩施州作了大量工作，在经费保障、队伍管理、聘用制度、工作方法、考核机制等多个方面形成了易操作、可复制的宝贵经验，在提高群众的法治素养，有效预防和化解矛盾纠纷，参与处理涉法涉诉信访案件，促进政府依法行政等多个方面产生了很好的效果。

政府购买服务吸引律师积极投身基层法治

广大律师是"律师进村，法律便民"工作的人才保障，而律师行业以营利为目的提供法律服务的性质决定了"只讲奉献、不求回报"自觉服务基层法治之路行不通，只有依靠"利益驱动"才能保持"律师进村，法律便民"工作的旺盛生命力。为此，恩施州大胆创新，提出"群众'点菜'，律师'下厨'，政府'埋单'"的法律顾问工作新机制，对律师进村按市场规律运作，政府预算财政购买法律服务经费，采用政府购买服务的方式，打消了律师做"义务工"的顾虑，吸引律师投身基层服务法治治理。自 2014 年以来，全州年均财政预算 5000 万元用于普遍建立法律顾问制度工作。

"寓法于治、法治落地"为土苗山寨带来巨变

"律师进村，法律便民"使广大群众足不出户即可享受专业的法律服务，带动全社会尊法守法，依法办事；为律师行业发展注入新活力，普遍建立法律顾问制度，对律师等法律专业人才的需求带动了律师行业良性健康发展。

恩施州全面推行"律师进村，法律便民"工作以来，建成 93 个法律顾问团，为 3829 个党政机关、企事业单位、村（居）委会聘请了法律顾问，98.6% 个村（居）建立起法律顾问制度，让法律走进千家万户。

"律师进村，法律便民"制度实施以来，恩施州赴省进京越级上访人数同比下降 36.8% 和 60.4%，律师为政府决策把关，让公开、公正、守法、诚信的法治政府建设如虎添翼。

"寓法于治、法治落地"恩施州基层
治理创新的革命性举措

新华网　2015 年 10 月 21 日　作者：韩建平

新华网北京 10 月 21 日电（韩建平）10 月 20 日，在党的十八届四中全会召开一周年之际，中国农村研究院在北京召开新闻发布会暨理论研讨会，就恩施州"律师进村，法律便民"改革创新经验进行深入研究和推介。

建设法治中国，重在农村，难在基层，山区农村更是重中之重、难中之难，恩施州是一个欠发达的民族地区，法治观念淡薄，过去出现过震惊全省乃至全国的信访稳定事件。恩施州在多方调研的基础上，探索建立农民办事不出村、村医村教进班子、"律师进村、法律便民""三位一体"的乡村治理模式。

研讨会上，恩施州委常委、州委秘书长孔祥恩说，"律师进村，法律便民"是恩施州委、州政府按照中央依法治国要求探索"寓法于治，法治落地"为核心的地方改革，寓法于治将法的元素植入治理之中，让法治从理念、从制度落实到人们日常生活之中，内生出法治意识、法治行为，实现基层治理法治化，通过基层法治建设，呼应践行国家治理能力、治理体系现代化建设。

通过这项工作的开展，当下恩施群众和干部的法治水平和法治素养得到提高，信访不信法的局面得到有效改变，农村的法治秩序逐渐形成，法律从业人员热情高涨。2015年9月全国司法考试在恩施就是一个风向标，参加考试的人数近千人，比去年增加26%，创历史新高，在湖北省位居第三，考生参加应考的激情和热情诠释了对全面依法治国的积极响应，给予了恩施州法治文明的信号，坚定了依法治州的信心。恩施州委书记王海涛专门发表《为参加司法考试的恩施考生喝彩》文章，喝彩有一批又一批的司法人才从恩施大山走出去，喝彩法治恩施、法治湖北、法治中国建设越来越好。

"律师进村，法律便民"是以村民普选的方式，推选农村网格员，把乡村贤达吸纳进村级班子，乡村贤达在尊重文化习俗的背景下，利用他们在村里镇内较高的信誉和威望，第一时间了解矛盾纠纷的详情、隐情、内情，尽可能把矛盾纠纷化解于萌芽之中，发挥行政力量所不能替代的作用。

华中师范大学中国农村研究院邓大才教授在研讨会上说："开展律师进村活动，促进了基层社会矛盾的有效化解。自活动开展以来，全州法律顾问共解答法律咨询12.5万余人次，参与调处纠纷7900余起，为相关部门提供法律意见书1400余份。重大政治性事件、非法聚集事件、大规模群体性事件零发生；赴省进京非正常上访分别下降60.4%和36.8%。"

来自中央政法委、中央政策研究室、司法部、民政部、北京大学、清华大学、中央民族大学、中国政法大学、华中师范大学、中央党校等单位的专家，对恩施州的改革创新成果予以肯定，发表了很多精辟的见解。大家认为，恩施州以"律师进村，法律便民"为载体，让专业的法律工作者为群众提供专业的法律服务，引领山区治理转型，推进基层治理法治化，建立重心下移、力量下沉的法治工作机制，契合了十八届四中全会提出的坚持法治国家、法治政府、法治社会一体建设，坚持以"系统治理、依法治理、综合治理、源头治理"为主题，打造了推进基层治理现代化的"恩施样本"，为社会治理探索出一条有效路径，其经验值得广泛推广。

湖北恩施："律师进村"改变传统政府"一权独大"

新华网　　2015 年 10 月 21 日　　作者：韩建平　龙代子

新华网北京 10 月 21 日电（韩建平 龙代子）近年来，恩施州以"律师进村，法律便民"为载体，探索出一条山区法治的有效路径，对中央命题进行了及时的地方答复。

恩施州作为集"老、少、边、山、穷"为一身的少数民族自治州，2013 年人均 GDP 排名湖北省倒数第一，滞后的经济发展伴随着有限的公共服务。同时，全州仅有 337 名执业律师，民众法治观念较为淡薄，法治资源不足且覆盖不均更是进一步拉低了社会治理水平。

面对诸多挑战，恩施州委州政府积极响应十八届四中全会建设法治国家的目标要求，探索出了以"寓法于治，法治落地"为核心的地方改革新样本。寓法于治，将法的元素植入治理之中，让法治从理念、制度落实到人们日常生活之中，内生出法治意识、法治行为，使法治"落地"和"生根"，实现基层治理法治化。

华中师范大学中国农村研究院教授邓大才认为，恩施州的治理改革成效显著，特点鲜明。第一是坚持市场导向，引入竞争机制，变"行政命令"为"市场服务"，变"统一服务"为"独立服务"。第二是政府示范，推动各级党政部门实现法律顾问全覆盖，引入律师参与政府行为的合法性审查，并作出相应的风险评估，变"拍脑袋决策"为"依法决策"，变"拍胸部蛮干"为"依法办事"，变"拍屁股走人"为"依法追责"。第三是多元参与，以"律师进村"为载体，吸纳乡贤能人、社会组织广泛参与，改变传统政府"一权独大"问题。第四是规则塑造，矛盾纠纷纵向上实行层次调解，横向上进行分类处理，由一系列环节、规则将人们的行为规范化、程序化，让人们养成走程序、守规则的意识。第五是因地制宜，类型多样，整体推动的同时又考虑了地域、文化差异。第六是治理融合，即将现代治理元素植入到现行治理体系之中，循序渐进地加以改造，缩减改革成本。在此基础上，恩施的治理改革一是构建了现代基层治理的制度基础，为社会行为提供了一套共同认可的规则体系；二是丰富了现代基层治理的方式方法；三是促进了基层社会矛盾的有效化解。

恩施市沐抚办事处是国家 5A 级景区恩施大峡谷核心景区所在地，国土面积 180 平方公里，辖 5 村 1 社区，177 个村民小组 30088 人。2013 年以来，沐抚办事处抢抓全国、全省法治县（市、区）创建活动契机，按照恩施州委、恩施市委法治建设总体部署，借鉴龙凤镇综合扶贫改革试点经验，开展"律师进村，法律便民"，着力化解基层矛盾，创新基层治理方式，2013 年、2014 年连续两年被评为恩施市"无越级"上访乡镇。

提到"律师进村"举措中律师的具体作用，恩施市小渡船办事处党委书记、原恩施市沐抚办事处党委书记田贵周认为，律师具有咨询、参谋、调节、代理、善后等作用，但在此项举措中，主要发挥三个方面的作用：第一，是发挥咨询作用。通过事前的咨询，可以解决大多数问题。在恩施土家族的传统观念里，认为打官司，告与被告是一件很不光彩的事情，现在"律师进村"的举措解除了百姓的这个顾虑，告与被告并非不光彩，而是解决问题的一个有效渠道。在咨询环节，通过能够保证老百姓隐私的、方便的、公平的、便宜的方式，很多问题就在这样低成本的咨询过程中被化解，因此，咨询的作用是很重要的一个作用。第二，是调解方面的作用。在调解过程中，不主张律师过早地直接参与到调解之中，律师的过早介入反而会带来反作用。一是针对一些的小问题，律师的过早介入反而会激发矛盾的升级；二是如果过多将矛盾纠纷移至法院处理，法院会不堪重负。因此，调解的功能是行政干部去做的，是乡土力量和行政力量相结合去做的，法律力量要在最关键的时刻起到作用，律师的作用是将村镇行政部门无法解决的问题移至法院去解决。在调解一般问题时律师不介入，遇到重大问题时不直接介入，而是协助行政部门、提出相关法律建议，解决问题。因此，调节作用的发挥是有限的。第三，也是最重要的作用，就是代理作用。老百姓无法自己打官司，因此，律师帮助百姓打官司，这样，就发挥出了律师的代理作用。

"律师进村"的举措开展以来，沐抚由以前的上访"重灾区"成了现在的无信访乡镇，由"穷吵恶闹"的局面变为现在的"家和万事兴"。

湖北恩施州法治下乡：深耕"最后一公里"

新华网　　2015 年 10 月 21 日　　作者：韩建平

新华网北京 10 月 21 日电（韩建平）全面推进依法治国，基础在基层，工作重点在基层。然而，长期以来农村基层法治社会建设面临"无人普法、无处学法、无章用法"的困境，法治建设始终跑在路上，不能落在农民身上，梗阻在"最后一公里"，形成了"法治孤岛"。对此，湖北省恩施州以"律师进村，法律便民"建设为契机，盘活对接主体，打造承接单元，创新衔接机制，使普法有人可依、学法有处可寻、用法有规可择，使法律触角延伸到底，法律服务覆盖到边，真正把方便、便宜、公正的法律送下乡，破解了法治建设停摆在"最后一公里"的难题。

建立"三明白"农户成学法有效单元

过去，法律宣传大多"写在纸上、停在嘴上、贴在墙上"，农民难以见法。恩施州通过把法律"落在场院""扎在小组""嵌在农户"，使学法单元下沉到底，农民学法有处可寻。

恩施州通过建立"三明白"，使农户成为学法的有效单元。一是培养家庭"明白人"。农户当家人经过组内法律培训成为一个个"明白人"，法律明白人带动家庭成员学法用法。据统计，恩施州已培育法律"明白人"5.2 万人。二是粘贴法律"明白纸"。鹤峰县石龙村村民孙家清指着屋墙上的《致邬阳乡全体居民的一封公开信》说，"我们遇到法律困惑时都可以按照公开信上的说明咨询律师"。三是发放服务"明白卡"。恩施州创制便民服务卡，将每个律师的照片、擅长领域、联系方式等信息印在卡片上，发给农户，贴在家门，农民可以根据需求联系一个或多个律师咨询求助。据统计，仅恩施市就发放便民服务卡 50000 张。沐抚办事处法律顾问吴先政说，"自从发了联系卡后，我接到咨询电话最多时一天达 27 次"。

对接调解机制，将程序引下去

恩施州以乡土调解和律师诉讼结合的方式把法治程序引下去。首先，"归队"树威，组长变"正心人"。沐抚办事处把合村并组后的"地名组"重新划小为生产队时期的"数字组"。通过海选方式选举小组长，让大家都熟悉小组长，树立小组长权威。2014年沐抚办事处利用小组长直接调处矛盾纠纷的有194件，占纠纷总量的68%。其次，"听证"息访，农民成"规矩人"。村组干部和主管领导不能有效调解的纠纷，召开包括律师、乡镇书记和双方亲友在内的听证会进行调解。2014年沐抚办事处通过召开听证会成功调解3起重大纠纷。最后，"诉讼"跟进，干部当"守夜人"。听证调解仍未成功的纠纷通过律师直接导入司法诉讼程序。沐抚办事处仅2014年就引导14起矛盾纠纷通过司法程序加以解决。

探索五级体系 基层法治建设找到落脚"地"

长期以来，由于乡土缺乏内生法治诉求和建设主体，基层法治建设处于政府推动模式，难以形成乡土自动模式。恩施州依据山区农民分散居住的特点，将法治建设单元划归小组，充分挖掘村民小组"地域相近、利益相关、规模适度"的治理优势，探索出了一条"户—组—院—片—村"五级体系为主线的建设链条，使基层法治建设找到了落脚"地"，真正走完并走好"最后一公里"。基层法治建设持续、长效发展的根本保障在于制度体系的完善和落实。恩施州开展"律师进村、法律便民"，创新支持机制、程序机制和激励机制等，使基层法治建设更加程序化、规范化和制度化，加快了"最后一公里"制度化建设步伐。为此，在探索基层法治建设进程中，只有推进机制体制创新，才能为基层法治建设制定可依据的规则，为法治落地提供强有力的制度保障，使基层法治建设走得稳、走得实、走得远。

湖北恩施：律师进村破解涉法涉诉信访难题

人民网　2015年6月4日　作者：谢顺　张艺馨

"律师您好，我是恩施市沐抚办事处的一位村民，有一点事情想向您了解一下。"6月4日，在恩施市沐抚办事处营山村，一位村民通过律师网上面对面法律便民交流系统，和律师顾问团的当班律师进行视频交流。

近年来，该市在化解涉法涉诉和其他重大疑难信访问题中，引入律师作为第三方参与，用法治思维和方式化解涉法涉诉信访积案和处理重点疑难信访案件。充分利用律师相对中立的身份和职业优势，发挥其在社会矛盾化解中的积极作用。

因公益林补助，两个村级小组之间发生纠纷：一方坚持以1984年《自留山证》兑现2300亩公益林补助，另一方要以2008年《山林权证》平均分配2800亩公益林补助，相关部门多次调解未达成一致意见，群众上访在即。

律师介入，当地政府给予双方经济援助用于法律咨询及诉讼，群众一致同意通过法律渠道解决纠纷。2014年5月4日，恩施市人民法院依法判决，驳回原告的诉讼请求。历时两年的恩施市沐抚办事处木贡村山林权属集体纠纷告一段落。

2013年11月，该市聘请中南财经政法大学法学教授、财经学院麻昌华副院长出任团长，州、市13名资深律师担任顾问团成员，组建市处理涉法涉诉和重大疑难信访问题律师顾问团，履行涉法涉诉信访积案工作受理、评查等职责。

比照市律师顾问团工作模式，全市所有乡（镇、办）组建起法律顾问团，市直单位、村（居）、社区聘请常年法律顾问。

市委、市政府对引入第三方参与化解涉法涉诉和其他重大疑难信访问题的目标任务、工作机制、保障机制、工作流程及责任考评进行明确；市司法局制发《律师顾问团管理办法》、《法律顾问工作规则》等文件，规范律师顾问团管理，保证律师工作开展有章可循。

把律师参与涉法涉诉信访工作作为政府公共服务体系建设内容，由政府购买法律服务，将各级各部门顾问团工作经费纳入财政预算予以保障。律师顾问团出具《律师意见书》，每个案件给予一定咨询费，意见被采纳的每件案件进行奖励；参与市领导大接访，按照标准予以补助，律师感受到党委政府的尊重和认可，体现社会价值。

顾问团律师每月应邀参加市领导信访接待工作，对信访人诉求进行正确引导，提供法律服务，做好息诉罢访工作。律师顾问团参与各级政府政务会议，提供法律咨询，从源头避免因行政违法或不当引发的矛盾纠纷。

截至目前，恩施市龙凤镇律师顾问列席党委会议 23 次、参与政府重大决策 16 次，围绕征地拆迁、重点工程建设及矛盾纠纷化解等工作出具法律意见书 12 份，在服务龙凤镇综合扶贫改革试点建设中取得良好效果。

该市设立村（居）"法律诊所"，开展律师进村、送法下乡活动，驻村律师定期接待群众来访，为群众提供法律服务、提供咨询解答、疏导化解矛盾，把法律服务送到老百姓家门口；利用群众会、培训会等形式开展法律宣传。同时，协助指导人民调解，为人民调解委员会提供法律支持。

该市处理涉法涉诉和其他重大疑难信访问题领导小组根据律师意见书意见和建议，组织涉法涉诉包案领导、领导小组成员单位负责人及涉案单位责任人对每件案件顾问团所提出的法律意见逐条逐款研究，作出采信、部分采信或不予采信决定，针对性地研究具体化解处理意见。

根据律师法律意见书意见，对不能化解、符合终结条件的，该市按程序依法予以终结，做好信访人的思想疏导工作；对已终结的信访案件，当事人确有"法度之外，情理之中"实际问题的，报请纳入司法救助、政府救助等救助帮扶范围，疏导涉法涉诉信访问题出口。

自推行引入第三方参与化解涉法涉诉和其他疑难信访问题以来，恩施市律师顾问团承办涉法涉诉案件 28 件，出具法律意见书 24 份，走访、约谈（见）当事人 100 余人次。根据律师意见，该市 20 余件信访积案成功化解。全市受聘法律顾问列席聘任单位重要会议 540 余次、提出法律意见 1100 条，指导矛盾纠纷化解 400 件、引入诉讼渠道 52 件，培训法律宣讲员 64 场 3000 多人、培训法律明白人 8 万余人。

恩施"律师进村，法律便民"
改革创新经验新闻发布会举行

央广网（中央人民广播电台） 2015 年 10 月 20 日
作者：吴菁 余孝东

央广网北京 10 月 20 日消息（记者吴菁 通讯员余孝东）今天上午，由华中师范大学中国农村研究院主办的"'寓法于治，法治落地'——恩施州'律师进村，法律便民'改革创新经验新闻发布会"在北京举行。

　　近年来，湖北省恩施州以"律师进村，法律便民"为载体，探索出一条山区法治的有效路径。在观看完恩施州改革创新专题纪录片后，中国农村研究院执行院长邓大才教授代表课题组汇报恩施州改革创新研究成果。邓大才教授谈到，恩施州作为集"老、少、边、山、穷"为一身的少数民族自治州，2013年人均GDP排名湖北省倒数第一，滞后的经济发展伴随着有限的公共服务；同时，民众法治观念较为淡薄，而全州仅有337名执业律师，法治资源不足且覆盖不均更是进一步拉低了社会治理水平。面对诸多挑战，恩施州委州政府积极响应十八届四中全会建设法治国家的目标要求，探索出了以"寓法于治，法治落地"为核心的地方改革新样本。寓法于治，将法的元素植入治理之中，让法治从理念、制度落实到人们日常生活之中，内生出法治意识、法治行为，使法治"落地"和"生根"，实现基层治理法治化。

　　邓大才教授认为，恩施州的治理改革成效显著，特点鲜明。第一是坚持市场导向，引入竞争机制，变"行政命令"为"市场服务"，变"统一服务"为"独立服务"。第二是政府示范，推动各级党政部门实现法律顾问全覆盖，引入律师参与政府行为的合法性审查，并作出相应的风险评估，变"拍脑袋决策"为"依法决策"，变"拍胸脯蛮干"为"依法办事"，变"拍屁股走人"为"依法追责"。第三是多元参与，以"律师进村"为载体，吸纳乡贤能人、社会组织广泛参与，改变传统政府"一权独大"问题。第四是规则塑造，矛盾纠纷纵向上实行层次调解，横向上进行分类处理，由一系列环节、规则将人们的行为规范化、程序化，让人们养成走程序、守规则的意识。第五是因地制宜，类型多样，整体推动的同时又考虑了地域、文化差异。第六是治理融合，即将现代治理元素植入到现行治理体系之中，循序渐进地加以改造，缩减改革成本。在此基础上，恩施的治理改革一是构建了现代基层治理的制度基础，为社会行为提供了一套共同认可的规则体系；二是丰富了现代基层治理的方式方法；三是促进了基层社会矛盾的有效化解。自活动开展以来，全州法律顾问共解答法律咨询12.5万余人次，参与调处纠纷7900余起，为相关部门提供法律意见书1400余份。重大政治性事件、非法聚集事件、大规模群体性事件零发生；赴省进京非正常访分别下降60.4%和36.8%。

　　随后，由恩施州人大常委会副主任陈学明、州司法局局长万雪峰局长、恩施市小渡船办事处书记田贵周、鹤峰县邬阳乡乡长汪娟、恩施州法律顾问团团长曹亦农律师，以及中国农村研究院院长徐勇教授、执行院长邓大才教授一同接受了媒体记者提问。

华中师大推律师进村经验 规范基层减少上访

中国新闻网 2015 年 10 月 20 日 作者：马海燕

中新网北京 10 月 20 日电（记者 马海燕）在十八届四中全会召开一周年之际，华中师范大学在京发布"寓法于治，法治落地"地方改革创新经验调研报告，推荐"律师进村，法律便民"经验，以期减少上访规范基层法治。

华中师大中国农村研究院以湖北恩施作为跟踪样本，总结了山区法治的有效路径。恩施作为集"老、少、边、山、穷"为一身的少数民族自治州，2013 年人均国内生产总值排名湖北省倒数第一，上访情况突出，全州仅有 337 名执业律师，法治资源不足，更是进一步拉低了社会治理水平。

面对居高不下的上访难题和日益凸显的矛盾纠纷，恩施地方政府用公共财政购买法律服务，聘请律师下乡帮助村民解决法律难题，帮助村民"民告官"，有效化解了矛盾。实现"律师下乡"以来，全州法律顾问共参与调处纠纷 7900 余起，实现了大规模群体性事件零发生，赴省、进京非正常访分别下降 60.4% 和 36.8%。

中国农村研究院执行院长邓大才说，以往面对社会矛盾，政府往往习惯于"花钱买稳定，强力促平安"，使矛盾冲突不断激化，社会"越维越不稳"。他认为"律师进村，法律便民"是一项可以全国推广、使法治落地的实际举措，其原因有五：

第一是坚持市场导向，引入竞争机制，变"行政命令"为"市场服务"。

第二是政府示范，推动各级党政部门实现法律顾问全覆盖，引入律师参与政府行为的合法性审查，变"拍脑袋决策"为"依法决策"，变"拍屁股走人"为"依法追责"。

第三是多元参与，以"律师进村"为载体，吸纳乡贤能人、社会组织广泛参与，改变传统政府"一权独大"问题。

第四是规则塑造，让人们养成走程序、守规则的意识。

第五是治理融合，将现代治理元素植入到现行治理体系之中，循序渐进地加以改造，缩减改革成本。

邓大才认为，改革说到底要在民众可接触的基层层面发生改变，需要一个个样本去试验、推广。基层治理改革构建了现代基层治理的制度基础，丰富了现代基层治理的方式，促进了基层社会矛盾的有效化解，在复制相关做法的同时也要因地制宜。

华中师大在京推广恩施基层法治经验

《光明日报》　2015 年 10 月 27 日　　作者：靳晓燕　张悦

由华中师范大学中国农村研究院主办的"恩施州'律师进村，法律便民'改革创新经验新闻发布会"在京召开。恩施州将现代治理元素植入到现行治理体系之中，推动各级党政部门实现法律顾问全覆盖，引入律师参与政府行为的合法性审查等改革，促进了基层社会矛盾的有效化解。全州法律顾问共解答法律咨询 12.5 万余人次，参与调处纠纷 7900 余起，为相关部门提供法律意见书 1400 余份。华中师大中国农村研究院执行院长邓大才教授表示，引导农民学法、知法、用法，要求政府和干部懂法、依法、守法，通过农民与政府互动、法与治相互促进，促使法治落地，对建设具有地方特色的法治建设模式具有很好的推动作用。

湖北恩施"律师进村，法律便民"开创基层法治新模式

光明网　2015 年 10 月 21 日　　作者：张锐

光明网讯（记者张锐）10 月 20 日，时值十八届四中全会召开一周年，华中师范大学中国农村研究院在京举办湖北恩施"律师进村，法律便民"改革创新理论研讨会。来自相关政府部门、高校与律师行业的专家学者百余人与会。

湖北省恩施州是"老、少、边、山、穷"地区，人均 GDP 全省倒数第一，而 2011—2013 年，恩施州信访量却连登湖北省前三甲。近年来，

根据十八届四中全会建设"法治国家、法治政府和法治社会"精神，恩施州以建立"法律顾问制度"为契机，采用市场机制，以政府购买服务的形式，开展"律师进村，法律便民"，聘请律师为农民、政府提供咨询、培训、诉讼代理服务，找到了一条法治落地的有效路子，形成了浓厚的法治氛围。

恩施州地处武陵山区，属于集中连片特困地区。华中师范大学中国农村研究院邓大才教授认为，多种历史与现实因素导致恩施过去法治氛围淡薄，干群关系较为紧张。比如当地存有土司遗风，村民的村寨意识较强；农民信力、信访、信闹、不信法的观念较浓；一些干部依权、依威、依力、不依法行政；强制性的法制教育不接地气，自上而下的法律下乡又水土不服。恩施市小渡船办事处党委书记田贵周说，以往许多农民因为诉求未得到解决，时常聚集围堵政府办公场所，导致公职人员没法正常办公，影响到当地经济建设。

恩施州人大常委会副主任陈学明指出，正是鉴于这种社会现实，恩施于2013年开始进行"律师进村，法律便民"的试点，随后在全州推开：以政府购买服务的形式，州、市县每年拨出5000万元，聘请律师，为农民、政府提供咨询、培训、代理服务。恩施州"顺势而为，引民告状；依需而施，导民学法"；还聘请律师对政府决策进行合法性审查和法律风险评估。同时将"律师入村"与村民自治和地方治理相结合，设立五级调解机制；构建起乡镇（办）有一个法律顾问团、村（居）委会有一个律师诊所、农村网格有一个法律宣讲员、农户有一个法律明白人的体系。

"律师进村，法律便民"开展两年多来，社会风气焕然一新。恩施州司法局局长万雪峰介绍，自活动开展以来，全州法律顾问共解答法律咨询4.2万余人次，参与调处纠纷5500余起，为相关部门提供法律意见书1400余份，赴省进京非正常访分别下降60.4%和36.8%，达到了"三少一增"的效果，即上访减少，群体事件减少，维稳成本减少，干群良性互动增加，社会法治水平不断提升。田贵周说，农民们把政府发放的律师信息服务卡亲切地称为"法律的家庭医生，权利的守护门神"。

由华中师范大学中国农村研究院院长、长江学者徐勇教授领衔的"湖北恩施'律师进村，法律便民'课题组"认为，它是以民心、民意、民情的倒逼为动力催生的，以农民、地方需求为导向的内生型改革，是"寓法于治、以治固法、法治落地"的创新，是对"依法治国"这一中央命题的上好的地方解答样本，具有可复制性、推广性。

湖北恩施"律师进村，法律便民"改革创新经验新闻发布会举行

《人民政协报》　2015 年 10 月 22 日　　作者：司晋丽

本报讯 由华中师范大学农村研究院主办的湖北省恩施土家族苗族自治州"律师进村，法律便民"改革创新经验新闻发布会 20 日在北京举行。

据介绍，自 2013 年推行此项工作以来，恩施州已建成法律顾问团 85 个，有 2435 个村（居）委会聘请了法律顾问，占全州总数的 97.6%。除了进行法律咨询以及帮农民化解日常矛盾纠纷外，律师充分发挥第三方中立作用，顺利化解信访积极案难案，通过讲明法理、讲清事理、讲通情理，为信访群众打开法治"正门"，推进了基层依法治理的水平。

湖北恩施：法治之声响遍土苗山寨

《法制日报》　2014 年 11 月 28 日　　作者：胡新桥　刘志月

如今，收到法院传票，湖北省恩施土家族苗族自治州恩施市医疗保险管理局局长王建恩不再"紧张得要命"。"法律顾问跟我说，不要怕打官司，有些办事规定和规范需要判决来明确，公开了、透明了，对全社会都有示范意义"，她解释说。

现在，恩施市屯堡乡党委书记吴秀忠的办公室没了扛着铺盖卷来访的村民。"有了法律顾问，我们工作更有底气，也能少走弯路。"吴秀忠说。

为了自家地窖的小路，恩施市沐抚办事处沐贡村村民宋明，照着服务卡打了一圈 7 个电话，发现法律顾问给出的解决办法基本一致，这才丢掉办事处领导"忽悠"自己的疑虑。

王建恩、吴秀忠与宋明，嘴里谈的都是法律顾问们的工作给自身行为带来的变化。

2014 年 3 月 12 日，《恩施州普遍建立法律顾问制度的实施意见》正式印发，明确到 2016 年底形成覆盖州、县（市）、乡镇党委政府及其部门和企事业单位、人民团体、村（居）民委员会组织的法律顾问网络，实现法律顾问制度全覆盖。

"《意见》出台标志着法治恩施建设进入全新阶段，是对试行一年多的'律师进村、法律便民'工作的提炼升华。"恩施州州委书记王海涛告诉《法制日报》记者，普遍建立法律顾问制度是法治恩施建设的一个突破口和有力抓手，其落实到位程度与基层社会治理能力法治化水平息息相关。

信访倒逼党委政府请进法律人

8 月 26 日，杜先才诉请法院判决同村朱龙彪与绿波天然养殖农民专业合作社签订的承包合同无效一案开庭审理。这是 66 岁的杜先才"挣回"养鱼权利的最新行动。

老杜是恩施市屯堡乡坎家村楠木园组人。为维护个人权利，老杜多次到村镇信访，还写信给恩施州委书记王海涛。王海涛在老杜的信访转办件上提示基层同志："有关政策法律可以找律师。"

作为信访转办件责任人，屯堡乡党委副书记袁铭方找到乡法律顾问团成员、湖北夷水律师事务所主任袁作禧，请他把关。袁作禧提出具体建议，老杜走上依法维权之路。

老杜的事儿，是恩施州难啃的信访案之一。2013 年年初，王海涛履职恩施州，调研时发现全州信访总量在全省位居前列，其中涉法涉诉信访占半数以上。

恩施州委政法委的统计显示，2011 年以来，涉法涉诉信访连续两年在全州各类信访中排名第 2 位；在赴省进京越级访、重复访、非法访中，涉法涉诉信访占 60% 以上。

"涉法涉诉上访居高不下，案判了事未了，怎么办？这让我们想到要找律师、找律师顾问团、找法律专家委员会，要他们来会诊。现实的困难逼迫我们必须拿起法律的武器来回应，所以我们开始组建法律顾问团"，王海涛说。

恩施州委、州政府在湖北省率先聘请中南财经政法大学原校长吴汉东、中国政法大学校长黄进等 17 位知名专家组建法治建设专家委员会，构建法治恩施建设新型智库；成立由湖北中和信律师事务所主任曹亦农、湖北立丰律师事务所主任汪少鹏等 15 位律师组成的顾问团，并将参与涉法涉诉信访案件作为突破口。

2013 年 9 月，恩施州律师顾问团参与对 100 件信访积案处理，拿出法律意见书。截至目前，23 件积案已全部化解，3 件进入了司法程序，5 件已依法终结，69 件在落实化解意见。

在恩施市龙凤镇调研"律师进村、法律便民"工作后，湖北省委副书记、省长王国生指出，律师进村这件事很关键、要狠抓，通过法治扭转解决老百姓信访不信法、信人不信制度的局面。

法律顾问团工作逐步显效。2014 年以来，恩施州赴省进京上访同比分别下降 32.4% 和 52%。

"我们在工作中发现，普遍建立法律顾问制度缘于中央和省委有要求、群众有诉求、基层党委政府有需求、司法机关和律师有追求，已开展工作所提供的经验让我们更坚定推行这个制度"，恩施州委常委、政法委书记沙玉山说。

2014 年 4 月 14 日，恩施州召开全州普遍建立法律顾问制度工作会议，全州 8 个县（市）的县（市）委书记、常务副县（市）长、政法委书记、司法局长以及政府法制办主任参会，普遍建立法律顾问制度工作全面推进。

恩施州司法局局长张在勇介绍，截至目前，全州已组建法律顾问团 126 个，聘请法律顾问的县（市）直单位 393 个、乡镇 78 个、村（居）1538 个、国有企业 66 家、非公有制经济组织 288 家，占到了应建立法律顾问总量的 52.58%。

政府示范撬动全民法治意识

《意见》规定，法律顾问要根据聘任单位要求，对重大行政决策议案提供合法性审查意见或进行法律风险评估。

恩施市公务员离岗创业政策的寿终正寝，是法律顾问参与政府决策的典型体现。

为促进民族地区经济发展，在借鉴外地经验基础上，2009 年恩施市出台《恩施市机关事业单位工作人员创业实施办法》，提出党政机关、事业单位等人员离岗创业、辞职创业、提前退休创业等一系列鼓励措施。

2013年底，恩施市人民政府召开常务会议，邀请市政府法律顾问团律师、湖北联信律师事务所主任鲁诚参加，讨论公务员离岗创业、保留公职政策是否应当取消。

"我当时提出建议，公务员离岗创业政策与《公务员法》规定相违背，建议废止相关政府文件，通知离岗创业的公务员在规定的时间内处理好其创业岗位的工作及时上班"，鲁诚告诉《法制日报》记者。

鲁诚的建议被采纳，恩施市决定自2014年1月1日起取消公务员离岗创业政策。

除了决策建议，法律顾问团还在基层政府依法行政中发挥"把关"作用。

2014年8月，恩施市小渡船办事处旗峰社区居委会要对231家拆迁户的安置房进行分配。起初，考虑到人数众多，旗峰社区准备按照签订征地拆迁合同的先后顺序分3批进行。方案送给旗峰社区法律诊所负责人、湖北联信律师事务所律师张廷红审查，她建议所有安置户同时进行，抓阄确定楼层、房号，并请公证员全程参与。8月13日，不到一天，231户全部平稳安置。

辖区80亩集体土地的流转，让利川市东城街道办事处主任陈建平切身体会到法律顾问的"细致"。"村里很多人外出务工，按惯例我们是打电话与其商议，但办事处法律顾问团廖明律师建议要电话录音，为事后推进工作留存证据。"陈建平说，这让整个土地流转程序更完备，预防矛盾纠纷产生。

一周内处理完员工死亡事件，利川娃哈哈饮用水有限公司总经理罗毅感到"法律顾问很管用"。8月17日，公司一名送水员被发现死亡在一座大楼正常运行的电梯内，家属要求赔偿。罗毅一开始还想追大楼物业责任，咨询法律顾问后明白了对方无责任，遂主动担责，24日赔付到位。

"我们更看重他们的防范作用，使企业能安心生产。"恩施市花枝山生态农业开发有限责任公司董事长刘小英也尝到了聘请法律顾问的甜头。

在恩施州委政法委副书记胡平江眼里，普遍建立法律顾问制度，必须发挥政府示范作用。"政府都不'用法'、'守法'，老百姓就会觉得法律是'纸老虎'。"他认为，面对当前多主体多冲突的利益诉求，只有在法律框架内解决，才能让各方都没话说，才能形成全社会"用法"、"守法"。

建章立制确保法律顾问全覆盖

除了在单位上班，湖北利佳律师事务所律师吴和琼每周还要抽一天到利川市卫生和计划生育局，该局6楼设有法律顾问团办公室。

"2003年起，我们就聘请了吴律师担任卫生系统法律顾问，一直坚持至今。"利川市卫生和计划生育局局长刘德盛透露，自2006年起，该局再没有一起因程序而导致败诉的案件。

采访中，《法制日报》记者发现，恩施州各级党委政府聘请法律顾问并不是今天才有。

张廷红律师告诉《法制日报》记者，2010年起，她就被聘请为恩施市人力资源和社会保障局法律顾问，"但以前没名没分，各项业务也不规范，积极性不高"。

恩施州委政法委的调研显示，法律顾问制度过去在基层难以为继的原因主要有：政府法律意识不强，遇到纠纷和难题才想到法律顾问；行政长官的法律能力培养欠缺，往往不重视决策的法律效果；有些基层干部尚没有转变治理理念，依然靠计划经济时代的个人权威办事，怕麻烦、不走程序；法律顾问的付出与应得回报不相称。

为保证普遍建立法律顾问制度落到实处，恩施州出台一系列规范：《意见》明确要建立法律顾问服务经费保障机制，由政府采用购买服务的方式列入同级财政预算；《恩施州普遍建立法律顾问制度考评办法》规定将普遍建立法律顾问制度工作纳入县市和州直单位年度目标责任考核体系；《恩施州法律顾问工作管理办法》则规定，法律顾问可应要求列席聘请单位相关会议并发表意见，必要时出具法律意见书。

据了解，下一步，恩施州还将进一步完善政府采购法律顾问服务制度，争取将普遍建立法律顾问及其运用纳入干部政绩考核，同时对法律顾问没有参与情况下出现的决策失误进行责任倒查。

在恩施市龙凤镇的乡村"法律诊所"实地调研后，湖北省委副书记、政法委书记张昌尔认为，"法律诊所"开到村民家门口，将依法治国落实到了基层，代表了社会治理现代化的方向，让人眼前一亮，值得认真总结、大力推广。

律师进村提升湖北恩施乡村治理能力

——1937 个村社区聘请法律顾问

《法制日报》　2015 年 6 月 9 日　　作者：周斌

按照"法治湖北"建设要求，近年来，湖北省恩施州积极探索构建乡村治理主体多元化、治理方式现代化、治理秩序法治化"三位一体"的基层治理新模式，积极推进律师进村，提升恩施乡村治理能力，在山区农村走出了一条推进治理体系和治理能力现代化的新路子。

恩施州积极搭建平台，采用政府购买法律服务的方式，聘请 17 位知名专家组成法治建设专家委员会，成立由 15 位律师组成的律师顾问团。在乡村，构建"四个一"法律顾问服务网络，即乡镇（街道）有一个法律顾问团、村（社区）有一个"法律诊所"、网格有一名法律宣讲员、家庭有一个法律明白人。目前，全州已有 1937 个村（社区）聘请了法律顾问，覆盖面达到 75%。

同时，恩施州采取政府"点菜"、法律顾问"下厨"的方式，充分发挥法律顾问参与基层组织依法科学决策和化解矛盾纠纷、处置涉法涉诉案的重要作用；按照群众"动嘴"、律师"跑腿"的服务模式，在村一级建立"法律诊所"，采取法律顾问定期"坐诊"或农民群众"预约"的方式，为群众开展法律援助服务。

为确保"律师进村、法律便民"工作形成长效机制，恩施州出台了《关于全面深化改革加强法治恩施建设的意见》和《恩施州普遍建立法律顾问制度的实施意见》，建立健全法律顾问管理的相关配套制度和考核体系。

恩施州委书记王海涛说，运用依法治理"新思维"，是提升乡村治理能力的重要保障。在农村普遍建立法律顾问制度，不仅有利于把矛盾纠纷化解在基层和萌芽状态，更重要的是让依法治理理念在农村社会深入人心，为农村培育了更多的法律明白人，为乡村法治建设与治理提供了思想基础、人才支撑和制度保障。

"法律明白人"助群众"弃访转法"

《法制日报》 2015 年 10 月 13 日 作者：胡新桥 刘志月

"我多次上访没解决，一直遗憾没枪，有枪早就响了。"

"我保证，无论案件审判结果如何，都要赡养我的母亲。"

这两句话，都出自湖北省恩施土家族苗族自治州信访 13 年的张孝山（化名）。不同的是，一句是"出气话"，另一句是"真心话"。

张孝山的转变，源于湖北律师曹亦农的帮助。面对信访"硬骨头"，2013 年，恩施州开始探索律师参与涉法涉诉信访矛盾化解工作，一年即实现进京非访量下降 104 人次。

"恩施经验"获得省委书记李鸿忠、省长王国生的肯定，要求进一步加强探索、总结经验、创新举措，把律师参与涉法涉诉信访矛盾化解工作不断引向深入，为提升法治湖北、平安湖北建设水平作出更大贡献。

如今，"恩施经验"已在湖北遍地开花，形成末端治理、过程化解、源头预防律师参与涉法涉诉信访矛盾化解 "湖北品牌"。

2015 年 1 月至 8 月，湖北各级政法机关接访量、到党政机关信访量、涉法涉诉进京非正常访和赴省访，同比分别下降 3.1%、72%、72.5% 和 33.4%，受理量、进入程序审查量分别同比上涨 9.8% 和 11.4%。

"律师既是法律'明白人'，也是独立'第三方'，让律师参与到涉法涉诉信访矛盾化解中，既向群众讲法明理，又促进政法机关严格依法办案，有利于涉法涉诉信访案件得到依法解决"，湖北省委副书记、政法委书记张昌尔认为。

末端治理：堵"偏门"开"正门"

"想她干什么？她就是个畜生！"

"这么一个人，我能管她叫母亲？"

14 年前的一起官司，让张孝山与母亲"反目"。

2011 年 1 月，恩施州恩施市农资公司改制拍卖房产。张孝山向母亲借了5万元拍得部分房产。张孝山没想到，母亲后来却说房屋是她的，要让赡养她的女儿女婿继承，并一纸诉状将亲儿子告上法庭。一审、二审，法院判决均支持母亲诉求。

张孝山一家被赶出家门。因为对判决不服，张孝山持续上访13年。

"这个案子，审了又审，我就是不服，我会上访申诉到我死的那一天！"张孝山态度强硬。

"一审、二审法官对他（张孝山）来讲，就是敌对、仇人的感觉"，恩施州中级人民法院审判监督庭庭长田政说。

母子家庭矛盾演变成公民与司法机关的对立，该如何化解？

"信访问题，必须要靠法治思维和法治方式来解决"，恩施州委书记王海涛说。

2013年6月，恩施州联系湖北省司法厅和省律师协会，从武汉请来15名律师组建涉法涉诉信访化解工作律师顾问团，开展"百案攻坚"行动。律师顾问团团长曹亦农的联系对象是张孝山。

"这个案子，实际是女儿女婿借母亲名义打了一场确认房屋所有权的官司"，曹亦农说。

经审查，律师们向法院提出建议：从法律角度上，房屋应该归还张孝山；从尽孝角度上，张孝山也必须赡养自己的母亲。

"诉访当事人的诉求是不是合法、是不是合理，我们法院的裁决是否公正，律师在客观上也起到了监督作用"，恩施州中院院长武星说。

在律师引导下，张孝山与母亲时隔13年后终在法庭外见面相认。

"律师参与涉法涉诉信访矛盾化解，依靠专业知识和社会经验，可对群众释法析理、向政法机关提出建议，能较好解决群众信不信、政法机关用不用的问题。"湖北省司法厅副厅长张正军认为，这就堵上了涉法涉诉信访的"偏门"，打开了法治化的"正门"。

过程化解：促信"访"为信"法"

法院认定判决无误、检察院经审查不予抗诉。

就是这样一件案子，63岁的朱婆婆仍然不服，并"粘"上了案件审查单位湖北省武汉市东西湖区人民检察院。

2年前，朱婆婆女儿被一辆货车撞倒，肇事司机弃车逃离。朱婆婆女儿重伤，经抢救无效死亡。法院最终以交通肇事罪判处肇事司机有期徒刑5年。

"司机撞了人，不顾人死活，当场跑了！判那么轻，我怎么也想不通！"朱婆婆对判决结果不服，坚持认为司机是犯了交通肇事逃逸致人死亡罪，继续向检察机关提出申诉。

虽做了不予抗诉决定，东西湖区检察院没有对朱婆婆的申诉一推了之，而是邀请律师制订化解该案的具体方案。

在律师建议下，东西湖区检察院组织了一场听证会，邀请事故处理交警、原案件承办法官、法律专家参加，共同回应朱婆婆的质疑。

"肇事司机逃离现场属实，但事发后经群众及时报警，被害人被迅速送医抢救，司机逃逸与被害人死亡之间没有必然因果关系，行为性质只能是交通肇事而不是逃逸致人死亡。"听证会上，朱婆婆听到了权威法律解析，看到了相关证据，想法有所转变。

同时，考虑到朱婆婆家庭实际困难，律师与检察机关还帮她申请了1万元司法救助金。

"把我当亲人，讲清法理，解决困难，非常感谢！"朱婆婆想通了。

为促进涉法涉诉矛盾化解，湖北各级政法机关从矛盾调解过程入手，将律师参与涉法涉诉信访问题化解纳入网格化管理，搭建起各方共同参与的综合平台；明确律师建议意见经政法机关信访部门初审后直接送分管领导上报，讨论是否采纳并予以反馈。

"由政法机关负主体责任，组织律师提供接待咨询、法律释明、信访听证、代理申诉等'套餐服务'，建设'全科门诊'，能及时、分类化解各类信访诉求"，湖北省委政法委副书记胡兴儒说。

源头预防：变"救火"为"防火"

在涉法涉诉信访矛盾化解工作中，律师仅是"消防队"？

张昌尔给予否定回答："不仅要发挥律师'救火'作用，更要发挥他们'防火'作用，为提升基层治理法治化水平和全民遵法守法用法作更大贡献。"

如今，恩施州以"律师进村、法律便民"为主线全面推进普遍建立法律顾问制度工作，全州目前开设"法律诊所"的单位和组织达到3597

个，参与调处矛盾纠纷 5300 多起，化解积案 412 起；武汉、鄂州等地，探索启动了"社区律师"、"一村（社区）律师"服务，从源头化解矛盾纠纷。

为形成长效工作机制，湖北省委政法委还制定出台了《关于律师参与涉法涉诉信访矛盾化解工作的指导意见》等 10 多项规章制度，从律师参与的组织保障、工作流程、衔接配合、督办考评等方面予以明确，建立了全过程、全方位的制度体系。

"我们还将把各地推进律师参与涉法涉诉信访矛盾化解工作情况纳入今年法治绩效和综治绩效考核，不断提升涉法涉诉信访法治化水平，切实让群众诉求始终在法治轨道内表达，让矛盾全程在法治轨道内解决"，张昌尔表示。

"律师既是法律'明白人'，也是独立'第三方'，让律师参与到涉法涉诉信访矛盾化解中，既向群众讲法明理，又促进政法机关严格依法办案，有利于涉法涉诉信访案件得到依法解决"，湖北省委副书记、政法委书记张昌尔认为。

恩施州"法治引领"破解信访难题
湖北省人民政府网湖北恩施在北京推广
"律师进村，法律便民"基层法治经验

文汇网　2015 年 10 月 20 日　作者：江鑫娴

香港文汇网讯［记者江鑫娴 北京报道］由华中师范大学中国农村研究院主办的"湖北恩施州'律师进村，法律便民'改革创新经验新闻发布会"20 日在北京举行。"寓法于治，法治落地"的恩施州基层法治典型经验，不仅使基层法治建设工作取得显著成效，也为全国各地共同促进全面依法治国的深化落实提供了可供参考的范例。

据介绍，"律师进村，法律便民"工作，就是"让专业的法律工作者为群众提供专业的法律服务"。围绕这句话，恩施州作了大量工作，在经费保障、队伍管理、聘用制度、工作方法、考核机制等多个方面形成了易操作、可复制的宝贵经验，在提高群众的法治素养，有效预防和化解矛盾纠纷，参与处理涉法涉诉信访案件，促进政府依法行政等多个方面产生了

很好的效果。

由政府出资购买律师服务，恩施州建成 93 个法律顾问团，为党政机关、企事业单位、村（居）委会聘请法律顾问，为 2400 多个村（居）建立起法律顾问制度。开展普法讲座，发放律师便民联系卡，引导村民学法、知法、用法，鼓励动用法律武器"民告官"。实现了地方政府依法行政、依法办事，以法规政、以法促治的新局面，探索出了以"寓法于治，法治落地"为核心的地方改革新样本。

恩施州"律师进村，法律便民"推行以来，法律顾问为各级政府及相关部门提供法律咨询 2000 余次，开展专项法律宣传 2300 余场次，培训法律明白人近 12 万人次，解答法律咨询 12.5 万余人次，办理法律援助案件 2500 余件法律援助事项 2.2 万余件，法律顾问参与调处纠纷 7900 余起，化解信访积案 878 起。"律师进村，法律便民"制度的实施，也使恩施州赴省进京越级上访人数同比下降 36.8% 和 60.4%。有律师为政府决策把关，恩施州公开、公正、守法、诚信的法治政府建设如虎添翼。

中国农村研究院执行院长邓大才表示，恩施州坚持市场导向，以"律师进村"为载体，寓法于治，将法的元素植入治理之中，让法治从理念、制度落实到人们日常生活之中。内生出法治意识、法治行为，使法治"落地"和"生根"，实现了地方政府基层治理理念从"人治"向"法治"的根本转变。

据悉，恩施土家族苗族自治州是集"老、少、边、山、穷"为一身的少数民族自治州，滞后的经济发展，背后是有限的公共服务和较为淡薄的民众法治观念。全州仅有 337 名执业律师，法治资源不足且覆盖不均进一步拉低了社会治理水平，2013 年人均 GDP 排名湖北省倒数第一。

恩施：让律师走进百姓生活

《湖北日报》　2014 年 10 月 16 日　作者：星星　周诗泉　曾维明

9 月的全国司法考试，恩施州参考人数比 2013 年猛增 200 人，增长逾四成。这一现象，缘于在全州推行的法律顾问制度。

去年，恩施州出台《普遍建立法律顾问制度的实施意见》，提出用 2 至 3 年时间，形成覆盖全州行政、企事业单位、人民团体、村（居）委员会组织的法律顾问网络。全州 4478 家单位分步实施，今年计划完成2717 家。目前，已超额完成今年计划。

不让小事变大事

恩施州推行"一村一律师"，组织律师进村入户，村民足不出村，就能享受免费法律服务。"瓦渣溪公路事件让我记忆深刻"，恩施市龙凤镇三龙坝村综治专干黄爱民说。

20 年前，村里马卫青等 3 户人家经向德秀、向德会同意，占用其责任田修通到户公路。2014 年，同组向德阳等 5 户村民共同出资修建到户路，需连接到马卫青等人修建的公路上才能出村。路通之后，向德秀拦石堵路，理由是该路段有部分是她家责任田，要经济补偿才许通行。

双方当事人经村干部调解，向德阳等 5 户及马卫青等 3 户共同补偿向德秀 1 万元占田费用，并立下协议、收据。按理纠纷就此了结，但事情远非如此。

几天后，向德会提出该路段占她家的田比向德秀家更多，要求支付 2 万元补偿款，否则就堵路。这时，已给向德秀支付补偿款的向德阳、马卫青等 8 户村民声称，组里其他未出钱农户的车辆不能通过此公路。

事情越闹越大，纠纷如何排解？

龙凤镇律师顾问团派员与镇司法所、村委会共同"会诊"，商讨如何解决矛盾不留后遗症。他们找到向德秀，依法论理，建议她退还 1 万元补偿款。次日，双方当事人达成和解，向德秀当场退款，纠纷了结，邻里和睦如初。

恩施州司法局局长张在勇说，农村的矛盾纠纷多是因不懂法所致，遇到事，找律师，让律师帮助群众了解法律知识、依法论理、依法处事，能有效防止小事变大事。

律师手机被打爆

在恩施州，法律援助中心、乡村法律顾问团、律师事务所、法律服务所、司法所等，分别将印有服务承诺、服务内容、服务者及联系方式的便民联系卡分发到家家户户。仅恩施市，就发放联系卡 50000 多张。建立法律顾问制度的 13 个乡（镇、办），农户知晓率达 100%。

"法律的家庭医生，权利的守护门神"。这是沐抚办事处法律顾问团、龙凤镇法律顾问团印制在联系卡上的服务"宣言"。

联系卡一发，电话接着来。沐抚办事处法律顾问吴先政说，他接到咨询电话最多时一天达 27 次。龙凤镇顾问律师袁祚禧说，受聘后，他的手机经常被打爆。为此，团队统一配置了大容量充电宝。

恩施市老村干刘应海说："过去遇到麻烦事急得直挠头，现在有律师'把脉'，为基层干部省了好多事。"

有些事，电话说不清楚，群众就找律师请教。一来二去，乡村法律顾问就成了"医生"，顾问办公室便有了"法律诊所"的称谓。

让百姓懂法守法

曾经，不少群众"信访不信法"，一有事就找政府，造成信访部门拥堵的社会怪象。

恩施市沐抚办事处木贡村农民向某在交通事故中受伤，医疗耗费近 6 万元。交通事故责任界定：肇事司机宋某应承担全责。但宋某却称，"坐牢都行，赔偿费没有"。

该村法律顾问何勇接受向某委托后，觉得事故责任已界定，责任方仍存糊涂想法，是缺乏法律常识。考虑僵持不利于平息事态，何勇便以"屋场会"形式向群众解剖交通事故的法律事项，让大家明白这类事件的法律责任和解决办法。入情入理地讲解，让肇事司机的儿子主动表态：协助父亲履行赔偿义务，恳请受害方静下心来协商赔偿标准。几番磋商，双方达成赔偿 8 万元的协议。"人人懂法守法，才能依法治国。"州委书记王海涛经常强调，律师进村，关键是向群众普及法律知识。

2 月以来，恩施市开展法律知识培训近千场次，培训网格法律宣讲员 2500 人次、法律明白人 10 万人。同样的活动，在全州各县市普遍展开。

恩施州"法治引领"破解信访难题
《湖北日报》　2015 年 5 月 16 日

《湖北日报》讯　落实法律顾问制度，破解源头治理难。恩施州各级党委政府及部门积极落实法律顾问制度，126个法律顾问团和393个县（市）直单位的法律顾问切实履行职能，有效助推了科学决策水平的提升，促进了行政行为的依法规范。如恩施市政府法律顾问团建议不宜执行某项目强制征收决定的意见得到采纳，有效规避了法律风险，防止了群体性事件的发生。"律师进村，法律便民"活动深入开展，1937个村（社区）聘请法律顾问，共提供法律咨询2.5万余人次，办理法律援助案件541件，法律援助事项6557件，大量矛盾纠纷化解在萌芽状态、解决在基层。

推行法定途径优先，破解问题化解难。该州信访部门深入贯彻落实《信访条例》等法律法规，着力解决群众诉求。进一步完善接谈、受理、交（转）办、解决、回复群众信访事项工作规则，对群众诉求及时规范受理，按期办理答复，依法及时有效解决群众合理诉求。广泛选聘优秀律师，增强案件处理公信力。受聘律师以"第三方"身份参与领导接待日、重大集体上访、疑难信访协调处理、信访案件复查复核等全过程，促进了一大批信访问题得以依法处理。充分发挥州政府律师顾问团作用，大力破解疑难问题。州信访局将信访积案和突出问题提交州政府律师顾问团研究，出具法律意见书，督促党委政府落实化解措施。

加大依法治访力度，破解秩序规范难。严格实行诉访分离。州政法、公、检、法、司、信访六部门联合发布《公告》，将涉及民商事、行政、刑事等诉讼救济渠道的信访事项从普通信访事项中分离出来，引导信访人通过诉讼、仲裁、行政复议等法定途径，解决涉法涉诉信访问题。州中级人民法院推进涉诉信访体制改革，设立诉访局，加大诉访案件办理力度。推行依法逐级走访。制定出台《引导来访人依法逐级走访办法》，在接访场所广泛张贴，组织媒体专题报道，引导群众合理、依法、有序表达诉求。完善预警研判、包保责任、分工合作、督查问责等工作机制，依法处理信访活动中危害公共安全的违法行为，有效规范信访秩序。

恩施州构建律师参与信访化解新格局

《湖北日报》 2015年5月19日 作者：李彦睿

"一味地上访是不够的，只有依法维权才能最终解决问题。"14日，谭发连对免费带他打官司又上门回访的律师鲁诚说出肺腑之言。凭恩施州中级人民法院二审判决书，上访 8 年的谭发连，不久前拿到了 200 多万元的房屋安置补偿合同款。

两年前，恩施信访量居全省前列，在赴省进京越级访、重复访、非法访中，涉法涉诉信访占六成以上。为此恩施州于 2013 年 6 月在全省率先聘请 15 位知名律师，组成州涉法涉诉信访工作律师顾问团，参与化解涉法涉诉信访积案。截至目前，已成功化解 39 件、依法妥善处置 14 件。

该州动员律师把服务送到信访人家门口，接地气、消怨气、添和气，从源头减少信访增量。恩施州在恩施市沐抚办事处试点政府出资聘请律师进村开办"法律诊所"，免费为百姓服务，当年就地受理信访案件 18 起，化解调处纠纷 228 件。沐抚办事处，这个一度百人围堵办公楼、百人酒店堵领导的信访重灾区，一年内蜕变为全市"无越级上访乡镇"和社会管理综合治理工作优胜单位。

恩施州还积极建立法律顾问制度。全州现已建成法律顾问团 83 个，共聘请了 317 名律师、180 余名基层法律服务工作者，3597 个党政部门、企事业单位、乡（镇）村（居）聘请了法律顾问。"政府（单位）有一个法律顾问团，村（居）委会有一个法律诊所，网格有一名法律宣讲员，家里有一个法律明白人"的法律顾问服务网络覆盖城乡。

面对面的法制宣传、点对点的法律服务、实打实的解决矛盾纠纷，两年以来法律顾问团成员共解答信访、法律咨询 3.48 万余人次，参与调处纠纷 5300 余起，化解信访积案 412 起。

受聘律师作为第三方参与矛盾化解、代理申诉、维护权益，把矛盾和问题的解决导入法治轨道，促成法治要求和群众期待同频共振的信访工作新格局。今年前 4 个月，恩施州越级访、重复访、非法访量，同比下降八成。

恩施州律师参与涉法涉诉信访
进京上访人数降 52%

《湖北日报》　2015 年 6 月 30 日　　作者：李彦睿　李康乐　李启佑

"要不是律师调解，这个皮真不知道要扯到什么时候。"昨日，恩施市龙凤镇农民康忠金说，她家与邻居的纠纷闹了近半年，互不相让，进村律师陈嘉睿只用几个小时就调解好了。这是恩施州在全省率先推行律师参与涉法涉诉信访工作的一个缩影。

2014 年 2 月，恩施州出台《关于全面深化改革加强法治恩施建设的意见》，统筹推进法治恩施建设，为律师参与涉法涉诉信访工作提供规范性指引，推动"律师进村、法律便民"产生四个转变。

变观念。过去领导签字督办，靠人治；现在突出法治思维，靠法治。领导带头不批"条子"，为依法治访堵上了"偏门"；律师发挥专业特长，为信访群众敞开了"正门"。

变手段。用法治手段，引入第三方力量管当前、求长远，多措并举综合发力。

变方式。过去遇到矛盾，往往靠行政干预；现在引入律师参与，用法治的方法解决问题。

变体系。过去靠司法机关和涉案行政机关"搞单干"，现在形成了"党委领导、政法委督导、律师参与、责任主体落实"的调解体系。

2014 年 3 月，恩施州中级人民法院成立全国法院首个诉访局，在诉讼服务中心设立律师工作室，保障诉访在法治轨道内有效运转。截至目前，该院成功化解 24 件重点积案。2014 年，恩施州赴省进京上访同比分别下降 32.4% 和 52%。今年 1—4 月，重复访、越级访同比下降 80%。

律师参与涉法涉诉信访工作，解开了群众心结，化解了怨气，推进了基层依法治理。不久前，宣恩县被全国普法办授予第三批"全国法治县（市、区）创建活动先进单位"，恩施市龙凤镇双堰塘村、利川市团堡镇野猫水村、宣恩县椒园镇水田坝村被司法部、民政部联合表彰为第六批"全国民主法治示范村（社区）"。

恩施州力推"律师进村，法律便民"
—— 三张笑脸背后的故事

《湖北日报》 2015 年 10 月 23 日 作者：李彦睿

20 日，恩施州"律师进村，法律便民"改革创新经验发布会在京举行。

群众"点菜"、律师"下厨"、政府"埋单"——发布会上，恩施州推进基层治理法治化的创新举措受到学界高度关注。

深秋时节，记者行走武陵山土苗山寨，采撷到三个群众笑脸背后的故事，看恩施州如何寓法于治。

向学清笑了："法院判决在理，我心服口服。"

今年"十一"黄金周，恩施大峡谷游人如织，沐抚办事处木贡堰塘组村民向学清开办的农家乐"日进斗金"。

游客或许不知道，眼前这个满脸笑容的老板，两年前却"窝心得很"。那时，为了 2000 多亩林地的政府公益林补偿金，向学清天天和邻组的村民闹别扭。

"山林说好了是两个组一起承包，我们六组 200 多人，七组才 20 多人，凭啥他们分的钱比我们多？"身为堰塘组第六小组组长，向学清与七组村民争红了眼，几次差点动手。

"调解了几十次，村民就是不买账，都觉得我们偏袒另一方。"办事处党委副书记周平回忆说。

2013 年，恩施州率先在全国试行引入律师参与处理涉法涉诉和重大疑难信访问题，以政府购买服务的方式，让"第三方"律师介入基层纠纷化解，提供法律服务。

因闹访、缠访头疼不已的沐抚办事处，因势利导投入 5 万元，聘请 7 人律师顾问团，免费为村民服务。

"7 个律师我们挨个问了一遍，都建议我们打官司。"向学清说。开庭那天，法庭坐满了人，六组、七组的代理律师对簿公堂。结果，因为没有共同承包林地的原始合同，六组村民无权享受七组林地的补偿金，输掉了官司。"法院判决结果在理，我心服口服。"向学清说。

好找法律门、易进法院门、能进政府门。目前，恩施州建成法律顾问团 93 个，为 3829 个党政机关、企事业单位、村（居）委会聘请了法律顾问，让法律走进千家万户。

税明颇笑了："法院判决政府败诉，镇长也向我道歉。"

深秋时节，巴东县茶子店镇校场坝村，村民税明颇时不时来到"花岩坡"上，看看眼前的庄稼地，盘算着今年的收成，很是开心。

这是一块"失而复得"的土地。20 世纪 90 年代初，茶子店镇政府改造"花岩坡"时，没有按照法定程序收回税明颇承包的这块荒地，也没有注销他的《自留山证》。后来村里为了发展集体经济，没有经过任何程序，直接就将这块地承包给了乡镇企业。税明颇气不过，立马卷起铺盖去上访。

"1984 年林权改革的时候，我就办了证，政府咋能说承包给别人就给了别人呢？"税明颇感到很委屈。

2014 年夏天，律师顾问团进村，抱着试试看的心态，税明颇找到律师，律师主动帮他理清了事情的来龙去脉。在律师的引导、帮助下，他一纸诉状把乡政府给告了。

不出一个月，法院就判决撤销政府收回税明颇自留地的行政决定。

"法院判决政府败诉，镇长也向我认错道歉，你说，我还有啥不满意的。"原打算去北京上访的税明颇笑了。

恩施州司法局长万雪峰介绍，近年来，恩施州各级政府运用法治手段解决问题的越来越多，同时，敢"告政府"的村民也越来越多，但越级上访的群众却越来越少。

陶全清笑了："乡亲们学法用法，热情很高。"

不久前，在外创业的陶全清再次回到家乡鹤峰县邬阳乡。

看到法德讲堂里认真听课的父老乡亲，陶全清笑了："学了法，他们以后才不会栽跟头，吃大亏。"

陶全清有切身体会。2012 年，她家林地被登记在了别人的《林权证》上。

原来，外出创业之前，由于家境困难不能及时缴纳自家林地的税款，陶全清把林地交给村里保管经营。她和村里约定，有朝一日交清税款，林地依然归她所有。

后来，村里没有征求陶全清同意就把这块林地划给了别人。"这不是欺负我们家么？"陶全清不服，从村委会拿到这块地的村民也不服。

陶全清拿出当年协议原件，找到乡司法所。反复查证后，司法所向经营林地的村民讲解了林地归属的法律依据，以及不归还林地的法律后果。村民消了心中怨气，归还了林地，陶全清也向他们支付了多年的林地保管费用。

事情圆满解决了，陶全清心里仍有一个疙瘩：乡亲们法律意识还很淡薄，要想富，不懂法咋行？陶全清决定：捐款 20 万，在家乡建一所法德讲堂，让乡亲们学法、懂法。

如今，在邬阳乡，去法德讲堂听课已成为一件时髦、有面子的事儿。

湖北恩施"律师进村，法律便民"改革经验在京发布

中青在线　2015 年 10 月 20 日　作者：雷宇

中青在线北京 10 月 20 日电［《中国青年报》中青在线记者　雷宇］历经数百年土司文化洗礼的鄂西北地区恩施土家族苗族自治州，而今现代法治新风拂面：每个农村家庭有一个法律明白人、乡村五老成为宣讲"法理郎"、每个政府部门设立起法律顾问……

10 月 20 日上午，由华中师范大学中国农村研究院主办的"'寓法于治，法治落地'——恩施州'律师进村，法律便民'改革创新经验新闻发布会"在京召开，近年来，湖北省恩施州以"律师进村，法律便民"为载体，以法引民，以法规政，探索出一条山区法治的有效路径，吸引了中外媒体关注。

恩施是湖北少数民族自治州，2013 年人均 GDP 排名湖北省倒数第一，在因俗而治的传统下，民众法治观念十分淡薄，政府惯用行政力量刚性维稳，往往又适得其反，陷入"越维越不稳"的怪圈。

面对诸多挑战，恩施州全面推行"律师进村，法律便民"工作，引入律师作为第三方参与，用法治思维和方式化解涉法涉诉信访积案和处理重点疑难信访案件，98.6% 个村（居）建立起"法律诊所"，把法律服务送到老百姓家门口；同时寓法于治，与政府治理相结合，为全州为 3829个党政机关、企事业单位、村（居）委会聘请了法律顾问，以法规政，使法治"落地"和"生根"，实现基层治理法治化。

2013 年至今，恩施州法律顾问共解答法律咨询 4.2 万余人次，参与调处纠纷 5500 余起，为相关部门提供法律意见书 1400 余份，培训法律明白人近 12 万人次，恩施未发生重大不稳定事件，大量矛盾纠纷有效化解在基层，村民由"信访"向"信法"转变。

中央政策研究室副主任潘盛洲、中央政法委副秘书长徐显明、中华全国律师协会副会长金山及来自中央党校、清华大学、中国人民大学等单位的专家学者参加了今天下午的成果理论研讨会，与会者认为，恩施经验对

中央"法治中国"建设命题进行了及时的地方答复,其经验值得在全国推广。

恩施州找到了一条法治落地的好路子

中国社会科学网　2015 年 10 月 20 日　作者:唐红丽

　　中国社会科学网讯〔记者 唐红丽〕信访工作难度大、责任大、压力大,一直是令地方政府头疼的老大难。如何破解难题?10 月 20 日,在京举行的由华中师范大学中国农村研究院主办的"'寓法于治,法治落地'——恩施州'律师进村,法律便民'改革创新经验新闻发布会"上,华中师范大学中国农村研究院执行院长邓大才教授介绍了湖北省恩施州通过"律师进村,法律便民"这一措施探索出的一条卓有成效的法治落地的好路子。

　　据介绍,湖北恩施州曾一度陷入"越维越不稳"的怪圈,而"律师进村,法律便民"这一措施的实施,却使曾经信访总量高居全省前三的恩施在 2015 年上半年下降了 80%。农民将"律师进村"服务称为"家庭的医生、权益的守护门神";政府感叹,信访量的减少使他们有更多精力抓建设、谋发展,自身的依法行政意识也得到极大提升。法治真正成为老百姓和党政人员的一种思维方式和行为习惯。

　　"过去,老百姓信武力不信法,信官不信法,信闹不信法,使乡村治理陷入恶性循环;从干部的视角,法被边缘化、工具化、形式化。结果导致干群对立严重,重大群体性事件较多,维稳压力大。"邓大才介绍,为解决这一问题,恩施州的做法是,第一,顺势而为,引民告官。鼓励农民进法庭,为农民请律师,帮助农民免费打官司。第二,因势利导,引民用法。在全州建立普遍的律师顾问制度,聘请律师作为政府购买公共产品的一部分,实行律师咨询 24 小时制度,为给农民提供多位律师开展法律咨询,以实事求是的原则取得农民信任。第三,因需而施,导民学法,因需普法,因人补法,形成全民自愿学法、懂法、知法、用法的大环境。第四,逆势倒逼,以法规政。倒逼政府和干部学法、懂法、用法。要求所有的机关事业单位聘请律师,重大决策咨询律师,律师列席相关决策会议,干部任用要考察法律水平、用法守法记录。第五,乘势而建,依法促治。

让学法、懂法、用法的环境持续下去，建立制度化的法治治理方式。

同时，将这种模式与村民自治结合和地方治理结合。这一措施自2012 年启动，2013 年初开始实施，2013 年下半年基本实现全州性的覆盖。2014 年这一措施成效初显，赴省进京上访同比分别下降 32.4％ 和52％，涉法涉诉类进行非访同比下降 72％。2015 年 1—4 月，重复访、越级访同比下降了 80％。短期内实现了三减一增：上访减少，群体事件减少，维稳成本大为减少，干群良性互动增加。而长期成效也逐渐形成：法制大环境开始形成，法治社会作用开始显现。

"我们将恩施州的这种改革探索称为内生型寓法于治模式。"邓大才说，其改革特点包括，内生型的改革：以农民、地方需求为导向；自上而下倒逼：以民心、民意、意情为压力；将法与治相结合：以法寓治，以治固法；法与治制度化：法治公共产品化。

邓大才认为，这种内生型寓法于治模式以农民的自身需求为导向、以法治的制度化为目标，引导农民学法、知法、用法，要求政府和干部懂法、依法、守法，通过农民与政府互动、法与治相互促进，促使法治落地，建设一个具有地方特色的法治建设模式。找到了一条法治落地的好路子、一条法治有效实现的路子。"作为山区、贫困区、老区的恩施能够实现、实施，其他地方也应能够实现、实现。我们认为，内生型寓法于治的法治社会建设的路子具可学习、可复制性、可推广性"，邓大才说。

华中师范大学中国农村研究院院长徐勇从三个方面总结了恩施经验。一是，让法治落地。不同于以往自上而下、由外向内的法治路向、法治理念，恩施措施使法治理念、法治思维、法治方式转化为基层干部和平民百姓的日常生活行为习惯。这才是法治的根基。二是，利益导向。老百姓为什么信访不信法？因为信访可以得到更多利益。小闹小得利，大闹大得利。恩施以提供免费法律资助形式，引导百姓走法律途径，拿起法律武器。三是，使法律制度成为公共产品。我们一般认为政府出资修一条公路是公共产品，但现在看来购买法律服务也可以成为公共产品，使人民享受到法律这项公共产品的好处。

对于这项措施的好处，恩施州鹤峰县邬阳乡乡长汪娟的感受是，信访数量大幅减少，政府有更多时间和精力来抓建设；促进了政府决策的依法行政；让法治真正深入人心。

徐勇认为，恩施的做法可以放在整个治理体系和治理能力现代化的层面来考察。"治理能力现代化，最缺的是法治能力。"徐勇说，恩施的做法是倒逼政府转变治理方式，进行政府定位的自我革命、行为方式的自我革命。

作为恩施州"律师进村"措施的具体践行者，湖北省中和信律师事务所律师曹亦农对这一措施的效果也感触颇多。"一是，真抓实干，不为指标。二是，以满足老百姓的法律服务需求为制度宗旨。三是，措施先进、科学，购买法律公共产品服务百姓，这些理念在全国都是走在前列。四是，强化责任，明晰责任。"曹亦农认为，这种理念上坚定不移地坚守法治思想、依法解决所有问题的行为模式，是治理能力现代化的重要实践。

"人民群众有需求，党委政府有要求，意识有追求，恩施作了一次中央政策落地的实践，就是依法治国在恩施的具体实践。"曹亦农说，恩施措施最大的收获就是，党政机关和人民群众碰到问题，想到的是法律思维，这种意识和思维的培养难能可贵。这对人民群众依法行事意识和行为习惯的形成，群众合法权益和社会稳定的维护，都会产生深远的影响。如果恩施的做法持之以恒，将来一定能成为恩施依法治州的常态化制度。如此，社会和谐稳定就能实现。

湖北恩施"律师进村法律便民"改革创新经验发布

科学网　　2015 年 10 月 22 日　　作者：郑金武

科学网讯 10 月 20 日上午，由华中师范大学中国农村研究院主办的""寓法于治，法治落地'——恩施州'律师进村，法律便民'改革创新经验新闻发布会"在北京顺利召开。来自境内外的 60 余家媒体参加了发布会。

在观看完恩施州改革创新专题纪录片后，中国农村研究院执行院长邓大才教授代表课题组汇报恩施州改革创新研究成果。邓大才教授谈到，恩施州作为集"老、少、边、山、穷"为一身的少数民族自治州，2013 年人均 GDP 排名湖北省倒数第一，滞后的经济发展伴随着有限的公共服务；同时，民众法治观念较为淡薄，而全州仅有 337 名执业律师，法治资源不足且覆盖不均更是进一步拉低了社会治理水平。面对诸多挑战，恩施州委州政府积极响应十八届四中全会建设法治国家的目标要求，探索出了以"寓法于治，法治落地"为核心的地方改革新样本。寓法于治，将法的元素植入治理之中，让法治从理念、制度落实到人们日常生活之中，内生出法治意识、法治行为，使法治"落地"和"生根"，实现基层治理法治化。

邓大才教授认为，恩施州的治理改革成效显著，特点鲜明。第一是坚持市场导向，引入竞争机制，变"行政命令"为"市场服务"，变"统一服务"为"独立服务"。

第二是政府示范，推动各级党政部门实现法律顾问全覆盖，引入律师参与政府行为的合法性审查，并作出相应的风险评估，变"拍脑袋决策"为"依法决策"，变"拍胸脯蛮干"为"依法办事"，变"拍屁股走人"为"依法追责"。

第三是多元参与，以"律师进村"为载体，吸纳乡贤能人、社会组织广泛参与，改变传统政府"一权独大"问题。

第四是规则塑造，矛盾纠纷纵向上实行层次调解，横向上进行分类处理，由一系列环节、规则将人们的行为规范化、程序化，让人们养成走程序、守规则的意识。

第五是因地制宜，类型多样，整体推动的同时又考虑了地域、文化差异。

第六是治理融合，即将现代治理元素植入到现行治理体系之中，循序渐进地加以改造，缩减改革成本。

在此基础上，恩施的治理改革一是构建了现代基层治理的制度基础，为社会行为提供了一套共同认可的规则体系；二是丰富了现代基层治理的方式方法；三是促进了基层社会矛盾的有效化解。自活动开展以来，全州法律顾问共解答法律咨询 12.5 万余人次，参与调处纠纷 7900 余起，为相关部门提供法律意见书 1400 余份。重大政治性事件、非法聚集事件、大规模群体性事件零发生；赴省进京非正常访分别下降 60.4% 和 36.8%。

湖北恩施"律师进村"改革经验走进北京

九派新闻　　2015 年 10 月 21 日　　作者：柯立

摘要：10 月 20 日，由华中师范大学中国农村研究院主办的

"'寓法于治，法治落地'——恩施州'律师进村，法律便民'改革创新经验发布会"在北京顺利召开。

"我们基层干部，长期面对乡里乡亲，只能用土话，今天来北京开会要讲普通话，我只能用这不标准的'彩色'普通话，讲一下内心的真实感受"，来自湖北恩施大山深处的一位乡党委书记田贵周腼腆地笑着说。这是他头一回穿西装打领带，面对台下的60多名记者，讲他的家乡"用财政资金聘请律师，免费为村民提供法律服务"故事。

10月20日，由华中师范大学中国农村研究院主办的"'寓法于治，法治落地'——恩施州'律师进村，法律便民'改革创新经验发布会"在北京顺利召开。中央政法委秘书长徐显明、全国政协社会和法制委员会副主任吕忠梅、中共中央政策研究室副主任潘盛洲、司法部副部长赵大程等司法界权威人士，都非常关注湖北恩施州委、州政府积极响应十八届四中全会建设法治国家的目标要求，探索出了以"寓法于治，法治落地"为核心的基层改革新样本。

"老百姓其实吃得起亏，就怕不公平"

从村干部一步步当上乡镇干部，田贵周曾经无数次到北京拦截上访人员，"进京上访的群众有不少是因为（山）林（产）权纠纷长期得不到解决，有时候为了维护稳定，劝上访人员离开北京，我甚至下过跪。"

而自从两年前他所工作的乡镇用财政资金聘请"律师进村"后，老百姓的很多长年积怨，走上依法解决之路。"我们绝不是为了搞出一个创新典型才这样做，最开始，我们基层干部感觉并不光彩、不高尚。但是没有办法，当时我们乡的领导班子成员，至少有一两个人在北京、武汉等接待、劝阻信访群众。2013年我们乡财政花钱请了7个律师，每人每年顾问费5000元，他们的电话、QQ、微信号等，都被印成小卡片发给村民，村民们有任何法律问题，都可以24小时向律师咨询。"

律师进村，让田贵周最大的感受是方便、便宜、公平，"老百姓其实吃得起亏，但就怕不公平，怕基层干部拉偏架。而律师作为不是生活在本地的第三方，村民们觉得相对公平，有问题依法解决，让人心服口服。"

两年来，乡财政总共花了7万元律师费，效果却立竿见影，"首先是群众信访数量大大减少，2014 年全乡只有 4 起，减少了大量基层干部的人力、物力；对于有一些林权纠纷，我们鼓励老百姓上法庭告政府，事实上真正闹上法院的只有 4 起。"

律师进村给闭塞土苗山寨带来巨变

中国农村研究院执行院长邓大才教授代表课题组汇报恩施州改革创新研究成果。邓大才教授说：恩施州作为集"老、少、边、山、穷"为一身的少数民族自治州，山高路险人稀，加上当地至今仍存在土司传统、村寨思维，民众法治观念较为淡薄，基层法治很难伸张。2013 年人均 GDP 排名湖北省倒数第一，滞后的经济发展伴随着有限的公共服务，全州仅有 337 名执业律师。

党的十八大以来，以田贵周所工作的乡镇为代表的恩施局部乡镇，开展"律师进村"试点工作，大胆创新，提出"群众点菜，律师下厨，政府埋单"的法律顾问工作新机制，对律师进村按市场规律运作，政府预算财政购买法律服务经费，采用政府购买服务的方式，打消了律师做"义务工"的顾虑，吸引律师投身基层服务法治治理。

自 2014 年以来，恩施州年均财政预算 5000 万元用于普遍建立法律顾问制度工作。恩施州全面推行"律师进村，法律便民"工作以来，建成 93 个法律顾问团，为 3829 个党政机关、企事业单位、村（居）委会聘请了法律顾问，98.6% 个村（居）建立起法律顾问制度，让法律走进千家万户。

邓大才认为，恩施州的治理改革成效显著，特点鲜明。一是坚持市场导向，引入竞争机制，变"行政命令"为"市场服务"，变"统一服务"为"独立服务"；二是通过政府示范，推动各级党政部门实现法律顾问全覆盖，引入律师参与政府行为的合法性审查，并作出相应的风险评估，变"拍脑袋决策"为"依法决策"，变"拍胸脯蛮干"为"依法办事"，变"拍屁股走人"为"依法追责"；三是多元参与，以"律师进村"为载体，吸纳乡贤能人、社会组织广泛参与，改变传统政府"一权独大"问题；四是规则塑造，让人们养成走程序、守规则的意识。五是因地制宜，类型多样，整体推动的同时又考虑了地域、文化差异；六是治理融合，即将现代治理元素植入到现行治理体系之中，循序渐进地加以改造，缩减改革成本。

据统计，自活动开展以来，全州法律顾问共解答法律咨询 12.5 万余人次，参与调处纠纷 7900 余起，为相关部门提供法律意见书 1400 余份。重大政治性事件、非法聚集事件、大规模群体性事件零发生；赴省进京非正常访分别下降 60.4% 和 36.8%。"寓法于治，法治落地"为土苗山寨带来巨变。

华师中农院在北京推广恩施
"律师进村，法律便民"基层法治经验

荆楚网 2015 年 10 月 20 日 作者：王建锋

荆楚网消息〔记者 王建锋〕10 月 20 日上午，由华中师范大学中国农村研究院主办的"恩施州'律师进村，法律便民'改革创新经验新闻发布会"在北京顺利召开。"寓法于治，法治落地"的恩施州基层法治典型经验，不仅使基层法治建设工作取得显著成效，也为全国各地共同促进全面依法治国的深化落实提供了可供参考的范例。

恩施土家族苗族自治州是集"老、少、边、山、穷"为一身的少数民族自治州，滞后的经济发展，背后是有限的公共服务和较为淡薄的民众法治观念。全州仅有 337 名执业律师，法治资源不足且覆盖不均进一步拉低了社会治理水平，2013 年人均 GDP 排名湖北省倒数第一。

面对诸多挑战，恩施州委州政府积极响应十八届四中全会建设法治国家的目标要求，全面推行"律师进村，法律便民"。由政府出资购买律师服务，建成 93 个法律顾问团，为党政机关、企事业单位、村（居）委会聘请法律顾问，为 2400 多个村（居）建立起法律顾问制度。开展普法讲座，发放律师便民联系卡，引导村民学法、知法、用法，鼓励动用法律武器"民告官"。实现了地方政府依法行政、依法办事，以法规政、以法促治的新局面，探索出了以"寓法于治，法治落地"为核心的地方改革新样本。

中国农村研究院执行院长邓大才在发言中认为，恩施州坚持市场导向，以"律师进村"为载体，寓法于治，将法的元素植入治理之中，让法治从理念、制度落实到人们日常生活之中。内生出法治意识、法治行

为，使法治"落地"和"生根"，实现了地方政府基层治理理念从"人治"向"法治"的根本转变。

据介绍，恩施州"律师进村，法律便民"推行以来，法律顾问为各级政府及相关部门提供法律咨询 2000 余次，开展专项法律宣传 2300 余场次，培训法律明白人近 12 万人次，解答法律咨询 12.5 万余人次，办理法律援助案件 2500 余件，法律援助事项 2.2 万余件，法律顾问参与调处纠纷 7900 余起，化解信访积案 878 起。"律师进村，法律便民"制度的实施，也使恩施州赴省进京越级上访人数同比下降 36.8% 和 60.4%。有律师为政府决策把关，恩施州公开、公正、守法、诚信的法治政府建设如虎添翼。

推行"律师进村，法律便民"
恩施州创新基层法治落地新途径

荆楚网　　2015 年 10 月 20 日　　作者：王建锋

荆楚网消息［记者 王建锋］10 月 20 日下午，中国农村研究院在北京召开理论研讨会，就恩施州"律师进村，法律便民"改革创新经验进行深入研究和推介。专家一致认为，恩施州积极响应十八届四中全会建设法治国家的目标要求，以"律师进村，法律便民"为载体，探索出以"寓法于治，法治落地"为核心的地方改革新样本，开辟出一条基层法治建设新路。

恩施土家族苗族自治州位于武陵山区，经济发展落后，长久以来，山区老百姓信访不信法的问题较为突出。2013 年，恩施州在恩施市龙凤镇设立试点，聘请法律顾问在村里设立"法律诊所"，安排律师定时到村里为群众宣传法律知识、提供法律咨询。律师进村后，将很多矛盾化解在一线。同时，律师参与调节处理一些信访难题，对处理不下来的引导进入司法程序。这一做法，既引导着群众依法维权，又推动着政府依法行政，促进了基层治理法治化。

鹤峰县邬阳乡政府乡长汪娟在研讨会上做典型发言，她说，过去群众宁愿上访而不愿打官司，律师进村后引导群众通过法律程序解决问题，让法治观念落实到日常生活中，深受群众欢迎。"开展律师进村活动，解决了法治乡村怎么建、法治教育怎么学、法治成果怎么用的难题。"

2014 年，全州普遍推进建立法律顾问制度工作，建成法律顾问团 93 个，有 2460 个村（居）委会聘请了法律顾问，占全州村（居）委会总数的 98.64%。并积极鼓励村医村教进班子，让老党员、老干部、老组长、乡贤能人充当法治宣讲员、矛盾调解员。近两年来，全州没有发生重大政治性事件、非法聚集事件、大规模群体性事件，非正常上访大幅下降，社会大局平稳有序，为经济发展提供了良好环境。

中央政法委副秘书长徐显明说，恩施州根据山区实际情况，探索出基层法治落地与道德建设结合的模式，使法治与德治并行，让德治为法治落地提供服务，引导村民学法、知法、用法，对于基层法治建设来说，非常具有典型性。

当天，还有来自中共中央政策研究室、民政部、北京大学、清华大学、中央民族大学、中国政法大学、华中师范大学、中央党校等单位的专家，对恩施州的改革创新成果予以肯定。

专家组一致认为，恩施州以"律师进村，法律便民"为载体，让专业的法律工作者为群众提供专业的法律服务，引领山区治理转型，推进基层治理法治化，建立重心下移、力量下沉的法治工作机制，契合了十八届四中全会提出的坚持法治国家、法治政府、法治社会一体建设。恩施州坚持以"系统治理、依法治理、综合治理、源头治理"为主题，打造了推进基层治理现代化的"恩施样本"，为社会治理探索出一条有效路径，其经验值得广泛推广。

湖北积极开展律师进村工作 部分村级信访下降 60%

荆楚网　2015 年 10 月 26 日　作者：张城　顾丹

荆楚网消息［记者 张城 通讯员 顾丹］为了发挥好律师在法治湖北建设中的重要作用，10 月 26 日，湖北省委政法委组织省法院、省检察院、省公安厅、省司法厅联合召开全省律师工作会议。

近年来，全省律师律师队伍以每年 1000 人的规模快速增加，目前已经全面建立了"两结合"律师管理体制，司法行政机关与律师协会明确分工、各司其职，通过严格准入、职前培训、年度考核、行业规范、纪律惩戒、行政处罚等措施，并加强与公检法等机关的沟通衔接，推动构建司法人员与律师新型关系，维护了律师的执业权利和人身权利。

此外，湖北组建省、市、县三级律师顾问团（组），顾问团律师达1100多名，在服务政府部门的同时，每年还为企业办理各类案件12万多件。

值得一提的是，我省律师队伍积极开展律师进村（社区）工作，定期到村（社区）为群众提供面对面咨询，每年参与办理法律援助案件3万多件，办理法律援助事项近30万件（次）。围绕维护稳定需要，建立律师参与信访接待工作机制，将社会矛盾导入法治轨道，有的村信访下降60%以上。10月20日，恩施州在北京举办了"律师进村，法律便民"改革创新经验理论研讨会，全面宣传和推介恩施州基层法治的典型经验。

会上，省司法厅厅长汪道胜表示，当前和今后一个时期全省律师工作总的要求是：以党的十八大、十八届三中、四中全会精神和习近平总书记关于司法行政工作的重要指示精神为指导，全面贯彻落实全国律师工作会议精神，积极推动落实律师执业权利保障措施，切实加强律师执业规范管理，大力加强律师队伍建设，充分发挥律师在法治湖北建设中的重要作用。

据悉，截至10月上旬，全省共有律师事务所649家，执业律师10212人，有271名律师担任各级"两代表一委员"（人大代表、党代表和政协委员），1人当选为全国人大代表。通过单独建、联合建、指派政治指导员等方式，实现了党的组织和党的工作对律师行业的全覆盖，全省2853名律师党员全部编入党支部。

法治建设的恩施样本
——我州探索律师参与涉法涉诉信访矛盾化解工作综述
《恩施日报》 2014 年 11 月 13 日 作者：王敏

近日，宣恩县被全国普法办表彰为第三批"全国法治县（市、区）创建活动先进单位"，恩施市龙凤镇双堰塘村、利川市团堡镇野猫水村、宣恩县椒园镇水田坝村被司法部、民政部表彰为第六批"全国民主法治示范村（社区）"。这是我州立足州情改革创新，普遍建立法律顾问制度，探索推广律师参与涉法涉诉信访工作，化解涉法涉诉信访积案取得的系列成果之一。

从被动接招到主动出手，从疲于应对到依法引导，经过近两年的探索，我州初步实现了法与访、诉与访的良性循环。

普遍建立法律顾问制度，为法治恩施建设破题

恩施市屯堡乡党委书记吴秀忠的办公室曾有扛着铺盖卷来访的村民，这种信访方式严重影响正常工作，还带来了不良示范效应。"如今有了法律顾问，我们工作更有底气，也能少走弯路"，吴秀忠说。

两年前，我州一度成为全省信访重灾区，群众信访不信法、信大领导不信小干部。数据显示，2011—2012年，全州涉法涉诉进京非访178人次，占进京非访的比例高达61.59%。

少数领导干部缺少法治思维，上访群众缺少法律专业人士指导。州委组织专班进行调研，找到"信访不信法"的症结所在。改变传统信访维稳模式，"打造法治湖北升级版"得从基层治理抓起，信访倒逼党委、政府请进法律人。

2013年6月，在省委政法委、省司法厅支持下，州委、州政府聘请湖北中和信律师事务所、湖北立丰律师事务所曹亦农、汪少鹏等15位知名律师组成恩施州涉法涉诉信访工作律师顾问团。尔后，又在全省率先聘请中南财经政法大学原校长吴汉东、中国政法大学校长黄进等17位知名专家组建法治建设专家委员会，构建法治恩施建设新型智库。

2014年2月，州委、州政府出台《关于全面深化改革加强法治恩施建设的意见》，统筹推进法治恩施建设，为律师参与涉法涉诉信访工作提供了规范性指引。3月12日，《恩施州普遍建立法律顾问制度的实施意见》正式印发，明确到2016年年底形成覆盖州、县市、乡镇党委政府及其部门和企事业单位、人民团体、村（居）民委员会组织的法律顾问网络，实现法律顾问制度全覆盖。

两年来，州委政法委直接召开7次工作督办、调度会议，主持工作协调会20余次，下发专项督办函100余份，坚持每月通报1次积案化解情况。"《意见》出台标志着法治恩施建设进入全新阶段，是对'律师进村，法律便民'工作的提炼升华。"州委书记王海涛指出，普遍建立法律顾问制度是法治恩施建设的一个突破口和有力抓手，其落实到位程度与基层社会治理能力法治化水平息息相关。

"一味地上访是不行的，只有依法维权才能最终解决问题。"5月14日，谭发连对免费带他打官司又上门回访的律师鲁诚说出肺腑之言。凭恩施州中级人民法院二审判决书，上访8年的谭发连不久前拿到了200多万元的房屋安置补偿。

为解决信访当事人实际困难，2014年以来，州直相关部门先后10批次对59案59人给予司法救助125.76万元，八县市共使用司法救助资金283.92万元，救助涉案当事人或其近亲属308人，让确有困难的信访人回归正常的生活轨道。

律师参与涉法涉诉信访，群众信访更信法

我州将律师参与涉法涉诉信访工作放在平安、法治恩施建设大背景下布局开篇着笔，始终坚持探索改革创新，"四变"促成常态长效。

变观念。过去靠领导签字督办，用人治办法；现在突出法治思维，用法治方式。

变手段。过去用"法外施恩"，更多的是经济手段，"花钱买平安"；现在主要是法治手段，引入第三方力量管当前、求长远，多措并举综合发力。

变方式。过去是在司法程序走不通的情况下，走行政程序，经常遭遇"山重水复疑无路"的困境；现在引入律师参与，让其重新回归司法渠道，用法治的方法解决问题，经常收获"柳暗花明又一村"的喜悦。

变体系。过去靠司法机关和涉案行政机关"搞单干"，现在形成了"党委领导、政法委督导、律师参与、责任主体落实"的调解体系。

恩施市龙凤镇探索建立"镇人民政府有一个法律顾问团，村（居）委会有一个法律诊所，农村网格有一名法律宣讲员，农户有一个法律明白人"的法律顾问服务网络，提升了基层依法治理能力。

中央领导刘云山、孟建柱、赵乐际给予充分肯定。省委副书记、省长王国生在指导恩施市群众路线教育实践活动时指出，要狠抓"律师进村，法律便民"，解决群众"信访不信法、信领导不信干部"的问题。

恩施市沐抚办事处推行矛盾纠纷层级化解法，合理运用法律顾问资源参与涉法涉诉信访案件化解，曾经的信访重灾区近两年无一人越级上访。

恩施市屯堡乡推行"1+2+3+X"常年法律顾问工作模式，即每个村（居）聘请1名执业律师担任常年法律顾问，2名司法行政干警协助村法律顾问开办"法律诊所"，每个农村网格选拔培训3名法律宣讲员，每个村（居）培养X名法律明白人，做到早发现、早介入，把矛盾化解在基层，解决在萌芽状态。

宣恩县以建立律师顾问制度为契机，将涉法涉诉信访积案化解纳入综治网格管理，通过网格适时了解信访人的思想状况、化解进程，做到诉求合理的解决问题到位；诉求无理的思想教育到位；生活困难的帮扶救助到位；行为违法的依法处理到位。万寨乡一个长达近30年的涉法涉诉信访疑难事项，顾问团律师根据相关法律规定，进行了详细的解答，并提出了具体的方案供村民参考。经过反复宣讲，最后与村民达成一致协议，村民表示息诉罢访，并对调解结果表示满意。

领导带头不批"条子"，以上率下，为依法治访堵上了"偏门"；律师发挥专业特长，讲明法理、讲清事理、讲通情理，为信访群众敞开了"正门"。

自2014年4月以来，全州建立法律顾问制度、开设"法律诊所"的村（居）、乡镇、县市直单位及国有企业、非公有制经济组织已达3597个，占应建立法律顾问总量的82.09%。受聘法律顾问共解答信访、法律咨询3.48万余人次，参与调处矛盾纠纷5300余起，化解信访积案412起，为相关部门提供法律意见书1200余份。省委书记李鸿忠、副书记张昌尔批示要求全省推广我州普遍建立法律顾问制度工作经验。

2014年，全州赴省进京上访同比分别下降32.4%和52%，涉法涉诉类进京非访共10案15人24人次，同比下降72%。今年1—4月，重复访、越级访同比下降了80%。

建立长效机制，推进法治恩施建设

让群众信法，就要保证律师参与涉法涉诉信访工作的中立性、公正性，更要建立长效的工作机制。

2014年3月，州中级人民法院成立全国法院首个诉访局，在诉讼服务中心设立律师工作室，保障诉访在法治轨道内有效运转。截至目前，该院成功化解 24 件重点积案。

首批化解涉法涉诉信访案件律师顾问团以州外省内知名律师为主，避免信访当事人产生律师顾问团是党委政府、机关部门利益代言人的错觉。逐步推行双向自主选择原则，法律顾问聘任程序由聘任单位启动，采取聘任单位定向邀请、公开选聘和从业机构推荐、个人申报等方式，按照法律顾问政治素养、专业素质、执业操守等聘任基本条件择优聘任，聘期每届原则上 3 年，并报司法行政机关备案。实行优胜劣汰，探索建立法律顾问退出机制，对不尽职责，聘用单位不满意、人民群众反响较大的，不再续聘或提前解除聘任合同。

利川市法律顾问团在处理市民陈某上访案中，律师团成员通过阅卷认为有必要掌握现场情况，乘车 70 多公里后又步行 10 多公里到达与重庆接界的深山密林案发第一现场，充分展现了律师的敬业、务实精神，信访人也被律师团成员认真负责的态度所打动，为最终化解积案打下了坚实基础。

以律师事务所为基本单元，组建律师顾问团担任法律顾问，避免律师个体认知水平和工作失误影响工作绩效，努力实现法律效果、政治效果、社会效果有机统一。

落实信访积案原办案人员回避制度，避免先入为主和信访人的合理怀疑；推行律师代理回避制度，凡与原办案机关、信访人存在事实上或法律上利害关系的，一律不参与代理、化解，避免信访问题复杂化。尝试推行交叉聘任制度，通过聘请辖区外律师担任法律顾问，避免地域、人情冲突。

为提高律师参与化解的有效性和可信度，遵循回避、充分告知、全程监督原则，对部分社会关注度高、化解终结难的案件实行公开听证，从程序上保护当事人的合法权益，推动疑难复杂涉法涉诉信访案件实质化解或依法终结。

自 2013 年 6 月试点启动律师参与"百案攻坚"以来，至当年底 100 件重点积案已全部出具律师意见书。截至目前，已成功化解 39 件、依法妥善处置 14 件，完成工作总量的 53%。

当事而立法，因时而制礼。引入律师参与涉法涉诉信访工作，解开了群众"心结"，化解了"怨气"，推进了基层依法治理，提高了依法办事能力和水平，法治恩施正在路上。

践行法治促和谐
—— 我州加快法治恩施建设进程
《恩施日报》 2014 年 11 月 13 日 作者：王敏

编者按： 近年来，我州"法治恩施"建设工作在州委、州政府的正确领导下，认真贯彻党的十八大提出的"科学立法、严格执法、公正司法、全民守法"的法治建设总方针，着力构建符合经济社会发展需要和恩施实际的法治恩施建设格局，为服务"双轮驱动"、建设美丽恩施提供了强有力的法治保障。为全面反映"法治恩施"建设的成效，本报特开辟专栏，推出系列报道，敬请关注。

崇尚法治，践行法治

作为民族地区、贫困山区，随着全面建成小康社会新征程的开启、全国综合扶贫改革试验区建设的深入推进，我州既迎来了前所未有的发展机遇，又面临着各类矛盾碰头叠加、人民群众信访不信法等突出问题，迫切需要运用法治思维和法治方式应对挑战、破解难题、推动发展。近年来，州委、州政府在坚持"发展第一要务"的同时，始终把"法治恩施"建设摆在突出位置。

智囊团服务法治恩施建设

通过对近三年全州影响较大的涉法涉诉信访案件进行复盘，州委、州政府深刻认识到，要维护社会稳定，最根本的办法还得依靠法治。

2013 年 6 月 3 日，恩施州法治建设专家委员会正式成立。中南财经政法大学校长、教授、博士生导师吴汉东，中国政法大学校长、教授、博士生导师黄进，省政协常委、公安部特聘刑侦专家尚武，省司法厅副厅长、武汉大学法学院教授李仁真等 17 名专家学者受聘为州法治建设专家委员会成员。专家委员会着力于为恩施发展提供高质量服务，提供立法建议，帮助党委、政府规避决策风险、化解社会矛盾，提升各级干部的法治素养，培养一批具有法治实践能力的高层次人才，积极宣传推介法治恩施建设典型经验。

在广泛征求意见的基础上，今年2月，州委、州政府出台《关于全面深化改革加强法治恩施建设的意见》，明确提出，到2020年建成全国法治建设先进自治州，法治政府基本实现，司法公信力不断提高，依法守法成为社会规范，全州经济、政治、文化、社会、生态文明建设实现全面法治化的宏伟目标。

律师顾问团助信访积案化解

截至2012年年底，全州涉法涉诉信访积案156件，涉法涉诉赴省进京非访居高不下。在这一特殊社情、民情下，恩施州涉法涉诉信访工作律师顾问团应运而生，以第三方中立身份参与其中，帮助化解"骨头案"。

2013年6月14日，律师顾问团正式成立，由湖北中和信律师事务所主任曹亦农为团长、湖北立丰律师事务所主任汪少鹏为副团长共15位律师组成，帮助我州化解涉法涉诉信访积案。州财政对律师出具一份意见书给予3000元经费，每成功化解一件信访积案再奖励2万元，交通、生活费用据实报销。"上下联动、分级负责、律师参与、案结事了"，律师顾问团按照这一原则，梳理筛选了100件重点积案，将其导入法治轨道，集中化解。

鹤峰县年逾八旬的"资深上访户"刘建明，因不服60多年前的法院判决而持续上访。虽然年代久远案情已难以复查，但为了化解这一信访积案，律师顾问团律师进行了接访，并出具了《刘建明涉法涉诉信访案件律师意见书》。经多方努力，这一积案终于得到妥善解决。

用法治思维和法治方式解决涉法涉诉信访问题，为稳步推进涉法涉诉信访工作改革打下了坚实的基础。截至目前，律师顾问团成功化解信访积案35件、依法终结6件、导入司法程序3件、依法打击处理1件、核销非涉法涉诉类2件。今年以来，涉法涉诉类进京非访共10案15人24人次，同比下降69.57%。

普遍建立法律顾问制度

10月15日，在恩施市小渡船街道办事处旗峰社区，因某房地产企业在建房过程中倾倒红土，覆盖了社区居民朱佑华的水田，社区法律顾问陈嘉睿律师与企业负责人就赔偿事宜进行协商。"如果协商不成，下一步我们将为朱佑华提供法律援助，通过司法诉讼维护他的合法权益"，陈嘉睿说。

为加快法治恩施建设步伐，我州积极推进"律师进村，法律便民"工作，探索建立乡镇人民政府有一个法律顾问团、村（居）委会有一名法律顾问、农村网格有一名法律宣讲员、农户有一个法律明白人的"四个一"法律顾问服务网络，以满足人民群众在生产生活方面的法律诉求。

今年年初，"普遍建立法律顾问制度"写入州政府工作报告，并率先在全省启动实施。截至目前，全州已组建法律顾问团126个，聘请法律顾问的村（居）委会1886个、乡镇78个、县市直单位393个、国有企业66家、非公有制经济组织288家，占应建法律顾问制度单位总量的52.58%。全州法律顾问共解答法律咨询25800余人次，办理法律援助案件541件、法律援助事项6557件。

4月11日，中共中央政治局常委、中央书记处书记刘云山在恩施视察时，对这一基层创新治理做法给予充分肯定。

"律师进村、覆盖乡村的法律顾问制度，不仅是形式上的法律服务，更是地方政府社会治理理念从'人治'向'法治'的根本转变，有利于建设基层法治秩序，推进乡村依法治理进程"，省党建研究会组织专家对我州普遍建立法律顾问制度进行调研评估后，如此评价道。

恩施法治下乡：深耕"最后一公里"
内生型改革治理模式具可推广性

《恩施晚报》　2015年10月26日　作者：曾维明

恩施，法治，"律师进村"成了搜索引擎的关键词。

10月20日，在前期调研总结的基础上，华中师范大学中国农村研究院在北京举行"'寓法于治，法治落地'——湖北恩施'律师进村，法律便民'改革创新经验理论研讨会"，以此宣传和推介恩施州基层法治的典型经验，为共同促进全面依法治国的深化落实提供了可供参考的范例。

政府花钱鼓励农民告自己，听起来有点儿像天方夜谭，但这却发生在恩施州。面对"居高不下"的上访难题和"日益凸显"的矛盾纠纷，恩施州通过引入"第三方"律师主体，促进"法律下乡，法治落地"，探索出一条"规政引民"的法治实现新路径。

恩施州以"律师进村，法律便民"建设为契机，使法律触角延伸到底，法律服务覆盖到边，真正把方便、便宜、公正的法律送下乡，破解了法治建设停摆在"最后一公里"的难题。

在中国农村研究院执行院长邓大才教授看来，恩施"律师进村"是内生型改革，以农民、地方需求为导向，而不是专家或官员坐在高堂上想出来的，并且该路子"具可学习、可复制性、可推广性"，可以向全国推广。

A "法律下乡，法治落地"，成为山区法治有效落地的地方范本

华中师范大学中国农村研究院院长邓大才教授介绍，在村寨观念和山民意识影响下，恩施农民往往"信权、信力、信访"但不"信法"；另一方面，由于基层干部"慢作为、不作为、乱作为"现象突出，导致矛盾纠纷不断恶化，上访问题"居高不下"。数据显示，从 2011 年至 2013 年，恩施州信访量连登湖北省"前三甲"，在赴省进京越级上访、重复上访、非法上访中，涉法涉诉信访占 60% 以上。

面对这种情况，从 2013 年开始，恩施州尝试通过政府统一购买律师服务，并将其送到农户家，使农民可以免费享受到法律服务，有效调动了农民的用法积极性。

恩施州通过政府统一购买，让法律顾问进村入户，农民可以免费咨询律师。创制法律便民服务卡，将每个律师的照片、擅长领域、联系方式等信息印在卡片上，发给农户，贴在家门口，使农民"一卡在手，问法无忧"。其次，针对农民"不会打、打不起"官司的问题，恩施州积极探索"免费打官司"服务，引导农民通过司法途径维权。

"律师进村，法律便民"使广大群众足不出户即可享受专业的法律服务，带动全社会尊法守法，依法办事；为律师行业发展注入新活力，普遍建立法律顾问制度，对律师等法律专业人才的需求带动了律师行业的良性健康发展。

邓大才指出，恩施的治理改革构建了现代基层治理的制度基础，为社

会行为提供了一套共同认可的规则体系，丰富了现代基层治理的方式方法，促进了基层社会矛盾的有效化解。恩施州的法治实践，实现了法治进村、到户入心，使得法治深耕乡土，既推动着政府依法行政，也引导着农民依法维权，促进了山区治理现代化，成为山区法治有效落地的地方范本。

B 法治下乡：深耕"最后一公里"

全面推进依法治国，基础在基层，工作重点在基层。然而，长期以来农村基层法治社会建设面临"无人普法、无处学法、无章用法"的困境，法治建设始终不能落在农民身上，梗阻在"最后一公里"，形成了"法治孤岛"。

恩施州以"律师进村，法律便民"建设为契机，盘活对接主体，打造承接单元，创新衔接机制，使普法有人可依、学法有处可寻、用法有规可择，使法律触角延伸到底，法律服务覆盖到边，真正把方便、便宜、公正的法律送下乡，破解了法治建设停摆在"最后一公里"的难题。

2013年，我州以乡镇为单位，通过政府采购法律服务，建立起律师顾问团。截至2015年3月，我州已建成律师顾问团93个，2400余个村（居）成立了"法律诊所"，参与法制宣传1718场，提供法律咨询3.48万人次，调处纠纷5300余起，412件信访积案得到有效化解，为相关部门提供1200份法律意见书。

恩施市208个村（居）利用律师资源，每村培训20名至30名退伍老兵、老干部等乡贤能人。高台村老干部向奉久激动地说，"以前调解矛盾纠纷大多用'土办法'，经过律师培训后，掌握了'新办法'，处理问题更有效了。"

2014年，恩施市成立由律师、司法所干警、派出所民警等组成的普法宣讲团，开展"普法巡讲进校园"活动。采取趣味问答、有奖竞猜等形式与学生、家长现场互动，学生成为家长的法律"教练"。截至2014年11月，恩施市普法巡讲团在各中小学巡回宣讲45次，21000人得到培训。

过去，法律宣传大多"写在纸上、停在嘴上、贴在墙上"，农民难以见法。我州通过把法律"落在场院""扎在小组""嵌在农户"，使学法单元下沉到底，农民学法有处可寻。

利川市汪营镇利用广场上演法治"话剧"，每次吸引约5000名群众参与其中。沿渡河镇界河村利用赶集日开展"普法惠农赶集"活动，向前来赶集的村民发放法治宣传资料。在来凤县绿水镇的一处农家小院，家庭婚姻、道路安全等法律知识"七巧板"嵌在庭院走廊两旁。来凤县绿水镇律师向启仲积极参加小组夜会，围绕农民关心的法律问题，面对面地向农民宣传法律知识，有针对性地开展法制宣讲。

恩施州依托"律师进村，法律便民"活动，破解了基层法治建设"最后一公里"僵局，其创新实践的核心在于深耕基层，使法治落地有需求、有承接、有根基。

C 律师进村：内生型改革治理模式能复制

"律师进村"，是指政府以购买的形式，引导律师进村，由公共财政为农民提供法律服务。在中国农村研究院执行院长邓大才教授看来，恩施"律师进村"是内生型改革，以农民、地方需求为导向，而不是专家或官员坐在高堂上想出来的，并且该路子"具可学习、可复制性、可推广性"，可以向全国推广。

邓大才认为，将律师作为政府与访民间的媒介，是很好的载体。他在调研中发现，"农民也很聪明，担心律师被政府收买，他们同时给多个律师打电话咨询同一个问题，如果多个律师的结论大体一致，农民也基本就会认同了"。

恩施市小渡船办事处党委书记田贵周分析，农民之所以喜欢"律师进村"，是因为方便且便宜，"到城里咨询一次，至少50元"，更重要的是，律师没有生活在本地，不太可能与本地人有何利益关系，可以保证公平性。

随着"律师进村"活动的强化，随即可能带来新的问题，比如，一旦官员总是成被告，"律师进村"是否会受到地方干部或明或暗的阻力？田贵周在回答提问时的说法更为形象："为什么宁愿他们告官也不愿他们上访？是因为判决书下来了，政府应该负什么责任，就理直气壮负什么责任。我们有句话，宁愿在法庭当被告，不在北京接上访户，基层干部就是这么想的。至少，在法庭上可以把想说的话说出来。"

在邓大才看来，恩施州的做法是欠发达地区的新探索，尤其是与多年前已经开始"律师进村"的东部沿海省份相比，恩施的做法也具有自身价值。"沿海省份的'律师进村'，不少是依托村庄和企业出钱聘请，而恩施的'律师进村'是政府埋单，属于制度供给，这是恩施最不同的地方"，邓大才说。

徐勇教授说，过去的法治路径是由外向内，农村引进很多法治意识和理念，有一定效果，但关键还在于落地，怎么使法治思维和方式转化为干部和民众的行为。恩施经验最关键的是让法治落地，使法律成为一种公共产品，值得推广。

2014 年 4 月 14 日　全州普遍建立法律顾问制度工作会议顺利召开

恩施州引入现代信息技术推动"律师进村"活动

法律顾问为村民现场解答法律问题

湖北省律师协会结对帮扶恩施州重点村居法律顾问工作启动仪式

全国律协专家律师讲师团培训恩施州法律顾问

2015 年 7 月 10 日　　恩施州法治与基层治理创新座谈会召开

恩施州法律顾问向宪法宣誓

国家司法部为推进基层法治建设作出突出
贡献的恩施州司法局记集体一等功

中央电视台十三频道《深度调查》记者采访鹤峰县邬阳乡法律明白人

寓法于治，法治落地：湖北·恩施"律师进村，
法律便民"改革创新经验在京发布

后　记

2014 年，党的十八届四中全会提出："全面推进依法治国，促进国家治理体系和治理能力现代化。"中央的战略部署激发了地方的改革探索热情。恩施州作为一个偏远贫困的山区，其以"律师进村，法律便民"为突破口，在山区"法治落地"方面探索出一条新的路径。这一路径的核心就是将法治植入治理之中，让法治融入到人们日常生活之中，内生出法治意识、法治行为，使法治"落地生根"。恩施州的改革探索不仅破解了我国法治的历史性难题，为基层治理体系和治理能力现代化提供了有效地实现形式，同时也极大吸引着我们的研究兴趣。

2015 年上半年，受恩施州委王海涛书记委托，恩施州司法局向我们介绍恩施州"律师进村，法律便民"这一改革实践，并将我们引入到恩施这一美丽而神奇之地。2015 年，我们曾先后多次前往恩施州各县市进行实地调查，与恩施州委州政府、州直部门、各县市主要领导以及相关部门、乡村干部进行了多次座谈，并在十多个村开展了驻村调查。可以说，拙著主要记录的就是调查过程中干部、律师、农民等群体的故事、感受。同时，也正是恩施州领导干部、律师群体以及普通农民的积极实施和参与，才有了"恩施领跑"的诞生。

拙著的撰写是在徐勇教授、邓大才教授的具体组织和指导下完成的。徐勇教授与邓大才教授不仅为课题组指出了恩施州"律师进村，法律便民"的价值、特点与意义，更是对拙著的提纲、内容进行了细心指导与审定。拙著的具体执笔者是华中师范大学中国农村研究院一批年轻的 80 后、90 后博士研究生与硕士研究生。其中，胡平江博士负责了拙著的统稿与具体组织，张利明博士负责了导论与结论部分的写作，党亚飞、姜胜辉合作完成了第一章的撰写，彭飞、郑露露硕士合作完成了第二章的撰写，第三章由刘迎君、林龙飞两位共同完成，第四章主要由余孝东、王晨曦两位承担，第五章由夏奇缘、陈涛两位共同完成，第六章主要由魏晨、刘长勇两位撰写而成。拙著的经验总结部分由胡平江、张利明、魏晨、刘迎君、党亚飞、林龙飞、姜胜辉、刘长勇、陈涛、夏奇缘、王晨曦、郑露露、张蕾、彭飞、余孝东等共同撰写完成。个案研究部分由彭飞、姜胜辉、刘长勇、陈涛、夏奇缘、林龙飞等共同完成。由于拙著撰写者理论与实践局限，对恩施州的改革探索难以进行准确、有效地总结与提升，部分内容可能有失偏颇，我们也期望能够得到理论者与实践者的批评与谅解！

　　"律师进村，法律便民"仅仅是恩施州卓越改革中的一个部分，但这一部分却引发着我们对山区法治的深思。我们相信，在中央改革创新精神的指引下，恩施州的实践必将进一步走向成熟，恩施的经验也必将结出制度的果实，为国家治理体系和治理能力现代化贡献更多的经验借鉴！